KB260307

노인복지론

송진영 지음

사회복지 전문출판 나눔의집

노인복지론

초판 1쇄 발행 2011년 1월 20일

지은이 | 송진영
펴낸이 | 박정희

기획편집 | 권혁기, 이주연, 최미현, 양송희
마 케 팅 | 김범수, 이광택
관　　리 | 유승호, 양소연, 김성은
디 자 인 | 하주연, 강미영
웹서비스 | 이지은, 양채연, 양지현

펴 낸 곳 | 사회복지전문출판 나눔의집
등록번호 | 제25100-1998-000031호
등록일자 | 1998년 7월 30일

서울시 금천구 가산동 60-3 대륭포스트타워 5차 1104호
대표전화 | 02-2103-2480　팩스 | 02-2103-2488
홈페이지 | www.ncbook.co.kr / www.issuensight.com

ISBN: 978-89-5810-214-4(93330)

지난 2010년 11월 17일 미국 워싱턴 D.C.에서 열린 존스홉킨스대 국제대학원과 한국금융연구원이 주최한 《2011~2012년 세계 경제 어디로 갈 것인가》 세미나 중에서 마커스노랜드 패터슨 국제경제연구소 선임연구원은 고령화 제안에서 "한국엔 고등교육을 받은 유휴 여성 인력이 많은데 이들을 활용하면 고령화 문제를 해결하는 데 도움이 될 것이다"라고 제안하였다. 최근 우리나라는 저출산과 고령화로 인해 심각한 사회문제를 예상하고 있다. 정부는 이에 대한 방안으로 여성의 직장과 가정의 양립지원정책과 베이비부머 세대를 지원하는 고령화 지원을 골자로 하는 제2차 저출산·고령화 정책을 발표하였다.

이에 본 교재는 현대사회의 당면 과제인 한국의 고령화 문제를 단순히 노인 개인의 문제에서 보다 확대하여 노인의 4고(四苦)인 건강, 소득, 고용, 산재 등의 관점과 노인 여가, 상담, 그리고 실천현장과 연계하여 이를 문제로만 보지 않고 우리 사회의 현상으로 이해하고 이에 대한 해결 방안을 제시함으로써 노인복지 수준을 한 차원 높이는 데 기여하고, 이론과 실천 경험을 체계화하고자 하였다. 이를 위해 우리 사회에서의 노인의 현황과 문제점, 그리고 외국의 현황 및 이론 등을 소개하고 우리나라의 상황에 적절하게 반영함으로써 한국사회의 노인문제를 심도 있게 다루었으며, 현장 경험을 최대한 글로 표현하고자 하였다.

이러한 취지에서 집필한 이 책은 크게 3부로 구성하였다. 제1부는 인구 고령화와 노인을 이해하는 것과 관련된 내용을 다루고 있다. 인구 고령화와 사회문제를 정리해보고 이러한 인구 고령화가 사회체계에 미치는 영향을 논의하고 노인욕구 관점에서 노인문제를 다루고자 하였다. 제2부에서는 노인복지 정책과 실천을 다루고 있다. 노인복지의 역사와 체계에 대한 전반적인 개념을 이해하고, 노인의 의료문제, 소득보장, 고용보장, 그리고 여가를 위한 사회적 서비스를 전반적으로 다루고 있다. 또한 실천현장에서 응용하기 위해 노인상담과 실천과정, 그리고 사례관리를 체계적으로 제시함으로써 노인의 실천과정을 현장감 있게 다루고자 하였다. 제3부에서는 노인복지의 최근 이슈를 다루고 있다. 노인의 건강한 삶을 주제로 노인과 질병, 노인의 성과 재혼, 노인학대, 노인의 죽음 등 노년기의 신체적·정신적·사회적 변화를 다루었다. 노인의 사회참여, 여가, 그리고 노인의 교육을 최근의 노인 일자리 문제와 함께 다루었으며, 마지막으로 실버산업과 고령친화산업을 제시하였다.

본서는 사회복지 특히 노인복지를 공부하는 학생들, 그리고 학업을 마치고 현장으로 투입되는 초보 사회복지사에게 유익하도록 내용을 소개하는 데 최선을 다하였다. 다른 한편, 노인복지 관련 실천현장에서 활동하는 실무자와 전문가들이 직면하는 문제를 해결하는 데 도움이 되는 교재가 되었으면 하는 저자의 바람도 있다.

이러한 저자의 의욕과는 달리 저자의 부족함 때문에 만족스럽지 못한 점이 있을 것이라고 인정하면서 다양한 충고를 겸허히 받아들여 제2판에서는 좀 더 개정하고 보완해나갈 것을 다짐한다.

끝으로 이 책이 나오기까지 많은 도움을 주신 나눔의집 박정희 사장님과 편집부 노고에 깊은 감사를 드린다.

2010년 12월
저자 송진영

차례

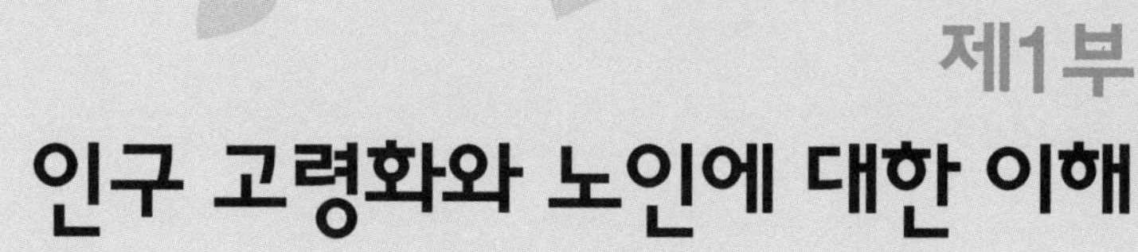

제1부

인구 고령화와 노인에 대한 이해

인구 고령화와 사회동향

이 장에서는 인구 고령화에 따른 사회동향과 사회요인의 변화를 살펴보고, 이것이 사회체계에 어떤 영향을 미치는지 논의한다. 그리고 한국 노인의 욕구와 노인문제를 인구 고령화 관점에서 다루어본다.

- 인구 고령화에 대한 개념을 이해하고 이에 따른 사회동향과 사회요인 변화를 파악한다.

- 인구 고령화가 사회체계에 어떠한 영향을 미치는지 살펴본다.

- 인구 고령화에 따른 노인욕구와 노인문제에 대한 복지대책을 논의한다.

1970년 이래 우리나라는 급속한 산업화와 경제적 수준의 증가, 의료서비스 확대에 따른 환경 여건의 개선에 힘입어 평균수명이 지속적으로 증가하고 있고, 동시에 여성의 사회진출로 인한 출산율은 지속적으로 감소하고 있어 인구 고령화는 앞으로 가장 중요한 사회적 이슈가 될 것이다.

인구 고령화는 한 국가에서 총인구 대비 65세 이상인 노인인구 비율이 높은 상태를 의미한다. UN 분류기준에 따라 각 나라에서 일반적으로 사용하는 고령화사회란 인구구조의 변동을 나타내며 사회적 고령화를 내포하고 있다. 한국은 총인구에서 노인인구 비율이 2000년 기준 7.2%에서 고령화사회aging society에 진입한 이래 전 세계적으로 이례 없는 속도로 빠르게 증가하여 2018년에는 14%에 해당하는 고령사회aged society로 진입할 것으로 예상하고 있다. 고령화사회에서는 정부나 가계가 노인부양을 부담하기 때문에 경제적 문제와 노인보호, 의료와 연금을 비롯한 사회보장비용 증대 등의 사회적 문제가 우리 사회의 주요한 과제로 부상할 것이라고 전망하고 있다.

이 장에서는 먼저 인구 고령화와 사회동향을 살펴보고, 인구 고령화가 사회체계에 미치는 영향을 제시하고, 노인욕구와 노인문제를 인구 고령화의 관점에 맞추어 개괄적으로 논의해보고자 한다.

1. 인구 고령화와 사회변화

1) 고령화사회의 도래

의학기술의 발달과 환경여건의 개선으로 우리나라의 평균수명은 점차 증가하고 있다(〈표 1-1〉 참조).

평균수명이 증가하면서 우리나라 총인구 중 노인이 차지하는 비율도 빠르게 증

표 1-1 우리나라의 평균수명
(단위: 년)

연도	1990	1997	2000	2003	2005	2006	2007	2008
전체	71.28	74.39	76.02	77.44	78.63	79.18	79.56	80.08
남	67.29	70.56	72.25	73.86	75.14	75.74	76.13	76.54
여	75.51	78.12	79.60	80.81	81.89	82.36	82.73	83.29

※자료: 통계청(2009a)

가하고 있다. UN 분류기준에 따르면 전체 인구에서 65세 이상의 노인인구 비율이 7~13%일 때를 고령화사회aging society, 14~19%일 때를 고령사회aged society, 20%가 넘을 때를 초고령화사회super-aged society라고 한다. 우리나라에서의 노인인구는 2000년을 기점으로 총인구의 7%를 상회하여 본격적인 고령화사회에 돌입하였고, 2018년에는 14%를 넘어 고령사회, 2026년에는 20%를 넘어 초고령사회로 진입할 것으로 예상하고 있다. 또한 고령화 정도는 2010년을 기준으로 10.9%로서 대부분의 OECD 국가에 비해 낮은 수준을 보이고 있으나(〈표 1-2〉, 〈표 1-3〉 참조), 문제는 전 세계적으로 볼 수 없었던 빠른 고령화가 진행된다는 것이다. 즉 대부분의 국가들이 고령화사회에서 고령사회로 진입하는데, 그리고 고령사회에서 초고령화사회로 진입하는데 각각

표 1-2 우리나라 65세 이상 노년인구 추이
(단위: 천 명, %)

	2000년 (고령화사회)	2010년	2018년 (고령사회)	2020년	2026년 (초고령사회)	2050년
총인구	47,008	49,220	49,934	49,956	49,771	42,348
65세 이상	3,395	5,354	7,162	7,821	10,357	15,793
구성비	7.2	10.9	14.3	15.7	20.8	37.3

※자료: 통계청(2005b)

표 1-3 한국과 OECD 주요 국가들의 노인인구 구성비율

(단위: %)

년도	한국	프랑스	이탈리아	미국	스페인	일본
2010	10.9	17	20.4	13	17.2	22.6

※자료: 통계청(2007a)

표 1-4 인구 고령화 속도 국제 비교

노령인구 비율 / 국가	도달연도			증가 소요연수	
	7%	14%	20%	7% → 14%	14% → 20%
프랑스	1864	1979	2018	115	39
노르웨이	1885	1977	2024	92	47
스웨덴	1887	1972	2014	85	42
호 주	1939	2012	2028	73	16
미 국	1942	2015	2036	73	21
캐나다	1945	2010	2024	65	14
이탈리아	1927	1988	2006	61	18
영 국	1929	1976	2026	47	50
독 일	1932	1972	2009	40	37
일 본	1970	1994	2006	24	12
한 국	2000	2018	2026	18	8

※자료: 통계청(2005c)

프랑스가 115년, 39년이 소요되었으며, 미국이 73년, 21년, 영국이 47년, 50년, 일본이 24년, 12년으로 진입하는 반면에, 우리나라의 노인인구 비율이 7%에서 14%에 도달하는데 걸리는 기간이 18년이며, 14%에서 20%는 8년에 불과하며 선진국이 경험한 고령화에 비해 빠른 속도로 진행하고 있어 노인문제는 더욱 심각한 실정이다(〈표 1-4〉 참조).

2) 인구구조 변화

우리나라 인구구조는 1980년대 이후 출산율의 꾸준한 감소의 영향으로 0~14세의 감소율이 뚜렷하게 나타나고, 15~64세는 미세한 증가율을 보이고 있으나, 노인인구인 65세 이상은 1980년 3.8%에서 2010년에 11.0%로, 2026년에는 20.8%로서 상대적으로 높은 증가율을 보이고 있다(〈표 1-5〉 참조). 이러한 인구구조의 변화는 여성 평균수명이 남성보다 높고, 여성의 사회진출과 핵가족화로 인한 출생률 감소, 그리고 의학 발달로 인한 평균수명의 연장은 우리나라의 인구구조를 2005년의 피라미드형에서 2030년의 남여 비대칭의 항아리모형으로 변모할 것으로 보인다(〈그림 1-1〉 참조).

인구구조 변화가 경제사회에 미치는 영향은 대체로 장기에 걸쳐 나타나며 매우 광범위하다. 인구문제는 경제사회 시스템의 근간을 이루고 있어 사회, 정치, 기술, 경제, 환경, 문화 등 다방면으로 영향을 미친다. 고령화에 크게 영향을 미치는 출생률, 사망률 등의 변화는 대체로 장기에 걸쳐 나타나며 경제 주체의 선호도도 서서히 변화하지만, 고령화로 인한 파급효과는 갑자기 나타날 수 있으며 그 강도는 상당히 높다고 할 수 있다(〈그림 1-2〉 참조).

표 1-5 연령계층별 인구 구성비 (단위: %)

연령 \ 연도	1980	1990	2000	2010	2018	2026
0~14세	34.0	25.6	21.1	16.2	12.7	11.7
15~64세	62.2	69.3	71.7	72.9	72.9	67.5
65세 이상	3.8	5.1	7.2	11.0	14.3	20.8

※자료: 통계청(2006)

그림 1-1 가구주의 성 및 연령 분포

2005년
남자
여자
85+
80-84
75-79
70-74
65-69
60-64
55-59
50-54
45-49
40-44
35-39
30-34
25-29
20-24
15-19
2,500,000 1,500,000 500,000 500,000 1,500,000 2,500,000
일반가구인구(남)   일반가구인구(여)
가구주(남)   가구주(여)

2010년
남자
여자
85+
80-84
75-79
70-74
65-69
60-64
55-59
50-54
45-49
40-44
35-39
30-34
25-29
20-24
15-19
2,500,000 1,500,000 500,000 500,000 1,500,000 2,500,000
일반가구인구(남)   일반가구인구(여)
가구주(남)   가구주(여)

2020년
남자
여자
85+
80-84
75-79
70-74
65-69
60-64
55-59
50-54
45-49
40-44
35-39
30-34
25-29
20-24
15-19
2,500,000 1,500,000 500,000 500,000 1,500,000 2,500,000
일반가구인구(남)   일반가구인구(여)
가구주(남)   가구주(여)

2030년
남자
여자
85+
80-84
75-79
70-74
65-69
60-64
55-59
50-54
45-49
40-44
35-39
30-34
25-29
20-24
15-19
2,500,000 1,500,000 500,000 500,000 1,500,000 2,500,000
일반가구인구(남)   일반가구인구(여)
가구주(남)   가구주(여)

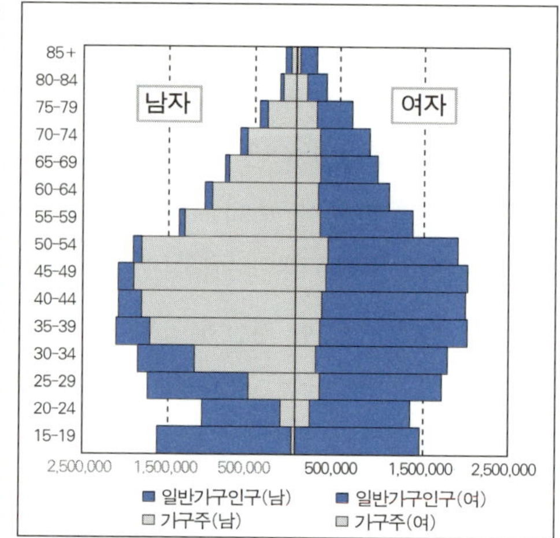

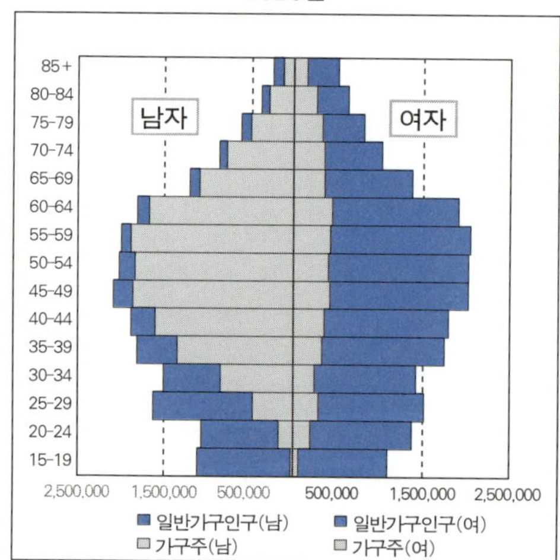

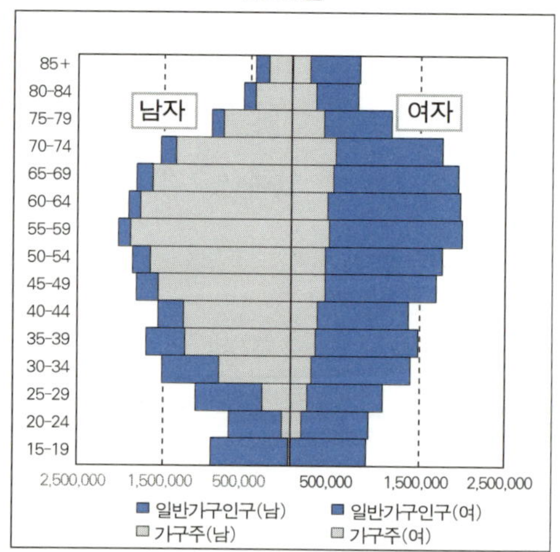

※자료: 통계청(2007b)

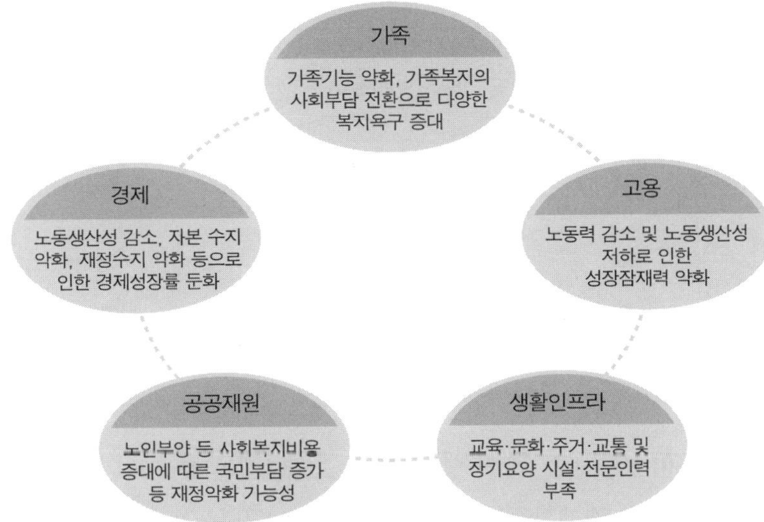

또한 저출산·고령화의 가장 기본적인 문제점은 경제활동인구가 노인을 부양하는데 필요한 만큼의 자녀를 출산하지 않기 때문에 노후보장을 둘러싼 세대 간 갈등의 극대화를 초래할 수 있다는 점에서 정치·경제·사회·문화 전반에 걸쳐 심각한 문제가 파생할 수 있다. 이를 해결하기 위해서는 정부는 개인과 가족의 노후불안, 노인부양 및 아동양육 부담을 해소하고, 노동력 감소에 대응하는 새로운 생산성 향상 방안 등 기업경영 전략의 변화를 모색해야 한다. 즉 적정 성장유지와 저성장의 가능성에 대비한 부작용 해소 방안을 강구해야 할 시점이나 이러한 여건에 대한 준비가 미흡하여 충격 완충장치가 필요한 상황이다.

통계청(2006) 세계 및 한국의 인구현황에 따르면(〈표 1-6〉 참조), 생산가능인구 15~64세는 2005년 기준 34,671천 명(총인구 중 71.8%)에서 2016년 36,496천 명(73.2%)

(단위: 천 명, %)

연령 \ 연도	2000	2005	2010	2020	2030	2050
총인구	47,008	48,294	49,220	49,956	49,329	42,348
15~64세 (총인구 대비)	33,702 71.7	34,671 71.8	35,852 72.8	35,838 71.7	31,892 64.7	22,755 53.7
15~24세	7,697 22.8	6,908 19.9	6,468 18	5,547 15.5	4,266 13.4	3,235 14.2
25~49세	19,816 58.8	20,661 59.6	20,428 57	18,395 51.3	15,763 49.4	10,295 45.2
50~64세	6,189 18.4	7,102 20.5	8,956 25	11,897 33.2	11,863 37.2	9,225 40.5

※자료: 통계청(2006)

으로 점차 감소하여 2020년 35,838천 명(71.7%), 2050년에는 22,755천 명(53.7%)에 이를 것으로 전망하였다. 경제활동이 가장 왕성한 25~49세는 2005년 전체 생산가능인구의 20,661천 명(59.6%)에서 2007년 20,825천 명(59.4%)으로 점차 감소하여 2020년 18,395천 명(51.3%), 2050년 10,295천 명(45.2%)로 감소할 전망이다. 생산가능인구 중 비교적 높은 연령층인 50~64세의 연령층은 2005년 생산가능인구의 20.5%(7,102천 명) 수준에서 2020년 33.2%, 2050년 40.5%로 증가할 것으로 전망함에 따라 급증하는 노인인구에 대한 생산인구의 사회적·경제적 부담의 상승이 예상되며, 이와 같은 인구 고령화 현상은 우리나라 전체의 문제로 나타날 것이다.

2. 인구 고령화가 사회체계에 미치는 영향

산업사회에 접어들면서 의료기술의 발전으로 평균수명이 연장됨에 따라 전 세계적으로 인구 고령화에 따른 사회적 차원의 대안 수립을 요구했다. 특히 우리나라의 경우 세계에서 유래를 찾아보기 힘들 정도로 급격한 고령화 현상을 경험하게 됨에 따라 이에 대한 요구가 절실히 필요하다. 고령화사회 문제는 노인 개인의 문제일 뿐만 아니라 사회 전체의 문제이기도 하다. 고령화사회는 단순히 노인의 수가 증가하는 것이 문제가 아니라, 전체 인구에서 노인인구의 비중이 증가하면서 사회경제적인 체계에 있어서 많은 변화를 일으킨다는 것이다. 즉 인구 고령화는 경제활동을 하는 생산가능인구의 감소에 따른 경제성장의 저하, 증가하는 부양부담과 보호문제, 신체적 노화에 따른 의료비용과 연금의 급증, 주택문제, 노인 일자리 창출과 같은 고용, 그리고 여가 등 사회 전반적인 부문에 걸쳐 심각한 영향을 미치고 있다. 이에 따라 인구 고령화가 사회체계에 미치는 영향을 간략하게 설명하고자 한다.

1) 노인부양 부담의 급격한 증가

대부분의 노인은 은퇴 후 수입이 감소하거나 무수입으로 자녀들에게 경제적으로 의존하는 것이 일반적이다. 우리나라는 전통적으로 노인부양 책임이 가정에 있다. 그러나 현대사회는 핵가족화, 여성의 사회참여 증가와 같은 가족제도의 변화가 일어남에 따라 가정의 노인부양기능이 약화되고 노인부양에 대한 가치관이 변화하고 있다. 또한 의료기술의 발달로 사망률 감소 및 평균수명이 연장되고 출산율이 감소함에 따라 노인부양과 보호가 사회적 문제로 대두하고 있다.

노인인구 증가는 노인부양 부담의 증가를 가져온다. 일반적으로 노인부양 부담을 측정하는 지표로 노인부양비, 노령화지수, 노인 1명당 생산가능인구 등의 지표를 사용한다. 이들 지표는 전체 인구를 0~14세까지 유소년인구, 15~64세까지 생산가능인구, 65세 이상의 노인인구로 나누어 산출한다. 노인부양비 지표는 노인 1명

<table>
<tr><td rowspan="2">표 1-7 노년부양비 및 노령화지수</td><td colspan="7" align="right">(단위: %, 명)</td></tr>
</table>

구분＼연도	1980	1990	2000	2010	2016	2020	2030
노년부양비	6.1	7.4	10.1	15	18.2	21.7	37.7
노령화지수	11.2	20	34.3	67.7	100.7	125.9	213.8
노인 1명당 생산가능인구(명)	16.3	13.5	9.9	6.6	5.5	4.6	2.7

※자료: 통계청(2007b)

당 생산가능인구의 역이다.

노년부양비는 생산가능인구 100명에 대한 65세 이상 인구의 비율을 말하는 것으로서, 이는 (노인인구/생산가능인구)×100이란 공식으로 산출된다. 노령화지수는 유소년인구 100명에 대한 65세 이상 인구의 비율을 말하며, 이는 (노인인구/유소년인구)×100으로 산출된다. 노인 1명당 생산가능인구는 생산가능인구/노인인구 식으로 산출된다.

〈표 1-7〉에서와 같이 노년부양비는 1980년 6.1%에서 점차 증가하여 2010년 현재 15%로 2000년에 비해 4.9% 증가하였으며, 2030년에는 37.7%로서 노인부양에 대한 부담이 증가하게 된다. 즉 2000년에는 생산가능인구 10명이 1명의 노인을 부양하였으나, 2010년에는 6.6명, 2030년에는 2.7명이 노인 1명을 부양해야 한다는 것이다.

또 다른 지표로서 노령화지수는 1980년 11.2%에서 지속적으로 상승하여 2010년 67.7%로 10년 전인 2000년에 비해 33.4% 증가하였으며, 2016년에 이르면 노령화지수가 100.7%로 고령인구가 유소년인구를 초과할 것으로 예상되며, 2030년에는 213.8%로서 우리나라는 〈그림 1-1〉과 같은 항아리 구조를 나타내어 미래사회의 성장 활력을 저하할 것으로 예상된다.

이와 같은 노년부양비와 고령화지수의 급격한 증가는 우리 사회의 노인부양 부담을 가중할 뿐만 아니라 우리나라의 경제성장률도 저하되는 등 사회경제적으로 국가에 커다란 부담으로 나타날 것이 농후하기 때문에 이에 대한 국가 차원의 정책 마련이 시급한 실정이다.

2) 사회보장 부담의 증가

평균수명 증가에 따른 인구 고령화는 필연적으로 의료보험뿐만 아니라 연금제도의 재정위기가 발생할 수 있다.

통계청(2009)의 한국의 사회동향 보고에 의하면, 2001년부터 2007년까지 노인인구는 1.4배 증가한 반면, 국민건강보험공단에서 지급하는 전체 노인 급여비는 3배 증가하였다고 한다. 이러한 노인 의료비 급증은 고령화사회의 특징으로서 건강에 대한 관심 증가, 만성질환 노인의 증가, 고가의 의료서비스 이용 등이 복합적으로 작용하는 데 기인한다고 할 수 있다.

의료보장제도는 의료서비스 비용의 일부나 전부를 보장하는 의료비 보장과 의료서비스를 전달하는 서비스 전달체계로 나누어진다. 우리나라는 지금까지 노인의료비 보장이나 의료서비스 전달체계 등에 노인을 별도로 구분하지 않고 일반 국민과 동일한 의료보장체계를 적용해왔다. 이로 인해 다른 연령 집단에 비하여 상대적으로 의료 수요가 큰 노인인구의 급격한 성장에 대한 적절한 대응을 하지 못할 것으로 예상하고 있었다. 그러나 2008년 7월에 시행한 노인요양보험제도의 출현으로 이러한 문제는 부분적으로나마 해소될 것으로 전망하고 있다.

또 다른 사회보장 부담으로는 국민연금의 증가를 들 수 있다. 국민연금은 1988년 1월에 10인 이상의 사업장을 대상으로 실시한 이래, 1999년 4월에는 전 국민을 대상으로 확대 실시하고 있다. 사회보장의 핵심 중의 하나인 연금제도의 역사가 20여 년 정도밖에 되지 않아 아직까지는 연금지출액이 그리 많은 것은 아니다. 그러나 노인 인구가 절정에 달하는 2030년 이후에는 연금 수급자 수와 연금 지출액이 급격히 증가할 것이라고 예상된다. 이와 같이 인구 고령화에 따른 의료비용 및 연금의 증가는 사회보장의 재정적 위기를 모면할 수 없게 한다.

그 외에도 인구 고령화는 신체적·인지적 노화로 일상동작기능의 쇠퇴와 일상생활 수행에 현저한 장애를 동반함에 따라 사회복지서비스 등의 장기적인 보호가 수반된다. 이로 인해 노인의 장기요양보호 욕구 증가는 사회적으로 해결해야 할 과제로 부각되고, 사회경제적인 부담이 증가할 것이다.

3. 노인욕구와 노인문제

노인인구는 동일한 욕구가 있는 단일한 집단이 아니다. 노인은 건강과 경제상태에 따라 욕구가 다양할 뿐만 아니라 서로 다른 욕구를 가진다. 산업화 이전의 전통사회에서의 노인은 가부장제에서 가족의 중요한 일원으로서, 경험과 지혜를 겸비한 재산의 소유자로, 생활의 안정도 찾을 수 있었다. 그러나 핵가족화 추세로 현대사회 노인은 사회적 지위가 격하되고 경제적 빈곤, 건강악화 및 질병, 역할상실, 소외와 고독감 등과 같은 노인문제가 발생하고, 이러한 노인문제는 대다수의 노인들의 문제로 심화되면서 사회적 문제로 부각되고 있는 실정이다.

1) 노인욕구의 다양화

욕구_{need}에 대한 정의는 학자마다 다양하다. Murray(1968)는 욕구란 어떤 목표 상태를 수반하며, 목표를 달성하기 위해 인간행동을 유발하는 것으로써 규정하였고, Weale(1983)은 특수한 목표상태를 획득하기 위한 필수조건이며, 사회최저social-minimum 욕구를 확보하는 것을 목표로 삼았다. Maslow(1970)는 욕구를 신체적 욕구, 안전욕구, 사회적 욕구, 자아욕구, 자아실현 욕구 등 5단계로 나누고, 이 중에서 자아실현 욕구가 가장 높은 수준이라고 하였다. 그는 인간행동에 동기를 부여하는 것은 단순히 쾌락을 추구하고, 고통을 회피하거나 내적 긴장을 감소하는 노력 이상의 것이라고 주장하면서, 인간의 많은 동기가 유기체의 긴장으로부터 유발되고, 그리고 긴장이 감소된 후에야 높은 수준의 행동이 가능하다고 주장하였다.

욕구는 시대와 국가에 따라 변화한다. 시대 변화에 따라 사회경제적 수준이 상승하여 점차 욕구수준이 높아지며, 욕구 내용 역시 다양해지고 복잡해진다. 정윤모 (2006)는 사회복지에서 욕구는 대단히 중요하고 노인은 신체적·경제적·심리적으로 약화된 상태에 있는 사람이라는 점에서 노인의 욕구는 일반인의 욕구와 다른지의 여부를 검토한 결과 Maslow의 5단계 욕구 중에서 가장 낮은 신체적 욕구가 가장 높은 단계인 자아욕구보다 더 크다고 보고하였다. 이근홍(1999)은 노인은 그들의 특성상 다양하고 복합적인 욕구를 가지고 있으면서도 신체적인 허약성, 정보와 인식능력의 부족, 경제적인 무능력, 접근성 결여 등으로 그들의 욕구를 제대로 충족하지 못한다고 하였다. 또한 그들에게 제공하는 국가의 사회복지서비스가 상당히 부족한 수준이며, 이러한 서비스들도 단편적으로 제공되기 때문에 서비스 간의 유기적인 연계가 부족하여 복합적인 욕구를 충족하지 못한다고 하였다. 장현정(2007)은 노인욕구에 영향을 미치는 요인 연구에서 노인의 욕구라는 것은 개인 장애나 질병 수준과 관련된 것으로 보았으며, 여기에서는 노인의 만성질환 유무, 질병 수, 주관적 건강상태, 인지적 장애, 일상생활수행능력ADL, 수단적 일상생활수행능력IADL 등을 포함한다고 하였다. 욕구요인에 대한 대부분의 연구를 살펴보면 대체로 노인의 주관적 건강상태가 나쁠수록, 일상생활수행능력이나 수단적 일상생활수행능력 장애가 클수록, 그리고 만성질환 수가 많을수록 노인복지서비스 이용 경험이 많아지고, 이용 의향이 높아진다고 하였다.

최근에는 노인욕구가 고급화 및 다양화되고 있는 추세이다. 과거 노인들은 몸이 불편하지 않으면 일했고 가족, 특히 장남가족과 함께 여생을 보내는 등 노인욕구는 매우 단순했다. 그러나 산업화 이후 생활수준과 교육수준의 향상으로 노인들은 보다 다양하고 수준 높은 서비스를 원하게 되었다. 현대사회의 노인들은 아프거나 병이 나면 병원이나 약국을 찾아 치료를 받는다. 자녀와 별거하고 싶으면 스스로 주택을 구입 또는 임대하여 살고자 하고, 생활의 무료함을 달래려고 노인복지관 등의 여가 프로그램을 활용하거나 운동하고 여행을 즐긴다. 또한 지속적인 자기 개발을 위하여 노인학교에 입학하여 새로운 지식과 정보를 습득하고, 새로운 관계망을 형성한다.

이와 같이 노인들의 욕구가 다양해지고, 과학 문명의 발달과 보건의료시설의 향상, 노인에 대한 사회 인식의 변화, 영양상태의 호전, 경제적으로도 안정된 상태 등 노인문제 또한 과거의 생리적 문제와 같은 매우 단순한 문제에서 고령화사회에 진입한 현재와 미래의 고령사회로 접어들수록 경제적 빈곤, 질병과 건강보호, 사회적 역할상실과 여가, 고독과 소외 등을 노인문제로 제시하고 있다.

2) 고령화사회의 노인문제

노인문제를 '문제'로 바라보는 시각은 아마도 산업화 이후 산업사회의 도래와 연관된다. 흔히 어떤 현상을 문제로 간주하는 것은 그 현상이 가진 부정적인 파급효과를 전제하고 있어야 한다(현외성 외, 1993). 물론 모든 노인이 노인문제의 대상은 아니다. 인구 고령화는 개인적으로나 가족적으로 또는 사회적으로 문제될 수 있다. 이러한 노인문제를 노인 개인이나 노인을 부양하는 가족의 문제로 치부하면 '개인문제'로 볼 수 있으나 사회 전체가 노인부양 책임을 인식한다면 '사회문제'로 간주할 수 있다. 노인문제를 사회문제로 인식하려면 첫째, 사회적 가치에서 벗어나고, 둘째 상당수의 사람들이 그 현상 때문에 부정적인 영향을 받고 있으며, 셋째 원인이 사회적인 것이고, 넷째 다수의 사람들이나 영향력이 있는 일부의 사람들이 문제로 판단하며, 다섯째 사회가 개선을 원하고 마지막으로 개선을 위해 집단적인 사회적 행동이 요청되는 구성 요인을 포함해야 한다(최일섭·최성재, 2000).

현재 나타나고 있는 노인문제를 이러한 구성 요소에 비춰보면, 사회문제라고 보는 것이 어느 정도 타당하다고 할 수 있다. 노인문제를 사회문제로 인식하는 시각은 개인이나 가족이 스스로 노후생활을 안정적으로 유지하기 어려울 때, 생존권의 유지 확보를 위해 국가와 사회가 개입하는 이념적·법적 근거를 제공한다. 우리나라 경우 과거에는 공공부조 형태로 단순히 빈곤문제를 생각하였고, 1981년 이전에는 노인문제를 개인문제로 치부하고 사회문제로 인정하지 않았다. 비로소 1970년대에 노인문제를 사회문제로 인식하고, 사회정책으로 쟁점화하였으며, 이러한 과정을 통해 1981년에 「노인복지법」이 입법화되었다.

이러한 사회문제는 이른바 빈곤문제, 질병문제, 역할상실문제, 고독문제 등의 '4고四苦'와 밀접하게 관련되어 있다. 2009년 통계청 조사에서도 60세 이상 노인이 겪고 있는 가장 큰 문제는 경제적으로 어려움 42.6%, 건강문제 37.2%, 소일거리 없음 6.0%, 외로움 및 소외감 3.8%, 직업이 없음 3.3% 순으로 4고와 동일한 결과를 나타냈다(통계청, 2009). 이에 빈곤문제, 질병문제, 역할상실문제, 고독문제 등의 '4고'를 중심으로 하여 사회문제를 제시하고자 한다.

(1) 빈곤문제

빈곤문제는 노인의 소득상실과 사회적인 지위 격하와 밀접하게 연관되어 있다. 노인은 심신의 기능이 쇠퇴하고, 노동능력이 감퇴하여 사회의 일선에서 물러나게 된다. 이로 인해 소득이 상실하며, 노인의 소득상실 문제는 노인 연령층에서 가장 광범위하게 나타나는 사회문제로 지적되고 있다.

노년층이 경험하는 경제적인 고통은 다양하고 복합적인 요인에서 비롯하지만 본질적으로는 정년퇴직 제도의 도입에서 그 원인을 찾을 수 있다. 대부분의 노인은 과거 모든 수입을 가족의 생활비 및 자녀양육 등에 소비하고 자신의 노후를 위해 경제적으로 준비하지 못하여 생활면에서 자녀에게 의존하므로 물질적인 어려움뿐만 아니라 심리적인 불안과 갈등을 수반하게 된다.

우리나라 노인의 대부분은 본인들이 생활비를 스스로 해결하거나 자녀에게 의존

표 1-8 60세 이상 생활비 마련방법 (단위: %)

구분	계	본인 및 배우자 부담	소계	근로 소득, 사업 소득	재산 소득	연금, 퇴직금	예금	자녀 또는 친척 지원	소계	함께 살고 있음	함께 살고 있지 않음	정부 및 사회 단체	기타
2007년	100	61.3	100	65.0	11.3	16.2	7.5	34.1	100	53.3	46.7	4.4	0.1
2009년	100	60.0	100	56.2	13.3	24.5	6.1	31.4	100	44.9	55.1	8.6	0.1
남자	100	73.1	100	59.2	11.4	24.6	4.7	20.5	100	38.3	61.7	6.4	0.1
여자	100	50.1	100	52.8	15.3	24.3	7.6	39.6	100	47.5	52.5	10.2	0.1
60~64세	100	80.0	100	66.5	9.1	20.0	4.4	15.9	100	56.1	43.9	3.9	0.1
65~69세	100	67.9	100	58.0	14.0	22.0	6.0	25.5	100	42.2	57.8	6.6	0.0
70~79세	100	48.0	100	44.2	17.6	30.1	8.1	40.4	100	42.4	57.6	11.5	0.1
80세 이상	100	23.8	100	27.8	18.0	46.2	7.9	59.5	100	45.4	54.6	16.7	0.0

※자료: 통계청(2009b)

하는 경향이 강하며, 공적 소득에 의존하는 비중이 높지 않은 편이다. 2009년 통계청 조사에 따르면 60세 이상 노인의 생활비 마련 방법으로는 본인 및 배우자 부담 60%, 자녀 또는 친척지원 31.4%, 정부 및 사회단체 8.6% 순이었다(통계청, 2009b). 성별로 보면 남자의 경우 본인 및 배우자 부담이 73.1%를 차지한 반면, 여자는 본인 및 배우자 부담이 50.1%, 자녀 및 친척 지원이 39.6%로 나타났으며, 연령이 높을수록 자녀 또는 친척이나 정부 및 사회단체에 의존하는 비중이 크게 나타났다(〈표 1-8〉 참조).

(2) 질병문제

노인이 되면 건강과 질병이 하나의 중요한 문제로 대두한다. 〈표 1-9〉에 따르면, 노인들의 80.4%가 건강이 보통 이하로 좋지 않은 것으로 나타났다.

국민건강보험공단의 건강보험정책연구원은 2002년에서 2008년도의 노인성질환자 진료 추이를 분석하였다. 2008년 7월 1일부터 시행한 노인장기요양보험의 노인성질환으로서 치매, 파킨슨병, 뇌혈관질환 및 기저핵의 기타 퇴행성질환을 포함한다(국민건강보험공단, 2010). 분석결과 〈그림 1-3〉, 〈표 1-10〉 그리고 〈표 1-11〉과 같이 지난 6년간 노인성질환으로 진료실을 찾은 인원은 49만 9천 명에서 95만 2천 명으로 90.8%가 증가하였으며, 노인성질환으로 발생한 총진료비는 5천 8백 원에서 2조 1천 9백억 원으로서 278.2%가 증가하였다.

노인성질환자의 의료비 추이를 〈그림 1-3〉와 같이 살펴보면, 2004년을 기점으로 전체 총진료비가 가파르게 상승하였으며, 65세 미만보다 65세 이상이 더 급격히 증가하고 있다. 또한 건강보험심사평가원에서 65세 이상 건강보험 노인 의료비 현황의 분석 결과에 따르면, 〈표 1-10〉과 같이 2003년 이후부터 2008년도까지 꾸준히 전체 의료비가 증가하였으며, 그 중 노인 의료비의 비중도 2003년 21.3%에서 2008년

(단위: %)

구 분	계	좋다	매우 좋다	좋은 편이다	보통 이다	나쁘다	나쁜 편이다	매우 나쁘다
2006년	100.0	18.0	2.3	15.6	32.4	49.6	38.4	11.2
2008년	100.0	19.6	2.3	17.3	31.7	48.7	40.0	8.7
남 자	100.0	28.4	4.2	24.2	33.2	38.3	30.2	8.2
여 자	100.0	13.6	1.0	12.5	30.7	55.8	46.7	9.0
65~69세	100.0	23.6	3.0	20.6	35.9	40.5	34.1	6.4
70~79세	100.0	18.2	2.1	16.2	29.9	51.8	42.8	9.0
80세 이상	100.0	13.2	1.4	11.8	26.5	60.3	46.5	13.8

※자료: 통계청(2009b)

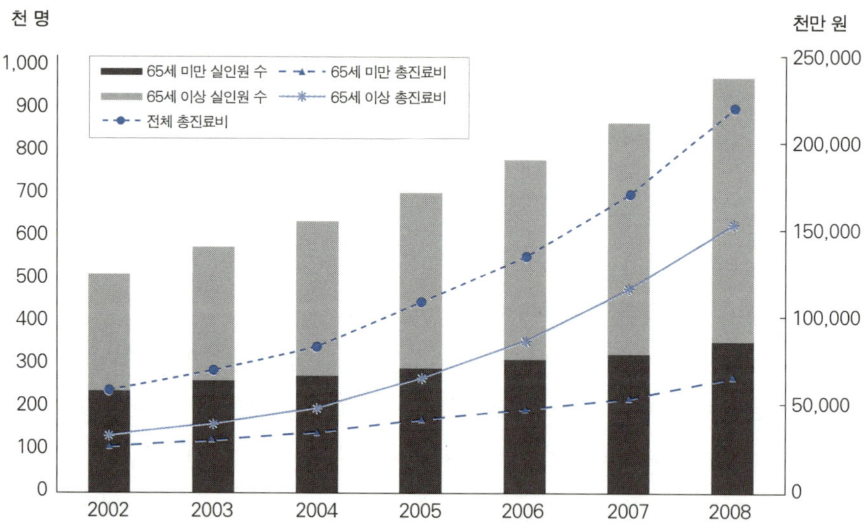

※자료: "건강보험정책연구원 보도자료", 국민건강보험공단, 2010년 2월 1일.

| 표 1-10 | 65세 이상 건강보험 노인의료비 현황 | | | | | | (단위: 천만 원, %) |

	2003	2004	2005	2006	2007	2008	전년대비 증감(율)
전체 의료비 (A)	205,336	223,559	247,968	285,580	322,590	350,366	8.6
노인의료비 (B)	43,723	51,097	60,556	73,931	90,813	104,904	15.5
비율 (B/A×100)	21.3	22.9	24.4	25.9	28.2	29.9	1.7

※자료:건강보험심사평가원(각 연도), 「건강보험심사평가통계연보」, 건강보험심사평가원(2008), 「진료비통계지표」.

29.9%로 지속적으로 증가하고 있는 것을 알 수 있다.

노인성질환자의 10만 명당 치료유병률을 〈표 1-11〉과 같이 살펴보면, 2002년에 1,039명이었던 것이 2008년에는 1,884명으로 약 2배가 증가했다. 유병률 증가 또한 65

| 표 1-11 | 연도별 노인성질환 치료유병률 | | (단위: 명) |

연도	전체	65세 미만	65세 이상
2002	1,039	533	6,906
2003	1,152	568	7,780
2004	1,270	599	8,477
2005	1,389	629	9,173
2006	1,542	678	10,049
2007	1,705	702	10,925
2008	1,884	768	11,935

※주: 치료유병률: 일반적인 유병률과는 달리, 의료기관을 방문하여 치료를 받은 사람만을 대상으로 산출된 유병률.
　　주요 병상으로 노인성질환(치매, 파킨슨병, 뇌혈관질환, 기저핵의 기타 퇴행성 질환)을 진료 받은 건(한방 진료건 제외).
※자료: "건강보험정책연구원 보도자료", 국민건강보험공단, 2010년 2월 1일.

세 이상 노인에서 두드러지고 나타나며, 2002년도에 65세 이상 노인인구 10만 명당 노인성질환자가 6,906명에서 2008년에는 11,935명으로 크게 증가하였다.

(3) 역할상실문제

노년기 이전에는 책임과 의무, 권리 등을 수반하는 역할로서 전환하는 데 비해 노년기에는 퇴직이나 배우자 사망 등으로 역할상실을 경험하게 된다. 역할상실은 책임 범위의 급격한 축소와 활동의 제약을 초래하는데 그 결과 노인은 다른 사람으로부터 역할기대가 불명확해지는 모호성의 문제에 봉착하게 된다. 이러한 노년기의 역할상실은 노인의 사기를 저하하고, 삶의 의욕을 잃게 하며 심리적인 긴장감을 가져온다. 산업화 과정에서 나타나는 산업구조의 변화와 생산기술의 발전으로 노인의 경험이나 지식이 불필요하거나 경쟁에 뒤떨어짐으로써 노인은 젊은 사람에게 밀려 직업을 상실하고 그에 따라 부수적으로 수행하던 많은 사회적인 역할도 상실하게 된다. 또한 산업화 과정에서 가족제도가 변화함에 따라 가족 내에서 누렸던 노인들의 가부장적 역할도 상실한다. 이와 같은 역할상실로 노인들의 지위와 권위는 크게 저하되고 노인들은 자아의 지지기반을 잃고 사회적 일체감을 상실한 채 부정적인 자아상을 갖게 되는 경우도 허다하다. 은퇴 노인 중 많은 노인이 노년기에 있어서 적절한 역할과 규범을 확립하지 못한 채 방황하고 있는 실정이다. 김병철(2009)은 노동시장에서 일할 수 있는 나이는 30세에서 55세까지 25년이며, 55세에서 80세까지 25~30년간은 은퇴 후 노년기를 보내야 한다고 했다. 또한 은퇴 평균연령이 56.9세이고 정년퇴직 연령이 60세 미만의 비율이 85%에 달하는 등 직장에서의 역할상실은 중년기와 노년기의 문제가 되고 있다(김지경·김하늬, 2008; 송진영, 2008).

노인의 역할상실은 무위고의 노인으로 전락하는 문제를 수반한다. 그러므로 노인은 사회의 잘못된 고정관념 때문에 편견 대상이 되며, 이들은 사회 일선에서 후퇴하게 되는 역할박탈의 심각한 문제에 직면하게 된다.

(4) 고독문제

노인들은 정년퇴직 등의 이유로 직장으로부터 박탈되어 사회에서 물러나면 역할 상실과 함께 고독하고 할 일이 없는 노인으로 전락한다. 고독은 경제적 어려움, 건 강문제 다음으로 노인들이 겪는 가장 어려운 문제이다(통계청, 2008). 노인은 사회 적 역할의 변화, 가족 구조의 변화, 배우자와 친구의 죽음, 은퇴로 인한 사회적 고 립, 질병 등에 대한 스트레스로 고독감을 느낀다. 고독은 개인의 심리적·정서적 상 태로 명확히 정의 내리기는 쉽지 않으나 고독감은 개인에 국한된 느낌으로서 타인 과 자신과의 관계에서 발생하는 개인적인 개념이라고 볼 수 있다(송대현·윤가현, 1989). Weiss(1973)는 고독을 정서적 및 사회적 고립의 경험이라고 말하면서 노인이 경험하는 고독감은 일시적인 것이 아니라 만성적인 것으로써 그 원인은 활동의 제 약이나 건강, 배우자의 사별, 경제적 어려움 등으로 젊은 사람이 느끼는 고독과는 형태가 다르다고 한다. 이렇게 노인들이 느끼는 고독은 근본적인 문제가 개인이나 사회 관계의 지속적인 단절이며 노화로 인한 직접적인 심리적 문제인 것이다. 따라 서 노인의 고독과 소외감을 극복하기 위해서는 사회적으로 적응이 필요하다.

또한 가족 내에서의 소외와 갈등 또한 두드러진 사회문제로 대두하고 있는데 가 족원 간의 가치관 및 역할 갈등은 물론이고 부양부담으로 가족성원의 갈등도 빈번 히 일어나고 있다.

현재 우리나라에서 노인이 겪고 있는 심리적 소외와 사회적 고립 문제는 노인자 살의 통계자료를 통해서도 알 수 있다. 2009년 통계청의 고령자 조사에 따르면, 2008 년 지난 1년 동안 65세 이상 인구 중 자살 충동을 느낀 사람은 7.6% 수준이며, 연령 이 높을수록 그 비율은 증가하였다(70대 8.2%, 80세 이상 9.9%). 또한 자살 충동의

구분	계	있다	소계	경제적 어려움	이성 문제	질환, 장애	직장 문제	외로움 고독	가정 불화	친구와 불화, 따돌림	기타
2006년	100	7.8	100	33.8	0.5	33.1	0.3	19.7	10.7	–	2.0
2008년	100	7.6	100	29.3	0.8	40.8	0.5	14.2	10.4	–	4.0
남자	100	7.4	100	30.4	1.3	41.9	1.2	15.1	7.2	–	2.9
여자	100	7.7	100	28.5	0.5	40.2	0.1	13.6	12.5	–	4.8
65~69세	100	5.9	100	31.2	0	35.5	1.0	10.9	17.5	–	4.0
70~79세	100	8.2	100	29.3	1.5	41.2	0.4	15.2	8.2	–	4.2
80세 이상	100	9.9	100	26.0	–	48.9	0	16.7	5.0	–	3.5

※자료: 통계청(2009c)

가장 큰 이유는 질환 및 장애 40.8%, 경제적 어려움 29.3%, 외로움과 고독이 14.2% 순으로 나타남에 따라 질환과 장애를 제외하면 경제적인 어려움과 고독이 자살 충동에 가장 큰 원인인 것을 알 수 있다(〈표 1-12〉 참조). 따라서 최근 사회문제로 부각되고 있는 노인자살은 현재 우리사회에서 노인의 심리적 문제에 대한 사회적 대책이 절실히 요구되고 있음을 보여주고 있다고 할 수 있다.

3) 인구 고령화에 대한 실천과제

이상과 같이 인구 고령화의 영향과 문제점을 정리하면 다음과 같다.

첫째, 고령자는 소득수준이 낮은 반면 소비성향이 높다. 고령인구의 증가는 전체적으로 국가 경제의 저축률 하락을 초래하고, 자본축적을 저해하며 이자율을 상승하여 경제성장에 부정적인 영향을 미친다.

둘째, 우리나라는 선진국에 비해 사회안전망이 취약하며, 고령자가 안정적으로 생계를 유지할 수 있는 기반이 취약한 상황이다. 따라서 노후를 위한 충분한 재정적인 여유가 없고 전통적인 가족 간 유대가 약화됨에 따라 고령자의 상당수가 국가 지원으로 생계지원 및 의료, 보건, 복지서비스를 기대할 수밖에 없다. 인구 고령화에 따른 사회보장 부담의 증가와 조세 증가는 젊은 세대가 부담하는데 이로 인해 젊은 세대는 실질소득의 감소를 겪게 되고 상황에 따라서는 경제의 성장잠재력을 낮출 가능성도 제기된다.

셋째, 인구 고령화는 빈곤 확산과 더불어 소득분배구조를 악화시킨다. 고령자에 대한 사회안전망의 미비는 결국 가족에게 부양부담의 대부분을 전가하며, 저소득층의 경우는 가족 내 노인에 대한 부양부담 압박이 커져 저소득의 악순환 또는 사회계층구조의 고착화를 유도할 수 있다.

앞서 문제점에서 살펴본 바와 같이 인구 고령화 극복을 위한 실천과제는 다음과 같다(한국노동연구원, 2007).

첫째, 노인이 되기 전에 스스로 노후를 대비할 수 있도록 사전적인 준비를 할 수 있게 지원하는 방안이다. 중장년층 근로자의 고용안정, 정년연장 및 임금직무 체계의 개혁 등 세부 실천과제를 포함한다. 고령화를 대처하기 위한 가장 확실한 사회안전망은 예방적인 조치로써 주요 핵심은 지속적인 고용안정과 일자리 창출이다. 중장년층 근로자들의 고용불안이나 경력 단절은 인적 자원의 활용도를 낮춰 국가경쟁력을 저해할 뿐만 아니라 노후대책, 빈곤문제 등이 발생한다. 고령화사회에 대비하고, 고령자의 빈곤 및 복지문제를 예방하기 위해서는 중·장년층의 안정적 취업과 고용불안의 해소를 위한 사회적인 노력이 필요하다. 구체적인 고용조정에 있어 정리해고 중심의 양적 구조조정보다는 고용유지를 중시하는 질적 구조조정을 강조할 필요가 있다. 인력재배치, 순환휴직, 일자리 공유, 일시 휴업 등의 방법으로 인건비 부담을 완화하고 고용유지를 도모해야 한다. 또한 임금피크제의 도입과 같은 임금직무 체계의 혁신으로 임금과 생산성의 괴리를 최소화해야 한다. 임금직무에 대한 혁신 없이는 정년연장은 기업의 임금부담만을 높여 기업경쟁력을 악화할 수 있다. 정년연장과 임금직무의 개편은 함께 추진해야만 정년연장에 따른 부작용을 최소화할 수 있다.

둘째, 노인이 되어도 능력이 있는 한 취업을 할 수 있도록 지원하는 것이다. 고령자 고용지원서비스, 고령자 직업훈련, 고령자 친화적 작업조직 및 작업환경 구축 등의 정책과제를 들 수 있다. 고령자가 일할 수 있는 고령 친화적 직종을 개발하고, 고령자 취업 지원을 위한 고용지원서비스와 관련된 지원금 제도를 강화해야 한다. 특히 고령자도 일터의 작업환경에 무리 없이 적응할 수 있도록 작업프로그램을 개발하고 작업조직 및 작업환경을 구축함으로써 무리 없이 일할 수 있는 근로 가능성workability을 제고할 필요가 있다. 또한 「연령차별금지법」의 도입과 더불어 기업 내에서 고령자를 배제하는 연장자 우대의 유교적 문화를 극복하려는 노력도 고령자의 지속적인 고용 및 새로운 취업에 기여해야 것이다. 평생학습시스템을 구축하여 중장년층뿐만 아니라 고령자에 대한 능력개발 기회를 적절히 제공함으로써 고령자의 취업 가능성을 높일 수 있다.

셋째, 노동시장에 활력을 불러일으키고 근로자의 생산성을 제고하여 고령화에 따른 경제성장률 하락을 예방하는 것이다. 여성 등 유휴 인력의 경제활동 참가를 제고하고, 평생학습망의 구축 및 강화함으로써 정책적인 효과를 발휘할 수 있을 것이다.

인구 고령화 관련 용어 정리

- **사망률(mortality)**: 일정한 조건 하의 전체 대상 중 사망하는 사람 비율을 말하는 일반적 용어

- **조사망률(crude death rate)**: (연간 총사망자 수/연간 인구)X1,000

- **연령별 사망률(age-specific death rate)**: 각 연령 또는 5세 간격 연령 집단별 사망률

- **인구학(demography)**: 인구에 관하여 과학적 연구를 하는 학문으로서 인구의 크기, 인구성장, 인구과정, 인구분포, 인구 구조, 인구 특성 등을 다루는 학문분야

- **평균수명/기대수명(life expectancy)**: 어떤 특별한 해에 출생한 가상적 사람들이 다른 연령의 모든 사람들과 같은 사망위험 요인이 주어진 상태에서의 기대할 수 있는 평균 사망연령. 평균수명은 0세에서의 기대수명이지만 출생하여 일정한 연령에 도달한 경우 각 연령 또는 연령집단(5세 간격)별로도 계산할 수 있음. 예를 들면 30세, 65세, 75세에서의 평균수명도 계산할 수 있음

- **기대여명(life expectancy)**: 각 연령에서의 기대수명을 말하는데 일정한 연령까지 생존한 사람이 앞으로 살 수 있을 것으로 기대하는 여명을 말함. 즉 30세, 65세, 75세에서의 평균수명을 기대여명으로 이야기 할 수 있음

- **평균연령(average age or median age)**: 한 사회 또는 국가의 특정 연도의 인구 평균연령을 말하는데 이는 특정 연도에 생존하고 있는 전체 인구의 중위수(median) 연령으로 계산함

- **인구 피라미드(population pyramid)**: 한 사회 또는 국가의 인구의 성별 연령 급간별 인구 수 또는 비율 분포를 그림으로 나타낸 것을 말함. 인구 구령화가 진행할수록 분포형태가 삼각형 모양에서 점자 가운데가 불룩한 종 모양이 되었다가 고령화가 심화되면 역삼각형 모양으로 변함(〈그림 1-1〉 참조). 고령화의 진전에 따른 피라미드의 형태 변화를 잘 알 수 있음

- **노령화/고령화지수(aging index)**: 한 사회나 국가의 노인인구(65세 이상)에 대한 소년인구(0~14세)의 백분율(노인인구/소년인구X100 또는 노인인구부양비/소년인구부양비X100). 이는 노인인구에 비한 소년인구의 비중을 나타내는 것으로써 출산율이 낮을수록 노령화지수는 높아짐

- **부양인구비(dependency ratio)**: 부양인구에 대한 부양대상인구(소년인구 및 노인인구)의 비

· 총부양인구비(total dependency ratio): 총부양대상인구(0~14세+65세 이상)에 대한 총부양인구(15~64세)의 비(총부양인구비=소년부양인구비+노인부양인구비)

· 소년부양인구비(young population dependency ratio): 소년인구(0~14세)에 대한 총부양인구(15~64세)의 비

· 노인부양인구비(old population dependency ratio): 노인인구(65세 이상)에 대한 총부양인구(15~64세)의 비

- **합계(총)출산율(total fertility rate)**: 한 사회의 여성들이 계속 연령별 출산율(ASFRs: age-specific fertility rates)을 유지할 경우 한 여성이 일생동안 출산할 수 있는 평균 자녀 수. 일반적으로 자녀출산가능 연령인 15~44세 또는 15~49세의 연령별 출산율을 근거로 하고 있음. 우리나라는 15~49세를 기준으로 하고 있음

- **인구유지 출산율(replacement-level fertility)**: 한 사회 또는 국가의 인구 수를 현 상태로 유지하는 데 필요한 합계출산율을 말하는데 UN에 따르면 2.3정도로 되어야 하는 것으로 보고 있음

- **인구 추계(population projection or forecast)**: 장래 일정한 시기에 살아 있을 총인구 수를 말함. 이는 어떤 연령에 해당하는 사람들 중에 장래 연령별 사망률과 출산율에 대한 타당한 전제 하에 장래 어떤 일정한 시기에 살아 있을 것으로 기대되는 사람 수로서 계산됨. projection은 장기적인 추계를 말하고, forecast는 단기적 추계를 말함

- **생명표(life table)**: 어떤 한 출생 코호트가 나이를 먹어감에 따라 어떻게 소멸되어 가는가를 나타내는 통계표인데 어떤 코호트가 일정 기간까지 사망할 확률, 어떤 연령에서 일정 기간 동안의 생존기간, 일정한 연령에서의 개인의 평균여명 등을 알 수 있음

- **장수(longevity)**: 개인이 가장 오래 사는 기간 또는 가장 오래 사는 것

- **베이비부머(baby boomer)**: 국가에 따라 다르며 주로 장기간의 전쟁 이후 출생률이 갑자기 높아진 시기에 출생한 인구집단을 의미함

  · 미국의 경우: 1945~1964년생(총인구의 26.9%)

· 일본의 경우: 1947~1949년생(총인구의 6.7%)

· 한국의 경우: 1955~1963년생(총인구의 16.8%)

• **성비(sex ratio)**: 성비＝남성인구/여성인구. 한 사회나 국가의 인구 중 여성에 대한 남성의 비를 말함

• **코호트(cohort)**: 같은 시점에 출생하여 역사적 문화적으로 비슷한 경험을 하거나 어떤 특별한 사건이나 조직에서의 경험을 처음으로 같이 경험한 집단을 일컫는 말임. 코호트의 대표적인 경우는 같은 시점(같은 나이, 5세나 10세 간격의 연령집단)에 출생한 연령 코호트(age-cohort) 이지만 이와는 달리 입사 동기 등과 같이 사회적으로 같은 경험을 한 집단을 말하기도 하는데 이 경우는 연령이 다양할 수 있음

• **제3기 인생 및 제4기 인생(the third age and the fourth age)**: 두 가지 다른 전통의 제3기, 제4기 인생론이 있음. 1970년대부터 일반적으로 인식되기 시작한 제3기 인생과 제4기 인생의 개념이 세계적으로도 일반화되고 있지만 2000년대 이후 미국에서의 새로운 개념으로 제3기 인생과 제4기 인생론이 있음

· Peter Laslett(영국의 사회철학자, 1989)의 제3기 인생론: 그의 저서 『A Fresh Map of Life』에 의하면 인생의 주기를 제1인생(의존/교육시기), 제2인생(독립/직업활동 시기), 제3인생(발전/성취의 시기), 제4인생(의존시기)로 구분한데서 유래하는 말임. Laslett은 특히 제3인생을 "발전/성취의 시기"로 보고 적극적 자기개발, 새로운 활동, 사회참여 및 학습활동 등을 강조하고 있음

· William Sadler(미국의 사회심리학자)의 제3기 인생론: 그가 40대와 50대의 200명을 인터뷰 한 후 이 중 50명을 선정하여 12년간 추적 조사한 자료에 의해 저술한 『The Third Age』에서 제3기 인생을 40대 이후 70 또는 70대 중반까지로 보고 새롭게 성장하는 제2의 성장기로 규정하고 있음

1 인구 고령화의 원인을 설명하시오.

2 인구 고령화에 따른 사회문제와 이에 따른 복지 차원의 대안을 제안하시오.

3 노인문제를 개인문제가 아닌 사회문제로 생각할 수 있는 근거를 제시하시오.

노인에 대한 이해

 일반적으로 노인에 대한 정의는 노화과정에서 나타나는 변화에 따라 사람마다 다르게 나타날 수 있다. 이 장에서는 노인에 대한 정의와 노화 현상, 그리고 이에 대한 이론을 살펴보고 이들 이론을 정책적인 관점에서 다루어본다.

- 노인에 대한 개념을 관점별로 정의한다.

- 노화 현상을 특징별로 구분하여 살펴본다.

- 노인의 특성과 노화이론을 제시하고 이에 대한 복지 대책을 논의한다.

노인에 대한 정의는 사회경제적으로 다르게 정의된다. 노인인구가 증가하는 고령화사회에서 노인은 나이가 들고 쇠퇴한 사람들로서 사회적으로 분리해야 하는 대상이 아니라 우리 사회에서 함께 살아가야 하는 관점으로 인식 전환이 요구된다. 즉 노인은 생리적으로 노화되고 사회적으로 역할을 상실한 사람으로서 보살펴야 할 대상이 아니라 전 생애 동안 생산적인 사회활동을 하다가 나이가 들었기 때문에 당연히 시민으로서 사회적 권리를 가지고 사회참여를 해야 하는 존재라는 것이다. 이는 1991년 UN에서 공포한 노인을 위한 다섯 가지 주요 원칙인 자립, 참여, 보호, 자아실현, 존엄성에서도 다루어지고 있다. UN의 정의에서의 참여participation는 노인은 스스로 의사결정을 하고 지식을 전파하며, 지역사회 봉사를 위한 기회를 찾고 노인 운동이나 협회 구성에 참여할 수 있어야 한다. 또한 나머지 네 가지 원칙에서도 사회적 관점을 내포하고 있다. 노인의 자립independence을 위해 사회적으로 기초적인 서비스를 제공하고, 일을 하고 소득을 얻을 수 있는 기회를 마련하며, 적절한 교육과 훈련 프로그램에 접근할 수 있는 기회를 제공해야 한다. 보호care에서는 노인은 각 사회의 문화적 가치 체계에 따라 가족과 지역사회의 보살핌과 보호를 받아야 하며, 보건과 사회적 보호 및 법적 보호를 받을 것을 강조한다. 자아실현self-fulfillment에서 노인은 자신들의 잠재력을 개발하기 위한 기회를 추구해야 하며, 사회의 다양한 자원을 이용할 수 있어야 한다고 한다. 존엄성dignity에서의 노인은 신체적·전신적 학대와 착취를 받지 아니하고 사회경제적인 기여도나 지위, 나이 등에 관계없이 공정하게 대우받고 존중받아야 한다고 한다(보건복지부, 2000). 이에 본 장에서는 먼저 일반적인 노인에 대한 정의를 살펴보고, 사회적 관점에서 노인을 정의하고, 노화 현상과 노화이론을 논의하고자 한다.

1. 노인에 대한 개념

1) 일반적인 노인의 정의

일반적으로 노인을 정의하는 기준은 크게 두 가지로 나누어진다. 하나는 생물학적 나이를 기준으로 어느 연령 이상이 되는 사람을 노인이라고 정의하는 방법이 있고, 다른 하나는 노화의 개념을 이용하여 정의하는 방법이다. 우리나라에서는 보통 만 60세 이상을 노인으로 정의한다. 이는 전통적으로 만 60세가 되면 회갑回甲으로서 이때부터 노년기로 접어든다고 사회적으로 인식하며, 정부에서도 생산활동인구를 15세 이상 59세 이하로 규정하고 있다. 또한 정년 연령이 직업마다 차이가 있지만 대체로 55세에서 60세 사이에 정년퇴직이 이루어지고 있기 때문에 일반적인 사회적 통념이 60세 이후의 시기를 노년기로 생각하는 경향이 강하다. 그런데 실제로 개인마다 노화 정도에는 차이가 있어 같은 나이라도 자신을 건사하는 면에서나 사회활동 면에서 차이가 상이하기 때문에 개인 내에서도 발달영역에 따라 노화속도가 다르다. 그러므로 노인이란 일률적으로 노인을 연령 기준으로만 규정하기는 어렵고 신체적, 심리적 그리고 사회적 측면에서 인생주기에 따라 변화하는 노화과정을 겪고 있는 사람으로 정의하거나, 생리적 및 신체적 기능의 퇴화와 더불어 심리적인 변화로 인하여 개인의 유지기능과 사회적 역할기능이 약화되고 있는 사람이라고 정의할 수 있다.

1951년 제2회 국제노년학회에서는 노인을 인간의 노령화 과정에서 나타나는 생리적, 심리적, 환경적 변화 및 행동의 변화가 상호작용하는 복합적인 관점에서 노인을 다음과 같이 정의하였다. 첫째, 환경의 변화에 적절히 적응할 수 있는 조직기능이 감퇴되고 있는 사람, 둘째 인체의 자체 통합 능력이 감퇴되고 있는 사람, 셋째 인체의 기관, 조직, 기능에 쇠퇴 현상이 일어나는 시기에 있는 사람, 넷째 인체의 적응능력이 점차로 결손 되고 있는 사람, 다섯째 조직에 대한 적응력이 떨어져 적응이 제대로 되지 않는 사람, 즉 노인은 '생리적 및 신체적 기능의 퇴화와 더불어 심리적인 변화가 일어나서 개인의 자기 유지기능과 사회적 역할기능이 약화되고 있는 사람'이다. 그러므로 노인의 개념을 규정하기 위해서는 개인의 정신적, 신체적, 사회적 및 문화적 요인 등을 고려해야 한다.

최근에는 노인의 연령이 65세 이상인 자를 말하고 있지만, 실질적으로는 경제적 활동에서 은퇴하고 있는 계층을 말한다. 개인적인 차이는 있지만 대부분의 경우 65세를 넘으면 경제활동을 중지해야 하는 신체적 한계를 보이기 때문에 대체적으로 65세 이상을 노인으로 보고 있다. 그렇지만 나이를 한계로 하여 노인을 구분하는 것이 쉽지 않고 또 의견이 분분하다. 우리나라의 경우 「노인복지법」에서 규정하고 있는 65세 이상인 자를 노인이라고 지칭하는 것이 일반적인 관례이다. 그런데 「고령자고용촉진법」에서는 55세 이상인 자를 고령자로, 50세 이상 55세 미만인 자는 준고령자로 정의하고 있으며, 「국민연금법」에서는 노령연금 급여대상자로서 노인을 60세로 규정하고 있다. 따라서 법적 노인은 65세 이상이지만, 통계자료의 경우는 60세 이상을 노인으로 분류하기도 한다.

2) 사회적 측면에서의 노인에 대한 정의

사회적 측면에서 노인에 대한 개념 정의는 다음과 같다. 첫째, 개인의 자각self aware-ness에 의한 노인은 개인 스스로 주관적으로 판단하여 노인이라고 생각하는 사람을 노인으로 규정하는 것으로 노화의 생물학적·사회적·심리적 측면을 어느 정도 내포하고 있지만, 개인의 주관적인 면이 다양하기 때문에 객관성이 크게 결여되어 보편적으로 사용하기에는 어려운 점이 있다. 기능적 연령functional age에 의한 노인은 개인의 신체적·심리적 영역의 기능 정도에 따라 규정한 것이며, 특히 산업노년학industrial gerontology에서 관심을 두고 발전시킨 노인에 대한 정의이다. 둘째, 사회적 역할상실에 대한 노인은 주요한 사회적 지위와 역할이 상실한 상태에 있는 사람을 노인으로 정의한다. 즉 노인을 사회적 직업활동에서 은퇴 또는 가정에서의 주부의 지위와 역할을 이양한 상태의 사람이라 한다. 셋째, 역연령歷年齡, chronological age에 의한 노인은 시간경과의 단위인 달력상의 시간에 의하여 연령(60세 또는 65세)에 도달한 사람으로 정의하며, 일반적으로 '65세 이상인 자'를 노인으로 규정하는 경우가 많다. 역연령에 의한 정의는 노인의 생리적·신체적·심리적인 면과 노화의 제 특성을 상당한 정도로 수용하고 있으며, 사회 입법적인 면이나 행정적인 면에서의 편의성 때문에 가장 보편적으로 사용하고 있다(Sheppard, 1976).

3) 「노인복지법」에서의 노인에 대한 정의

「노인복지법」은 1981년에 제정하였으며 급속히 진행되는 고령사회에 대비하기 위하여 1997년 전면 개정하였고, 그 후에도 동법 및 시행령, 시행규칙의 수차례에 걸친 개정을 통하여 노인을 위한 새로운 노인복지의 기초를 마련하고 있다.

현행 「노인복지법」의 제1조 목적에서는 "이 법은 노인의 질환을 사전 예방 또는 조기발견하고 질환상태에 따른 적절한 치료·요양으로 심신의 건강을 유지하고, 노후 생활안정을 위하여 필요한 조치를 강구함으로써 노인의 보건복지 증진에 기여함을 목적으로 한다"고 규정하고 있다. 제2조에서는 노인복지정책의 대상 집단이 되는 노인에 대한 개념 및 성격을 정의하고 있는데 구체적인 내용을 보면 다음과 같다. "① 노인은 후손의 양육과 국가 및 사회의 발전에 기여해온 자로서 존경받으며 건전하고 안정된 생활을 보장받는다. ② 노인은 그 능력에 따라 적당한 일에 종사하고 사회적 활동에 참여할 기회를 보장받는다. ③ 노인은 노령에 따르는 심신의 변화를 자각하여 항상 심신의 건강을 유지하고 그 지식과 경험을 활용하여 사회의 발전에 기여하도록 노력하여야 한다"고 규정하고 있다.

이러한 「노인복지법」에서 명시한 개념에서 노인복지의 목적과 목표를 도출해 낼수 있다. 먼저 노인복지의 목적은 신체적·심리적·사회적으로 편안하고 안락한 상태의 삶, 즉 의식주의 기본적인 욕구를 충족하고 건강과 문화적인 삶을 영위하는 것이라 할 수 있다. 이를 좀 더 구체적으로 표현하면 신체적·심리적·사회적 욕구나 문제를 예방 또는 해결하고, 창조적인 문화생활을 영위하는 것을 의미한다. 따라서 노인복지가 추구하는 목표는 노인의 안정된 생활을 유지, 자아실현의 욕구 충족, 사회통합이라고 할 수 있다.

노인복지의 첫 번째 목적인 노인의 안정된 생활유지는 사회복지에서는 국민적 최저수준 이상 또는 최적수준의 경제생활보장이라고 할 수 있다. 이때 국민적 최저수준은 한 국가의 경제수준, 정치적 상황 등 다양한 요인에 따라 달라질 수 있으나, 일반적으로는 최저생계비를 기준으로 한 빈곤선을 의미하는 경우가 대부분이다. 국가에서 공식적으로 활용하고 있는 최저생계비 기준을 바탕으로 한 우리나라의 빈곤선은 지나치게 낮게 책정하고 있어 인간다운 삶을 보장하는 데 많은 한계가 있다. 따라서 노인의 인간다운 삶을 보장하는 노인복지의 목표는 최저수준 이상이라는 소극적 생활보장의 기준보다는 최적수준의 생활보장이라는 보다 적극적인 생활보장의 기준을 따르는 것이 타당할 것이다.

노인복지의 두 번째 목적은 자아실현의 욕구 충족이다. 매슬로우에 따르면 자아실현의 욕구는 생리적 욕구, 안전의 욕구, 소속과 애정에 대한 욕구, 자존감의 욕구

매슬로우의 욕구이론이란?

매슬로우(A. H. Maslow 1908~1970, 미국 심리학자)는 인간성심리학파(人間性心理學)의 제창자로 인간관계운동을 진척한 이론가이다. 매슬로우 이론의 기본 전제는 첫째, 각 개인은 통합된 전체로 간주한다. 둘째, 인간 본성은 본질적으로 선하며, 인간의 악하고 파괴적인 요소는 나쁜 환경으로부터 비롯된 것이다. 셋째, 창조성은 인간의 잠재적 본성이다. 즉 성장, 자아실현, 건강에 대한 열망, 정체감과 자율성의 추구, 향상을 위한 노력을 보편적인 인간 성향이라고 간주하였다.

매슬로우에 따르면 인간의 욕구는 계층을 이루고 있으며, 이를 욕구의 계층이론이라 한다. 인간의 욕구는 강하지만 가장 낮은 계층의 생리적 욕구로부터 출발하여 가장 높은 계층의 자기실현 욕구로 도달하는데, 이러한 욕구계층은 다섯 가지 욕구로 구분한다. 이를 5단계 욕구이론이라고도 한다. 이들 욕구를 구체적으로 살펴보면 다음과 같다.

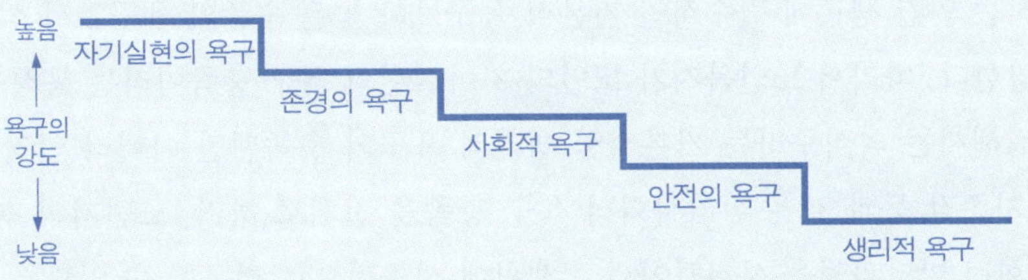

① 생리적 욕구: 인간의 가장 기본적인 욕구, 식사 물, 고통회피, 작업장에서는 봉급 및 작업환경이다.

② 안전의 욕구: 생리적 욕구가 충족되었을 때 나타나며 이는 도둑으로부터의 안전, 위험, 사고로 부터의 보호 등이다.

③ 사회적 욕구: 하위 두 가지 욕구가 충족되었을 때 발생하며 동료 간의 친화감 대인간의 만족을 나타내는 욕구이다.

④ 존경의 욕구: 하위 세 가지 욕구가 충족되었을 때 발생하며 타인이 자신을 무시하지 않길 바라는 욕
　구이며, 소속의 욕구가 충족되는 즉시 소속 내에서의 자신의 자존심이 결핍되어 나타나는 욕구이다.
⑤ 자기실현의 욕구: 하위 네 가지 욕구가 충족되었을 때 발생하며 자기 존경의 욕구 충족 후의 자신
　감 등을 말하며 개인의 능력 기술로 인한 작업성과 향상 등에 따르는 안정을 의미한다.

매슬로우의 욕구단계이론에서 하위욕구를 충족하면 점점 더 높은 단계의 욕구를 요구하게 된다. 그런
데 현재 욕구단계가 지속적으로 충족되지 않을 때에는 다시 낮은 단계의 하위욕구가 발로될 수도 있다
는 점을 무시했다는 비판이 있다. 욕구이론에는 허즈버그의 욕구충족이론, 머레이의 명시적 욕구이론,
맥그리거의 XY이론 등이 있지만 매슬로우가 주장한 이론이 제일 정확하다고 한다. 다른 학자들의 평
도 매슬로우의 이론을 거의 지지하는 상황이다.

라고 하는 인간 생존에 필수적인 기본적 욕구보다 높은 수준의 욕구로서 성장욕구
에 해당한다. 따라서 노인복지가 노인의 자아실현의 욕구 충족이라는 목적을 달성
하기 위해서는 의식주라는 기본적인 생리적 욕구의 충족뿐만 아니라 안전, 소속,
사랑, 자존감 등과 같은 심리사회적 욕구 충족을 전체로 하며, 노년기의 신체, 심
리, 사회적 발달과업을 성취하여 노후생활에 성공적으로 적응할 수 있도록 충분한
지원이 전제되어야 한다.

　노인복지의 세 번째 목표는 사회통합의 유지이다. 사회통합은 가족, 이웃, 집단,
조직, 지역사회 및 국가에 이르기까지 자신이 속한 사회체계에 심리사회적으로 유
대감을 갖고 적응하는 것을 말한다. 노년기에는 가족 내·외부에서의 지위와 역할상
실로 고독과 사회적 소외를 경험하며, 주류사회의 주변인으로 전락할 가능성이 높
아진다. 따라서 노인복지는 노인의 사회적 소외를 완화하고 사회구성원으로서의

지위와 역할을 부여하여 노인이 사회활동에 적극적으로 참여함과 동시에 평생 동안 쌓아온 지혜와 경험을 바탕으로 국가와 사회발전에 기여하도록 기회를 부여해야 한다.

이상의 노인에 대한 정의를 정리하면, 노인은 사회기능적 측면에서 사회통합의 여러 주체 가운데 하나이며, 연령으로서 사회적 분리의 대상이 되어서는 안 된다. 또한 노인은 단순히 보살핌과 보호의 대상이 아니라 사회발전에 기여해온 사람으로서 정치적·경제적·사회적 사회적으로 역할을 수행하는 권리를 가진 사람이다. 이러한 관점에서 볼 때 한국 노인은 보살핌과 보호의 대상일 뿐 아니라 사회적 권리를 부여받은 시민이라고 정의할 수 있다.

2. 노화 현상

나이가 들어감에 따라 신체적·인지적·사회적인 면에서 많은 변화가 일어난다. 노화 현상은 신경계통 및 혈액순화, 호흡, 소화, 배설, 생식과 같은 모든 작용에 영향을 미치게 되어 수면의 질이나 양 등이 감소하고 불면증과 소화기능의 쇠퇴를 가져온다. 이러한 변화는 노인의 불안, 욕구불만 및 스트레스와 같은 심리적인 반응을 가져오고, 동시에 타인으로 하여금 노년에 대한 고정관념이 증가하게 되며, 노인의 행동과 적응력 등 신체, 사회적인 부분에 부정적인 영향을 미치게 된다. 인간은 누구나 늙기 마련이며, 나이가 듦에 따라 신체의 각 부분도 노화 현상을 일으켜 자신의 의지와는 다르게 점차적으로 몸의 각 기능이 퇴화하고 성격도 변화한다. 또한 사회적 역할 변화와 배우자나 친구의 죽음과 같은 갑작스러운 사회적 환경 변화로 신체적이나 인지적인 변화를 초래할 수도 있다.

윤진(1985)은 다음과 같은 네 가지 특성으로 노화를 정리하였다. 첫째, 노화는 모든 동물에게 있는 하나의 보편적인 과정으로서 늙어갈수록 전염병에 대한 면역성이 약해진다. 둘째, 노화는 예기치 않은 사고나 뇌출혈 등과는 달리 매우 서서히 진행된다. 셋째, 노화는 외부적인 요인이기보다는 내부적인 요인에 대한 변화이다. 물론 스트레스, 질병, 부상 등 이차적인 원인에 따라 노화과정이 촉진되기도 하나 노화는 내재적이고 세포 재생에 관련되며 유전적인 변화이다. 넷째, 노화는 유기체의 여러 수준에서 일어난다. 즉 이러한 노화는 해부학적·생리학적·생화학적 및 행동적 측면에서 나타난다. 따라서 질병 유무에 상관없이 노화로 인하여 결국에는 누구나 죽음에 이르게 된다.

1) 노화의 정의

인간은 하나의 유기체로서 출생하고 성장, 발달하여 결국은 죽음으로 그 활동이 정지하게 된다. 이러한 과정에서 생물학적 변화를 겪게 되며, 생물학적 퇴화과정이 재생산과정을 능가하게 된다.

사전적인 의미로서의 노화老化는 시간의 흐름에 따라 신체기능이 퇴화하는 현상이다. 일반적으로 노화라 하면 생물학적 노화를 생각하게 된다. 그러나 Bee는 일상적으로 사용하는 신체적 노화는 생물학적 시계나 생물학적 영향에 의해 일어나는 변화, 즉 생물학적 노화라는 개념을 설명하는 데 한계가 있다고 말했다(Bee, 2000; 권중돈, 2005 재인용). 손주온(1989)은 노화란 나이 듦에 따라 생기는 생물학적인 자연 현상으로써 점차적인 조직 세포의 감퇴 및 노쇠와 더불어 나타나는 것으로 생리 기능 저하 및 쇠퇴와 더불어 궁극적으로 사망에 이르는 과정이라고 하였다.

노년기는 신체적·정신적·사회적·경제적으로 능력이 쇠퇴하는 시기이므로 노인들은 생리적, 신체적으로 약화되고, 이로 인해 정신적·심리적 측면의 변화를 겪게 되고 새로운 사회적 상태에 대한 적응 정도에 영향을 미치게 되어 사회생활에 어려움을 겪게 된다. 그러므로 이 시기의 노인 스스로가 지각한 심리적 변화는 신체적 노화를 가속화하는 요인일 뿐 아니라 노인의 신체적 건강과 정신적 그리고 사회적 건강은 서로 밀접한 관련을 가지고 상호작용한다(이신자, 1992).

Vailant(1990)는 노년 건강과 안녕감의 결정요인 등은 아동기 경험과 관련되어 있다는 사실을 발견했다. Vailant에 따르면 '잘 늙는다'는 것의 중요한 표시는 노화과정을 통해 당면하게 되는 사회심리적인 재해석이다. 심지어 사람은 암과 같은 불치병을 맞이할 때조차도 잘 늙을 수 있다는 것이다. 그의 연구결과에 따르면 '잘 늙는다 또는 성공적인 노후'라는 것은 근본적으로 개인과 환경 간의 역동적 관계라고 주장한 다른 연구결과와도 일치한다(Baltes, 1994; Roff & Atherton, 1989). 이들 연구를 포함한 성공적인 노후생활을 다룬 대부분의 연구결과에 따르면, 노화에 따라 다양한 변화에 적응하려는 개개인의 노력이 중요하며, 노인의 심리 및 사회적 적응을 높이기 위해서는 노인은 완고하고 발달이 불가능하다는 부정적인 관념을 버리고, 노인의 특성을 이해하려는 사회 관례적인 태도 변화가 필요하다고 주장한다.

2) 신체적 노화 현상

노인의 신체적 노화 현상은 일반적으로 신체적 변화를 의미한다. 노인의 신체적 변화는 첫째, 뼈와 근육의 위축으로 키가 줄어들고, 등이 굽어지며, 피하지방이 감소하여 전신이 마르고 체중도 줄어들며 주름이 많아지는 세포의 노화이며 둘째, 방어 능력의 노화로 잠재하고 있던 질병이 출현하거나 질병이 발생할 경우 급격하게 상황이 악화되어 죽음을 맞이하는 경우를 의미한다. 셋째, 신체조직의 예비능력이 저하되어 일상생활의 활동에서 조금 더 힘든 생활에 지장을 초래할 수 있다. 넷째, 회복능력의 저하로써 만성적인 질환을 가진 노인은 다른 합병증도 쉽게 올 수 있어 사소한 원인으로도 중증상태에 빠지는 경우가 있다(보건복지부, 2008). 구체적인 신체적인 변화는 다음과 같다.

신체적 노화의 현상은 지방은 늘어나고 조직은 줄어들며 신체 접합 부분의 움직임이 굳어지고, 피부는 연령이 증가할수록 창백해지고 메마르며, 주름살이 많이 생기고, 팔다리의 수의근은 수축력이 약해지고 뼈에 부담이 많이 가며, 신장은 연령 증가와 함께 줄어든다. 체중은 60세 이후 일반적으로 감소하고, 모발은 모낭이 약해지고 빠지며 흰색이 된다. 치아는 45세를 경계로 현저히 준다. 또한 신체 내부의 기능적인 면도 치아 결손, 소화 효소 양의 감소, 근육약화로 인한 위의 연동운동 약화 등으로 소화기능이 감퇴하고, 기초대사율이 감소한다. 세포는 사멸하거나, 분열이 일어나지 않으며 세포 수가 정지한다. 폐활량이 현격히 감소하며, 혈액순환이 둔화하고, 혈관벽이 두꺼워 지며, 동맥경화나 뇌동맥경화증이 심해지기도 하고 다발성 경직성 치매라는 질환이 발생하기도 하며, 혈압은 증가한다. 수면시간은 점점 줄어들고 불면의 현상이 나타나 감정의 불안정, 근심걱정, 가족 간의 갈등, 죽음에 대한 공포 등의 이유로 나타나기도 한다. 더불어 야뇨증과 생식기능의 상실, 성욕 및 성교능력의 감소 등이 나타난다(장인협·최성재, 1987).

소화기의 노화는 맛을 느끼는 세포 수의 감소와 후각기능의 저하로 미각이 둔화됨에 따라 짠맛은 둔해지고 쓴맛은 잘 느끼게 된다. 타액과 위액분비 저하 및 위액의 산도 저하로 소화능력이 저하된다. 씹는 것이 어려워 영양상태의 악화와 섬유식이의 섭취부족으로 변비가 생기기 쉽다. 소화능력이 저하되어 가스가 잘 차고, 변비, 설사, 구토증상 등을 유발한다.

호흡기와 순환기의 노화로 폐활량이 줄어들어 쉽게 숨이 차고, 동맥경화 현상으로 혈압의 조절능력이 저하된다. 또한 신체활동 감소와 신진대하 저하로 체열 생산이 감소하기 때문에 체온, 맥박수, 호흡수 등이 감소하며, 혈관경색 및 심장기능 저하로 순환장애를 초래할 수 있으며, 기관 내 분비물이 잘 생겨 호흡기에 감염이 잘 된다. 근골격계 노화는 등이 앞으로 굽으며 자세변화가 올 수 있으며, 골다공증의 발생으로 작은 충격에도 골절되기 쉽고, 근력 저하로 운동능력이 감소한다. 생식기와 비뇨기계의 노화도 수반한다. 즉 방광기능과 대뇌기능의 저하 등으로 빈뇨증, 요실금, 야뇨증이 생길 수 있으며, 여성의 경우 유방 위축과 질 수축 및 분비물 저하로 질 감염이 되기 쉽고, 남성의 경우 전립선 비대로 배뇨곤란과 배뇨 시 통증을 경험하게 된다. 피부의 노화도 수반한다. 피하지방의 감소로 기온에 민감해지고, 피부가 건조하고, 표피가 얇아져서 탄력성이 감소한다. 이로 인해 상처회복이 지연되고 욕창이 나타날 수 있다. 신경계의 기능이 저하됨에 따라 근육 긴장과 자극반응성 저하로 신체활동이 감소하고, 감각기관(시각, 청각, 미각, 후각, 촉각)이 둔화되며, 정서 조절이 불안정해진다. 또한 신체적인 운동부족으로 불면증이나 수면장애를 동반한다(보건복지부, 2008).

3) 인지적 노화 현상

인지적 노화는 행동, 감각, 지각기능, 자아에 대한 인식 등이 시간의 변화에 따라 변화하는 것을 의미하며, 노화로 나타나는 두드러진 정신기능의 변화로는 지적능력의 감퇴, 감각기능의 감퇴, 감정 반응의 둔화, 인격 변화, 우울 경향의 증가 등이며, 이를 심리적 노화라고 일컫는다(보건복지부, 2008). 노년기에 접어들면 신체적인 노화와 함께 인지적인 노화가 일어난다. 노인의 인지적 변화에서 일반적으로 많이 나타나는 증상은 우울증으로서, 신체적 질병, 배우자의 죽음, 경제능력의 약화,

사회와 가족으로부터의 소외 및 고립, 일상생활에 대한 자기통제의 불가능, 지나온 세월에 대한 회한 등이 많은 원인이 되어 나타난다. 또한 자기 자신의 사고나 감정에 따라 사물을 판단하는 경향이 많아지고 누군가의 도움을 받아 문제를 해결하려는 수동적인 경향이 증가하며, 경직성이 증가하여 새로운 환경에 적응하기 어렵고 이로 인하여 노인의 학습능력과 문제해결 능력이 저하된다. 노년기에는 노인 스스로의 의지로서 정확성을 중시하기 때문에 조심성이 증가하며, 시각, 청각 등의 감각능력 쇠퇴를 비롯한 신체적·심리적 기능이 쇠퇴하여 부득이 조심스러운 행동을 하게 된다. 노인의 경우 결정에 대한 자신감이 떨어지기 때문에 확실하지 않다면 어떤 결정을 내릴 때 더욱 조심스러워하는 경향이 있다. 노인은 신체적 기능의 약화와 경제적 능력의 쇠퇴로 자립성이 감퇴하여 정신적 의존성, 사회적 의존성이 증가하는 경향이 있다. 노인이 될수록 오래 사용해온 물건에 대한 애착심이 증가함에 따라 집, 가재도구, 사진, 골동품, 일용품 등 여러 가지 친숙한 물건들은 지나온 과거를 회상하고 마음의 안락과 만족을 느끼게 하며 비록 자신의 주변 세상과 세월이 많이 변했지만 자신과 자신의 주변은 변하지 않고 일정한 방향으로 유지되고 있다는 느낌을 주어 노인에게 마음의 안정을 갖게 하는 데 좋은 역할을 한다.

감각기능은 신체의 내적·외적인 면의 변화와 상황에 대한 정보를 수집하여 뇌에 전달하는 기능으로, 시각은 연령 증가에 따라 수정체의 조절능력이 약해져서 근거리에 있는 물체의 상이 명확히 맺히지 않아 돋보기를 착용하게 된다. 색깔에 대한 감지 능력도 황화현상으로 노랑, 주황, 빨간색 계통의 색을 더 잘 구별할 수 있으며, 빛을 받아들이는 능력이 저하된다. 청각은 연령 증가에 따라 소리의 고저 및 감지능력에는 큰 변화가 없는 것으로 보고되고 있으며, 50세 이후부터는 청력 손실을 느끼기 시작한다. 미각은 노화에 따라 혀의 미각봉우리 수가 감소하여 맛을 제대로 느끼지 못하고, 4가지 기본 맛(단맛, 신맛, 쓴맛, 신맛)의 기능이 약해진다. 후각은 노화에 따라 약화되며 신체부위에 대한 접촉의 민감성은 45세 이후에 현저히 감소한다. 안전에 위협을 주는 응급상황을 알려주는 주요 감각기능으로서 통각이 약화된다는 주장도 있으나 확실치 않다(권중돈, 2005). 노인의 지각기능은 노화에 따라 지각과정의 속도가 저하되는 것이 일반적이며, 노인이 환경 변화에 즉각적으로 대처하는 행동이 잘 이루어지지 않고, 안전사고가 일어나는 이유도 지각능력의 둔화로 본다. 심리근육운동 기능은 감각기관을 통해 외부자극에 대한 정보가 전달된 후, 전달된 정보를 통합하여, 자극에 대한 반응행동을 결정하고 정보를 근육기관에 지시, 전달하는 일련의 과정이기 때문에 노화에 따라 느려지며, 반응시간이 많이 걸린다. 노인의 식욕은 젊은이에 비해 약한 편이라 할 수 있지만 개인적인 차이가 상당히 있으며, 성욕은 남녀에 무관하게 연령에 따라 약화하며, 활동하고 싶은 욕구도 연령 증가에 따라 다소 줄어든다.

정서는 신체 외적인 상황에 대한 반응으로 야기되며 불안, 격노, 슬픔, 기쁨, 놀라움 등을 포함하며, 노인의 정서는 연령 변화에 따른 반응보다는 사회, 문화적인 요인이 큰 것으로 본다.

4) 사회적 특성변화로 인한 노화 현상

노화의 사회적 측면은 지위와 역할 변화, 자녀 독립, 퇴직, 경제적 의존성 증가, 신체적 의존성 증가, 생활환경의 변화 등으로 나타난다(권중돈, 2005). 노년기에 접어들면 지금까지 활발히 일하던 직장에서 정년을 맞아 퇴직하게 됨으로써, 소득 상실뿐 아니라 직장동료, 상하 직원들과의 대인관계 축소로 인한 유대감 상실을 뜻한다. 퇴직과 동시에 소득뿐 아니라 사회적 신분과 지위도 상실함으로써 빈곤과 상실감에 시달리게 된다. 또한 배우자나 친구와 사별하는 경우 막연히 느끼던 죽음이 현실화되면서 심한 허무감, 절망감, 고독감을 갖게 된다. 더불어 남성의 경우 가장의 자리를 아들에게 인계함에 따라 고독감을 느끼게 되며, 여성의 경우는 자식이 성장하여 자립하면서 오는 빈둥지 증후군 등으로 노후에 대한 초조와 불안감을 가지게 된다(보건복지부, 2008).

이상과 같이 노화란 분명한 원인 없이 유기체의 여러 수준, 즉 신체적·심리적·사회적 측면에서 서서히 일어나는 하나의 보편적 자연현상으로서 중년기 이후 그 현상이 두드러지게 나타나며 죽음에 이르게 되는 유전적으로 계획된 변화라고 할 수 있다(손주온, 1989). 인간은 누구나 연령이 증가함에 따라 다양한 변화를 겪는다. 인간의 신체적·심리적·사회적 노화는 자연적인 현상이지만 개인이 당면하는 노화는 그 사람의 생활양식에 따라 다른 양상으로 영향을 받을 수 있다. 노화 현상 진행으로 생리기능이 저하되고, 이에 따라 경제적·사회적 활동력이 감소되어 의존성을 보이게 된다. 또한 노인들의 만성적인 건강문제는 나이가 들어가면서 보다 빈번해지

빈둥지 증후군이란?

중년의 주부가 자기 정체성 상실을 느끼는 심리적 현상으로서, 공소증후군(空巢症候群)/빈둥지 증후군이라고도 한다. 남편은 바깥일에 몰두하는 날이 많고, 남편에 대한 기대감을 채워주지 못할 뿐만 아니라 부부간의 대화마저 무관심하고 자식들도 커갈수록 진학, 취직, 연애, 결혼 등 각자 독립의 길을 밟아가면서 세대 차이 이유로 상대해주지 않아 삶의 보람을 주는 애정의 보금자리라 여겼던 가정이 빈둥지만 남고 주부들 자신은 빈껍데기 신세가 되었다는 심리적 불안에서 오는 정신적 질환이라 할 수 있다. 이러한 심리적 상실감과 시간적 공허감은 주부 자신에 대한 지나친 관심으로 이어질 수 있다. 이러한 정신적 위기는 여성들의 사회참여가 활발하지 못한 사회에서 심각한 사회문제로 제기되고 있다. 이를 극복하기 위해서는 부부가 함께 취미를 갖는 등 여러 가지 방법으로 여가생활을 즐기는 데 관심을 두거나 이들이 일할 수 있도록 재교육의 기회를 제공하는 사회적 장치를 마련해야 한다.

고, 무기력해지는 원인이 된다. 나이를 먹으면 정신적인 면에서도 여러 가지 변화가 일어난다. 변화에 잘 적응하지 못하면 긴장감이 높아져서 건강상 여러 가지 문제를 야기한다. 따라서 노년기를 건강하게 보내기 위해서는 신체적으로 식사, 배설, 수면 등의 일상생활을 적절하게 정비하고, 정신적으로 충실한 생활을 보내며, 사회적으로는 변화된 사회적 역할에 잘 적응하는 것이 중요하다.

3. 노화이론

여러 학자들은 인간 노화에 따른 축적된 경험과 기존 이론을 바탕으로 인간이 경험하는 노화 현상이 왜 일어나는지, 그리고 이에 대해 어떻게 적응해나가는 것이 건강한 노년을 보낼 수 있는지에 대한 체계적인 논의를 시도하였다.

인간의 노화를 설명하기 위한 다양한 이론들은 그들 나름대로의 장단점이 있으며, 강조하는 측면도 서로 상이하기 때문에 이를 하나의 기준으로 분류하는 것은 쉽지 않다. 이들 이론들 중에서 노화 현상을 통합적으로 이해하는 데 도움이 되는 이론들은 다음과 같다.

1) 분리이론

분리이론disengagement theory은 캔자스시 성인 연구를 토대로 하여 Cumming과 Henry(1961)가 제시한 이론이다. 그들은 신체적으로나 경제적으로 능력이 있는 미국 캔자스시에 거주하는 성인들을 대상으로 한 연구를 수행한 결과 노인을 사회로부터 분리하는 것이 개인적으로나 사회적으로 바람직하다는 분리이론을 주장하였다.

분리이론에 따르면 노인은 젊은이에 비하여 건강이 약화되고 죽음에 임하는 확률이 높으므로 개인의 입장에서 최적의 만족과 사회체계의 입장에서 노인과 사회는 상호 분리되기를 원하며, 이러한 분리는 정상적이고 피할 수 없는 것이다. 또한 노인들은 젊은 사람들에 비해 신체적으로나 정신적으로 건강하지 못하기 때문에 사회에서 노인을 분리하는 것은 노인을 노동에서 해방하고 노인 자신의 노화과정을 자연스럽게 받아들이고 자아통합을 도와줄 수 있는 효율적인 방법이라고 하였다. 나이가 많은 사람들은 활동수준을 줄여나가고 수동적인 역할을 수행함으로써 자신의 내면세계를 통찰할 수 있는 시간을 가지게 되며, 쇠퇴하는 신체적·정신적 수준에 조율할 수 있는 여유가 있다는 것이다(Henry, 1965). 여기서 분리라는 용어는 중년기 역할체계로부터의 보편적이고 상호적인 불가피한 철회 혹은 이탈을 의미한다. 이 이론은 사회적 욕구의 충족이라는 차원에서 노화과정을 명하고 있다. 노인 개개인은 사회구조의 수동적인 존재로 간주한다. 분리는 개인이 먼저 취할 수도 있고, 또한 사회가 노인을 분리할 수 있다. 결과적으로 노인들은 사회화된 구성원으로서 사회욕구 충족 차원에서 언제든지 분리 또는 이탈할 준비가 되어 있다고 보고 있다(Gouldner, 1970).

분리이론은 이러한 이탈과정이 사회와 개인 모두에게 순기능적이라고 주장한다. 즉 분리를 통하여 사회적으로 보다 유능한 젊은이들에게 일할 수 있는 기회를 제공할 수 있는 여지를 마련할 수 있고 이와 동시에 개인적으로도 사회생활로부터 궁극적인 분리를 준비할 수 있는 기회를 제공할 수 있다는 것이다(모선희 외, 2005). 사회로부터 분리는 사회에 대한 노인의 공헌 가능성, 특히 지식과 기술이 퇴화한 노인을 새로이 훈련하는 것보다는 숙련된 젊은이들로 교체하는 것이 훨씬 유리하다고 판단될 때 일어난다. 따라서 사회는 노인을 분리하는 것이 사회의 기능과 안정을 유지하는 데 유익하다. 이러한 면에서 볼 때 사회적 분리는 사회유지와 안정을 위해서 기능적인 요건을 갖춰야 하는데, 사회는 여러 가지 기능을 중단 없이 수행할 수 있는 개인이 필요하다. 그러므로 사회가 사회적 기능 수행에 필요한 사람들의 자격요건을 제한하는 것이 필요하다. 은퇴는 이러한 기능주의적 관점에서 사회적 참여를 제한하여 사회로부터 분리하는 제도이다.

개인적 분리는 약화된 건강과 죽음의 가능성이 커짐으로써 노인 스스로 에너지를 보존하고 자신의 내면을 돌볼 수 있는 시간을 보내기 위하여 사회로부터 분리되기를 원할 때 일어나는 것이다. 따라서 사회에서 분리된 노인은 보다 높은 심리적 만족감을 갖게 된다. 즉 노화와 더불어 사회적 활동을 적게 할수록 노인의 심리적 만족도는 높아진다는 것이다(최성재 외, 2002).

분리이론이 지금도 넓게 활용되고 있을 만큼 노년사회학에 공헌했지만, 비판의 소리도 높다. 첫째, 분리이론은 제한된 집단의 연구에서 일반이론을 창출했다는 점이다. 이 이론은 역사와 문화의 영향을 과소평가하고 있고, 분리과정의 보편성에 대해 과대평가한 점을 비판받았다. 이 이론은 분리가 개인이나 사회 양자에게 기능적이고 유익하다는 결론을 도출하였으나, 그러한 결론이 타당하지 않다고 주장하였다(Atchley, 1971; 최순남, 2002에서 재인용). 즉 분리이론에서 노인들이 사회의 중요한 사건에 참여하는 것은 부적합하다는 가설은 명확히 연령에 대한 편견을 의미하는 것이다. 둘째, 분리이론은 사회로부터 벗어나고 싶어 하는 경향이 노년기의 특징일 뿐만 아니라 개인적인 차원이라는 점을 증명하지 못했기 때문에 비판을 받고 있다. 더구나 대부분의 노인들은 일자리와 사회활동을 통해 성취감을 얻고 행복과 만족한 삶이 뒤따르는 것으로 믿고 있다(최순남, 2002). 셋째, 활동능력이 있을 때 활동을 계속하다가 더 이상 활동할 수 없을 때 사회와 가정으로부터 점진적으로 분리되어야 한다. 이처럼 분리는 점진적으로 서서히 자연적으로 일어나야지 인위적으로 사회제도에 의해서 노인이 밀려나게 되면 자연적인 현상은 무너지게 된다

(권육상, 2000). 분리이론 자체의 이론적 제약점에도 불구하고 노화과정을 설명하는 최초의 공식적인 이론체계로서 다른 이론적 시각의 개발에 자극이 되었다. 특히 분리이론과 극히 상반되는 활동이론과의 논쟁을 통하여 노인의 역할과 생활만족도에 관한 연구를 활발하게 할 수 있는 계기를 마련하였다(모선희 외, 2005). 또한 Cumming과 Henry는 1965년에 사회적 분리에 대한 자신들의 입장을 수정하였으며, 이는 이후의 활동이론과 연속이론의 기초를 형성하게 되었다.

2) 활동이론

활동이론activity theory은 캔자스시 성인 연구결과를 토대로 하여 로버트 하버거스트 Robert Havighurst가 제시한 이론이다. 하버거스트 외(1968)는 노인은 불가피한 건강상의 변화를 제외하고는 중년기와 다름없는 사회적 욕구가 있기 때문에 사회적 분리가 기능적이라고 주장하는 분리이론은 설득력이 없다고 하였다.

인간은 연령을 초월하여 사회인으로서 역할이 주어져야 한다는 활동이론은 대부분의 노인들이 일반적으로 마음이 통하는 사람들과 어울리는 것을 좋아한다는 것이다. 그들은 고독을 싫어하고 타인으로부터 배제당하는 것에 노여움을 나타내며, 특히 사회의 중요한 지위에서 배제되는 것을 싫어할 뿐만 아니라 저항의식을 나타낸다는 것이다(최순남, 2002). 따라서 자아정체감을 향상할 수 있는 사회적 활동이 퇴직이나 건강 약화로 제약받게 되면 자아 평가에 위기를 초래하고 부정적인 자아상을 형성하며, 결국 노인의 심리적 만족감 또는 사회적 만족감이 낮아지게 된다. 역할상실에서 오는 노인의 심리적인 위축으로 노인 스스로 자아에 대한 부정적인 자아상을 형성하게 되면 사회 전반적인 인식 또한 노인은 힘없고 나약하며 쓸모없는 무기력한 존재라는 이미지를 형성하게 된다. 그렇기 때문에 긍정적인 자아개념을 유지하기 위하여 노인들은 노후에 상실한 역할들을 새로운 역할들로 대치해야 한다. 이 이론에 따르면 노후의 역할상실에서 오는 부정적인 자아개념을 회복하기 위해서는 새로운 역할들을 찾아 활발히 활동하여 자신의 사회세계를 축소하지 않고 꾸준히 활동을 지속해야 한다고 주장한다.

활동이론은 기본적으로 사회활동의 참여 정도와 노인의 생활만족도는 상관관계가 있는 것으로 본다. 즉 노인의 사회활동 참여 정도가 높을수록 노인의 심리적 만족감 또는 생활만족도는 높아진다는 것이다. 이 같은 주장은 '생물학적 측면과 건강의 불가피한 변화를 제외하고는 노인은 근본적으로 중년기와 다름없는 심리적 및 사회적 욕구를 지니고 있다'는 가정에 근거하고 있다(최성재 외, 2002). 이처럼 활동이론은 모든 노인들이 자신의 젊은 시절만큼 활동적으로 일을 수행할 수 없거나 혹은 수행하기를 원하지 않더라도, 자신이 사회의 일원으로서 공헌하고 있고, 가치 있는 인간이라는 인식을 가질 수 있도록 해주며, 궁극적으로는 생에 의미를 부여하고, 자아개념에 긍정적인 영향을 미치며 노화에 대한 적응능력도 높여준다.

사회활동 이론가들은 은퇴가 아니라 사회참여가 노화에 훌륭하게 적응하는 방법이라고 주장한다. 생리적인 면에서 기계를 쓰지 않고 버려두면 녹슬어 쉽게 마모되는 것처럼 사람의 신체 및 정신기능도 쓰지 않으면 더 빠르게 퇴화하여 죽음을 재촉하게 된다는 것이다. 그러므로 활동하기를 좋아하는 사람들은 계속적으로 일할 기회가 주어지기를 희망하고 그래야 행복하고 만족스럽게 살아간다. 일생을 뒤돌아볼 때 자신이 사회에서 배제당하고 쓸모없는 존재라고 생각하는 노인보다 자신이 사회의 일원으로 공헌하며 살고 있다고 자아개념이 확립된 사람은 여생을 보다 건강하고 의미 있게 살아간다(최순남, 2002).

Lemon 외(1972)는 상징적 상호작용론에 입각하여 활동은 개인의 자아개념을 재확인하는 데 필요한 역할지지를 제공한다고 주장하였다(모선희 외, 2005). 활동이

친밀하고 빈번할수록 역할지지는 더욱 구체적으로 확실해진다. 역할지지는 긍정적인 자아상을 유지하는 데 필요하고, 긍정적인 자아상은 생활만족도를 높게 유지하는 것과 관련된다. 이처럼 활동이론은 사회적으로 활동에 참여함으로써 역할지지를 기대하고 긍정적인 자아 유지를 통해 높은 생활만족도가 향상한다는 인과적인 심리적 메커니즘을 전제하고 있다. 여기에서 활동은 직업 활동에서 공식적 지위에서 발생하는 역할뿐 아니라 노인들 자신의 의미를 부여하고 목적 있는 대인관계의 모든 활동을 수행하는 과정에서 상대방과의 교류를 통해 자신의 입장을 확인할 수 있는 모든 인간관계에 따른 사회적 활동을 포함하는 것으로 볼 수 있다.

이 이론은 분리이론과 대립하는 이론으로서 노년사회학에서 가장 많은 논란을 빚고 있다. 인간은 노화로 인해 능력의 저하는 분명히 발생하며, 능력의 저화로 실제로 노인들은 중년기에 자신이 수행하던 역할을 지속하기에 어려움이 있다는 점에서 활동이론은 비판받고 있다. Covey(1981)의 주장에 따르면, 활동이론에서는 활동수준보다 개인의 성격이나 사회경제적 지위, 생활방식과 같은 변인들이 노년기의 생활만족도에 더 많은 영향을 미치고 있다는 점을 간과하고 있다. 이는 활동에 가치를 두는 정도는 자신의 생활경험이나 성격, 사회경제적 자원에 따라 상이하기 때문이다. 또한 활동이론은 모든 노인들이 높은 수준의 사회활동 참여를 필요로 한다고 가정하고 있으나, 현실적으로는 활동 유형과 활동에 내포된 의미는 개개인마다 상이할 수 있다는 점을 간과하고 있다. 다시 말해서 생활만족도와 노후 활동참여와의 상관관계는 활동 유형에 따라, 그리고 노인 개인이 처한 상황에 따라 다른 결과를 초래할 수 있다는 점을 충분히 인식하지 못하고 있다(모선희 외, 2005). 또한 활동이론은 미국과 같은 일-중심적인 문화권에서는 적절하지만 다른 문화권에서도 이 이론이 적절할지는 의문의 여지가 있다. 즉 일부 노인들에게는 활동이론을 적절하게 적용할 수는 있지만, 실제로 일을 하고 싶어도 할 곳이 없다는 현실적인 한계에 직면하게 된다.

3) 연령계층화이론

연령계층화이론age stratification theory은 Riley와 Foner(1968)가 제창한 이론으로서, 활동이론이나 분리이론과 달리 노화문제를 개인의 문제로 국한하지 않고 사회적인 연령계층의 문제에 초점을 맞추어, 세대 간의 차이나 동년배집단 간의 차이를 연령계층과 그 특성의 관계를 통해 설명하는 이론이다. 연령계층화이론의 요점은 사회는 기본적으로 연령등급에 따라 연령층을 구성하고 있고 서열화되어 있다는 것이다. 이 이론에 따르면, 한 연령계층에 속하는 사람들은 서로 비슷한 역사적인 경험을 하면서 성장했기 때문에 비슷한 태도, 가치 또는 전망을 가지며, 다른 역사적 경험을 하며 성장한 다른 연령집단과는 구별된다(최성재 외, 2002). 즉 인생주기에 있어서 같은 단계에 있는 사람들은 공유성, 공통성이 있을 뿐 아니라 역사적으로 같은 시기에 산 사람들은 같은 삶의 경험을 하기 때문에 연령층들 간의 혹은 세대 간의 차이를 가져온다고 본다. 따라서 각 연령집단의 성원들은 사회적 역할수행의 능력이나 의지도 다르고, 기대되는 사회적 역할도 다르며, 사회에서 부여하는 권리와 권위도 다르기 때문에 노인층을 형성하게 된다(모선희 외, 2005).

연령계층이론은 노인들의 문제를 단순히 활동수준의 문제로 이해할 수 있는 것이 아니며, 연령계층의 변화에 따른 개인 경험이 노년기 적응에 영향을 미친다는 것을 강조하였다(Lynott & Lynott, 1996). 그는 상이한 연령계층의 사람들은 각각의 연령집단 간에 발달단계에 따른 차이도 보이지만, 각 연령집단이 경험하는 역사적 경험도 차이가 있다고 하면서, 이러한 역사적 경험의 차이를 출생집단효과cohort effect라고 하며, 이것이 사람들의 사고나 행동에서 차이를 설명한다고 주장했다. 이 이론을 우리나라의 노인문제에 적용해보더라도 현재의 노인세대와 미래의 노인세대들과는 상당한 차이를 보일 수 있다. 예를 들어 베이비부머 세대가 은퇴하는 2020년 전후로 국내의 고령친화산업이 상당히 발전하여 있을 것이다. 이로 인해 미래 노인세대들은 신체적으로는 활동적이고 건강하며, 기대수명이 길어질 것이며, 경제적으로도 보다 부유할 것이며, 자신을 노인으로 생각하지 않으며, 자녀와의 동거나 상속을 원하지 않는 '뉴실버' 세대로서 현재의 노인세대와는 상당한 차이가 있을 것을 예측할 수 있다.

연령계층이론은 종래의 고령화 자체를 본질적 발달과정으로 보는 견해에 대해서 연령집단에 따라 지속적인 경험의 차이가 있다는 견해로 변화하는 데 공헌했다. 이로써 연령계층이론은 사람들의 생활과 사회구조의 상호작용에 주목하고 사회, 심리 그리고 생리적 요소들의 상호의존성을 강조함으로써 연령을 보다 넓은 시각에서 바라보게 되었다. 그러나 연령계층을 인종과 성 등과 더불어 동일한 사회계층 요소로 보는 것이 적절하냐는 질문이 제기되고 있다. 또한 이 이론은 사회적 역할을 강조함으로써 개인의 자율성을 무의미하게 보며 구조결정론의 형태를 암시한다는 지적도 받고 있다. 연령계층이론은 개인들이 지니는 의미와 의도를 무시했다는 비판도 받고 있다(최순남, 2002). 이 이론은 세대 차이나 동년배집단의 차이를 이해하는 데에는 유용한 이론이나 연령계층에 대한 명목적 및 조작적 정의가 어렵기 때문에 실증적으로 검증하는 데 문제가 많다는 주장이 있다(최성재 외, 2002).

4) 교환이론

교환이론exchange theory은 Homans(1961 ; 1974)가 주장한 이론으로서 인간은 합리적이고 이윤 추구적인 동물이므로 보상을 최대화하고 비용을 최소화하는 방식으로 행동한다는 공리주의 경제학이론과 행동주의이론에 근거한다. 교환이론에서는 사회적 행동을 '적어도 두 사람 사이의 활동을 교환으로 보고, 대인관계는 사람 사이에서 보상을 반복적으로 교환하는 것'으로 본다. 이러한 사회적 행동 또는 대인관계가 성립하는 기본 조건은 주는 비용보다는 받는 보상의 가치가 크다는 것인데, 비용보다 보상이 큰 상황에서는 교환이 지속하지만 그러한 조건을 구비하지 않았을 때에는 사회적 교환행동을 회피한다는 것이다. 또한 교환관계의 행위자는 가능한 한 대등한 입장에서 교환관계를 형성 유지하려고 한다. 그러나 교환관계는 교환조건이 동등하지 못한 상태에서 시작하는 경우가 많다(최성재 외, 2002). Rosow(1974)는 전통사회에서 산업사회로 변천함에 따라 노인 재산 소유 및 통제권의 약화, 노인 지식의 낙후, 노인의 생산성 약화, 도시화와 핵가족화로 가족 공동체적 유대성의 약화 등으로 노인의 교환자원은 점차 약화된다고 주장한다(최성재 외, 2002). 교환이론에 따르면 산업사회에 교환이 불가피하게 이루어져야 하는 관계에서는 교환자원(지식, 기술, 금전, 사회적 승인, 복종, 존경 등)의 가치가 높거나 교환자원이 풍부한 쪽이 교환자원의 가치가 낮거나 부족한 쪽을 지배하며, 불균형적인 교환관계가 반복적으로 이루어지고 이것이 하나의 교환형태로 굳어져서 제도화되는 경향이 있다고 본다.

불균형한 교환관계에서는 의존성이 커져 결국은 권력적으로 열세에 처하는 쪽이 가능한 한 균형 있는 교환관계를 이루고, 교환관계에서 발생하는 손해 또는 비용을 줄이려는 경향이 있다(최성재 외, 2002). 이 이론에 따르면, 노인의 교환자원의 부족, 가치성의 저하 또는 고갈 등은 노인이 집단으로서 또는 개인으로서 교환관계를 형성하는 데 열세를 면치 못하는 지위로 하락시켰다고 할 수 있다. 따라서 노인지위의 약화는 일반적으로 노인에게 여러 가지 문제를 안겨주고 있다. 즉 교환자원의 가치 저하는 노인의 의존성이 증가하고 이는 권력의 약화를 초래하고, 권력의 상대적 약화는 또한 교환관계에서의 교환조건의 약세를 초래하여 결국 노인은 개인 및 사회와의 관계에서 문제를 경험할 수밖에 없다(최일섭·최성재, 1995).

Dowd(1975)는 교환이론적 전통에 근거하여 노인생활의 경험을 이해하였다(모선희 외, 2005에서 재인용). 노인들은 적은 자원(낮은 소득, 낮은 교육수준, 건강 약화)을 소유하고 있기 때문에 젊은 층과 상호작용할 때 상대적으로 권력의 열세에 처하게 마련이다. 젊은 계층의 입장에서는 노인과의 지속적인 상호작용은 그들에게 비용이 되는 셈이다. 그 결과로 의도하지 않게 노인들은 사회참여 횟수가 줄어들게 된다. 이처럼 개인적인 노후문제를 자원의 지속적 감축의 문제로 보는 Dowd는 노년기의 사회적 상호작용 감소를 노년층과 사회 간의 교환과정의 산물로 파악하고 있다. 그러나 Dowd는 이와 같은 노년기 문제를 모든 노인이 동일하게 경험한다고 생각하지 않는다. 그는 어느 한 개인에 있어서 나이와 자원의 소유 정도 간의 관계는 곡선형curvilinear 관계가 분명하지만, 특정 연령층에서는 사회경제적 지위가 높은 사람일수록 많은 자원을 소유한다고 한다(모선희 외, 2005).

교환이론은 노화 및 노인에 관련된 모든 문제를 설득력 있게 설명할 수는 없지만 많은 부분의 노인문제를 잘 설명하고 있다. 즉 근린 및 친구관계 문제 등을 설득력 있게 잘 다루고 있다(최성재, 1985). 또한 교환관계 균형화 전략은 노인문제를 정책적인 면에서 그리고 임상적인 면에서 서비스를 제공하는 데도 중요한 이론적 기반이 될 수 있다. 교환이론은 기회공급의 구조가 자원활용 면에서 영향을 미치며, 따라서 노인들의 교섭력에 영향을 미친다는 주장은 정책면에서 시사하는 바가 크다.

그러나 이 이론은 지속적인 상호작용이 동등한 주고받음give and take에 의해 가능하다고 보고 있고 또한 모든 상호작용을 엄격한 경제적이고 합리적인 관점에서 조망하고 있다는 비판을 받고 있다. 예를 들어, 비합리적인 실재인 사랑love의 경우도 경제적, 합리적인 입장으로 재정의하려 한다는 것이다. 더군다나 이 이론은 사회적 상호작용을 오로지 상호작용의 양적인 면만 견지하여 정의함으로써 교환관계의 질적인 측면을 간과하고 있다. 이처럼 교환이론은 교환의 양적인 측면을 지나치게 강조함으로써 개인들이 지속하는 교환관계에 있어서 비용과 보상의 의미를 다양하게 정의 또는 재정의할 수 있는 개인의 능력을 과소평가하고 있다(최순남, 2002). 그렇지만 이러한 비판에도 불구하고 대부분의 노인들은 상호작용을 통해 자신이 환경에 적응해가면서 자신이 환경에 영향을 미치는 두 가지 과정을 동시에 진행하게 된다. 비록 노인들이 경제적인 자원이 적지만, 그들의 경험이나 사랑과 같은 비물질적인 자원은 사회적으로는 상당한 가치가 있으므로, 노인들의 이러한 비물질적인 자원을 최대로 활용할 수 있게 하는 사회정책 지원이 필요하다.

5) 현대화이론

현대화이론modernization theory은 Cowgill과 Holmes(1972; 1886)가 제창한 이론으로서 노인지위는 특정 사회의 현대화/산업화 정도와 반비례하여 현대화 정도가 높을수록 노인지위는 낮아지게 된다고 가정한다.

전통적인 사회에서는 노인들은 희소자원의 통제와 전통적인 지식을 수단으로 높은 지위를 점하였으나, 산업화사회에서 노인들은 낮은 지위에 속하게 된다는 것이다. Cowgill과 Holmes(1972; 1886)는 현대화의 네 가지 요인인 보건기술의 발전, 생산기술의 발전, 도시화, 교육의 대중화 등이 노인지위를 하락하는 요인으로 작용한다고 보고 있다. 노인지위를 하락하게 만드는 것은 결국 노인문제의 직접 또는 간접 요인으로 작용한다. 급속한 현대화 과정 속에 있는 우리 사회에서도 앞서 제시한 네 가지의 현대화 요인들이 인과적 과정을 통하여 역할상실 및 여가시간 문제, 수입감소 및 경제적 의존문제, 건강보호의 문제, 사회적 고립과 소외의 문제라는 네 가지 유형의 노인문제를 유발하는 것으로 볼 수 있다(최일섭·최성재, 1995).

보건의료기술의 발전은 수명의 연장을 가져오고, 이로 인하여 고령인구가 증가하며, 제한된 직업상의 경쟁에서 고령자는 젊은이들에게 뒤쳐지게 되고 결국은 퇴직을 감수하게 된다. 이러한 퇴직은 노인지위를 하락하는 직접적인 요인이 되고, 퇴직은 역할상실의 문제를 가져온다. 또한 평균수명 연장으로 긴 노령기를 맞은 노인들은 특별한 할 일이 없이 무료하게 시간을 보내게 되어 여가시간 문제가 발생하게 된다. 기계화, 사무자동화 등의 생산기술은 노동력의 수요를 감소하고 고령자는 젊은이에 비하여 생산력에서 뒤쳐짐으로써 경쟁에서 불리하며 생산현장에서 밀려나는 퇴직을 감수하게 된다. 퇴직으로 수입이 감소하면 노화로 촉진되는 건강약화와 질병을 충분히 해결할 수 없고, 또한 핵가족화와 여성취업으로 인하여 노인이 가족으로부터 건강보호를 받는 것도 어려워 건강보호의 문제가 발생하게 된다. 대중교육의 확대로 자녀 세대가 교육을 많이 받게 되어 노부모 세대는 자녀 세대보다 교육수준에서 뒤지고 노부모 세대가 이미 습득한 지식은 상대적으로 무가치하게 된다. 이로 인하여 세대 간에 가치관의 차이가 발생하고 대화도 어렵게 된다. 결국 노인은 가족과 사회에서 소외되고 고립되는 감정을 느끼게 되거나, 실제로 사회적 소외와 고립의 문제가 발생한다. 한편, 도시화는 계층 간의 이동이 증가돼 심리사회적으로 거리감이 생겨 노인이 자녀 세대로부터 소외되고 고립되는 문제를 초래한다(최성재 외, 2002).

현대화이론은 현대사회에서 노인문제의 발생원인을 사회자원의 변화에 따른 지위의 변화 관점을 제시했다는 점에서 노년학연구에 기여했고, 노인문제 원인을 이해하는 데 가장 설득력 있는 이론이지만 이에 대한 비판적 견해들이 있다. 첫째, 현대화 이전에는 노인의 지위가 높았다는 가정에 있다. 인류학적 연구에서 현대화 이전에도 노인의 지위가 낮은 사회가 상당히 있었으며, 이 이론의 일반화에는 문제가 있다는 것이다. 둘째, 산업사회에서는 노인지위가 낮았지만 후기 산업사회에서는 오히려 노인의 세력이 증가되어 지위도 높아질 것이므로 현대화에 따른 계속적인 하락이라는 데는 문제가 있다. 셋째, 현대화의 부정적인 영향만을 고려하고 가족제도의 유지, 경로의 가치관 유지, 사회복지제도의 발전 등 노인의 지위하락을 막는 요인들은 고려하지 못하고 있으므로 일반화하는 데는 문제가 있다(최성재 외, 2002). 넷째, 현대화이론은 특정 사회의 노인집단 간에도 문화, 인종, 민족, 성, 사회계층에 따라 노인들의 지위는 동일하지 않으며, 이로 인하여 노인생활의 경험이 상이할 수 있다는 측면을 간과하고 있다는 비판이 있다(모선희 외, 2005). 이러한 비판에 대해 Cowgill은 산업사회에서 노인의 지위는 낮아지다가 후기 산업사회로 전환하면서 노인인구의 증가, 노인의 정치적 영향력의 증대, 노인복지제도의 발전 등으로 노인지위는 오히려 향상될 것이라고 현대화이론을 부분적으로 수정하였다.

6) 하위문화이론

노화에 대한 하위문화이론subculture theory은 Rose(1965)가 제창한 이론으로서, 이 이론은 노인들 간의 빈번한 상호작용으로 노인에게 특유한 하위문화가 생겨난다는 것을 전제한다. 이 이론에 따르면 노령기에 속해 있는 공통적인 특성과 사회로부터의 소외와 노인에 대한 사회의 부정적인 반응 및 정책 등이 노인들만의 상호작용을 촉진해 노인 특유의 하위문화를 유발하게 한다.

하위문화란 한 계층에 속한 성원들이 다른 계층에 속한 성원보다 더 많이 관계를 유지할 때 생기는 것으로써, 노인의 하위문화는 다양한 인구 그리고 사회적 추세의 결과로 발전하게 된다(Rose, 1965). 이와 같은 현상은 타 연령과의 상호작용으로부터 배제된 노인층의 증가 및 연령분리정책의 결과로서 노인들의 공통된 신념과 관심사의 증가 등의 요인으로 더욱 조장되고 있다. 그리하여 노인들은 하위문화로서 그들 집단의 고유한 규범과 가치를 창조한다.

노인하위문화는 다른 지위의 특성(성, 인종, 사회계층)을 초월하여 노인만의 집단 정체감을 형성하게 한다는 것이다. 그리하여 노인들의 공동문제를 논하고, 부당한 대우에 분노하여 이를 없애려고 사회적 행동을 취하며, 젊은이와 거리감을 두려는 욕구를 가지게 된다. 이런 격리가 결국은 청년문화, 중년문화, 노년문화라는 연령에 기반을 둔 하위문화를 형성하며, 세대 상호 간에는 갈등과 분화에 대응하여 결속력을 높이며 권력을 얻으려 노력한다.(구자순, 1988). Rose에 의하면, 하위문화 현상은 지위가 같은 사람끼리 서로 기회를 제공하는 긍정적인 면과 같은 부류끼리의 상호작용만 하려는 욕구 때문에 사회적 통합의 부정적인 면을 주장했다. 또한 하위문화이론은 노인들을 활동적으로 보고 그들의 조직력을 인정하며 노인들이 사회정책에 영향력을 행사할 수 있다고 보는 장점이 있다. 노인 하위문화가 형성 유지하는 이 이론의 주장은 퇴직자협회와 노인 유권자연맹과 같은 노인권익집단의 창설 등으로 지지되고 있다(모선희 외, 2005). 하지만 하위문화이론은 노인의 다양성, 즉 계층, 인종 그리고 성적, 차이의 힘 등을 과소평가 하고 있다는 비판을 받고 있다. 또한 사람들은 나이를 먹으면서 보다 독특해지며, 세대 간의 차이보다는 노인계층 간의 개인차가 더 크다는 사실을 간과했다는 평을 받고 있다(Hendricks & Hendricks, 1992; 최순남, 2002 재인용). 예를 들면, 노인들은 선거 시에 집단투표 형태나 그 외 다른 태도에 있어서 집단의식을 보이기보다는 개인 중심적이었다는 연구가 있다(Allen, 1984; 최순남, 2002 재인용). 하위문화이론은 실버타운, 노인복지시설에 입주하여 생활하고 있는 노인들의 상호작용 등의 어떤 특수한 노인집단의 상호작용 현상을 설명하는 데는 유용할 수 있으나, 이러한 현상이 현 사회의 전체적인 현상으로 나타날 수 있는 가능성이 적기 때문에 일반화하기에는 다소 어렵다는 점이 지적

되고 있다(최성재 외, 2002).

7) 사회적 와해이론

사회적 와해이론*social breakdown theory*은 인간의 능력은 사회적인 힘에 따라 강화되기도 하고 수정되기도 한다는 행동수정이론에 초점 맞추고 있다. 이 이론은 Kuypers와 Bengtson(1973)이 제창한 이론으로서, 사회적 혹은 심리적 문제가 있는 일부 노인들에 대한 부정적 인식이 노인 전체에 대한 부정적 인식으로 환류*feedback*되어 노인에 관한 부정적 인식이 강화되고, 부정적인 사회적 인식의 틀 속에서 생활하는 노인의 사회적 활동과 관계는 더욱 더 위축되고 어려워지는 순환적 틀을 형성하며, 결국 노인들은 사회적으로 와해된다고 주장하는 이론이다.

노인들은 적절한 준비가 되어있지 않은 상태에서의 갑작스런 역할의 변화나 상실, 불명확한 규범적 지침, 준거집단의 부족 등으로 사회적 혹은 심리적으로 취약하고, 이러한 취약성을 극복하고자 자신에게 적합한 역할과 기능, 사회적 관계나 활동 등을 획득하기 위해 외부인, 예컨대 특정 개인이나 사회단체, 복지기관 등에 조언과 도움을 요청하게 된다. 노인의 이러한 노력(외부의 조언과 도움의 요청)은 외부인으로 하여금 노인이란 의존적 존재, 취약한 존재 혹은 문제를 가지고 있는 존재로 낙인찍기며, 그 과정에서 다시 외부의 도움을 청하는 순환적 관계에 빠지게 되며 결국 사회적 와해 증후를 초래한다.

Zusman(1966)은 심리적으로 건강하지 못하는 노인들에게는 부정적 환류가 와해의 요인이 된다고 하였다. 즉 어떤 사람의 실수에 대해 지나치게 비판하게 되면 그 사람은 자신의 능력에 대해 회의를 느끼게 되고 자신감을 상실하고, 그로 인해 더욱 더 큰 실수를 하게 되는 상황에 이를 수 있다는 것이다. 이 이론에서 은퇴한 노인은 자신을 스스로 무능력자로 받아들이게 되어 자신감을 상실하고, 결과적으로 의존성을 조장하게 된다. 그러나 이와는 달리 노인에게 능력을 발휘할 수 있는 적절한 기회를 부여한다면 오히려 자신의 능력에 대해 긍정적인 자아를 형상한다는 것이다. 사회정책 기반으로 바로 이러한 긍정적인 환경을 형성하고, 노인들이 가지고 있는 잠재력을 극대화할 수 있도록 지원할 필요가 있다.

이상의 노화이론들 중에 분리이론, 활동이론, 하위문화이론 등은 사회학의 기능주의와 상징적 상호작용의 입장에 근원을 두고 노화를 촉진하는 개인적 특성이나 환경에 초점을 둔 연구였다(최순남, 2002). 이들 이론들은 노후의 역할변화에 대한 개인의 적응을 강조하면서 노인문제를 구조적 문제라기보다는 개인의 적응문제로 간주한다. 즉 노인문제를 구조적 수준의 문제로 이해하기보다는 개인의 적용을 강조하면서 부분은 전체를 위해 존재하며 따라서 개인에 대한 물질적·정신적 보상은 사회 기여도에 비례한다고 본다(모선희 외, 2005). 반면에 연령계층이론, 교환이론, 현대화이론 등에서는 사회를 단순한 부분들의 총체 이상으로 보고, 노화는 구조적 장치의 결과로써 검토해야 한다고 주장한다. 즉 인간의 퍼스낼리티는 문화와 사회체계로 인해 결정된다는 것이다(최순남, 2002).

이들 이론 중에서도 현대화이론은 현대사회에서 노인문제의 발생원인을 사회변화의 맥락으로 보고 현대화의 네 가지 요인인 보건기술의 발전, 생산기술의 발전, 도시화, 교육의 대중화 등이 노인지위를 하락하는 요인으로 작용한다고 보고 있다. 노인지위를 낮아지게 만드는 것은 결국 노인문제의 직접적 또는 간접적인 요인이 되어 노인의 4고라 불리는 역할상실 및 여가문제, 수입감소 및 경제적 의존문제, 건강보호의 문제, 사회적 고립과 소외문제 등이 유발되는 과정을 잘 설명하고 있다. 따라서 현대사회에서 일어나는 노인문제 원인을 이해하는 데 가장 설득력 있는 이론이라 볼 수 있다.

이러한 관점에서 이들 몇몇 이론들은 다음과 같은 점을 고민해볼 수 있을 것이다. 첫째, 산업사회가 가져다준 현대화의 네 가지 요인이 노인문제를 유발하는 원인으로서 작용한다면 후기 산업사회로 일컬어지는 정보화사회에서 노인문제는 어떤 양상으로 나타날 것인가? 둘째, 미래의 노인세대들은 무기력하고 무능한 노인이 아니라 '건강하고 활동적이며 동시에 생산적인 존재'일 수 있다. 노인인구의 증가와 노인들의 정치적 영향력의 증대, 경제력과 고학력을 갖춘 노인들이 소비자로서 지위를 갖는 고령화사회에서도 노인의 지위하락으로 노인문제는 현대화이론이 보는 측면과 같을 것인가?

4. 노년학과 노인복지학

노년학을 의미하는 영어의 'gerontology'는 그 어원이 그리스어로 노인과 노령을 의미하는 'geron' 및 'geros'와 연구를 의미하는 'logos'의 합성어이다. 그러므로 노년학이란 인간의 노인과 노화를 대상으로 연구하는 학문이라고 할 수 있다. 따라서 노년학은 단순한 노년 그 자체라기보다는 노화과정process of aging을 연구한다는 역동적인 개념으로 파악하는 것이 옳을 것이다(Bromley, 1985; 최순남, 1995 재인용). 노년학의 목표는 인간의 수명을 연장하는 데 있는 것이 아니라, 노년기의 능력감퇴와 장애를 최소화할 수 있는 방법을 연구하여 노년기를 육체적으로나 정신적으로 건강하게 유지하는 데 있는 것이다.

노년학은 다음과 같은 분야로 분류할 수 있다. 노년생물학biological gerontology(노령화의 신체적·생리적 원인과 결과에 대한 연구), 노년심리학psychological gerontology(연령증가에 따른 감각, 지각, 정신지능, 감정, 성격의 변화 및 이에 관련된 행동의 변화 등에 대한 연구), 노년사회학social gerontology (노령화에 따르는 발달적 및 집단행동과 노인인구의 존재로인 하여 일어나는 사회적 현상에 관한 연구), 노년의학geriatrics (노인의신체적·정신적인 질병의 원인 및 그 치료에 관한 이론적인 연구와 임상적인 활동분야), 노년사회복지학gerontological social welfare (노인과 사회환경 간의 상호작용에 있어서 개인의 적응문제와 발달적인 욕구의 해결에 필요한 정책적인 프로그램과 서비스를 제공하는 데 관련된 연구분야)으로 분류하여 설명할 수 있다(장인협 외, 1987).

상기에서 살펴본 바와 같이, 노년학은 순수 이론적 성격을 가지는 동시에, 연구결과를 응용하거나 재해결을 위한 현실 처방적 성격을 가진 학문으로 노령화 또는 노화와 연관해서 여러 주변학문과 연계된 종합적 성격을 가진 학문이라 말할 수 있다. 반면에 노인복지학은 노년학 중에서 사회복지학에만 해당하는 부분이라고 할 수 있다. 노인복지the aged welfare는 한마디로 노인이 복리적인 상태를 유지하는 사회적 활동으로서 사회복지실천의 한 분야이다. 장인협과 최성재(1998)는 '노인복지란 노인이 인간다운 생활을 영위하면서 소속된 가족 및 지역사회에 적응하고 통합하는 데 필요한 자원제공과 관련된 공적 및 사적 차원에서의 조직적 제반활동이다'라고 정의하고 있다. 이러한 내용을 근거로 볼 때 사회복지를 모든 국민의 인간다운 생활을 보장하기 위해 사회생활상의 곤란과 사회적 요구를 개인적·집단적·지역사회 수준에서 예방하고, 보호하며, 치료 재활하기 위한 공공적·민간적 개입의 제도, 프로그램, 서비스 등을 총칭하는 제도라고 본다면, 노인복지는 '노인문제를 예방하고 해결하기 위한 체계적이고 조직적인 노력'이라고 정의할 수 있다. 다시 말하면 노인복지란 현재 표출된 욕구explicit need와 문제를 해결하고자 하는 잠재된 욕구implicit need와 문제를 예방하려는 기능을 수행한다고 할 수 있다. 특히 현재 표출된 욕구와 문제를 해결하는 데 있어서는 노인을 입소시설에 보호하거나 활용 가능한 자원을 조정 또는 개발하는 등의 기능을 수행한다고 하겠다. 따라서 노인문제에 대한 사회적 대책으로서의 노인복지는 노인생활의 일부만을 보장하기 위한 것이 아니라 노인생활 전체를 제도적으로 보장하기 위한 종합적 대책이라고 할 수 있다. 또한 소득보장, 의료보장, 주택·환경보장, 노인복지서비스 보장 등 광범위한 영역에 걸친 고령화 대책이라고 표현할 수 있다. 또한 우리나라 「노인복지법」에서는 노인의 심신의 건강유지 및 생활안정을 위하여 필요한 조치를 강조함으로써 노인의 복지증진에 기여하는 목적을 가진다고 명시하고 있다. 따라서 노인의 심신 건강유지 및 생활안정이 노인복지의 중요한 목적인 것을 알 수 있다.

이상에서 살펴본 바와 같이 노년학은 여러 학문 영역을 포함하는 학제적인 학문 특성이 있으며, 노인복지학은 인간의 노화 현상에 대한 연구를 총 망라하는 노년학의 연구결과를 기초로 사회정책과 서비스를 통해 노화에 대한 제반문제를 지원함으로써 노년기의 성공적인 적응을 도모하고 삶의 질을 향상하는 것을 목표로 하는 학문분야라고 할 수 있다.

제2장 학습과제

1 사회적 관점에서의 노인의 개념을 설명하시오.

2 인구 노화의 현상을 세 가지 관점에서 설명하고, 이들 간의 상호연관성에 대해 논의하시오.

3 노화이론 중에서 산업사회가 가져다준 현대화의 네 가지 요인을 설명하고, 미래 정보화 사회에서의 노인문제가 어떤 양상으로 나타날 것인지를 논의하시오.

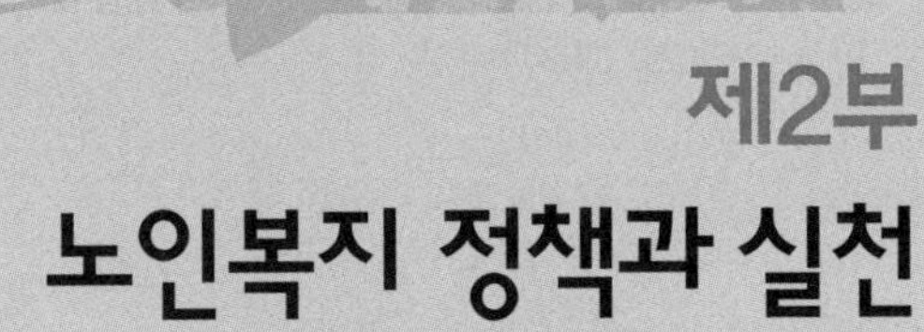

제2부
노인복지 정책과 실천

제3장

노인복지의 체계

이 장에서는 노인복지의 역사, 개념과 원칙, 체계를 법, 행정 및 재정적 관점에서 살펴보고, 노인복지 정책과 실천에서의 이슈들을 논의한다.

- 노인복지의 역사, 개념, 원칙에 대해 이해한다.
- 노인복지의 체계를 법, 행정, 재정적 관점에서 개념을 이해하고, 이를 정책적 관점과 결부하여 생각한다.
- 노인복지의 체계를 법, 행정, 재정적 관점에서 개념을 이해하고, 이를 실천적 관점에서의 현안 이슈들을 정리한다.

「노인복지법」은 노인의 질환을 사전 예방 또는 조기 발견하고 질환상태에 따른 적절한 치료·요양으로 심신의 건강을 유지하고, 노후의 생활 안정을 위하여 필요한 조치를 강구함으로써 노인의 보건복지 증진에 기여함을 목적으로 한다고 제시하고 있다. 「노인복지법」은 사회복지법의 한 영역으로서 사회보험, 공공부조관련 법과는 다른 「사회복지서비스법」으로서의 특성이 있다. 그것은 노인복지법의 주된 대상인 노인들이 가진 욕구 중 비경제적 욕구에 속하는 심리적·정신적·사회적 서비스 급여에 관한 내용을 핵심적인 내용으로 담고 있다는 사실이다. 따라서 노인복지법은 사회복지전문가 혹은 노인복지전문가를 위시하여 다양한 관련 전문가들이 함께 서비스를 제공하는 실천적 개입을 중시하는 법으로 볼 수 있다.

사회복지가 널리 인간의 복지를 추구하는 사회적 노력이라 한다면, 노인복지는 많은 사회문제 중 특히 노인에게 일어나는 문제를 해결하고 노인의 삶의 질을 향상하기 위한 사회적 노력이라고 할 수 있다. 따라서 노인복지는 노인이 하나의 인간으로서 기본적인 욕구충족과 문화적인 생활을 유지하는 데 역점을 둔다. 이와 같은 의미에서 노인복지란 노인생활의 정신적·육체적·사회적·경제적으로 다양한 측면을 내포하고 있다고 할 수 있다. 여기에 노인생활의 일부 면만이 아닌 생활 전반의 욕구를 충족할 수 있는 종합된 시책을 노인복지로 받아들어야 할 당위성이 있다고 하겠다. 이에 장인협·최성재(1998)는 노인복지에 대해 노인이 인간다운 생활을 영위하면서 자기가 속한 가족과 사회에 적응하고 통합할 수 있도록 필요한 자원과 서비스를 제공하는 데 관련된 공적 및 법적인 차원에서의 조직적 제반활동이라고 개념하였다. 여기서 인간다운 생활이란 그 노인이 속한 국가사회의 발전적 수준에 비추어 의식주의 기본적인 욕구를 충족하고 건강하고 문화적인 삶을 사는 것을 뜻하며, 가족과 사회에 적응하고 통합하는 것은 노인이 그가 속할 수 있는 사회조직망에서 사회적·심리적으로 소외감을 느끼지 않게 하는 것을 의미한다. 즉 노인복지는 자원과 서비스를 제공하여 이용 가능한 인적 및 물적 자원을 찾아 보충 또는 연계하거나 사회적 적응에 있어서의 문제를 해결하고, 나아가 개인의 발전을 위한 욕구

충족에 필요한 서비스를 제공하는 것을 의미한다. 그리고 노인복지에 관련되는 활동은 공적 차원뿐 아니라 법적 차원에 있어서의 활동을 포함하며 그것이 간헐적이고 무계획적인 것이 아니라 계획에 따라 조직적으로 이루어지는 활동이어야 한다.

이에 이 장에서는 먼저 노인복지의 역사, 개념 및 원칙을 살펴보고, 법, 행정, 재정적 관점에서의 노인복지의 체계를 정의하고 논의하고자 한다.

1. 노인복지의 역사

전통적인 농경사회는 대가족제도로서 구성원에 대한 생활보장의 책임이 있었다. 특히 노인의 생활보장은 의무가 아닌 당연한 사실로 받아들였다. 그러나 산업화·노시화되면서 노인인구가 상대적으로 증가하고 대가족제도가 붕괴되고 가치관의 변화로 노인의 부양을 기피하면서부터 노인문제가 사회문제로 대두하였다. 이러한 노인문제로 인한 노인복지의 필요성은 비단 현대에만 국한된 것은 아니다. 노인문제는 역사적으로 항상 존재했으며, 따라서 노인복지가 주요 관심의 대상이 되어 온 것은 사실이다. 노인복지제도에 대한 시대사적 접근은 오늘날 우리 사회가 안고 있는 노인문제를 이해하고 이를 정책에 반영하는 데 보다 유용하게 논의할 수 있을 것이다.

이에 본 장에서는 현대 노인복지제도에 영향을 직접적으로 미친 해방 이후 현재까지의 노인복지의 역사의 변천과정을 시대사적인 관점에서 살펴보았다. 물론 해방 이전에도 노인복지가 전혀 이루어지지 않았던 것은 아니다. 인류가 등장하여 공동생활, 부족생활 그리고 국가형태를 이루는 과정에서 노인의 사회경제적 위치는 때로는 보호적 차원에서, 때로는 우대의 차원 등 여러 형태로 발달해온 것으로 여러 문헌에서 기록하고 있지만 사실, 우리나라의 삼국시대에서 조선사회에 이르기까지는 전통적인 대가족제도로서 노인의 가족 내지 사회에서 소외, 배제당한 일은 거의 없었다고 볼 수 있다.

1) 제1공화국(해방 이후부터 1960년 4.19 이전, 요보호노인 구호사업 단계)

해방 및 미군정시대(1945~1948년)에는 경제적·사회적·정치적 혼란과 더불어 이북동포, 해외동포의 귀한이 크게 증가하였고, 국내 거주자의 빈궁과 실직이 속출하였다. 그러나 이에 대응한 대비책이 미흡한 관계로 무계획적인 민간 구호단체와 외국 자선단체에 의존하였고, 이러한 상황은 6.25사변이라는 시대적 상황을 겪게 되었다(박대룡, 1995).

이 시기의 노인복지는 일제 강점기 때의 조선구호령과 양로원이 변형되어 운영되었고, 선진국들의 구호마저도 부족했으며 더욱이 국내 민간조직의 체계화되지 못한 활동 때문에 제도적으로 정착되기가 어려웠다. 특히 6.25사변은 요구호대상자가 급증하여 피난민, 고아, 노인 등 빈민에 대한 응급구호사업으로 노인복지사업을 거의 무시한 시기이다. 이처럼 미군정의 구제 및 복지시책은 응급처리 이외의 획기적인 정책입안이나 장기적인 계획은 찾아볼 수 없었는데, 이는 1949년 1월 12일자 후생국보 제3호에 기재된 미군정의 각서에서 잘 표현되고 있다(김만두, 1995). 여기에서 응급처리 방법으로서 공공구호활동은 구호시설에서 수용하지 않거나 그 가족이나 친척의 보호를 받을 수 없는 자들을 대상으로 실시하였다. 그리고 식량, 연료, 의료 등과 같은 기본적인 생활필수품은 65세 이상인 자, 6세 이하의 어린이를 둔 여자, 13세 이하의 소아, 불치의 병으로 신음하는 자, 정신적·육체적 결함이 있는 자 등을 대상으로 하였는데, 이는 일제 강점기의 조선구호령의 복사판에 불과하였다.

따라서 당시의 빈민구호정책은 궁핍화와 사회적 갈등이라는 구조적 맥락에서 무계획적이고 임기응변적인 것이었다. 또 민간 사회사업 특히 외국 민간 원조단체 및 기관은 무조직적이고 자선적이며 종교 우선적인 구제활동을 하였다. 그러나 이와 같은 혼란기에 미국정부 또는 민간 의원기관의 원조가 없었다면 우리는 난국을 극복하기 곤란하였을 것이다. 그리고 근대적이고 민주주의적인 새로운 사회사업이 우리사회에 도입한 것도 이 시기부터이다.

2) 제3공화국(1960년대, 「생활보호법」상의 노인보호 단계)

이 시기는 경제개발에 의한 조국근대화 사업의 추진으로 사회·문화 등 사회의 획기적인 변화를 주도하였을 뿐만 아니라 여러 개의 사회복지제도가 입법화되어 우리나라 사회복지제도의 기초를 확립하는 시기라고 할 수 있다. 그러나 당시의 사회적·경제적 상황이나 정부의 재정능력의 부족으로 실제로 시행한 것은 극히 소수에 불과하였다. 즉 공공부조의 가장 중추적인 역할을 담당하는 「생활보호법」이 1961년 12월 30일에 법률 제913호로 제정 공포하였는데, 이는 우리나라 생활보호사업의 기본이 되는 것이다. 그 내용을 보면 노령·질병·기타 근로능력 상실로 생활유지의 능력이 없는 자 등에 대한 방법을 규정하여 사회복지의 향상에 기여함을 목적으로 생계보호, 의료보호와 더불어 양로시설을 설치하여 무의무탁한 노인을 수용하여 보호하였다(박태룡, 1999). 한편 공공부조제도를 통하여 노인에게 생활보호, 의료보호, 군사원로보상 등을 제공하였는데, 이 가운데 생활보호는 시설보호대상자와 거택보호대상자에게 생계보호와 장례보호를 제공하였다.

60년대 말부터 소산소사小産小死의 선진국형으로 인구변화가 생기면서 노인인구에 대한 사회보장제도와 소득보장의 필요성이 높아지게 되었고 급격히 밀어닥친 산업화, 도시화, 핵가족화 현상들에 의해 노인문제가 급기야 사회문제로 등장하였다. 1960년대를 전후하여 양산된 노인정은 지역 주민의 협력이나 독지가가 세운 경우가 많았지만 득표를 노린 정치인들의 사심 공작으로 세워진 경우도 적지 않았다(장명순, 1994).

이렇듯 1960년대의 노인복지 발달은 60년대가 빈곤 타파를 위해 몸부림치던 시기로서 사회복지의 발달이 오히려 경제 성장의 저해요인으로 간주했기 때문에 노인을 위한 사회복지 프로그램을 만든다는 것은 국민이나 정부의 의식 속에서 깊이 인식되지 못하였다. 그리고 경로효친사상도 오늘날과 같이 파괴되지 않았으며, 또한 노인인구의 증가 문제도 심각한 문제로서 사회에 부각되지 않았다. 그러므로 이 시기의 노인은 「생활보호법」에 의하여 지극히 소수만 구빈적 도움을 받았을 뿐이며, 따라서 노인복지사업은 여전히 개선되지 못한 상태로 남아 있었다.

3) 제4공화국(1970년대, 노인복지제도 태동 단계)

1970년대는 60년대부터 시작한 경제개발을 더욱 가속화한 시기로 사회복지가 상대적으로 관심 받지 못한 시기였다. 1973년 12월 「국민복지연금법」을 설정하였는데 이는 1972년 말에 중화학공업에 필요한 내자內資 동원 수단으로 이용된 것이라고 할 수 있다. 1975년 이후 국민복지연금제도의 보류와 함께 경제계와 사회 일부에서 연금제도보다는 의료보험제도의 실시를 주장하게 되었는데, 여기에는 여러 가지 정치, 사회적 변화가 영향을 주었지만, 노인복지적 차원에서 볼 때는 그다지 산정적算定的인 발전을 가져다주지는 못했다. 이렇게 몇 차례의 「의료보험법」 개정을 거친 뒤, 1977년 「의료보험법」이 전면 개정되어 일정한 수입이 있는 노동자를 대상으로 본격적으로 실시하였다.

한편, 경제성장과 더불어 산업화, 도시화, 핵가족화, 인구 고령화 현상 등이 급격하게 진행되기 시작한 70년대에는 국민 생활수준이 향상하자 노인들의 관심 세계가 확대되고, 욕구 수준도 증대하였다. 이러한 과정에서 일부 노인들은 자기의 처지를 인식하고 빈곤을 호소하였으며, 또 정신적인 면에서도 소위 고독, 삶의 의미 등을 거론하였다. 이러한 70년대의 분위기는 노인학교라는 제도가 탄생하였고, 이것은 곧 노인들 자신의 자각과 의욕의 표현으로 보았다. 이와 같은 사회현상의 중요한 의미는 매스컴과 일반 사회에서 「노인복지법」 제정을 심심치 않게 주장한 것은 사실이다. 그러나 1970년대에 노인복지만을 위해 시행한 정책이나 사업은 없었으며, 노인들은 여전히 「생활보호법」에 의해 저조한 도움을 받았을 뿐이었다(장명순, 1994). 즉 정부 차원의 노인복지 법제화 움직임은 1972년에 최초로 보이기 시작하는데 당시 보건사회부에서 「노인복지법」 제정 법률안을 입안하여 법제처 심사에 회부하였으나 법제화는 되지 못하고 폐기하였던 것으로 알려져 있다(오을임, 1988). 사실,

「노인복지법」 제정을 위한 움직임은 1960년대부터 시작하여 1970년대 중반을 거치는 동안 국회, 정부, 노인관련 단체, 노인복지시설 운영자 등 다양한 부문에서 있어 왔음을 알 수 있다. 그러나 당시 박정희 군사정권에서 정부의 최고 지표로 내걸었던 경제개발 지상주의 및 경조효친 사상을 기반으로 한 가정 내에서의 노인문제 해결이라는 국민적 정서로 인하여 노인복지 법제화는 결실을 보지 못하였다.

4) 제5공화국(1980년대, 노인복지제도의 확립 단계)

1980년대는 국정 지표로 민주주의 토착화, 정의사회 구현, 복지사회 건설 및 교육혁신과 문화 창달을 내세우면서 복지국가를 지향하였다. 그런데 산업화과정에서 나타난 노인문제가 가정만의 문제가 아닌 사회적인 문제로 인식되어 정부는 노인문제를 제도적으로 해결하기 시작하였다. 이에 1981년에 「노인복지법」을 제정하고 현대적인 노인복지정책의 본격적으로 출발하였는데, 「노인복지법」의 주요 내용은 다음과 같다(이계탁, 1987).

ㄱ 국가 또는 지방자치단체는 매년 5월에 경로주간을 설정하여 경로효친의 사상을 앙양한다.

ㄴ 노인복지를 위한 상담 및 지도업무를 담당하기 위해 시·군·구에 노인복지 상담원을 둔다.

ㄷ 보건사회부장관, 서울특별시장, 도지사 또는 시장, 군수는 65세 이상의 노인으로서 신체·정신·환경·경제적 이유로 거택에서 보호를 받기가 곤란한 자를 노인복지시설에 입소시키거나 입소를 위탁한다.

ㄹ 65세 이상의 전체 노인에 대하여는 국가 또는 지방자치단체의 수용시설 기타 공공시설 및 민간서비스 사업의 이용료를 무료로 하거나 할인 우대할 수 있다.

ⓜ 노인복지시설을 다양화하여 양로시설, 노인요양시설, 유료양로시설 및 노인
복지회관 등으로 구분하고 양호시설 및 노인요양시설은 무료와 실비시설로
구분한다.

그러나 이상의 「노인복지법」 내용은 의무적인 규정을 피하고 거의 선언적, 임의
적으로 그치고 있어 보다 구체적인 현실성이 결여되어 있었다. 그래서 1980년대에
두 차례의 개정을 하는데 1차 개정(1984년 12월)은 내용면에서 아무런 변화가 없음
에도 불구하고 최초의 개정이라 하여 1차 개정이라 하였으며, 2차 개정(1989년 12월)
은 「노인복지법」의 제정 당시와 그 내용이 판이하게 다르기 때문에 「노인복지법」의
제2의 탄생 이라고도 일컬어지는데, 그 주요 내용을 보면 다음과 같다(이계탁,
1987).

㉠ 노인복지 대책에 관한 국무총리의 자문에 응하기 위하여 노인복지대책위원회
를 설치한다.

㉡ 복지실시기관은 재가노인을 위한 가정봉사원 서비스 및 필요한 결연사업의
실시를 위하여 노력한다.

㉢ 국가 또는 지방자치단체가 65세 이상의 노인에 대하여 노동수당을 지급할 수
있도록 한다.

㉣ 노인의 생업지원을 위하여 공공시설내의 매점시설 허가 및 전매품 판매인의
지정에 있어서 노인이 신청하는 경우에는 이를 우선적으로 반영할 수 있도록
한다.

ⓜ 노인복지시설의 범위에 새로이 실비양로시설, 유료노인요양시설, 그리고 노
인복지주택을 추가하도록 한다.

㉥ 노인여가시설을 경로당, 노인교실, 그리고 노인휴양소로 분류하도록 한다.

한편, 한국 사회복지서비스는 시설수용보호 중심으로 이루어져왔는데, 80년대 후반부터 지역복지와 재가복지사상을 도입하여 변화하기 시작하였으며, 이것의 직접적인 동기는 다음과 같다. 첫째, 산업화, 도시화, 핵가족화 등의 변화로 경제적인 절대 빈곤의 욕구가 비경제적인 사회적 기능장애와의 갈등으로 사회문제로 나타났기 때문이다. 둘째, 비경제적인 사회적 기능장애의 문제를 해결하는 데는 시설수용만으로는 어려웠기 때문이다. 셋째, 「심신장애자복지법」과 「노인복지법」이 제정됨에 따라 가정에 있는 장애인과 노인들을 위한 서비스가 요청되었기 때문이다(김만

표 3-1 1990년 이전의 노인복지제도의 변천과정

구 분	노인복지 관련법	법령 공포일	주요 내용
해방 이후 1950년대	조선구호령	1944. 3	생활부조, 생산부조, 의료
1960년대	공무원연금법	1960. 1	퇴직연금
	생활보호법	1961.12	생계, 의료, 장례보호 및 양노시설 등 보호
	군인연금법	1963. 1	퇴직연금
	의료보험법	1963.12	의료급여, 장례급여(시범지역에만 실시)
1970년대	국민복지연금법	1973.12	노령연금(미실시)
	의료보험법개정	1976.12	요양급여, 장례급여(시범지역에만 실시)
	의료보험법	1977.12	의료보호
1980년대	경로우대법	1980. 5	노인복지상담, 입소조치, 건강진단, 직종개발, 노인복지시설 설치 등
	노인복지법	1981. 6	
	경로헌장선포	1982. 5	
	국민연금법	1986.12	노령연금, 장애연금, 퇴직연금, 반환일시금
	노인복지법개정	1984.12	
	노인복지법개정	1989.12	

※자료: 신윤희(1999)

두, 1995).

이와 같이 80년대부터는 복지국가를 지향하고 경로우대제도 실시, 「노인복지법」 제정 실시, 경로헌장 선포 및 국민연금 실시 등 노인복지를 위한 사업을 실시함으로써 노인들의 복지정책이 확대하기 시작하였다. 〈표 3-1〉은 1990년대 이전의 노인복지제도와 관련된 법 규정의 변천과정을 보여주고 있다.

5) 제6공화국(1990~2000년대, 노인복지제도의 발전 성숙 단계)

1990년대는 우리나라를 둘러싼 세계가 탈냉전체제로 지구촌의 변화와 함께 문민정부 시대가 시작하였다. 문민정부는 성장과 복지를 상호보완적이고 상승적인 관계로 정립하고 전통적인 가치와 서구의 복지제도가 조화된 사후적이고 소극적인 복지에서 사전 예방적, 생산적인 복지공동체로 구축하는 것을 목표로 제시하였다. 이에 1996년 3월에 국민복지추진위원회를 운영하여 노인, 장애인 복지종합대책을 발표하였고, 1997년 6월에 국민연금제도 개선기획단을 설치하여 1998년에 21세기의 고령화에 대처할 수 있는 국민노후 소득보장체제를 마련하였다. 그리고 한국형 노인복지공동체를 위한 추진전략을 내세워 생산적, 예방적 복지실현과 공동체복지의 실현, 그리고 사회통합적인 복지를 실현하고자 하였다(정길홍, 1998). 이와 관련하여 노인복지개혁 추진과정을 통해 삶의 질 향상을 위한 국민복지 기본 구상을 발표하는 등 여러 가지 노력을 시도하였다. 이러한 개혁과정에서 1989년에 2차 개정된 「노인복지법」 각 조항들을 분석해본 결과 여전히 각 조항이 강제사항이지 못하고 임의규정 또는 노력 의무규정이 많으며, 대통령령 또는 보건복지부장관령으로 위임된 조항이 너무 많다는 문제점이 제기되고 있다(이혜원, 1998).

따라서 이러한 법적인 문제점을 개선하기 위하여 1993년 12월에 3차 「노인복지법」

을 개정하였으며, 1997년 8월에 4차로 일부 개정하였고, 1999년 2월에 부분 개정하였다. 이와 같이 개정된 「노인복지법」의 주요 내용은 크게 소득보장, 의료보장, 주택보장, 서비스보장 등 네 가지로 크게 나누어져 있다.

2007년 노인장기요양제도가 제정되고, 2008년 7월 1일 시행하였다. 그리고 「노인복지법」이 2008년에 개정되었고, 2010년 1월과 3월에 재가복지와 요양보호사교육원의 지정제 및 자격시험제 도입 등 기존의 노인복지제도의 개선을 지속적으로 추진하고 있다. 사회변화와 노인의 욕구변화에 따른 노인복지서비스가 그 내용 면에서 체계적이고 다양한 프로그램을 제시하고 있다고는 하지만 갈수록 다양해지고 복합적으로 변화하는 사회에서 노인들의 변화를 충족하기에는 부족한 상태이다.

그러므로 「노인복지법」 제2조 제3항의 "노인도 노령에 따르는 심신의 변화를 자각하여 항상 심신의 건강을 유지하고 그 지식과 경험을 활용하여 사회 발전에 기여하도록 노력해야 한다"의 내용과 같이 노인복지의 발전과 성숙을 위하여 노인 자신, 노인복지시설 운영자, 국가 및 지자체, 국민 모두가 함께 노력해야만 참된 노인복지제도의 성숙이 이루어질 수 있을 것이다.

2. 노인복지의 개념 및 원칙

노인복지는 한 마디로 노인이 복리적인 장치를 유지하는 사회적 활동의 핵심적인 한 분야이다. 노인복지는 "노인이 인간다운 생활을 영위하면서 자기가 속한 가족과 사회에 적응하고 통합될 수 있도록 필요한 자원과 서비스를 제공하는 데 관련된 공적 및 사적 차원에서의 조직적 제반 활동"이라고 지적할 수 있다.

여기서 인간다운 생활이란 그 노인이 속한 국가 사회의 발전적 수준에 비추어 의식주의 기본적인 요구를 충족하고 건강하고 문화적인 삶을 사는 것을 뜻하며, 가족과 사회에 적응하고 통합하는 것은 노인이 그가 속할 수 있는 사회적 조직망에서 사회심리적으로 소외감을 느끼지 않게 되는 것을 의미한다. 자원과 서비스를 제공하는 것은 이용 가능한 인적 및 물적 자원을 찾아 연계하거나 보충 제공하며 또한 사회적 적응에 있어서의 문제를 해결할 수 있도록 지원하고 나아가서 개인 발전을 위한 욕구충족에 필요한 서비스까지 제공하는 것을 의미한다.

1) 노인복지의 개념

노인복지의 개념에 앞서 사회복지의 개념을 살펴보기로 한다.

사회복지란 개인이나 집단의 생활이나 건강이 만족할 만한 수준에 도달할 수 있도록 계획된 사회적 서비스 및 제도의 조직적 체계이다(Friedlander & Apte, 1980). 즉 사회복지는 전체 국민이 만족할 만한 생활수준, 즉 생활의 질을 유지할 수 있도록 계획된 사회적 제도의 체계라고 할 수 있다. 이렇게 볼 때 노인복지는 전체 국민의 일부인 노인이 만족할 만한 생활수준을 유지할 수 있도록 계획된 사회적 제도의 체계라고 할 수 있다.

노인복지의 개념은 그 대상에 따라 광의와 협의로 나눌 수 있다. 광의의 노인복지는 모든 노인의 생활상의 안정, 의료, 교육, 취업 등 사회적 서비스의 제공을 포함한 광범위한 사회 정책을 의미한다. 협의의 노인복지는 퇴직, 빈곤, 질병 등으로부터 발생하는 생활빈곤, 고독, 욕구불만, 삶의 보람을 상실한 노인에게 개별적인 공적부조, 생활지도, 자립생활을 위한 구체적인 보호나 육성 및 갱생을 위한 일련의 사업과 노인 개개인의 생활의 기쁨과 건강한 삶을 유지하는 데 필요한 사회적으로 조직된 서비스라고 할 수 있다. 이 두 가지 개념 중 현대사회는 광의의 개념을 일반적으로 수용하고 있는데, 노인복지는 단순한 구빈사업이나 보호의 개념이 아닌 노인을 하나의 독립된 인간으로서 기본적인 욕구충족과 문화적 생활을 영위하며 가정이나 사회에서 존경받고 역할과 지위를 유지함으로써 삶의 보람을 느끼게 하는 데 있다. 즉 노인복지는 노인들이 인간답게 살도록 돕는 사회의 협력이다. 이러한 구빈사업은 물론 인간으로서 기본 욕구를 충족하고, 문화생활을 하며 삶의 의미를 찾게 하는 예방적, 개발적 의미를 지니기도 한다.

노인복지정책의 개념을 보다 자세히 알기 위하여 노인복지에 관한 학자들의 이론을 살펴보면 Kaplan(1962)은 노인복지에 빼놓을 수 없는 생활상의 욕구로서 사회가 다루고 처리해야 할 일로 건강을 증진하고 생명을 연장하기 위한 의학 및 정신의학적 서비스, 적절한 주거마련, 정신적인 안정성과 사회적 유용성을 위한 기회, 퇴직 후의 경제적 안정, 만성 질병 노인을 위한 보험지급, 경제능력에 적합한 일을 갖는 기회, 창조적 활동의 기회 및 여가를 적극적으로 이용할 수 있는 지도 등 7가지 사항을 들고 있다. 그리고 Shenfield(1957)는 Kaplan과 비슷한 착상에 근거하지만 노인대책의 내용범위가 약간 좁은 개념으로서 노인을 위한 사회적인 정책이라고 하고 있다. 이와 같이 노인복지정책의 개념은 전 노인의 생활상의 안전, 의료, 직업의 보장, 주택, 교육, 여가 및 그 외의 사회적 서비스를 포함한 사회적 정책의 전체를 의미하는 것으로 이는 개개인의 노인이 인간으로 생활하는 기쁨을 가지며 건강한 삶을 지원하는 것이라 할 수 있다.

한편 한국은 「노인복지법」의 기본이념으로, 제2조 "노인은 후손의 양육과 국가 및 사회발전에 기여해온 자로서 존경받으며, 건전하고 안정된 생활을 보장받아야 하며, 또한 노인은 그 능력에 따라 적당한 일에 종사하고 사회적 활동에 참여할 기회를 보장받아야 한다. 노인들 자신은 노령에 따르는 심신의 변화를 자각하여 항상 심신의 건강을 유지하고, 그 지식과 경험을 활용하여 사회발전에 기여하도록 노력하여야 한다"고 규정하고 있다.

2) 노인복지의 원칙

노인복지 향상을 위해 지켜야 하는 원칙은 노인을 위한 유엔원칙과 마드리드 고령화 국제행동계획 실천을 위한 원칙이 있다.

(1) 노인을 위한 유엔의 원칙

노인을 위한 유엔원칙United Nations of Principles for Older Persons은 1991년 12월 16일 유엔총회에서 채택하였으며 각 정부는 노인복지사업 실천에 있어 이 원칙들을 반영하도록 되어 있다. 원칙은 독립, 참여, 보호, 자아실현, 존엄의 5개 영역 아래 18개의 원직으로 구성되어 있다(보건복지부, 2000).

① 독립의 원칙
· 소득, 가족과 지역사회의 지원 및 자조를 통하여 적절한 식량, 물, 주거, 의복 및 건강보호에 접근할 수 있어야 한다.
· 일할 수 있는 기회를 제공받거나, 다른 소득을 얻을 수 있는 기회에 접근할 수 있어야 한다.
· 직장에서 언제 어떻게 그만둘 것인지에 대한 결정에 참여할 수 있어야 한다.
· 적절한 교육과 훈련프로그램에 접근할 수 있어야 한다.
· 개인의 선호와 변화하는 능력에 맞추어 안전하고 적응할 수 있는 환경에서 살 수 있어야 한다.
· 가능한 오랫동안 가정에서 살 수 있어야 한다.

② 참여의 원칙

· 사회에 통합되어야 하며, 그들의 복지에 직접 영향을 미치는 정책의 형성과 이
  행에 적극적으로 참여하고, 그들의 지식과 기술을 젊은 세대와 함께 공유해야
  한다.
· 지역사회 봉사를 위한 기회를 갖고 개발해야 하며, 그들의 흥미와 능력에 알맞
  은 자원봉사자로서 봉사할 수 있어야 한다.
· 노인들을 위한 사회운동과 단체를 형성할 수 있어야 한다.

③ 보호의 원칙

· 각 사회의 문화적 가치체계에 따라 가족과 지역사회의 보살핌과 보호를 받아야
  한다.
· 신체적·정신적·정서적 안녕의 최적수준을 유지하거나 되찾도록 도와주고, 질
  병을 예방하거나 노인 스스로가 건강보호에 접근할 수 있어야 한다.
· 그들의 자율과 보호를 증진하는 사회적인 법률적 서비스에 접근할 수 있어야
  한다.
· 인간적이고 안전한 환경에서 보호, 재활, 사회적·정신적인 격려를 제공하는 적
  정 수준의 시설보호를 이용할 수 있어야 한다.
· 그들이 보호시설이나 치료시설에서 거주할 때도 그들의 존엄, 신념, 욕구와 사
  생활을 존중받으며, 자신들의 건강보호와 삶의 질을 결정하는 권리도 존중받는
  것을 포함하는 인간의 권리와 기본적인 자유를 향유할 수 있어야 한다.

④ 자아실현의 원칙

· 자신들의 잠재력을 완전히 개발하기 위한 기회를 추구해야 한다.

· 사회의 교육적 문화적 정신적 자원과 여가에 관한 자원에 접근할 수 있어야 한다.

⑤ 존엄의 원칙

· 존엄과 안전 속에서 살 수 있어야 하며, 착취와 육체적·정신적인 학대에서 자유
  로워야 한다.
· 나이, 성별, 인종이나 민족적인 배경, 장애나 여타 지위에 상관없이 공정하게
  대우받아야 하며, 그들의 경제적인 기여와 관계없이 평가해야 한다.

(2) 마드리드 고령화 국제행동계획

마드리드 고령화 국제행동계획(2002)은 건강과 영양, 주택과 환경, 소득보장과
고용, 교육 등에서 취해야 할 98개 권고조항을 명시하여 노인복지 향상을 위한 실천
에 있어 다음과 같은 원칙에 근거함으로써 노인인권에 대한 인식을 강조하고 있다
(보건복지부, 2002).

① 발전목표는 발전과정과 발전에 따른 이익의 형평성 있는 분배에 있어서 전체
  국민이 참여하여 국민의 복지를 증진해야 한다.
② 노인들의 문제점은 평화, 안전, 무기 경쟁 중지 그리고 군사적인 목적으로 사
  용되었던 자원을 경제 사회적인 발전을 위하여 재배분하는 조건하에서만 진
  정한 해법을 발견할 수 있을 것이다.
③ 노인들의 발전적·인도적 차원에서의 문제점들은 독재와 억압, 식민주의, 인종
  주의, 종교에 근거한 차별, 백인 우월주의, 종족 말살, 외국 침략과 점령, 그리
  고 다른 형태의 외국 지배가 널리 퍼져 있지 않고 인권이 존중받는 곳에서 해
  결책을 찾을 수 있을 것이다.
④ 각국은 전통, 사회구조 및 문화적 가치의 맥락 아래 인구학적 추세와 변화에

대응해야 한다. 모든 연령계층의 사람들은 조화로운 발전을 추구함에 있어 전통적인 요소와 혁신적인 요소 사이의 균형을 유지해야 한다.

⑤ 노인들의 정신적·문화적·사회적·경제적 기여는 사회에 귀중한 것이며, 더 인식되고 증진해야 한다. 노인에 대한 지출을 지속적인 투자로 간주해야 한다.

⑥ 다양한 구조와 형태를 가지고 있는 가족은 세대를 이어가는 사회의 기본적인 단위이며, 각국의 전통과 관습에 따라 유지, 강화, 보호해야 한다.

⑦ 정부, 특히 지방정부, 민간단체, 개인 자원봉사자 그리고 노인협회를 비롯한 자발적 단체들은 가정과 지역사회에서 노인들을 위한 지원과 보호에 특히 중요한 기여하고, 정부는 이를 유지 장려해야 한다.

⑧ 사회경제 발전에 있어서 중요한 목표는 연령에 따른 차별과 비자발적인 인종 차별을 없애고, 세대 간 연대감과 상호지원이 장려되는 세대 간 통합이 이루어지는 사회를 만드는 것이다.

⑨ 고령화는 전 생애에 걸친 과정이라는 것을 인식해야 한다. 전 인류의 노후준비는 사회정책의 통합적인 분야가 되어야 하며, 육체적·심리적·문화적·종교적·정신적·경제적 요소들과 건강 및 기타 요소들을 포괄해야 한다.

⑩ 행동계획은 물질적인 측면뿐 아니라 정신적인 측면에서도 정당하고 성공적인 노후를 달성하기 위하여 세계적인 사회·경제·문화 그리고 정신적인 추세의 광범위한 배경에서 고려해야 한다.

⑪ 고령화는 경험과 지혜의 상징인 동시에 인간들에게 그들의 신념과 개인적인 성취에 접근하도록 해야 한다.

⑫ 정책에 영향력이 있는 이들이 포함된 노인 모두는 정책형성과 실행과정에서 적극적인 참여자이어야 한다.

⑬ 정부와 민간단체 및 모든 관계자는 노인 중 가장 취약한 계층, 특히 여성과 농

촌 출신의 가난한 노인들에게 특별한 책임을 져야 한다.

⑭ 고령화에 대한 계속적인 연구가 필요하다.

3. 노인복지의 체계

1) 「노인복지법」의 법적 기반

「노인복지법」은 노인복지정책이나 사업의 내용과 형태를 규정하는 노인복지의 모법母法으로서 현재 노인세대뿐 아니라 국민 모두가 행복한 노후생활을 영위할 수 있도록 유도하고 지원하는 법률이다. 「노인복지법」은 공법公法, 사법私法, 사회법社會法 중에서 사회법에 속하며, 노인의 건강 유지, 노후 생활안정을 통하여 노인보건복지 증진에 기여할 목적으로 제정된 법률이다.

「노인복지법」은 2005년 제정된 「저출산·고령사회기본법」을 모법으로 하여 노인의 복지 구현을 위해 관련된 여러 법들 중 하나이다. 우리나라의 노인복지정책은 「생활보호법」(1961. 12. 31)에 기초하여 무의무탁 노인에 대한 시설보호 및 거택보호에서 시작하였다. 「생활보호법」의 토대는 1948년의 제헌 「헌법」에서 찾아 볼 수 있는데 「헌법」 제19조에서는 "노령, 질병, 기타 근로능력의 상실로 인하여 생활 유지의 능력이 없는 자는 법률이 정하는 바에 의해 국가의 보호를 받는다"라고 규정하고 있다. 그러나 전쟁 등의 어려운 사회경제적인 여건으로 사회보장제도를 실시할 수는 없었다. 1970년대 초에 이르러 경제성장의 성과와 산업화, 도시화, 핵가족화로 인구 고령화 현상이 급격하게 진행되고 노인욕구도 다양하게 증가하면서 노인문제가 차츰 사회문제로 대두하였다. 그 결과, 노인복지시설의 필요성을 제기하였고 노인문제를 해결하기 위한 방안을 논의하기 시작하였으나 여전히 국가 관심사가 아니었으며, 노인 단체의 존재나 활동도 매우 미미한 것으로 나타났다. 1977년부터 생활보호사업에서 분리 실시된 의료보호는 65세 이상의 생활보호대상 노인에게만 제공하였고, 65세 이상 원호대상 노인에게 노령생계수당을 지급하기도 하였다. 1979년 보건사회부는 「노인복지법」을 제정하기 위한 몇 차례의 준비와 검토를 거친 후, 같은 해에 「노인복지법」 초안을 마련하였고 1980년대부터 노인 자신과 일반 국민들 사이에도 국가와 사회가 노인부양과 복지를 책임져야 한다는 인식과 태도가 나타나게 되었다. 이러한 노인부양 의식의 변화를 배경으로 1980년 9월 제5공화국이 출범하면서 1981년 「노인복지법」이 제정 공포되었고, 이로써 노인복지제도의 발전을 위한 기반을 마련하였다. 그러나 「노인복지법」의 내용은 의무 규정을 피하고 거의 선언적·임의적인 것으로 그치고 있어 구체적인 실현성은 결여되어 있었다.

1981년 「노인복지법」의 입법 이후에 많은 사회변화가 일어났고, 노인복지 욕구도 다양해짐에 따라 「노인복지법」 개정 논의가 계속되어 왔다. 노인복지 증진을 도모하는 데 필요한 제도를 보완하고 개선해야 할 필요성을 인정하여 1989년 「노인복지법」을 1차 개정하였다. 그러나 1차로 개정한 「노인복지법」의 조항에는 강제규정보다는 임의규정이 많았고, 대통령령 또는 보건복지부장관령으로 위임된 조항이 많았으며, 「생활보호법」이나 「의료보호법」 등 타법과의 관계가 제대로 조정되지 않아 중복되는 문제점이 있었다. 따라서 규정상의 일부 미비점을 보완하고자 1993년에 2차 개정하였고, 개정 내용은 유료노인복지사업에 민간기업체나 개인의 참여를 허용함으로써 노인복지사업의 공급기반을 다양하게 확충하는 것이었다. 또한 일반가정에서 생활하는 노인들에게 생활지원 및 각종 서비스를 제공하고자 재가노인복지사업의 실시 근거를 마련하였다.

이와 같이 개정된 「노인복지법」은 내용 면에선 다양하고 체계적인 프로그램을 제시하고 있었으나 여전히 강제규정이 아닌 임의규정이나 선언적인 성격이 상당부분 남아 있었고 소득보장과 의료보장에 있어서도 많은 제한점이 있어 1997년에 3차로 전면 개정하였다. 그 후 2000년 개정으로 노인주거복지시설에 대한 조항 신설, 가정봉사원의 교육과 가정봉사교육기관 설치에 관한 조항을 새롭게 신설하였다. 2004년에는 일부 개정을 통해 노인학대에 관한 규정이 신설되었고, 2005년에는 노인일자리 전담기관의 설치 운영에 관한 사항을 신설하였으며 2008년 1월에는 노인장기요양제도의 신설로 인해 대폭적인 개정이 있었다. 개정 내용으로는 노인장기요양보험제도의 2008년 7월 1일 시행을 위한 요양보호사 자격과 교육원 양성제도 신설, 노인주거복지시설과 노인의료복지시설의 유형을 변경하였다. 그 외에 기초노령연금법에 의한 기초노령연금제로 인하여 경로연금에 관한 조항을 삭제하였으며, 홀로 사는 노인에 대한 지원 조항과 실종 노인에 관한 신고를 의무화하는 조항도 신설하였다.

(1) 노인복지의 목적(「노인복지법」 제1조)

대한민국 「헌법」 제34조에 의하면 모든 국민은 인간다운 생활을 할 권리를 지니며, 국가는 노인의 복지향상을 위한 정책을 실시할 의무를 지닌다고 규정하고 있다. 그리고 「노인복지법」 제2조에서는 노인의 안정된 생활, 자아실현을 위한 욕구의 충족과 사회통합의 유지라고 하는 노인복지의 기본 이념을 제시하고 있다. 이러한 「헌법」과 「노인복지법」에서 명시한 권리와 기본 이념에서 노인복지의 목적과 목표를 도출해 낼 수 있다. 먼저 노인복지의 목적은 「헌법」에 명시된 노인의 권리와 인간다운 생활을 영위하는 것이며, 자아실현을 위한 욕구충족, 사회통합의 유지라고 할 수 있다. 노인복지의 목적인 인간다운 생활이란 신체, 심리, 사회적으로 편안하고 안락한 상태의 삶, 즉 의식주라는 기본적인 욕구를 충족하고 건강과 문화적인 삶을 영위하는 것이라 할 수 있다. 이를 좀 더 구체적으로 표현하면 신체, 심리, 사회적 욕구나 문제를 예방 또는 해결하고, 창조적인 문화생활을 영위하는 것을 의미한다. 따라서 노인복지가 추구하는 목표는 안정된 생활유지, 자아실현의 욕구 충족, 사회통합의 유지라고 할 수 있다.

노인복지의 첫 번째 목표인 노인의 안정된 생활유지는 사회복지에서는 국민적 최저수준 이상 또는 최적수준의 경제생활 보장이라고 할 수 있다. 이때 국민적 최저수준은 한 국가의 경제수준, 정치적 상황 등 다양한 요인에 따라 달라질 수 있으며, 최저생계비를 책정하는 기준이나 방법에 대한 논란이 없는 것은 아니지만 일반적으로는 최저생계비를 기준으로 한 빈곤선을 의미하는 경우가 대부분이다. 국가에서 공식적으로 활용하고 있는 최저생계비 기준을 바탕으로 한 우리나라의 빈곤선은 지나치게 낮게 책정되어 있어 인간다운 삶을 보장하는 데 많은 한계가 있다. 따라서 노인들의 인간다운 삶을 보장하는 노인복지 목표는 국민 최저수준 이상이라는 소극적 생활보장의 기준보다는 최적수준의 생활보장이라는 보다 적극적인 생활보장의 기준을 따르는 것이 타당할 것이다.

노인복지의 두 번째 목표는 자아실현의 욕구충족이다. Maslow(1970)에 따르면 자아실현의 욕구는 생리적 욕구, 안전의 욕구, 소속과 애정에 대한 욕구, 자존감의 욕구라고 하는 인간 생존에 필수적인 기본적 욕구보다 높은 수준의 욕구로서 성장욕구에 해당한다. 따라서 노인복지가 노인의 자아실현의 욕구충족이라는 목적을 달성하기 위해서는 의식주라는 기본적인 생리적 욕구의 충족뿐만 아니라 안전, 소속, 사랑, 자존감 등과 같은 심리사회적 욕구충족을 전제로 하며, 노년기의 신체·심리·사회적 발달과업을 성취하여 노후생활에 성공적으로 적응할 수 있도록 충분한 지원이 필요하다. 이런 점에서 볼 때 노인복지는 노인들이 지닌 기본적인 사회적 욕구 충족뿐만 아니라 성장에 대한 욕구충족을 지원하고 다양한 생활 영역에서 야기되는 노인과 그 가족의 문제를 예방 해결하는 것을 목표로 한다고 할 수 있다.

노인복지의 세 번째 목표는 사회통합의 유지이다. 사회통합은 가족, 이웃, 집단, 조직, 지역사회 및 국가에 이르기까지 자신이 속한 사회체계에 심리사회적으로 유대감을 갖고 적응하는 것을 말한다. 노년기에는 가족 내·외부에서의 지위와 역할상 실함으로써 고독과 사회적 소외를 경험하며, 주류 사회의 주변인으로 전락할 가능성이 높아진다. 따라서 노인복지는 노인의 사회적 소외를 완화하고 주류 사회의 구성원으로서의 지위와 역할을 부여하여 노인들이 사회활동에 적극적으로 참여함과 아울러 평생 쌓아온 지혜와 경험을 바탕으로 국가와 사회발전에 기여할 수 있는 기회를 부여할 수 있어야 한다.

(2) 「노인복지법」의 내용

「노인복지법」은 총7장 제62조(2007년 8월 3일 개정으로 신설됨)로 이루어져 있으며, 노인의 질환을 사전 예방 또는 조기발견하고 질환 상태에 따른 적절한 치료·요양으로 심신의 건강을 유지하고, 노후의 생활안정을 위하여 필요한 조치를 강구함으로써 노인의 보건복지증진에 기여함을 목적으로 하고 있다.

「노인복지법」은 대상을 65세 이상의 자로 규정하고 있으며 법의 구성 내용에 따라 세분화된 조건을 갖는다. 본 법은 국가와 국민은 경로효친의 미풍양속에 따른 건전한 가족제도가 유지 발전하도록 노력해야 하며 노인의 보건 및 복지증진을 책임지고 그 시책을 강구하여 추진해야 한다고 국가 및 국민의 책임을 밝히고 있다. 또한, 노인에 대한 사회적 관심과 공경의식을 높이기 위하여 매년 10월 2일을 노인의 날로, 10월을 경로의 달로 정하고 있다. 법에서 제시하고 있는 서비스 및 프로그램을 살펴보면, 시·군·구 등에 노인복지상담원을 두도록 하고 있으며, 국가 또는 지방자치단체는 노인의 사회참여 확대를 위하여 지역봉사활동 기회를 넓히고 노인에게 적합한 직종의 개발과 그 보급을 위한 시책을 강구하도록 하고 있다. 또한 근로능력 있는 노인에게 일할 수 있는 기회를 우선적으로 제공하도록 노력하고 경로우대, 건강진단, 보건교육을 실시하고 있다. 보건복지부장관, 시·도지사, 시장, 군수, 구청장 등은 필요한 때에는 노인의 상담 입소 등의 조치를 취하고 있다. 이외에도 국가 또는 지방자치단체는 치매 예방 및 치료를 위하여 치매 연구 및 관리 사업을 실시해야 하며, 노인을 위한 재활요양사업을 실시할 수 있도록 규정하고 있다.

노인복지시설 종류는 노인주거복지시설, 노인의료복지시설, 노인여가복지시설, 재가노인복지시설, 노인보호전문기관으로 규정하고 있다. 노인복지시설은 국가 또는 지방자치단체가 설치할 수 있으며, 국가 또는 지방자치단체 이외의 자는 그 설치를 시장, 군수, 구청장 등에게 신고해야 한다. 다만 노인전문병원은 「의료법」의 규정을 준용해야 한다.

전체적으로 「노인복지법」에서는 노인의 사회적 참여를 위한 노인일자리 전담기관의 설치 운영 및 생업 지원 등의 정책, 노인의 건강 보장을 위한 보건의료서비스, 그리고 노인의 사회활동과 여가활동을 시설 마련과 관련된 정책을 규정하고 있다. 또한 노인의 질환을 사전예방 또는 조기발견하고 질환상태에 따른 적절한 치료와 요양으로 심신의 건강을 유지하고, 노후의 생활안정을 위하여 필요한 조치를 강구함으로써 노인의 보건 복지증진에 기여해야 함을 법에 명시하고 있다.

2) 노인복지의 전달체계

(1) 노인복지 전달체계의 개념

노인복지는 원조관계에 의하여 이루어지고 있다. 원조관계는 서비스 제공자와 수혜자(소비자) 즉 사회사업가와 클라이언트, 사회복지기관과 클라이언트 사이에 형성되는 조직체 장치를 말한다. Friedlander & Apte(1980)는 노인복지 전달체계란 노인복지의 조직적 환경인 노인복지기관 및 시설과 중앙에서 지방 일선에 이르는 모든 공사조직 등 일체의 공적·사적 노인복지기관과 이들 기관과 관련한 서비스 전달망이라고 말했다. 노인복지 전달체계는 노인복지서비스를 전달하는 데 관련되는 조직전인 체계를 말하는데, 노인복지의 목표를 대상자에게 가장 적합한 서비스를 가장 효율적으로 제공하는 것이라고 할 때 노인복지 전달체계의 확립은 노인복지서비스의 적합성과 효율성을 최대로 발휘하여 대상자에게 좀 더 전문적인 서비스를 제공하고 노인복지제도 운영의 효율성을 높이기 위해 필요한 체계이다(한국보건사회연구원, 1992).

Gilbert와 Specht(1974)는 노인복지에 관한 정책을 수립하고 노인복지 대상자에게 필요한 서비스를 마련함에 있어서 기본적으로 고려해야 할 요소로서 사회적 할당, 사회적 급여, 재정, 서비스의 전달체계를 지적하고 있다. 이는 노인복지서비스를 제공함에 있어 어떤 사람을 대상으로 어떤 종류의 서비스를 하며, 재원은 어떻게 마련하고, 어떠한 조직체계를 가지고 서비스를 전달하는 가에 관한 것이다(황진수, 1995). 노인복지서비스의 전달체계를 노인복지의 제공자 간 그리고 제공자와 소비자 간의 조직적인 조정 배치과정으로 보았으며, 서비스의 제공자는 전문가, 공사기관, 민간단체 등을 말한다(Gilbert & Specht. 1974). 또한 노인복지 전달체계는 노인복지서비스 대상자의 선정, 수혜자 자격조건의 설정, 수혜내용에 관한 정책들의 실제로 이를 통해 이루어지기 때문에 노인복지 전달체계를 확립하고 있어야만 노인복지의 욕구와 문제를 올바르게 파악하고 이를 해결하기 위한 전문적 서비스가 이루어질 수 있으며 노인복지의 효율성을 증대할 수 있다(김영모, 1998).

노인복지의 효율성을 극대화하기 위해 노인복지 전달체계에서 고려해야 할 원칙으로는 효과성effectiveness, 통합성comprehensiveness, 적합성equity, 접근성accessibility, 전문성professionality

표 3-2 노인복지 관련 업무별 노인복지 전달체계

노인복지	중앙행정체계	
노인복지업무	종류	담당기관
사회보험	연금	연금보험국 연금제도과, 연금재정과
	의료보험	연금보험국 보험정책과, 보험관리과
공적부조	생계보호	사회복지심의관 생활보호과
	의료보호	연금보험국 보험정책과
노인복지서비스		가정복지심의관 노인복지과
노인복지	**지방전달체계**	
노인복지업무	종류	담당기관
사회보험	연금	연금관리공단 지부 및 출장소
	의료보험	의료보험조합이나 출장소
공적부조	생계보호	시·도: 사회복지과 생활보호계 시·군·구: 사회과 사회계, 복지여성과, 사회복지계, 사회복지과 사회계 읍·면·동: 사회복지담당
	의료보호	시·도: 사회복지과 의료보장계 시·군·구: 사회과 의료보장계, 복지여성과, 사회복지계, 사회복지과 사회계 읍·면·동: 사회복지담당
노인복지서비스		시·도: 가정복지과 노인복지계 시·군·구: 가정복지과 노인복지계, 복지여성과, 가정복지계, 사회복지과 가정복지계 읍·면·동: 사회복지담당

등을 들 수 있다(이성기, 1995). 노인복지 전달체계는 흔히 정부가 제공하는 공공서비스의 전달체계를 연상하기 쉬우나, 실제로는 노인복지사업의 조직적인 환경을 모두 포함하는 것이라고 이해할 필요가 있다. 복지 대상자를 중심으로 볼 때, 조직적

인 환경이란 노인에게 직접 서비스를 제공하는 노인복지기관이나 시설은 물론 중앙에서부터 지방 일선에 이르기까지의 모든 공사조직이라고 할 수 있다(최일섭, 1989). 그러나 공사조직의 노인복지 전달체계 중에서도 국민의 노인복지에 대한 국가의 책임이 막중한 현대 복지국가에서는 공적 노인복지의 전달체계가 중요하다. 공적 노인복지 전달체계는 행정조직체계를 말하는데, 이는 다시 중앙행정체계와 지방행정체계로 나뉜다. 노인복지 전달체계는 대상자에게 노인복지서비스를 효율적으로 제공하기 위한 조직체계로서 노인복지 전달체계의 하위체계라고 할 수 있다.

(2) 노인복지 전달체계의 구성요소

중앙의 보건복지부 조직 중에서 노인복지 업무와 관련이 있는 부서는 〈표 3-2〉와 같다. 공적부조의 경우 생계보호는 사회복지정책실의 사회복지심의관 내의 생활보호과에서, 의료보호는 연금보험국 내의 보험정책과에서 각각 담당하고 있고, 사회보험의 경우 연금은 연금보험국 내의 연금제도과와 연금재정과에서, 의료보험은 보험정책과와 보험관리과에서 각각 담당하고 있으며, 노인복지서비스는 가정복지심의관 내의 노인복지과에서 담당하고 있다. 이 중 노인복지서비스를 직접 관장하고 있는 가정복지심의관 내의 노인복지과의 업무분장을 보면, ① 노인복지 행정에 관한 종합계획의 수립 및 조정, ② 재가노인의 복지에 관한 사항, ③ 노인문제에 대한 상담 및 지도, ④ 노인보건에 관한 사항, ⑤ 노인복지관련 단체의 지도·육성 및 감독, ⑥ 노인 적성에 알맞은 직종의 개발·보급 및 노인의 사회참여 촉진에 관한 사항, ⑦ 노인복지시설의 지원·육성 등이다.

지방자치단체의 노인복지 전달체계는 보건복지부의 해당 부처의 지도 감독을 받아서 시행하고 있는데, 사회보험, 공적부조, 노인복지서비스 등의 노인복지관련 업무가 자치단체별로 전달체계와 각 업무마다 담당부서가 다르다.

(3) 노인복지 전달체계 주체 현황

① 공공복지기구의 현황

노인복지정책은 산업화와 고령화된 현대사회의 부산물이라고 할 수 있다. 즉 산업사회 이전의 전통사회에서 가족이나 혈연을 중심으로 시행한 노인부양제도가 도시화, 산업화, 핵가족화 등의 영향으로 점차 약화되고 이들이 수행한 노인복지 기능을 국가와 지방자치단체가 맡게 되었다. 우리나라의 경우 70년대의 고도 성장기를 겪으면서 우리 고유의 전통인 대가족제도가 무너지고 이로 인해 전통적인 가족 혈연중심의 상호부조체제가 약화되었다. 또한 경제성장의 부산물인 사회계층의 다원화, 빈부격차의 심화, 성장소외계층의 등장 등으로 계층 간의 갈등이 심화하고 이에 따른 각종 범죄 등 사회문제가 점차적으로 증가하고 있다. 노인복지정책은 각종 노인문제의 발생을 예방 치유하기 위한 제도적인 장치를 모색하기 위한 것이다. 이러한 노인복지정책을 뒷받침하기 위하여 헌법에서는 사회복지 증진에 대한 국가의 책임을 명확히 하고 있다(「헌법」 제32조).

또한 노인복지와 관련된 여러 가지 법을 제정하여 복지정책의 기본 틀로 삼고 있다. 다음 〈표 3-3〉은 노인복지관련 정책의 근거 법 및 관할 기관에 관한 것이다. 공적부조의 경우 보건복지부, 행정안전부, 법무부, 국가보훈처 등이 대상에 따라 부분적으로 노인복지정책에 관여하고 있으며 노인복지서비스의 경우 보건복지부, 행정안전부, 고용노동부, 교육인적자원부, 문화관광부가 복지업무를 부분적으로 나누어 담당하고 있다. 지역노인복지의 경우도 행정안전부 산하의 광역, 기초자치단체, 국가보훈처의 지방 보훈처, 고용노동부의 지방노동사무소 등이 업무를 분담하고 있다. 노인복지정책의 주무부서는 보건복지부와 행정안전부라고 할 수 있는데, 보건복지부는 관련 정책을 입안하고 행정안전부는 산하 광역자치단체와 기초자치단체를 통하여 복지정책을 입안하고 있다. 따라서 정책결정기관과 정책집행기관이

구분	업무	관할기관	근거법
사회복지 사업법	사회복지사업	행정안전부 보건복지부	사회복지사업법, 사회복지공동모금회법
	장애인복지	보건복지부 행정안전부 고용노동부 교육인적자원부	장애인복지법, 장애인고용촉진 및 직업재활법, 장애인 등에 대한 특수교육법
	노인복지	보건복지부 행정안전부	노인복지법
	여성복지	보건복지부 행정안전부	한부모가족지원법, 성매매방지 및 피해자보호 등에 관한 법률
공적부조	–	보건복지부 행정안전부 국가보훈처	국민기초생활보장법, 재해구호법, 재해구조법의 사상자보호법, 갱생보호법, 자연재해대책법, 국가유공자 등 예우 및 지원에 관한 법

서로 다른 이원적 조직구도를 가지고 있다.

② 민간복지단체의 현황

　민간단체들은 각자가 주체가 되어 독자적으로 개별 노인복지서비스를 직접 대상자에게 전달하고 있다. 이들 단체 중 대표적인 것이 한국사회복지협의회와 한국사회복지관협회이다.

가. 한국사회복지협의회

　한국사회복지협의회는 사회복지에 관한 조사, 연구, 각종 복지사업의 조성, 각종 사회복지사업과 활동을 조직적으로 협의 조정하고 사회복지에 대한 국민 참여를 촉진하여 우리나라의 사회복지 증진과 발전에 기여할 목적으로 1952년에 설립하였다. 사회복지협의회는 각 시·도에 15개의 지방사회복지협의회를 두고 있으며 사회복지단체 및 법인 간의 업무조정 및 협의를 위하여 많은 사회복지단체 및 법인을 회원으로 가지고 있다. 한국사회복지협의회의 주요 사업내용은 다음과 같다.

- 조사연구, 교육훈련, 자료수집, 간행물 발간, 정책건의, 계몽 및 홍보
- 학술도입과 국제사회복지단체와의 교류
- 회원 상호 간의 연락조정 몇 협의
- 복지위원 및 사회복지 관계 위원 등의 육성 및 연락
- 지방사회복지협의회의 육성 및 연락조정
- 사회봉사안내소 및 지역복지봉사센터 설치 운영, 사회복지자원개발
- 종합사회복지관 및 탁아시설 등 사회복지시설의 수탁, 운영
- 자원봉사자의 교육, 개발, 활용
- 노인결연, 후원
- 어린이 새생명 돕기 진료비 지원
- 사회복지금고 운영 등

나. 한국사회복지관협회

사회복지관 및 노인복지관은 각 시·도별로 저소득층 밀집지역이나 사회문제 다발지역에 설치하여 사회복지나 자원봉사자의 활동을 통하여 포괄적인 사회복지서비스를 제공함으로써 저소득 취약계층의 사회, 가정문제를 사전에 예방한다는 목적을 가지고 1982년부터 설치 운영하였다. 시·도별 사회복지관 및 노인복지관의 분포현황은 다음의 〈표 3-4〉와 같다. 사회복지관 및 노인복지관은 서울, 경기 등 도시

화율이 높은 지역에 많이 분포하고 있음을 알 수 있다. 산업화와 도시화가 대도시를 중심으로 진행되고 산업화와 도시화가 진전된 지역에서 각종 사회문제나 복지문제가 발생할 우려가 높다는 면에서 대도시에 사회복지관 및 노인복지관이 집중적으로 배치되는 것이 한편으로는 타당하지만, 농어촌에 거주하는 주민들은 상대적으로 사회복지관의 혜택을 받을 수 있는 기회를 박탈당했다고 볼 수 있다.

3) 노인복지의 재정

사회복지행정이란 사회복지재정을 수행하는 데 드는 비용을 조성하고 이를 배분히는 과정을 말한다. 따라서 재정은 정책을 계획하고 실행하는 데 가장 기본적인 전제 조건임과 동시에 그 결과이기도 하다. 재정관리의 결과는 비용지출의 효율성 및 적절성을 기준으로 평가하며, 이는 곧 정책수행에 대한 평가로 이어진다. 특히, 사회복지 재정은 수입과 지출의 측면에서 파악할 수 있는데, 전자는 사회복지제도를 운영하기 위한 재원은 첫째, 중앙정부 재정의 일반회계와 특별회계에서 지출하는 국고부담 둘째, 각 시·도 등 지방자치단체에서 부담하는 지방비 셋째, 기업이나 학교법인 등에서 사용자 부담금 넷째, 의료보험이나 연금 등의 사회보장제도에 가입한 피보험자로부터 갹출 되는 보험료 다섯째, 기금 등에서 발생하는 이자수입과 잡

표 3-4 사회복지관 및 노인복지관 현황(2008년 12월 기준)   (단위: 개소)

기관종류	서울	부산	대구	인천	광주	대전	울산	경기	강원	충북	충남	전북	전남	경북	경남	제주	계
사회복지관	95	51	25	17	19	19	8	55	15	11	17	17	16	15	25	9	414
노인복지관	159	79	46	96	52	48	30	572	133	144	121	165	151	135	120	30	2,081

※자료 : 보건복지부(2009a)

수입으로 구성된다(오혁주, 1988).

노인복지 재정은 노인복지가 사회복지의 한 분야로, 노인복지에 관한 정책을 수행하는 데 드는 비용을 조성하고 배분하는 과정이라고 할 수 있다. 이혜원(2004)은 노인복지 재정을 중앙정부, 지방정부, 민간시설 및 기관 등의 노인복지 행정조직이 노인복지 증진을 위하여 필요한 재원을 동원하고 배분하여 효율적으로 사용하고 관리하는 전체 과정을 의미한다고 정의했다. 노인복지 재정은 노인복지를 구성하는 행정조직이 노인복지의 증진을 위하여 필요한 예산 재정계획을 수립하고 예산상의 수입과 지출에 대한 각종 활동을 예산 집행하며, 재정자원의 수입과 지출에 관한 사항을 회계 정리하는 재정관리의 전반적인 과정을 평가하는 절차로 이루어진다(최성재·남기민, 1993).

보건복지부의 노인복지예산의 기본방향은 다음과 같다(보건복지부, 2010).

첫째, 고령화 진전에 따른 장기요양 수요의 증가에 대비하여 적정수준의 시설을 공급한다.

둘째, 노인요양시설, 노인치매병원 등의 지역 간 균형배치 및 기능을 보강한다.

셋째, 노인요양시설의 설치기준이 상향조정됨에 따라 기준에 미달한 기존 시설의 증·개축, 개보수 사업을 중점으로 지원한다.

넷째, 노인주거복지시설의 적정 설치 및 쾌적한 주거환경을 조성한다.

최근 세계적으로 노인이 증가하고 있기 때문에 사회복지 재정 중 노인복지가 차지하는 비율은 지속적으로 증가하고 있다. 이러한 노인복지 재정을 크게 공공재원과 민간재원으로 구분한다.

(1) 공공재원

공공재원은 다시 중앙정부의 재정예산과 지방정부의 재정예산으로 나눌 수 있으며, 이것들을 부담금이나 보조금 형태로 노인복지시설이나 기관에 보조하게 된다.

①부담금

현행「노인복지법」제45조에 의하면 제28조(상담·입소 등의 조치), 제27조(건강진단 등). 그리고 제33~39조(노인복지시설의 설치·운영 등)에 소요되는 비용은 대통령령이 정하는 바에 따라 복지 실시 기관인 국가 및 지방자치단체 또는 사회복지사업기금에서 부담하는 것으로 규정하고 있다.

정부에서 지출하는 노인복지 부문의 예산은 국비, 지방비 등 일반회계예산과 함께 사회복지사업기금에 포함된다.

정부예산 대비 노인복지예산이 차지하는 비율을 살펴보면 〈표 3-5〉에서 보는 바와 같이, 이는 1995년부터 2007년까지 우리나라 일반회계 기준 정부예산, 보건복지부예산, 노인복지예산의 규모와 비율을 나타내고 있다. 노인복지예산은 규모에 있어 꾸준한 증가를 보이고 있다. 1995년 618억 원이었던 노인복지예산이 2001년도에는 3,090억 원, 2007년에는 5,792억 원으로 5배와 9.4배로 각각 증가하였다. 그러나 정부와 보건복지부의 노인복지예산은 규모에 있어서나 비율에 있어서 조금씩 증가하고는 있지만 상당히 빈약한 것이 실정이다. 정부예산 대비 보건복지부예산이 차지하는 비율은 7% 내외이며, 보건복지부예산 대비 노인복지예산이 차지하는 비율은 5% 이하를 맴돌고 있다. 정부예산 대비 노인복지예산이 차지하는 비율을 살펴보면 1995년에 최저치인 0.12%를 기록했고 최고치는 2002년에 0.39%였다. 1999년에는 0.24%였다. 이는 1999년 65세 이상 노인인구 수가 약 3백 2십만 명임을 감안할 때 노인복지를 위해 1년 동안 1인당 약 6만 3천원을 지출하였음을 알 수 있다.

시설보호에서 지역사회 중심의 재가복지사업으로의 정책전환이 있었다. 그러나 최근 들어 최고령 노인의 증가로 치매 및 와상 노인의 급속한 증가는 요양원과 양로원 및 노인전문병원 등과 같은 시설보호에 있어서 정부의 책임이 요구되고 있는 실정이다. 우리나라 노인들의 대부분은 사회보험의 짧은 역사 때문에 경제적으로 어려운 상황에 있다. 더 많은 예산을 시설보호에 투자해야 될 것으로 생각한다(박

표 3-5 연도별 노인복지예산

(단위: 백만 원)

구분	정 부 총예산 (A)	복지복지부예산(B)		노인복지예산(C)		
		예산	% (B/A)	예산	% (C/B)	% (C/A)
2007	156,517,100	11,517,700	7.35	579,200	4.9	0.37
2006	144,807,600	10,365,200	7.15	392,800	4.4	0.27
2005	134,139,400	9,306,800	6.93	330,200	3.8	0.24
2002	99,180,065	7,749,477	7.81	389,763	5.02	0.39
2001	94,124,600	6,272,738	6.66	309,020	4.93	0.33
2000	86,474,007	5,310,021	6.14	280,867	5.29	0.32
1999	80,137,800	3,896,784	4.86	191,714	4.92	0.24
1995	51,881,113	1,983,896	3.82	61,807	3.11	0.12

※자료: 보건복지부(각 연도),「노인복지사업지침」.

차상 외, 2005). 또한 생활보호대상 노인을 위한 건강진단에 소요되는 예산이 계속해서 감소하고 있는 추세에 있으며, 우리나라 노인복지예산은 저소득층 노인 위주의 정책을 반영하고 있는 것을 알 수 있다.

② 보조금

현행 「노인복지법」 제47조에서 국가 또는 지방자치단체는 대통령령이 정하는 바에 따라 노인복지시설의 설치 및 운영에 필요한 비용을 보조할 수 있는 것으로 규정하고 있다.

(7) 민가재원

노인복지사업을 실시하는 노인복지시설이나 기관 또는 민간단체 및 기업 능의 재원으로는 자체부담금, 정부의 조치 위탁비, 정부 보조금, 결연 및 후원금 및 헌금, 수익사업에 대한 이익금, 개인 및 타 조직으로부터 받는 회비, 유증, 이용자 부담금 등 공공재원에 비해 매우 포괄적이고 다양하다.

제3장 학습과제

1 노인복지의 법적 기반을 법제별로 정리하시오.

2 노인복지의 전달체계 중 지방이양화에 관한 이슈와 문제점을 논의하시오.

3 노인복지시설의 사례를 분석하여 사업계획서와 예산작업을 팀별로 수행하고 토의하시오.

제4장

노인과 소득보장

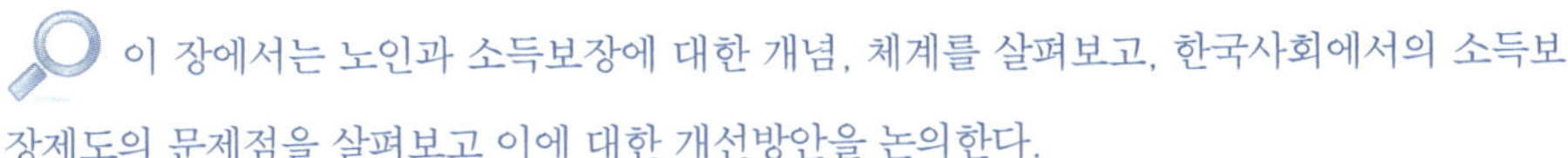

이 장에서는 노인과 소득보장에 대한 개념, 체계를 살펴보고, 한국사회에서의 소득보장제도의 문제점을 살펴보고 이에 대한 개선방안을 논의한다.

- 한국 사회보험의 전반적인 내용을 이해한다.
- 노인을 위한 소득보장의 종류 및 체계를 숙지하고, 한국사회가 갖는 소득보장 특수성에 대해 생각한다.
- 종합적인 생활자원 결핍이라는 관점에서 노인과 소득보장을 논의하고, 이에 대한 개선사항을 제시한다.

우리나라에서 인구 고령화는 1980년대 말부터 시작하였는데 최근 출산율의 하락과 평균수명의 상승으로 가속화되고 있다. 통계청의 2006년 중위 인구전망에 의하면 2068년에는 65세 이상 인구규모가 20~64세 인구규모와 1:1 수준에 도달하는 상상하기 힘든 상황이 예상되고 있다. 한편, 비슷한 시기에 발표한 UN의 세계 인구전망(World Populations Prospects, 2006)과 비교해도 상당히 비관적인 전망이다. 앞으로 추진될 출산장려정책이 유효하면 최근의 낮은 출산율을 그대로 반영한 통계청의 전망은 실현되지 않을 가능성도 높다. Goldstein 외(2003)와 박경애(2007)는 초혼 연령의 상승 및 출산 연기에 의해 통계적으로 합계 출산율이 일부 낮아질 수 있는 템포 이펙트tempo effect의 가능성을 소개하고 있다.

이러한 인구 고령화는 사회경제적으로 광범위한 영향을 미친다. 다른 각도에서 보면 생산가능인구가 축소되는 문제인 인구 고령화는 노동시장정책과 긴밀한 관련성이 있다. 그리고 생산가능인구의 축소는 세원 감소로 국가 재정에 즉각적인 악영향을 미친다. 생산가능인구의 축소문제에 대한 자연스러운 대안은 노령계층의 노동시장 참여 확대이며 그러면 재정문제도 자연스럽게 해결된다. 공적연금제도는 노령인구의 경제활동에 직접적으로 영향을 미치므로 국민연금제도가 인구 고령화의 경제적 영향을 조절할 수 있는 핵심적 사회보장제도로서 대두하고 있다(최기홍·신성휘, 2009).

1. 노인의 빈곤문제와 공적연금제도

한국보건사회연구원이 2008년에 수행한 전국 노인생활 실태 및 복지욕구조사에 대한 연구결과에 의하면, 배우자를 잃고 혼자 사는 독거노인은 전체의 11.9%, 자녀와 따로 사는 부부 노인은 29.1%로 전체 노인 인구의 41%가 독립가구로 사는 것으로 밝혀졌으며, 노인이 있는 가구(평균 가구원 수 3.2명)의 소득이 40만 원 미만인 경우가 31.6%나 되는 것으로 나타나 많은 노인들이 경제적으로 어렵게 생활하고 있

음을 알 수 있다. 특히 읍·면에 거주하는 노인 및 여성노인에게서 저소득층 노인의
비율이 높게 나타났다. 한편, 노인의 주 수입원을 살펴보면, 비동거자녀가 31.5%,
동거자녀가 9.0% 등 자녀로부터 경제적인 지원을 받는 경우가 40.5%로 자녀의 지
원이 중요한 수입원이 되고 있는 것으로 나타났다. 반면, 주 수입원이 연금·퇴직금
인 노인은 전체 조사대상 중 2.5%에 불과하고, 8.5%의 노인만이 국가로부터 각종
지원을 받고 있는 것으로 나타나 노후의 소득보장을 위한 공적인 지원이 매우 미약
한 것으로 나타났다. 이러한 연구 결과는 노후소득보장이 국가나 사회 등 공적인 부
문에서 이루어지기보다는 주로 가족 등 비공식 부문에서 이루어지고 있는 현실을
보여주는 것이라 할 수 있다.

1) 노인의 빈곤문제

빈곤은 인간사회에서 가장 오래되고 심각한 사회문제이다. 빈곤문제를 가족에게
영향을 미치는 미시적 차원의 의미와 지역사회와 국가 전체에 영향을 미치는 거시
적 차원의 의미를 생각해볼 수 있다. 미시적 차원에서 빈곤은 이에 처해있는 개인
과 가족에게는 삶과 죽음이라는 인간 생존 자체의 심각한 문제이다. 이들에게 빈곤
은 먹을 것이 없고, 입을 것이 없으며, 집이 없거나 집이 있다 하더라도 불결하고 유
해하며, 교육을 제대로 받을 수 없어 경제활동에 참여할 수가 없고 부적절한 영양
과 의료혜택을 받을 수 없어 심한 질병을 앓게 되거나 짧게 삶을 마감하는 그러한
성질의 것이다. 또 이들은 물질주의가 만연한 사회에서 항상 굴욕과 열등감을 갖고
대인관계를 유지할 수 없으며, 심한 경우에는 비정상적인 수단으로 생계를 유지하
기 위해 사회의 도덕과 규범에 어긋나는 행동을 하지 않을 수 없는 상황에 놓이게
된다. 어찌 보면 빈곤은 그 자체도 문제이거니와 이것이 비행, 범죄, 마약, 알코올

중독 등 수많은 사회병리 현상의 원인이 되기 때문에 더욱 심각한 사회문제라고 할 수 있는 것이다(최일섭·최성재, 2000). 거시적인 차원에서도 빈곤은 사회해체를 낳은 심각한 문제가 된다. 어느 지역사회에서 다수의 빈민이 존재한다는 것은 빈곤하지 않은 다른 계층과 집단에게 심각한 위협이 될 수밖에 없다. 빈곤이 원인이 되어 유발하여 비행과 범죄의 희생자는 지역사회 주민이 되는 것이며, 빈민을 구제하기 위해 유지해야 하는 사회복지제도와 사업은 지역사회에 국가에 상당한 경제적 부담이 되고, 장기적인 안목에서 가장 우려할 만 것은 빈민집단이 정치적 불안을 야기하고 결국은 사회를 해체하는 위험을 안고 있다는 것이다. 빈곤은 지역사회와 국가 전체의 생활양식에 심각한 위협을 줄 수 있기 때문에 우리는 이를 해결하거나 경감하는 노력을 하는 것이다.

빈곤의 개념은 일반적으로 경제적인 측면과 비경제적인 측면에서 파악할 수 있다. 전자의 경우는 빈곤을 생계에 필요한 재화와 용역의 결핍된 상태로 파악할 수 있으며, 후자의 경우는 사회심리적 특성을 규명하여 빈곤을 정의한다. 이중 경제적 측면의 빈곤은 다시 절대적 빈곤과 상대적 빈곤으로 구분된다(복영민, 1997). 절대적 빈곤이란 최저생활을 유지하는 데 필요한 소득, 즉 빈곤선에 미달되는 소득수준을 빈곤이라고 보는 입장이며, 오랫동안 널리 사용해온 고전적 개념이다. 상대적 빈곤은 한 사회의 소득수준으로 볼 때 소득이 상대적으로 낮은 계층을 빈곤층으로 정의하는 것이다. 절대적 빈곤의 개념은 너무 정태적이고 사회 전체의 지배 상태를 고려하지 않고 있다는 비판이 있을 수 있는데 상대적 빈곤의 개념은 바로 이러한 비판과 함께 새로이 대두한 것이다. 빈곤의 개념을 상대적 개념이나 자원 및 생활양식에 따라 규정한 빈곤 개념이 상대적 빈곤이다. 즉 상대적 빈곤의 개념은 불평등과 자원의 불균등한 배분의 결과인 상대적 박탈로 본다. 이러한 빈곤 개념은 인간의 경제적 지위의 측면에서 일차적인 것으로 규정하며, 경제적 빈곤의 개념은 인간의 경제적

(단위: %)

국가명	노인 빈곤율	전체	노인 가구(66세 이상)의 빈곤율			
			일함	일하지 않음	독신	부부
호주	26.9	27	4.1	32	49.9	17.7
오스트리아	7.5	8.2	6.6	8.6	16.4	3.9
벨기에	12.8	12.2	3.6	13.4	16.7	10
캐나다	5.9	7.3	2.2	9.5	16.2	3.9
체코	2.3	3	–	3.2	5.6	2
덴마크	10	9.7	2.4	11.5	17.5	3.8
핀란드	12.7	13.6	11.5	13.7	28	3.9
프랑스	8.8	9.2	1.2	9.4	16.2	4.1
독일	8.5	8.3	1.7	9.2	15	4.7
그리스	22.7	20.5	6.6	30.7	34.2	17.6
헝가리	4.7	5	–	5.4	11.1	0.8
아이슬란드	5	5.5	3.2	6.7	9.8	2.3
아일랜드	30.6	25.5	5	36.3	65.4	9.4
이탈리아	12.8	13.2	2.7	16.7	25	9.4
일본	22	20.5	13.2	30.2	47.7	16.6
한국	45.1	48.5	34.7	68.8	76.6	40.8
룩셈부르크	3.1	3.1	–	3.9	3.6	2.9
멕시코	28	22.7	19.1	39.3	44.9	20.9
네덜란드	2.1	2.4	1.8	2.5	2.6	2.3
뉴질랜드	1.5	3.6	0.5	2	3.2	1.1
노르웨이	9.1	9.2	0.6	9.9	20	1.2
핀란드	4.8	5.9	5.7	6	6	5.9
포르투갈	16.6	20.3	5.4	25.3	35	15.7
슬로바키아	5.9	4.2	–	7	10.4	2.9
스페인	16.6	26.8	12.1	31.5	38.6	24.2
스웨덴	6.2	6.1	3.3	7.1	13	1.1
스위스	17.6	18	–	–	24.3	14.6
터키	15.1	18.5	20.1	15.9	37.8	17.3
영국	10.3	10.4	1.2	11.9	17.5	6.7
미국	23.6	23.7	9	34	41.3	17.3
OECD 평균	13.3	13.7	7.1	17.3	25	9.5

※ 주: 가처분 소득의 중위소득 50% 이하 기준.
※ 자료: 통계청(2009f)

지위의 측면을 말한다. 경제적 빈곤의 개념은 그것이 쉽게 양화 될 수 있기 때문에 유용하게 사용할 수 있고, 따라서 빈민은 통계적 범주로 처리할 수 있다. 빈곤의 절대적 개념은 기아와 같은 상태를 말하지만 상대적 빈곤은 이러한 것의 해결된 상태에서 불평등을 의미하는 것이다. 상대적 빈곤은 중간 가족소득의 비율을 빈곤선으로 단정하고 있으나 절대적 빈곤은 최저생계비에 따라 결정된다. 이러한 절대적 빈곤이 오늘날 공적부조와 생활보조사업의 주요한 대상이 되고 있다.

특히 주목할 점은 노인 빈곤이 늘어나고 있다는 사실이다. 능력위주의 치열한 경쟁사회에서 정년제가 보편화됨에 따라 많은 사람들은 50대 후반에서 60대 초반사이의 정년을 기점으로 퇴직한다. 시장에서 배제된 이들은 특별한 능력 또는 재산이 없는 한 거의 모든 소득을 상실한다. 복지 선진국의 노인은 나라에서 지급하는 연금으로 노후를 보장받지만 우리나라의 노인은 연금제도보다는 자녀로부터 받는 소득에 생활비의 많은 부분을 의존하고 있다. 노후소득보장을 위한 연금제도가 완비되어 있는 선진국에 비해서 한국의 고령자는 매우 높은 빈곤율을 보인다. 노인빈곤율은 45%이고 66세 이상 고령자의 경우 빈곤가구에 속해있는 비율이 48.5%로서 OECD국가 중에서 가장 높은 비율을 보이고 있다. 유럽에서 노인빈곤율이 비교적 높은 그리스나 이탈리아는 물론이고 일본의 22%, 미국의 23.6%보다도 훨씬 높은 수준이다(〈표 4-1〉 참조). 이를 통해 우리 사회의 노후소득보장의 문제가 해결해야 할 당면한 과제임을 알 수 있다.

2) 빈곤정책의 변화와 한국 사회보험의 특수성

공공부조 또는 공적부조는 연금보험, 의료보험, 산재보험, 실업보험 등의 사회보험과 함께 사회보장제도의 중심이 되는 2대 기둥으로서 한 마디로 공적인 구빈사업이라고 할 수 있다. 즉 생활의 개인 책임을 강조하는 자본주의사회에서 근로능력이 없어 스스로 자신의 생활을 꾸려나갈 수가 없거나 생활이 어려운 사람들의 최저한도의 생활을 보장하고 자립할 수 있도록 하기 위하여 정부나 지방자치단체가 공비로 경제적인 원조나 각종 서비스를 제공하는 사업이다. 공적부조는 국가가 국민의 생존권을 보장하기 위하여 낸 세금으로 빈곤한 국민들의 최저생활을 보장하는 것이므로 국가나 공공기관이 주체가 되어 시행하는 사적부조와는 그 의미가 다르다(복영민, 1997).

사회보험은 일반적으로 사회보장체계라고 말하는 사회복지제도의 가장 중요한 핵심에 속한디. 한 사회에서 가장 광범한 자립계층을 그 대상으로 한다. 이는 사회보험을 세계 최초로 실시한 독일에서 처음부터 신업노동자를 대상으로 했던 데서 알 수 있듯이, 소득이 없거나 최저생계비에 미치지 못하는 사회의 극빈층에 대한 사회복지 제도인 '공적부조' 또는 '공공부조'와는 판이하게 다른 것이다. 그것은 일정 소득이상인 '자립계층'에 대한 사회보장제도라는 말이다.

공적부조는 국가가 일반 조세를 재원으로 극빈층에게 최저생활을 보장하는 것인데 반해, 사회보험은 원칙적으로 노동자들에게 일정수준의 삶을 각 종의 사회적 위험으로부터 보장하는 공적보험 제도이다. 이는 노동자와 고용주가 공동으로 부담한 보험료를 재원으로 하는 특징이 있다. 여기에서 국가는 법적 수단을 사용하여 노동자 및 사용자 집단의 연대를 강제하는 역할을 한다. 이 때문에 사회보험은 국가가 시민들에 대해서 값없이 베푸는 '시혜'가 아니라 시민에 대한 일종의 '자조적' 복지체계라는 특성이 있다고 말할 수 있다. 이러한 사회보험의 실질적인 관리운영권은 '공단'이라 불리는 비정부적 사회단체가 소유하고 있다.

현재 우리나라는 독일에서 시작한 사회보험을 도입하여 시행하고 있지만 사회보험의 특성을 잘 이해하고 있지 못할 뿐 아니라 관리운영 또한 독일과는 판이하게 다르다. 현재 한국의 사회보험은 많은 심각한 문제를 안고 있다. 그 중에서도 사회보험의 운영 주체는 국가이나 국가가 시행하는 보험제도에 대한 시민의 불신 정도가 심한 것이 문제이다. 아울러 보험공단의 방만한 운영과 재정의 항구적인 불안전성 또한 중요한 문제로 부상되고 있다. 한국은 독일에서 시작한 사회보험제도를 도입하고 있지만, 그것을 관리 운영하는 방식은 보험공단인 비정부 단체에서 한다. 그렇지만 내용적으로 볼 때 공적부조와 같이 정부가 주도하고 있다. 사회보험제도와 그 운영방식 사이에 모순이 있다.

한국의 사회보험 중 건강보험과 국민연금은 국민 전체를 대상으로 하고 있다. 원래 사회보험은 근로자 집단을 중심으로 하는 사회보장제도이다. 재정방식은 보험료를 재원으로 하고 있다. 국민 전체를 대상으로 하는 사회보장제도의 재정방식은 조세를 재원으로 해야 한다. 이런 점에서 볼 때, 한국의 건강보험과 국민연금은 대상집단과 재정방식에서 모순이 있다는 것을 알 수 있다. 이 두 가지 사회보장제도 모두 재정방식에서 보험료를 재원으로 하고 있으면서, 형식적으로는 국민 전체를 대상으로 하는 것으로 되어 있다. 그 결과 건강보험은 만성적인 적자에 허덕이고, 충분한 급여를 보장받기 어려운 구조 속에 갇혀 있게 되었다. 국민연금은 노동자의 적정한 노후생활보장이 아닌 '국민의 최저생활보장을 위한' 사회보장제도로 전락하였다. 이와 같이 사회보험이 확대했음에도 불구하고 2001년 기준 전체 임금근로자의 20.7%에 달하는 276만 명이 산재보험에서 제외됐고, 고용보험은 임금근로자 중 51.8%만 적용하여 약 743만 명이 제외되었으며, 공적연금의 경우에도 법정 적용대상자를 추정해보면 약 600만 이상이 제외된 것으로 보고하고 있다(김연명, 2002). 또한 우리나라의 건강보험제도와 국민연금제도는 헌법적으로 허용되지 않는 소득재분배 체계라는 측면을 가지고 있다. 그러나 아무리 사회보장이 소득재분배효과를 갖더라도 조세를 통하여 실현되어야 할 과제가 보험료를 재원으로 하여 실현된다면 이는 헌법적으로 허용되지 않는 소득재분배라는 것이다(전광석, 2007).

전체적으로 한국의 사회보험은 한국사회의 중추적인 역할을 담당하고 있는 중산층의 안정된 생활보장이라는 기능을 하는 데에는 한계가 있다. 현재 중산층의 생활보장 수단의 부재가 오늘날 우리나라의 심각한 사회불안을 가져오는 결정적인 요인인 것이다. 한국의 사회보험은 향후 지금까지의 국민 최저생활보장이라는 목표에서 국민들에게 중산층 정도의 생활보장을 하는 것으로 그 지향목표를 바꾸어 나아가야 할 것이다(차성환·이순옥, 2009).

2. 소득보장제도

소득보장제도는 사회보험, 공공부조, 혹은 사회수당의 형태를 가진다. 소득보장제도 중 노인 소득보장제도는 '노령'이라는 소득상실 위험에 대비한 소득보장제도를 말하는 것으로, 대표적인 제도가 연금제도이며, 빈곤선 이하의 노령계층을 포함

표 4-2 노인소득보장 프로그램

공적/사적 분류	직접/간접 분류	해당 프로그램
공적 프로그램	직접	사회보험: 국민연금, 공무원연금, 군인연금, 사립학교교원연금 공공부조: 국민기초생활보호, 기초노령연금
	간접	고용증진: 고령자인재은행, 고령자고용권장, 노인공동작업장, 노인능력은행
사적 프로그램	직접	퇴직금, 개인연금, 일반연금보험
	간접	없음

하는 공공부조, 국가에 따라서는 노령수당제도를 운영하기도 한다(석재은·김태완, 2000). 우리나라의 공적 노인 소득보장제도에는 사회보험 형태로는 공적연금제도가 있다. 일반국민을 대상으로 하는 국민연금제도와 특수직역종사자를 대상으로 하는 공무원 연금, 군인연금, 사립학교 교원연금이 있다.

공공부조 형태로는 지난 40년간 시혜적 단순보호 차원에서 실시하였던 생활보호제도로부터 저소득층에 대한 복지시책으로 전환하면서 국민기초생활보장제도로 명칭을 개정하여 2000년 10월부터 실시하였으며, 2008년부터 실시한 기초노령연금으로 저소득층 노인을 대상으로 노령으로 국민연금에서 제외된 노령계층의 생활보조를 하고 있다. 사적 소득보장제도는 각 기업에서 지급하는 퇴직금과 1994년부터 세제혜택을 제공하고 있는 개인연금제도가 은행 및 보험권에서 운영하고 있다. 〈표 4-2〉는 노인소득보장 프로그램이며, 이 중에서 국민연금, 기초노령연금제도, 기초생활보장제도, 가족지원 등을 중점적으로 살펴보겠다.

1) 국민연금

(1) 국민연금 개요

국민연금은 1988년 10인 이상 사업장 가입자를 대상으로 도입하였으며 점차 그 적용대상을 확대하여 1999년 4월부터는 공무원연금, 군인연금, 사립학교교원연금 등의 특수직역연금 가입대상자를 제외한 소득이 있는 모든 국민에게 확대 적용하였다. 국민연금은 1998년 연금재정의 안정을 위해 연금급여를 40년 가입 기준으로 가입 시 70% 수준에서 60%로 낮추어 개정하여 노후의 소득보장을 불리하게 만들었다. 최소 연금기간을 15년에서 10년으로 낮추어 10년 이상 가입하면 60세부터 연금을 받을 수 있으며, 이혼하는 경우 배우자가 수급하는 연금을 분할할 수 있지만 재혼을 하는 경우는 예외로 분할할 수가 없다.

국민연금 제도의 기본적인 성격은 자신의 공헌도에 대한 반대급부로서 긍지를 높여줄 수 있는 점과 공헌도에 따른 수급권을 취득하며, 연금보장사업에 대한 보험제도는 실질적으로 노후생활 계획의 시초가 되는 제도이고, 국가가 책임지고 운영하는 강제가입의 제도로서 기업이나 사업장의 근로자를 대상으로 실시하는 기업연금이 주종을 이루고 있다.

국민연금의 적용 대상은 국민연금은 공무원 등과 같이 특수직역에 종사하는 자를 제외한 모든 국민을 단일한 연금체계에 편입하기 때문에 분리적용에 따라 발생할 수 있는 급여와 부담의 차이에 따른 사회적 분열을 막고 소득계층 및 지역 간의 상호원조를 통해 사회연대감을 조성함으로써 궁극적인 사회통합에 기여한다. 1995년 농어촌지역연금 도입 당시 농어민 및 자영자 등에 대해서는 별도의 연금제도를 적용해야 한다는 주장이 있었으나 지역연금도 사업장연금과 하나의 동일한 제도틀에서 운영하여 이후 도시지역 확대 적용 시 이에 대한 큰 논쟁 없이 단일체계로 운영할 수 있었다. 그러나 전 국민을 단일체계에 적용하게 됨에 따라 소득파악이 되지 않는 자영자, 비정규 근로자, 소규모 사업장 근로자 등에 대한 보험료 부과의 적정성 논란과 징수의 어려움이 지속적으로 제기되었고 이는 제도 내실화에 중대한 걸림돌이 되었다. 이 문제는 선진국을 제외한 대부분의 나라에서 공통적으로 겪고 있는 문제로서, 경제발전 및 가입자의 대다수가 사업장 가입자가 되는 사회적 환경의 성취 그리고 소득 파악 인프라가 잘 갖춰져야 해결이 가능할 것이다(김성숙 외, 2010). 실제로 국민연금연구원의 2009년 연구결과에 따르면, 국민연금 적용 제외자는 특정 시점을 기준으로 한 개념으로 18세 이상 60세 미만인 자로서 국민연금에 가입되어 있지 않는 모든 개인들로 정의하고 있으며, 국민연금 적용 제외자의 규모는 2009년 4월 말 기준으로 1,330만 명 수준이며, 국민연금 적용 제외자들을 일련의 하위 범주들로 유형화하면 배우자가 공적연금 가입자 혹은 수급자이며 본인이 소득활동을 하지 않는 무소득 배우자가 전체 적용 제외자의 41.55%로 가장 큰 비중을 차지하고 있으며, 다음으로 18세 이상 27세 미만자(25.10%), 특수직역연금 가입자(10.88%), 기초생활수급자(5.67%)의 순으로 나타났다(국민연금연구원, 2009).

국민연금의 재원조달은 사회보험 방식을 채택하였다. 사회보험방식은 대부분 개인별 기여이력이 급여수준과 상관성을 갖게 되며 이를 통하여 기여를 촉진함으로써 자조정신 및 근로의욕 진작의 철학을 반영한다. 그러나 적용 사각지대 때문에 수급권 보장의 포괄성이 떨어질 수 있다. 국민연금은 보험료 이외에 관리비의 전부 또는 일부를 국고에서 부담하며 제도 초기에는 관리비의 약 절반을 국고에서 부담하였으나 계속 감소하여 2007년 기준 5%만을 국고에서 부담하고 있다. 그 외 농어촌 지역연금을 도입하면서 농어민에 대해서는 농어촌특별세를 재원으로 하여 보험료의 일부를 지원하고 있다.

공적연금에 대해서는 나라마다 다양한 국고를 지원한다. 예를 들어 정액보험료 방식을 채택한 일본의 국민연금은 국고에서 매년 급여의 1/2을 부담하고, 관리비 전액도 국고부담으로 하는 등 상당한 국고부담이 있다. 완전부과방식의 연금을 운영하는 독일은 매년 총 급여의 30% 이상을 국고를 부담한다. 또한 대부분의 선진국은 다양한 가입기간인정제도를 운영하여 이 기간에 발생하는 급여는 국고에서 부담하고 있다. 이에 비하여 우리나라 국민연금은 국고부담이 매우 적은 편이다(김성숙 외, 2010).

(2) 국민연금 현황
① 가입자 현황 및 전망
국민연금 가입자는 2008년 하반기 이후 2009년 초반까지 가입자가 감소하였으나 그 규모는 20만 명에 미치지 못하여 예전 외환위기와는 다른 양상을 보이며, 2009년 초반 이후 다시 상승하는 추세이다. 〈그림 4-1〉은 2008년 말 경제위기로 인한 경제활동인구의 향후 변화를 반영하였고, 경제활동인구에 국민연금 가입률 84.6%를 적용하여 전체 가입자를 산출하였다.

〈표 4-3〉는 국민연금 가입자 추이이며 〈그림 4-2〉는 전체 가입자 중 지역가입자 추이이다. 이를 통해 지역가입자 수는 꾸준히 늘어나고 있지만 지역가입자의 비중이 감소하고 있는 것을 나타나는 것을 알 수 있다. 즉 1999년에 약 70%에서 2010년 기준 46.27%, 2014년에는 42.98%로 낮아질 것으로 예상하고 있다.

〈표 4-4〉는 연금보험료 수입 전망이며, 사업장가입자의 월평균소득액 상승률이

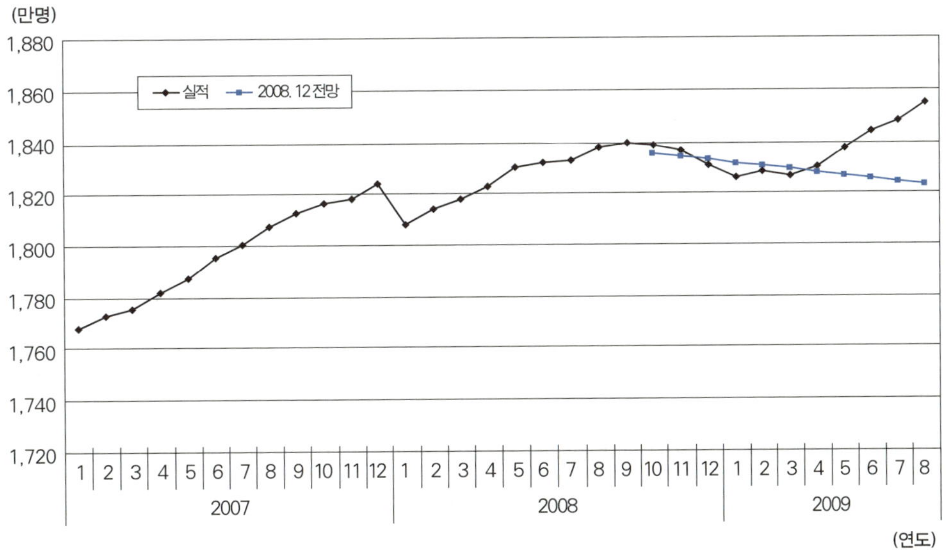

그림 4-1 국민연금 가입자 추이

※자료: 박성민·신경혜·박우환·한정림(2009)

(단위: 명)

연도	2009	2010	2011	2012	2013	2014
총가입자	18,710,356	18,805,175	18,965,221	19,164,458	19,329,351	19,373,059
사업장가입자	9,944,433	10,151,256	10,393,210	10,656,566	10,900,594	11,074,818
지역가입자	8,723,935	8,604,546	8,516,604	8,446,222	8,360,585	8,223,582
임의계속	41,988	49,373	55,407	61,670	68,172	74,659

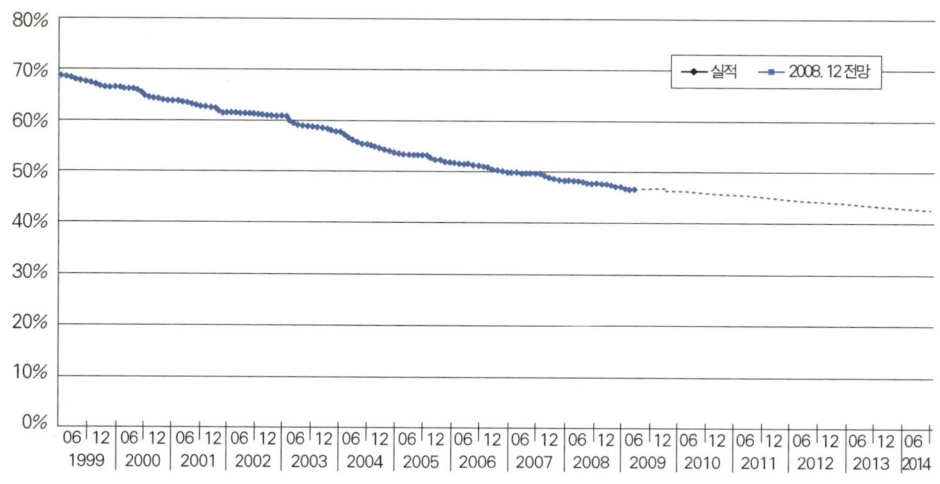
그림 4-2 국민연금 지역가입자 추이

※자료: 박성민·신경혜·박우환·한정림(2009)

임금상승률에 크게 미치지 못함에 따라 사업장가입자의 월평균소득액은 증가규모가 정체된 것을 알 수 있다. 또한 지역가입자의 경우도 최근 소득신고가 이전 증가규모에 미치지 못함에 따라 정체 현상을 나타냈다.

표 4-4	연금보험료 수입 전망			(단위 : 백만 원)
연도	총보험료 수입	사업장가입자	지역가입자	임의계속 등
2010	23,941,479	21,320,916	2,596,817	23,745
2011	24,280,059	21,754,563	2,498,391	27,105
2012	25,203,838	22,732,230	2,441,334	30,274
2013	26,158,762	23,731,068	2,394,102	33,592
2014	27,061,478	24,677,995	2,346,519	36,964

(3) 국민연금의 문제점 및 발전과제

국민연금제도는 1998년 「국민연금법」의 개성으로 개선된 부분이 많지만 그래도 몇 가지 문제점들을 가지고 있다.

① 징수관리의 문제점과 징수조직의 개편

지역가입자의 징수율이 낮고, 체납자가 많으나 개선되지 않고 있다. 징수율이 높아지려면 가입자의 대부분이 자격 및 징수관리가 수월한 근로자로 구성해야 할 것이다. 그러나 가입자의 약 절반은 지역가입자로서 이들은 주로 자영자 및 학습지 교사, 보험설계사 등의 특수관계 근로자, 그리고 원칙적으로는 사업장 가입자로 관리되어야 하는 건설근로자를 비롯한 비정규 근로자 또는 영세사업장의 사용자와 근로자 등으로 구성되어 있다(정미화, 2002).

지역가입자는 본인이 9%의 보험료를 모두 내야 하기 때문에 보험료를 사용자와 반분하는 근로자에 비하여 기여에 대한 부담이 훨씬 크다. 가입자의 대부분이 사업장으로 관리되지 않는 한 그리고 전반적으로 소득파악 체계를 선진화하여 지역가입자 및 적용이 제외되는 무소득 배우자 등에 대한 소득을 보다 투명하게 파악하지 않는 한 자격 및 징수관리가 쉽게 개선되지는 않을 것이다. 즉 자영업자들이 대체적으로 소득을 하향 신고하였기 때문에 소득을 성실히 신고한 직장가입자들의 연금액이 낮아져 손해를 보게 된다.

현재 사대 사회보험의 징수를 통합하여 관리하는 방안을 추진하고 있다. 통합징수가 효과를 발휘하려면 가입자의 소득활동 여부 및 소득수준 파악이 제대로 된다는 전제조건을 충족해야 할 것이다(박성민·신경혜·박우환·한정림, 2009).

② 급여 간 관계의 형평성

특수직역연금과 통산이 이루어지지 않아 연금수급권이 제한되고 따라서 연금액이 줄어들게 된다는 것이다. 그리고 국민연금도 다른 사회보험과 보험료 부과기준이 상이하고 관리체계도 다른 사회보험과 통합되어 있지 않아 효율성이 낮다는 것 또한 문제점으로 볼 수 있다(정미화, 2002).

기초노령연금제도가 도입되어 노령연금과 장애연금, 유족연금 간 급여수준 설정의 형평성 문제가 제기되고 있다. 또한 사고 등에 대한 상해보험 성격의 급여인 유족연금에 대하여 가입기간과 연계하여 급여수준을 설정하는 것이 타당한가에 대한 의문도 계속 제기되고 있다. 두 가지 이상의 중복급여가 발생할 경우 한 가지 급여만 선택하도록 하는 병급조정은 2007년 법 개정에 따라 발생한 중복급여 중 유족연금이나 반환일시금을 선택하지 않으면 그 일부를 추가로 주도록 하였으나 기여와 급여 간 관계를 고려할 때 이러한 방식이 반드시 타당한 것은 아니므로 추후 재검토할 필요가 있다. 그 외 수급조건이나 급여수준 등 과 관련하여 급여 간 형평성이 있는지는 지속적으로 검토해야 할 과제이다(박성민·신경혜·박우환·한정림, 2009).

③ 국민연금 적용 제외자들을 대상으로 한 적용범위의 확대

2007년 기준 국민연금 가입자 중 50.1%인 9,149천 명은 사업장가입자이고, 49.9%인 9,063천 명은 지역가입자이다. 전체 가입자 중 남자는 62.7%(11,462천 명), 여자는 37.3%(6,805천 명)를 차지하고 있다. 연령별로는 30대 미만 20%, 30대 30%, 40대 30%, 50대 이상 20% 수준으로 분포하고 있지만 실제로 30대 미만은 사업장가입자를 제외하면 대부분 납부 예외 상태이다. 국민연금 적용대상 개선 방향으로는 첫째, 소득활동을 하는 적용제외자들을 대상으로 국민연금제도의 적용범위를 확대하는 것이다. 이를 위해 일용직 근로자들의 사업장가입자로의 전환, 근로자 개념의 재검토, 특수형태 근로종사자의 국민연금 사업장가입자 의제 적용 등 방안을 검토할 수 있다. 둘째, 국민연금 임의가입 제도의 활성화, 즉 적용 제외자들의 국민연금 수급권을 확보하기 위해서는 현행의 임의가입 보험료 수준을 다양화하여 서소득 가구의 적용 제외자들이 국민연금제도를 보다 쉽게 진입할 수 있는 제도 개선이 필요하다. 셋째, 국민연금 보험료 지원 및 크레딧 제도의 제공을 통해 소득활동을 하지 않는 적용 제외자들의 국민연금 수급권 확보 측면에서 일정한 역할을 수행하게 하는 것이다. 보험료나 크레딧 지원은 또한 비공식적으로 소득활동을 하는 적용 제외자들의 경우 이들의 소득활동을 공식화하여 장기 가입자로 유도할 수도 있을 것이다. 넷째, 공공부조 및 다층 소득보장 체계 강화를 통해 노후를 준비할 수 없는 저소득층을 위한 공공부조 프로그램의 적극적으로 지원하고, 국민연금과 공공부조 프로그램의 연계뿐 아니라 국민연금과 퇴직연금, 그리고 개인연금 사이의 체계적 역할분담이 필요하다(김성숙 외, 2010).

2) 기초노령연금제도

2007년 4월 도입이 확정된 기초노령연금은 입법과정에서 범주형 공공부조의 성격을 확고히 하였고, 재원조달 및 급여전달체계는 기존의 경로연금과 국민기초생활보장제도와 마찬가지로 중앙정부와 지방정부가 분담하고, 기초지방자치단체가 관리하는 형태로 별다른 논의 없이 확정되었다.

기초노령연금은 행정자료를 중심으로 소득 및 재산을 파악하고, 기초노령연금 정보시스템 중심의 자산조사 체계를 구축하여 기존의 공공부조제도에 비해서 행정편의가 크게 증대하였다. 그러나 범주적 공공부조의 성격을 가짐에 따라서 기초노령연금의 관리는 기초지방자치단체가 중심이 되고, 보건복지부의 업무를 위탁받은 국민연금공단이 함께 수행하는 이원화된 체계를 구성하고 있다. 급여신청과 수급자 관리 등 기초지방자치단체 위주로 운영됨에 따라서, 국민기초생활보장제도 등을 관리하는 일선 사회복지전담공무원들의 업무부담이 가중되고 있으며 잘 갖춰진 정보시스템 등에도 불구하고 제도관리가 효율적으로 운영하지 못하고 있는 실정이다(정해식, 2008).

기초노령연금의 목적은 노인들의 생활실태를 적절히 반영하여 노인의 생활안정을 지원하고 복지를 증진하는 것이다. 이를 위해 관리체계는 노인의 생활실태를 적시에 적절히 파악할 수 있는 체계로 구성해야 한다. 그러나 다른 한편으로 수급신청자와 관리업무 수행자의 행정적 편의를 극대화할 필요도 있다. 즉 관리체계의 효율성을 기할 필요가 있다는 것인데, 효율적인 관리체계를 모색하는 데 있어 전제조건은 공적 노후소득보장 체계에 위치하는 국민연금과 기초노령연금의 관계를 명확히 하는 것이다. 현재 국민연금과 기초노령연금의 통합적 발전방향을 논의하고 있다. 기초노령연금을 보편적인 기초연금의 형태로 변경하거나, 아니면 범주형 공공부조의 성격을 더욱 강하게 하여 일부 극빈저소득노인에 대해서 높은 수준의 급여를 제공하는 형태로 제도를 개선하자는 논의이다(연금정책관, 2008).

기초노령연금이 보편적 제도로 성격을 변환하는 경우 국가적인 사무 성격을 가지며, 정부 일반조세로 재원을 조달하고, 수급자격요건의 세부적 심사가 불필요하여 중앙정부가 기초노령연금의 관리 주체일 가능성이 높다. 반대로 선별주의 원칙을 강화하는 경우에 노인들의 생활실태 파악이 더욱 중요해져 지방자치단체의 역할이 더욱 커질 것이다. 따라서 기초노령연금의 성격과 전망을 토대로 기초노령연금의 성경과 현황, 그리고 개선과제를 살펴볼 것이다.

(1) 기초노령연금의 성격과 현황

기초노령연금은 자산조사(소득 및 재산조사)를 통해 대상자를 선별하는 범주형 공공부조제도이다. 일반적으로 기초노령연금은 소득비례연금과는 달리 소득수준에 관계없이 기초보장수준의 정액급여flat rate를 지급하는 것을 특징으로 하며, 일정 연령 이상의 국민이면 누구나 연금을 받을 수 있는 보편적 제도universal pension로 설계되어 있다. 기초노령연금은 소득수준에 따라 급여를 감액하거나 급여를 지급하지 않는 자산조사를 실시하고 있다는 면에서 기초연금과는 그 성격이 확연히 다르다(이용하, 2006).

기초노령연금은 도입과정에서 노인빈곤 완화를 위해 국민연금이 성숙되기 이전까지 과도기적 단계로 도입되는 한시적 공공부조의 성격을 가졌다. 즉 국민연금제도의 성숙에 따른 연금가입기간의 증가는 결과적으로 국민연금수급액의 증가를 가져오게 되며, 이에 따라 국민연금수급액이 기초노령연금의 선정 기준액보다 높은 노인들이 증가함에 따라서 기초노령연금의 수급률은 점차적으로 감소하게 되는 것을 가정하였다. 이는〈표 4-5〉에서도 확인할 수 있다.

기초노령연금은 2008년 1월부터 70세 이상 노인을 대상으로 하여 시행하였으며, 수급대상자를 단계적으로 확대하여 2010년에는 65세 이상 전체 노인인구의 70%(약 375만 명)를 대상으로 하고 있다. 현재는 국민연금 전체 가입자 월평균소득액(A값)의 5% 수준으로 지급하고 있으며, 2028년까지 급여수준을 A값의 10%로 상향조정할 예정이다. 급여액(2010년 3월~2011년 4월)은 단독가구의 경우 월 9만 원이고 부부가구는 144천 원이다. 수급자 중 소득이나 재산이 많으면 최저 2만 원까지 받을 수 있지만 감액 대상자는 전체 수급자의 5% 정도로 많지 않다. 비용조달은 지방자치단체의 자립도와 노인규모 등을 고려하여 지차제별로 국고에서 60~90%를 지원하고 지자체에서 10~40%를 담당하도록 법으로 정하고 있다. 2008년 기초노령연금 예산은 22,084억 원으로 평균 지자체 부담비율은 28%이며, 국고에서 72%를 부담하고 있다(김성숙 외, 2010).

기초노령연금의 급여수준은 국민연금가입자 전체 월평균소득액(A값, 2010년 179만 원)의 5%로 적용하고 있다. 그러나 소득인정액이 일정금액을 초과할 경우에는 단계적으로 급여 감액이 이뤄지며, 부부의 경우 각 개인의 연금수령액에 20%를 감

표 4-5 연도별 기초노령연금 수급자 수 추정

(단위: 천 명, %)

구분 \ 연도	2007	2008	2009	2010	2020	2030
국민기초	425	443	463	484	707	1,076
차상위	439	455	477	506	739	1,125
일반	2,029	2,034	2,021	1,978	2,613	3,304
현수급인원 (%)	2,893 (60.0)	2,932 (58.4)	2,961 (57.0)	2,968 (55.4)	4,059 (51.9)	5,505 (46.3)
전체노인인구	4,822	5,021	5,192	5,354	7,821	11,899

※자료: "기초노령연금법안(강기정의원 대표발의) 검토보고", 보건복지위원회, 2006년 11월.

액한 금액을 지급한다(〈표 4-6〉 참조).

선정기준액 및 소득인정액은 자산조사를 통해서 결정되는데, 자산조사는 목적에 따라 기초노령연금 지급신청 시에 이뤄지는 '신청조사'와 연금수급자의 소득, 재산 및 수급자격 변동사항을 조사하여 연금지급의 적정성 여부 및 연금액 변경을 목적으로 하는 '수급자 변동사항 확인조사'로 구분하며, 기능에 따라 정보시스템 조회로 이루어지는 소득 및 재산조사와 금융기관 조회로 이루어지는 금융자산조사로

표 4-6 기초노령연금의 급여지급액

(단위: 원)

			62만원 미만	62만원 이상~ 64만원 미만	64만원 이상 ~66만원 미만	66만원 이상 ~68만원 미만	68만원 이상 ~70만원 이상
노인 단독	소득인정액		62만원 미만	62만원 이상~ 64만원 미만	64만원 이상 ~66만원 미만	66만원 이상 ~68만원 미만	68만원 이상 ~70만원 이상
	선정기준액 차액		8만원 초과	6만원 초과 ~8만원 이하	4만원 초과 ~6만원 이하	2만원 초과 ~4만원 이하	0원 이상 ~2만원 이하
	연금액	2010.1~2010.3월	88,000	80,000	60,000	40,000	20,000
		2010.4~2011.3월	91,000	80,000	60,000	40,000	20,000
노인 부부 (1인)	소득인정액		104만원 미만	104만원 이상~ 106만원 미만	106만원 이상 ~108만원 미만	108만원 이상 ~110만원 미만	110만원 이상 ~112만원 이상
	선정기준액 차액		8만원 초과	6만원 초과 ~8만원 이하	4만원 초과 ~6만원 이하	2만원 초과 ~4만원 이하	0원 이상 ~2만원 이하
	연금액	2010.1~2010.3월	88,000	80,000	60,000	40,000	20,000
		2010.4~2011.3월	91,000	80,000	60,000	40,000	20,000
노인 부부 (2인)	소득인정액		100만원 미만		100만원 이상 ~104만원 미만	104만원 이상 ~108만원 미만	108만원 이상 ~112만원 이상
	선정기준액 차액		12만원 초과		8만원 초과 ~12만원 이하	4만원 초과 ~8만원 이하	0원 이상 ~4만원 이하
	연금액	2010.1~2010.3월	140,800		120,000	80,000	40,000
		2010.4~2011.3월	145,600		120,000	80,000	40,000

※자료: 보건복지부(2010c)

| 표 4-7 | 연령별 기초노령연금 수급자 현황 | | | | (단위: 명, %) |

구분	65~69세	70~79세	80~89세	90~99세	100세 이상
노인 수	1,914,041	2,477437	783,005	90,626	2,599
수급자 수	1,106,717	1,778678	660,178	82,384	2,190
수급률	57.8	71.8	84.3	90.9	84.3

※자료: 보건복지부(2010c)

구분한다. 자산조사에 포함되는 소득은 근로소득, 사업소득, 재산소득(임대, 이자 등), 기타소득(국민연금, 공무원연금 등)이며, 재산에는 일반재산, 금융재산, 자동차, 기타재산을 포함한다. 모든 재산은 부채를 제외한 금액에 연 5%의 소득환산율을 적용한 환산액을 소득인정액에 합산한다.

이와 같은 선정기준액의 적용에 따른 2010년 기준 기초노령연금 수급자 수는 〈표 4-7〉과 같다. 부조적 성격에 따라 선정기준액이 결정됨에 따라서 국민연금 등 공적연금에 대한 가입 가능성이 상대적으로 낮고, 자산보유 비율이 낮을 것으로 예상되는 고연령층 집단에서는 기초노령연금의 수급률이 높은 반면, 수급률은 저연령층으로 갈수록 점차적으로 낮아져서 65~69세 집단의 경우는 57.8%만이 기초노령연금을 수급하고 있는 것으로 나타난다.

(2) 기초노령연금의 관리 및 재정체계

기초노령연금의 관리체계는 신청 및 자격심사, 수급자 관리로 크게 구분한다. 기초노령연금은 기존의 공공부조제도와는 달리 행정자료 중심의 자산조사 체계를 갖춰서, 수급자격 심사 및 수급자 관리에 필요한 행정력의 소요를 크게 줄였다.

2007년 7월 개정법에서는 기초노령연금 사업과 관련한 자료와 정보의 기록·관리

업무를 전산화하여 사업을 효율적으로 수행하기 위하여 대통령령이 정하는 바에 따라 기초노령연금 정보시스템을 구축·운영할 수 있도록 하고, 이를 국민연금공단에 위탁하도록 하였다. 정보시스템은 신청서의 접수, 대상자 선정을 위한 소득·재산조사, 수급자관리, 연금관리, 사후관리 등의 업무를 지원함으로써 원활한 제도운영 및 업무의 효율성을 제고하기 위한 체계이다(정해식, 2008).

기초노령연금의 소요예산은 국민기초생활보장 급여에는 미치지 못하지만 지방정부의 재정을 압박할 수 있을 정도로 상당한 수준이며, 향후 2028년에는 약 37조 가량의 지출이 소요되어 지방정부는 약 10조 원가량의 예산을 사용하게 될 것으로 추정하고 있다. 2008년 기초노령연금 예산은 국비 1조 5,841억 원, 지방 6,161억 원으로 총 2조 2,002억 원 규모였으나, 2010년에는 국비 2조 5,114억 원, 지방비 9,744억 원으로 총 3조 4,880억 원에 달할 것으로 예상된다.

(3) 기초노령연금제도 개선 사항

현재 기초노령연금은 지방자치단체와 보건복지부장관의 업무를 위탁 받은 국민연금공단에서 관리하는 이중체계로 구성되어 있다. 기초노령연금이 부조적인 성격을 가지면서 수급자격 선별을 위해서 기존 사회복지전달체계를 이용하되, 신청 및

표 4-8 기초노령연금 소요예산 추계 (단위: 억 원)

구분 \ 연도	2008	2009	2010	2015	2020	2025	2028
총소요예산	22,002	34,133	34,880	59,726	94,235	146,620	370,783
국고	15,841	24,576	25,114	43,003	67,849	105,556	266,964
지방비	6,161	9,557	9,766	16,723	26,386	41,054	103,819

※주: 2008~2027년까지 국민연금 A값의 5%, 2028년부터 10%.
※자료: 최병호 외(2005)

자격변동신고의 업무부담의 경감 등을 위해 관리업무의 일부를 국민연금공단에 위탁하였기 때문이다.

기초노령연금은 단체위임 사무의 성격을 가지면서 중앙정부의 지침에 따라 수급자격이 결정되고, 경비부담은 중앙정부와 지방정부가 분담한다. 기초노령연금의 효율적인 관리를 위해서는 이와 같은 기초노령연금의 업무성격을 변경하는 것을 전제해야 한다. 즉 기초노령연금 업무를 국가 사무로 변환하는 경우 중앙화된 시스템을 통해 기초노령연금의 관리가 가능하고 이 경우에는 상당수준의 효율성을 확보할 수 있을 것이다. 그러나 수급자격 선별을 위한 행정적 소요가 일정부분 요구된다는 점, 신청희망자 및 수급자의 편의를 위해서는 관련 행정기관에 대한 접근 가능성이 높아야 된다는 점 등에서는 현재의 관리체계를 유지하는 것이 필요하다.

현재 기초노령연금의 관리체계는 다음과 같은 개선이 필요한 과제로 지적할 수 있다(정해식, 2008).

첫째, 수급자의 신청을 용이하게 할 수 있는 형태의 개선이 필요한 것으로 나타난다. 기초노령연금의 신청이 읍·면·동사무소와 국민연금공단 각 지사에서 가능하지만, 대부분의 신청은 읍·면·동사무소를 통해 이뤄졌다. 신청자들의 직접 방문하여 기초노령연금을 신청하게 하는 방식으로서 접근이 용이한 읍·면·동사무소를 이용하였다고 판단할 수 있다. 외국의 사례에서 살펴본 바와 같이 기초노령연금의 신청방식을 전화, 인터넷, 우편 등을 이용한 체계를 갖추는 것이 필요하다. 현재 신청자가 직접 공단 또는 읍·면·동사무소를 방문하여 신청서를 작성하게 되어 있는 것을 변경하여, 우편이나 전화신청이 가능한 체계로 변경해야 한다.

둘째, 자격심사는 중앙 시스템에서 관리해야 한다. 기초노령연금의 자격기준은 각 지방자치단체에 따라 별도로 존재하는 것이 아니다. 따라서 효율성을 기하기 위해서 자격심사를 중앙관리시스템에서 결정하고, 이의신청 등에 따른 보완을 위해

심사위원회를 둘 필요가 있다. 심사위원회는 기초노령연금의 업무성격을 감안하여 각 지방자치 행정 효율성 확보를 위한 가장 큰 과제는 바로 기초노령연금 관리업무의 일원화라고 할 수 있다. 관리업무의 일원화는 지급신청, 자격심사 및 수급자 관리업무의 일원화를 생각할 수 있다. 지급신청 및 수급자 관리업무는 현재 읍·면·동사무소와 국민연금공단이 이원화하여 접수하고 있는 체계를 국민연금공단의 단일체계로 변경해야 한다. 그러나 이 경우 전국의 읍·면·동사무소에서 수급자가 신청하게 되어 있는 이들 업무를 국민연금공단에서 수행할 경우에는 전달체계의 중요한 요소인 접근성이 매우 떨어지는 문제가 있다.

기초노령연금의 재정체계는 다음과 같은 개선이 필요한 과제로 지적할 수 있다(정해시, 2008).

첫째, 기초노령연금의 재원을 전액 일반재정으로 충당하는 방식이다. 우리나라의 기초노령연금은 제도 체계에 있어 중앙정부가 일원화된 수급자격 원칙을 가지고 있으며, 급여수준이 지역별 차이가 있지 않고, 자산에 급여 100%를 연계하지 않는 등의 특성이 있다. 따라서 기초노령연금의 재정을 관리체계와 연계하여 살펴보았을 때에도 중앙정부가 일괄 부담하는 것이 여러모로 합리적인 대안으로 보인다. 다만, 중앙정부에서 일괄적으로 부담할 경우 재원마련이 용이하지 않다는 것이 상당한 걸림돌이 될 것으로 보인다. 이미 참여정부 시기에 지방정부의 재원마련을 위해 분권교부세제도를 도입하였기 때문에 중앙정부의 재원확보를 위해서는 별도의 세목을 마련하기 곤란하다. 이런 이유로 기존 소비세율의 인상이나 일반회계로부터의 전입을 통한 재원마련이 필요할 것으로 보인다.

둘째, 기초노령연금의 차등보조율 적용의 합리적 개선방안이다. 현재 사회복지 분야에 있어서 지방자치단체에 대한 재정지원은 차등보조를 원칙으로 하고 있다. 차등보조는 「보조금의 예산 및 관리에 관한 법률」에 근거하는데, 동법 제10조에 따르면 기획재정부장관은 지방자치단체에 대한 보조금 예산을 편성할 때에 필요하다고 인정한 보조사업에 대해서는 지방자치단체의 재정사정을 감안하여 기준보조율에 일정률을 가감하는 차등보조율을 적용하도록 규정하고 있다.

셋째, 기초노령연금의 국고보조율 차등적용을 수정하는 방안이다. 박인화(2008)는 기초노령연금의 경우 지방자치단체의 수급자 선정기준에 대한 재량권이 없다는 점을 고려한다면 국고보조금의 차등지원은 별다른 설득력이 없다고 하였다. 따라서 기초노령연금의 재정지원을 과거의 국고보조금 지급율(국민기초생활보장의 경우, 과거 차등보조율은 서울은 중앙정부와 지방정부 비율은 50:50, 지방은 80:20이었다)의 형태로 개선하는 것을 생각해볼 수 있다. 그러나 이 경우에는 지방자치단체 간 재정자립도를 충분히 반영하지 못한다는 문제가 있어 또 다른 논란이 야기될 수 있다.

3) 기초생활보장제도

(1) 기초생활보장제도의 개요

국민기초생활보장제도는 가족이나 스스로의 힘으로 생계를 유지할 능력이 없는 최저생계비 이하의 절대 빈곤층 국민에게 생계, 교육, 의료, 주거 등의 급여를 통해 국가가 기본적인 생활을 보장하고, 근로능력이 있는 자에게는 체계적인 자활지원서비스를 제공하여 자활·자립을 지원하는 제도이다(보건복지가족백서, 2008).

「국민기초생활보장법」의 제정은 지난 40년간의 시혜적 단순 보호차원의 생활보호제도로부터 저소득층에 대한 국가 책임을 강화하는 복지시책으로의 대전환을 의미하며, 보호가 필요한 절대빈곤층의 기초생활을 국가가 보장하되 종합적인 자활·자립서비스의 체계적인 지원으로 생산적 복지를 구현하는 데 그 의의가 있다. 「국

표 4-9 생활보호법과 국민기초생활보장법 비교

구분	생활보호법	국민기초생활보장법
법적 용어	· 국가에 의한 보호적 성격 　- 보호대상자, 보호기관	· 저소득층의 권리적 성격 　- 수급권자, 보장기관, 생계급여 등
대상자 구분	· 인구학적 기준에 의한 대상자 구분 　- 거택보호자: 18세 미만 아동, 65세 　　이상 등 　- 자활보호자: 인구학적으로 경제활 　　동이 가능한 근로능력자	· 대상자 구분 폐지 　- 근로능력이 있는 자는 구분(대통령령으로 제 　　정 예정) 　- 연령기준 외에 신체적, 정신적 능력과 부양, 　　간병, 양육 등 가구여건 감안 가능
대상자 기준	· 보건복지부 장관이 정하는 소득과 재 　산 이하인 자 　- 99년: 월 소득 23만 원/인, 월 재산 　　2,900만 원/가구	· 소득인정액이 최저생계비 이하인 자
급여 수준	· 생계보호 　- 거택보호자에게만 지급 · 의료보호 　- 거택보호: 의료비 전액 지원 　- 자활보호: 의료비의 80% · 교육보호 　- 중·고생 자녀 학비 전액 지원 · 해산보호 · 장제보호, 자활보호 등	· 생계급여 　- 모든 대상자에게 지급하되 근로능력자는 자 　　활관련 사업에 연계하는 조건부로 지급 · 주거급여 신설 　- 임대료, 유지수선비 등 주거안정을 위한 수급품 · 긴급급여 신설 　- 긴급 필요 시에 우선 급여를 실시 · 의료, 교육, 해산, 장제보호 등은 현행과 동일
자활지원 계획	· 신설	· 근로능력자 가구별 자활지원계획 수립을 통한 　체계적 자활지원 　- 근로능력, 가구특성, 자활욕구 등을 토대로 　　자활 방향, 자활에 필요한 서비스, 생계급여 　　의 조건 등을 계획 　- 자활에 필요한 서비스를 체계적으로 제공하 　　여 수급권자의 궁극적인 자활을 촉진

민기초생활보장법」의 주요 특징을 살펴보면 다음과 같다.

첫째, 최저생활 보장에 대한 헌법상의 권리를 실체적으로 규정한 법률로서 큰 의의를 가진다. 과거 「생활보호법」에서는 복지를 어려운 사람을 도와주는 시혜적 보호로 생각하였으나, 「국민기초생활보장법」을 제정하면서 복지는 국민 권리이며 국가 의무로 보는 복지철학의 대전환을 가져온 것이다.

둘째, 국가가 최저생계비 이하인 국민의 기초생활을 보장하는 것이다. 종전의 「생활보호법」에서는 근로능력이 있는 자에게는 생계비를 지원하지 않았으나, 「국민기초생활보장법」에서는 근로능력의 유무에 관계없이 국가의 보호를 필요로 하는 빈곤선 이하의 국민은 최저생활을 보장받게 되었다.

셋째, 근로능력이 있는 국민에게는 체계적인 자활지원서비스를 제공하여 생산적 복지를 구현한다는 점이다. 기초생활을 권리로서 보장하되 근로능력이 있는 사람에게 노동의 기회를 부여함으로써 개인의 능력을 최대한 발휘하게 하여 개인의 행복추구는 물론 이웃과 사회 그리고 국가에 이바지할 수 있도록 하여 궁극적으로 사회통합을 지향하고 있다.

사회보장의 틀 속에서 소득보장을 위한 제1차적 사회안전망은 연금보험에 의한 소득보장이고, 제2차적 사회안전망은 공공부조에 의한 소득보장이다. 국민기초생활보장제도는 기초노령연금과 함께 우리나라의 빈곤 노인을 위한 공공부조로서의 역할을 담당하고 있는 바, 본 절에서는 국민기초생활보장제도 내용, 그리고 개선과제를 살펴볼 것이다.

(1) 노인소득보장제도로서의 기초생활보장제도

국민기초생활보장제도는 1961년에 「생활보호법」이 제정되면서 우리나라의 현대적 사회보장제도의 공공부조 프로그램으로 확립된 생활보호제도의 개선으로 2000년 10월부터 시행되어 국민의 최소한의 생활을 보장하는 공적 프로그램으로서 소득이 빈곤수준 이하의 사람을 보장한다. 생활보호제도는 사회보험에 의한 소득보장을 보완하는 2차적 안전망이지만 법률의 미비와 더불어 사회보장에 대한 국가적 의지 부족으로 실제로 2차적 안전망으로서의 역할을 제대로 해오지 못했다. 1997년 경제위기와 함께 대량의 빈곤인구에 대한 대책의 절실함과 그동안 사각지대에 있는 많은 사람들이 수급 대상자에서 제외하고 있는 문제점들이 개선되어야 한다는 주장이 제기되고, 국가는 어떠한 경제위기 하에서도 최저생계비 이하의 모든 국민을 보호하는 보다 영구적인 제도가 있어야 한다는 주장이 대두 되었다. 또한 기존의 생활보호제도는 시혜적 성격이 강하여 국가의 사회보장적 의무와 이에 대응하는 국민의 사회보장 수급권리를 보장해야 한다는 주장도 대두하여 1999년 8월에 「국민기초생활보장법」이 입법화되었다.

「국민기초생활보호법」은 국민적 최저생활 보장에 대한 국민의 권리를 "수급권"이라는 용어를 사용하여 확실히 규명하였고, 수급권자의 자격규정도 자산수준(소득인정액)이 최저생계비 이하이고 부양의무자가 없거나 있어도 부양능력이 없거나 부양받을 수 없는 모든 국민이 대상자가 되었다. 그리고 대상자를 생계보호대상자로 일원화하여 생계급여 차등을 없앴다. 이는 노인으로서 실제적 보호가 필요함에도 보호의 사각지대에 놓여 있는 노인들과 자활보호자 가족에 속해 있는 노인들이 실제로 정기적 급여를 받을 수 있게 되어 노인에 대한 소득보장의 기회가 크게 확대하였다. 국민기초생활보장 비용은 80%는 중앙정부가 부담하고 나머지 20%는 지방정부가 분담하고 있다.

(2) 국민기초생활수급제도의 내용

국민기초생활보장 수급자로서 급여를 받기 위해서는 국민기초생활보장법 제5조에 따라 "부양의무자가 없거나, 부양의무자가 있어도 부양능력이 없거나 또는 부양을 받을 수 없는 자로서, 소득인정액이 최저생계비 이하인 자"로 선정하고 있다. 따라서 수급자로 선정되기 위해서는 소득인정액 기준 및 부양의무자 기준을 동시에

| 표 4-10 | 2011년 최저생계비 기준 | | | | | | (단위: 원) |

구분	1인 가구	2인 가구	3인 가구	4인 가구	5인 가구	6인 가구	7인 가구
최저생계비(월)	532,583	906,830	1,173,121	1,439,413	1,705,704	1,971,995	2,238,287

※주: 8인 이상 가구의 최저생계비: 1인 증가 시 마다 266,291원씩 증가(8인 가구: 2,504,578원).
※자료: 보건복지부(2010c)

| 표 4-11 | 국민기초생활수급자와 구성비율(2009년 12월 기준) | | | (단위: 명, %) |

구 분	계	일반수급자	시설수급자	가구 수
수급자수(명)	1,568,533	1,482,719	85,814	882,925가구
구성비(%)	100	94.5	5.5	

※자료: 보건복지부(2010c)

충족해야 한다. 소득인정액 기준은 소득평가액과 재산의 소득환산액을 합한 금액으로서, 재산기준(금액, 주택 및 농지 면적, 승용차)은 재산의 소득환산액으로서 소득인정액에 포함된다.

국민기초생활보장 수급자는 2009년 12월을 기준으로 약 157만 명(88만 3천 가구)으로 전 인구대비 국민기초생활수급자의 비율인 수급률은 3.2%이다. 〈표 4-11〉에서와 같이 수급자의 종류별로 보면, 일반수급자가 대부분(94.5%)이며, 시설수급자는 5.5%이다.

「국민기초생활보장법」에서는 생계급여, 의료급여, 주거급여, 교육급여, 해산급여, 장제급여, 자활급여 등의 급여를 제공한다.

① 생계급여

급여대상자는 의료·교육·자활급여의 특례자, 에이즈 쉼터, 노숙인 쉼터 및 한국

갱생보호공단시설 거주자 등 국가 또는 지방자치단체로부터 생계를 제공받는 자를 제외한 모든 수급자를 대상으로 한다. 급여 내용은 수급자에게 의복·음식물 및 연료비, 기타 일상생활에 기본적으로 필요한 금품을 지급하며, 급여의 지급원칙은 수급자의 소득인정액과 가구별 최저생계비의 차액을 각종 급여로 지원하는 보충급여제 성격을 지닌다. 급여액 산정기준은 생계급여는 현금급여기준에서 가구의 소득인정액과 주거급여액을 차감하여 산정하며, 십 원 단위로 지급한다.

② 주거급여

주거급여의 일반원칙으로는 첫째, 수급자에게 주거안정에 필요한 임차료, 유지수선비 등을 주기급여로 지급하며, 둘째, 주거급여와 생계급여에 포함된 주거비를 통하여 최저주거 보장 등이 있다. 주거급여 제외 대상자는 주거급여가 불필요하거나, 타법령 등에 의해 주거를 제공받는 의료·교육·자활급여 특례수급자, 보장시설에 거주하는 수급자, 국가 및 지방자치단체가 운영비를 지원하는 '노숙인 쉼터' 및 '법무부 산하 한국갱생보호공단시설'에 거주하는 수급자, 의료기관에 3개월 이상 입원한 1인 가구로서 무료임차자 또는 주거가 없는 자, 기타 에이즈 쉼터 거주 수급자 등이다. 급여 내용은 주거급여 제외대상자를 제외한 모든 수급자는 〈표 4-12〉 기준에 따라 현금급여를 제공하는 것을 원칙으로 한다.

표 4-12 최저생계비 및 현금급여기준(2008년도 기준) (단위: 원/월)

구 분	1인 가구	2인 가구	3인 가구	4인 가구	5인 가구	6인 가구
최저생계비	463,037	784,319	1,026,603	1,265,848	1,487,878	1,712,186
주거급여 한도액	79,859	135,268	177,053	218,314	256,607	295,292

※주: 주거급여 한도액은 가구별 최저주거비(최저생계비의 17.2465%).

③ 교육급여

수급자 중 중·고등학교에 입학 또는 재학하는 자 및 동등학력이 인정되는 각종학교, 「평생교육법」에 의한 평생교육시설의 학습에 참가하는 자에게 입학금, 수업료, 교과서대(부교재비), 학용품비 지원한다. 신청자로는 학비지원 대상자인 수급자, 수급자의 친권자 또는 후견인 등이며, 신청기관은 거주지 시장·군수·구청장이다.

④ 해산급여

분만 전후의 필요한 조치와 보호를 위해 수급자가 출산한 경우 출산여성에게 1인당 500천 원을 현금으로 지급(쌍둥이 출생영아 1인당 25만 원 추가지급)한다.

⑤ 장제급여

수급자가 사망한 경우 사체의 검안·운반·화장 또는 매장 기타 장제조치를 행하는 데 필요한 금품을 지급하며, 장제급여는 실제로 장제를 행하는 자에게 지급하는 것을 원칙으로 한다. 지급액은 근로능력이 없는 자로만 구성된 가구는 구당 50만 원, 근로능력이 있는 가구원이 있는 경우는 구당 40만 원을 현금으로 지급하되, 금전지급이 적당하지 아니하다고 인정되는 경우 물품 지급이 가능하다.

⑥ 자활급여

다음과 같은 내용으로 급여가 지급된다.
· 자활에 필요한 금품의 지급 및 대여
· 자활에 필요한 기능습득이 지원
· 취업알선 등 정보의 제공
· 공공근로 등 자활을 위한 근로기회의 제공

· 자활에 필요한 시설 및 장비의 대여

· 기타 자활조성을 위한 각종 지원 등

⑦ 의료급여

의료급여는 의료급여 수급권자의 질병·부상·출산 시에 지급하며, 급여일수 상한제가 시행되어 수급권자 1인당 연간급여를 받을 수 있는 급여일수를 365일(윤년 366일)로 제한하되, 의료급여일수 연장승인제도를 통해 필요 시 급여일수의 연장이 가능하다(다만 정신 및 행동장애, 뇌성마비 및 마비성증후군 등 보건복지부장관이 정하여 고시하는 질환을 가진 자에 대하여는 상한일수에 30일을 추가한 일수를 상한일수로 함). 수급자가 의료급여를 받고자 할 경우에는 반드시 의료급여증과 신분증 등을 의료급여기관에 제출해야 한다.

(3) 급여 전달체계 및 재정

급여 전달체계는 복건복지부가 정책을 수립하면 행정안전부 산하의 시·도와 시·군·구를 통해서 읍·면·동사무소의 사회복지전담공무원에 의해 수급자에게 전달된다. 행정안전부의 주민생활지원기능 강화계획(2006년 4월)에 따르면 ① 시·군·구 본청의 실·과별로 분산되어 있는 복지, 고용, 여성·보육, 주거복지, 평생교육, 문화 등 주민생활지원서비스 기능을 하나의 부서로 통합하고, 통합부서에 주민생활지원 종합기획, 서비스 조정 연계, 통합조사 등 관련기능을 확대 개편하며, ② 일반행정, 민원 중심으로 운영되는 읍·면·동사무소에 '주민생활지원담당'을 설치하고 인력을 확대 배치하여 주민생활지원기능 중심으로 개편하여 현장방문, 심층상담, 정보제공, 관련기관 의뢰·연결 등 현장성·접근성 기능을 강화하고, ③ 통합서비스 제공을 위해 필요한 공공기관(고용안정센터, 지방교육청, 보건소 등) 간 연계 방안을 마련하

(단위: 억 원)

예산 \ 연도	2004	2005	2006	2007	2008	2009	2010
합계	38,192	46,127	52,690	65,451	72,419	73,323	71,119
생활보장	36,192	43,793	50,034	62,530	69,072	69,379	66,480
자활	2,083	2,334	2,656	2,921	3,347	3,944	4,639

※자료: 보건복지부(2010c)

여 공공기관 및 민간기관에서 제공하는 각종 서비스에 대한 종합 정보제공시스템을 구축, 추진한다는 것이다.

급여의 재정은 전액 일반조세에서 충당하는데, 중앙정부와 지방정부가 비용을 분담하고 있다. 서울의 경우 중앙정부가 총액의 50% 이하를 부담하고, 나머지 50% 이상을 광역자치단체인 서울시가, 나머지 50% 이하는 기초자치단체인 구가 부담하도록 규정하고 있다. 부산시를 포함한 기타지역의 경우 총액의 80% 이상을 중앙정부가 부담하고, 나머지의 50% 이상을 광역자치단체가, 나머지의 50% 이하를 기초자치단체가 부담하도록 하고 있다. 연도별 기초생활보장제도 예산 추이는 〈표 4-13〉과 같다.

(4) 기초생활보장제도의 향후 과제

국민기초생활보장제도는 기존 시혜적 성격의 생활보호제도를 시민의 '사회적 권리' 차원으로 격상한 것으로 평가한다. 내용 면에서 인구학적 구분 철폐, 소득인정액 도입, 자활프로그램 강화, 주거급여 신설 등을 이루어냄으로써 한 차원 높은 공공부조제도로 발전된 것이라 할 수 있다. 특히, 복지의 사각지대에 놓여 있었던 근로능력이 있는 저소득층에 대한 생계급여를 포함, 전 국민에게 최소한의 인간다운 생활을 보장하는 커다란 진전을 이루어냈다고 평가하고 있다. 그럼에도 불구하고 현재 국민기초생활보장제도는 근로의욕 감퇴, 부정 수급자 양산, 예산 낭비 등이 문제점으로 지적되고 있다. 이태진(2006)은 이러한 문제점과 함께 향후과제를 다음과 같이 제시하였다.

① 자산조사의 정확성 제고

국민기초생활보장제도의 수급자 선정을 위한 정확한 자산조사는 그 중요성에도 불구하고 정확한 파악이 어렵다. 자영업자, 임시·일용직 근로자의 낮은 소득 파악률 및 보충급여제도로 인한 소득의 하향 신고, 거주 지역 이외의 재산을 정확하게 파악하기 어렵다는 점이 주요한 문제점이다. 이러한 문제를 개선하기 위해 필요한 것은 자산조사의 정확성을 높이기 때문에 중장기적으로 외국의 공공부조 자산조사 체계를 벤치마킹하여 조사의 정확성을 기할 수 있는 모니터링 시스템을 도입하여야 하며, 단기적으로 현행 자산조사 지침에서 언급하고 있는 자산조사의 기법을 개선하고, 이를 전문적으로 수행할 수 있는 전담공무원을 확충해야 한다.

② 최저생계비제도의 개선

생계급여 기준액을 얼마로 할 것인가가 주요한 과제이다. 최저생계비에 의료와 교육과 같은 현물로 지급되는 급여의 몫으로 최저생계비의 해당 부분의 비용만을 뺀 나머지 금액을 생계급여액의 산정기준으로 삼아야 하고 의료와 교육급여는 추가적으로 지급해야 한다. 또한 수급 가구 내에 의료·교육급여 수급자가 많다고 하더라도 위와 같은 수준의 금액을 보장해야 한다.

③ 부양의무자제도의 개선

「국민기초생활보장법」 제2조 제5호에는 부양의무자에 대한 범위가 설정되어 있다. 대부분의 선진국에 없는 부양의무자 설정은 빈곤 노인들의 경우 부양의무자제도는 빈곤노인들이 국민기초생활보장제도의 대상자에서 제외되는 가장 큰 이유 중의 하나다. 노인빈곤가구의 가족부양으로 인한 가족 이전소득의 비중은 매우 큰 반면 빈곤노인가구는 가족 이전소득의 비중은 낮다. 이러한 현상은 가족 이전소득이 있는 노인빈곤가구는 부양의무자 제도에 의해 국민기초생활보장제도에서 제외될 경우 더 빈곤해 질 수도 있다. 따라서 부양의무자제도는 개선할 필요가 있다.

④ 지속적인 모니터링을 위한 시스템 구축 및 법제화

수급자 선정 이후 지속적인 관리를 통해 소득이 증가한 경우는 급여를 중지하거나 축소하고, 부정수급이 이루어진 경우는 보장비용을 징수, 제재를 통해 제도의 오남용을 방지하고, 효과성과 효율성을 높이기 위한 모니터링 시스템 구축 및 시스템 활성화가 필요하다. 이러한 모니터링 시스템을 활성할 경우 제도 수행상의 오류를 밝혀내고, 시정할 수 있을 뿐만 아니라 제도의 발전을 휘한 피드백을 원활하게 수행할 수 있다. 또한 이러한 모니터링 시스템이 보다 안정적으로 운용되기 위해서는 제도적인 뒷받침이 필수적이다. 다시 말해 모니터링 시스템 구축 및 운용이 관한 법률적 근거 규정을 마련할 필요성이 있다.

4) 가족지원제도

(1) 가족지원과 사회보장제도

일반적으로 사회보장제도에서 가족지원*family support*이 국민들의 경제적 지위나 복지에 어떠한 영향을 미치는 가에 대한 논의는 지금까지도 활발하게 진행되고 있다. 예를 들어, Rejda(1970)는 이에 대해 다양한 관점에서 고찰하였는데, 그것의 첫 번째 기능으로 빈곤을 완화하는 것이라고 주장한다. 그러나 빈곤을 어느 정도 완화해야 하는가에 대한 범위는 특정 국가의 사회경제적 사정에 따라 정해지지만, 정책적으로 효율적인 가족부양제도가 되기 위해서는 다음과 같은 기본 조건을 충족해야 한다고 주장한다.

우선, 실질적인 수준의 빈곤률이 감소해야 한다. 둘째, 대부분의 혜택은 비빈곤가정이 아닌 빈곤가정에 주어져야 하며, 셋째, 빈곤가정에 주어지는 혜택이 합리적이어야 한다. 마지막으로 노동의욕을 상실시키지 않아야 한다고 규정하였다. 특히 혜택이 노동의욕을 상실시킬 정도라면 그 제도는 실패한 것으로 규정하였다.

기본적으로 가족지원의 형태는 부양의무를 지닌 주체가 누구냐에 따라 차이에 따라, 사적부양체계와 공적부양체계로 구분할 수 있다. 산업화, 도시화, 핵가족화 등으로 특정 지워질 수 있는 한국사회의 변화는 부모가 자녀를 부양하고 나중에 자녀가 부모를 부양하는 전통적인 사적부양체계의 약화를 초래하였고, 공적부양체계 발전의 욕구가 커지면서 공적부양의 수요와 공급 간의 괴리가 확대했다. 이는 결국 욕구충족의 사각지대를 확대한 결과를 낳았다(여유진, 2004). 이 절에서는 이러한 공적부양 체계에서 가족부양이 다시 어떠한 형태를 취하게 되는 지에 대해 논의를 하고자 한다. 따라서 부양이라는 용어 대신 지원이라는 용어를 사용하려고 한다.

(2) 공적체계에서의 가족지원

우리나라는 예로부터 "효(孝)"사상을 근본으로 하는 유교적 가치에 의해 가족의 가치가 중시되어 왔고, 그에 따라 웃어른에 대한 공경과 부양의 의무를 중요시 여겨 왔다. 그러므로 가족구성원에 대한 부양도 친족이나 가까운 혈족에 의존하는 사적

자격요건	자격요건 소멸
· 부양가족이란? 노령, 유족, 장애연금 수급권자가 그 권리를 취득할 당시 수급권자에 의해 생계를 유지하고 있는 자 · 배우자 · 18세 미만이거나 장애등급 2급 이상인 자녀(배우자가 혼인 전에 얻은 자녀 포함) · 60세 이상이거나 장애등급 2급 이상인 부모(배우자의 부모 포함)	· 부양가족대상자가 연금 수급권자이면 부양가족 대상에서 제외 · 부양가족대상자가 사망한 때 · 수급권자에 의한 생계유지의 상태가 끝난 상태 · 자녀가 다른 사람의 양자가 되거나 파양된 때 · 배우자가 이혼한 때 · 자녀가 18세가 된 때(다만, 수급권자가 권리를 취득할 당시부터 장애등급 2급 이상일 경우 제외) · 장애등급 2급 이상의 자녀가 부모가 그 장애상태에 해당하지 아니하게 된 때 · 배우자가 혼인 전에 얻은 자녀와의 관계가 이혼으로 종료된 때

부양을 보편적으로 받아들여 왔다. 그러나 최근 이러한 가치의 변화는 한국사회가 산업화와 민주화를 거치면서 전통적인 유교적 가치관의 변화, 가족형태의 변화, 그리고 90년대 말 경제위기에 따른 가족부양에 대한 경제적 부담 가중 등으로 가족부양에 대한 정부의 의무를 강조하는 논의가 활발하게 진행되어 왔다.

「국민연금법」 제52조는 부양가족연금 대상자에 대한 자격기준과 제반 사항들을 규정하고 있는데,「국민연금법」 제52조는 가족구성원에 따라 배우자, 자녀, 그리고 부모를 부양가족 대상자로 규정하고 있다. 부양가족 대상자로 인정받기 위해서는 대상자 별로 정의한 자격요건을 충족해야 하며, 그 이외에 "생계 유지자의 대상자별 인정기준"에 부합해야 한다(〈그림 4-3〉 참조).

(3) 가족지원의 문제점

부양가족연금제도의 문제점이라고 지적될 수 있는 부분은 크게 세 가지로 나뉠 수 있다(강성호 외, 2007). 먼저, 부양가족 연금액이 부양가족 대상자에 따라 다르지만, 전반적으로 부양가족에게 필요한 일정수준의 생활을 영위하는 데 실질적인 도움이 되지 않고 있다는 점이다. 즉 영국, 일본, 네덜란드 등 선진국에서는 배우자를 위한 별도의 연금을 지급하고 있으며, 연금 지급액 수준은 가구균등화 지수의 개념을 반영하여 가구원들의 필요소득을 적절히 보전하고 있지만, 국민연금의 부양가족 연금액은 가구원 수를 반영한 급여액 수준에 못 미치고 있는 실정이다.

두 번째는 부양가족연금을 지급하기 위한 행정절차 상에 발생하는 문제이다. 적절한 보상이 이루어지지 않는 상태에서 이를 지급하기 위한 자격요건 심사와 그에 따른 부수적인 행정절차에 많은 비용과 시간이 수급자의 서류구비와 연금을 지급하는 업무에서 발생하고 있다. 특히 "생계유지의 대상자별 인정기준"에서 기인한 법 적용의 어려움이 양쪽 모두의 불만을 낳게 하고 있다. 이 기준에 만족하기 위해서 제출해야 하는 서류가 많을 수밖에 없고, 그렇지만 지급액은 낮은 수준이기 때문에 불필요한 민원이 발생하고 있는 실정이다.

세 번째는 두 번째 문제와 관련하여 제도의 비효율성에서 오는 재정적 부담과 부양가족연금 수급자 관리의 문제이다. 2008년 기준으로, 국민연금 수급자는 253만 명 정도이며 부양가족연금 수급자는 151만 명으로 부양가족연금 수급자는 전체 연금 수급자 대비 약 60%를 차지하고 있을 정도로 관리해야 할 대상자 많은 실정이고 이들에 대한 관리 또한 쉽지 않은 상황에 이르렀다. 따라서 향후 국민연금제도의 안정적인 정착과 발전을 위해서는 부양가족연금제도의 개선이 필요한 시점에 와 있다고 할 수 있다.

(4) 가족지원제도의 향후 과제

국민연금제도에서 부양가족연금은 연금 수급권자의 부양의무를 조금이나마 덜어 주고 안정적인 노후생활을 위해 보조금 형식의 정액급여라 할 수 있다. 이전 장에서도 지적했듯이 부양가족연금제도는 부양가족 대상자 선정의 어려움과 그에 따른 민원 발생, 비효율적 행정비용 발생, 그리고 급여수준의 적절성 등의 문제점이 지적되었다.

이를 위한 개선안의 한 가지 방향성은 「국민연금법」에서 부양가족연금과 관련한 법 조항에 대한 검토이다. 연금지급 실무자들이 경험한 사례들이나 판정사례 등을 토대로 문제점을 파악해보고, 그것들과 가장 관련 깊은 법 조항이나 조문 등을 검토하여 개선방향을 제시한다.

다른 하나는 부양가족연금액을 현실화할 수 있는가에 대한 가능성을 타진해본다. 여기에는 두 가지 측면에서 접근한다. 첫 째는 양적인 변화를 통한 현실화 방안, 두 번째는 자격요건 변경 같은 질적인 변화를 통한 접근이다. 특히 후자는 수급자 개인의 관점보다는, 부양가족연금 대상자의 범위를 조정함으로써 제도에 대한 수용성과 적합성이 증가하는 방향으로 접근한다.

마지막으로 전혀 다른 관점에서, 부양가족연금제도 자체의 변화를 통한 제도개선을 모색하는 것이다. 국민연금제도 내에서만이 아닌 사회보장체계라는 보다 넓은 틀 속에서 가족부양제도를 체계적으로 재정비할 여지가 없는지를 검토해보는 것이다(김헌수, 2009).

제4장 학습과제

1 한국 사회보험체계에 대한 전반적인 내용을 정리하고, 한국사회만의 특수성에 대해 논의하시오.

2 노인빈곤과 전체적인 생활결핍 관점에서의 우리나라의 소득보장의 문제점과 현안과제를 토의하시오.

3 공적부조와 사회보험에 대해 논의하고, 이들 중심에서 재정과 관리 체계의 현안 문제를 협의하시오.

제5장

노인과 의료보장

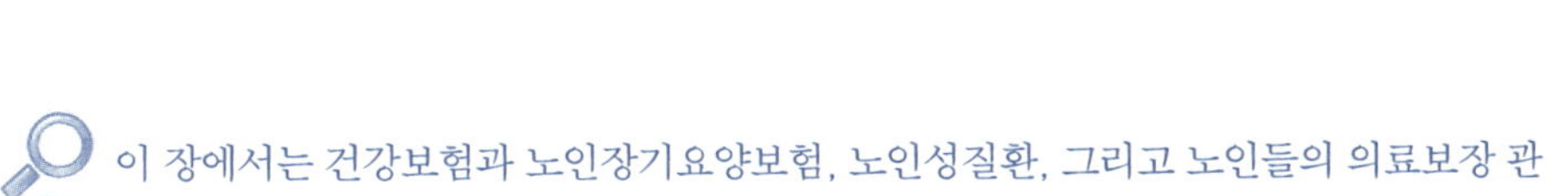

이 장에서는 건강보험과 노인장기요양보험, 노인성질환, 그리고 노인들의 의료보장 관련한 제도를 살펴보고, 이들과 노인의 주관적 건강과의 연관성에 대해 논의한다.

- 건강보험과 노인장기요양보험에 대해 이해한다.
- 노인만성질환과 의료보호체계에 대한 개념을 이해하고, 이를 예방과 재활 관점에서 생각한다.

　21세기 고령화사회로의 진입은 우리에게 새로운 도전 과제를 안겨주고 있다. 산업화에 따른 경제발전과 더불어 과학의 발달로 우리의 생활이 풍요롭게 발전하였다. 인간의 삶의 질 향상으로 인하여 오래 살고 싶어 하는 인간의 욕망 또한 과학의 발달과 더불어 인간의 평균수명 연장을 가능하게 하였다. 경제생활의 개선과 보건의료의 향상은 평균수명을 연장해 노인인구 증가를 가져왔으며, 산업화, 핵가족화로 여성의 사회진출 기회와 확대의 증가는 저출산이라는 또 하나의 사회문제를 가져왔다.

한국은 지난 30년 동안의 급속한 사회변화로 노인부양 의식의 약화와 개인적·국가적으로 노후대책이 없이 고령인구가 증가하였다. 이러한 급격한 고령화의 진전에 의해 노인의 취약한 건강상태로 인한 보건의료 및 복지서비스의 욕구증대는 사회문제로 대두하고 있는 실정이다.

노인이 되면 신체적·정신적 기능이 쇠퇴하기 때문에 질병 발생률이 높을 뿐 아니라 만성화 경향이 있으므로 치료기간이 길며 유병률도 높아 보건의료서비스에 대한 요구도 높다. 그러나 의료체계는 질병의 단기치료를 목적으로 이루어져 노인들의 신체적·정신적 특성을 고려하고 있지 않다. 우리나라의 보건의료서비스는 단기적이고, 급성 질병의 치료 위주의 체계로 제한적으로 이루어지고 있어 장기적인 대책 마련이 필요하다.

일반적으로 의료보장이라 하면 의료에 관한 사회보장이라고 말할 수 있으나 사회보장이 나타난 역사나 그 형성과정에 있어서 시대적·사회적 여건이 상이하다. 또한 사회보장에 관한 개념 규정이 각 사회 또는 학자마다 다르고 통일된 개념이 확립되지 않았기 때문에 의료보장의 개념을 단정적으로 규정하기 매우 힘들다.

우리나라도 의료보장에 관한 통일된 개념을 정립하고 있지 않으나 의료보장에 관련된 각 제정 목적에서 그 개념을 추출할 수 있다.

첫째, 국민의 질병, 부상, 분만 또는 사망 등에 대하여 보험급여를 실시함으로써 국민보건을 향상하고 사회보장의 증진을 도모하려는 의료보험과 둘째, 생활유지의 능력이 없거나 생활이 어려운 자에게 공적부조의 1종인 의료보호를 실시하여 국민의 보건향상과 사회복지증진을 도모하려는 의료보호제도 셋째, 국가가 국민보건의

향상과 질병의 예방을 위하여 각종 의료서비스를 제공하는 국민보건서비스 등을
모두 포함한 개념이 의료보장의 주된 내용이다.

이에 본 장에서는 노인의료보장제도의 필요성, 노인의료보장제도 내용, 선진국
의 노인의료보장제도, 그리고 우리나라의 노인의료보장제도의 문제점 및 개선사항
을 살펴본다.

1. 의료보장제도

사회보장은 크게 소득보장과 의료보장으로 구분되는데 의료보장medical security은 개
인의 능력으로 해결할 수 없는 의료문제를 사회적 연대책임으로 해결하고자 하는
것이다. 의료보장제도는 국민의 건강권을 보호하기 위하여 요구되는 필요한 보건
의료서비스를 국가나 사회가 제공하는 제도적 장치로서, 의료보장제도는 건강보
험, 의료급여, 산재보험을 포괄한다. 이 제도는 공공보건의료의 기본적인 사항을
규정하여 국민에게 양질의 공공보건의료를 효과적으로 제공함으로써 국민 보건의
향상에 이바지함을 목적으로 한다(공공보건의료에 관한 법률, 2010).

1) 노인의료보장제도의 필요성

노인의료보장은 노인이 건강하고 질병을 손쉽게 해결할 수 있도록 각종 보건의
료서비스를 제공받는 것에서부터 재활에 이르기까지의 전반적인 서비스를 일컫는
것으로 의료정책의 적극적인 뒷받침이 필요하다. 노인의료보장제도의 필요성을 살
펴보면 다음과 같다(장인협·최성재, 1998).

첫째, 건강보호를 위한 의료서비스는 노인의 삶의 질과 수명에 가장 직접적인 영향을 미친다. 건강은 삶의 질에 있어서 중요한 국면이며 가장 소중한 개인의 자원이다. 건강은 사생활에 있어서 자신을 유지하고 사회적 생활에 있어서 기대되는 역할을 수행할 뿐만 아니라 사회 심리적인 면에서 자기 자신에 대한 평가를 긍정적으로 향상시킨다.

둘째, 예측불허의 사고와 빈번한 질병, 이에 따른 고액의 의료비 부담은 개인적인 차원에서 해결이 어렵거나 거의 불가능하다는 점이다. 노인 건강의 일반적 특성은 다른 연령층에 비해 질병에 걸릴 확률이 높을 뿐만 아니라 질병 자체가 만성적이어서 장기적 치료와 요양을 요함에 따라 고액의 의료비가 요구된다.

셋째, 일부 노인인구를 제외하고는 예측불허이며 고액인 의료비의 경제적 부담 능력이 어렵다는 점이다.

넷째, 건강유지는 노인 개개인에 있어 생활의 만족감을 향상시키고 자신이 속해 있는 사회적 조직망으로의 통합, 특히 가족집단 및 근친집단 나아가서는 국가 사회 전체로의 통합을 촉진시킨다.

2) 노인의료보장제도의 정책원리

심신기능의 쇠퇴기에 있는 노인들에게 있어 노인 최대의 관심사는 건강문제로서 노인의 의료요구는 의식주와 함께 기본적 요구에 속한다. 노인의 의료보장은 그 대상과 기회의 측면에서 전체 노인에게 공평하게 의료 기회를 제공하는 데 그 목적이 있다. 자본주의사회 이전에서 건강은 단순히 개인의 문제였으나 자본주의 체제가 발달하고 산업 근로자의 사회문제가 대두하면서 의료에 있어서 사회계층 간 불평등이 국민통합을 저해하는 문제로 부각하였다. 이러한 배경에서 국민의 기본적 요구인 의료요구를 국가가 해결해야 한다는 이념적 지향에서 의료보장을 시작하였다. 연대의식에 기반을 두어 남녀노소 빈부격차에 관계없이 모든 국민에게 의료보장권을 제공하여 노인이 건전하고 창조적인 삶을 유지할 수 있도록 인간의 성장발달 마지막 단계의 욕구에 부응하는 데 복지실현 목표를 두어야 한다.

임춘식(1992)은 이러한 목표를 달성하기 위해서 다음과 같은 정책원리를 제시하였다.

① 존엄성 및 개성존중의 원칙

노인은 생산성의 저하로 인간의 존엄성이 무시되어서는 안 되며 신분, 직업, 연령, 신체적·정신적 건강, 경제적 지위 등에서 차별받지 않을 인간 권리로서 존엄성을 존중해야 한다.

② 개별화의 원칙

인간은 타인과 구별되는 고유한 특성이 있으므로 인간은 개성이 존중될 수 있도록 개별적으로 다루어져야 한다. 일반적으로 노인을 60~65세 이상의 동일집단으로 다루는 경우가 많았으나 노인의 연령층은 다양하므로 노인들에 대해 획일적으로 고정된 편견을 갖는 것은 피해야 한다.

③ 자기결정의 원칙

노인은 인간으로서 존엄성과 개성을 가지고 있으므로 노인 자신이 복리에 대한 영향을 미치는 어떠한 결정도 가능하면 자신의 선택에 의해 이루어지도록 한다.

④ 권리와 책임의 원칙

모든 노인에게는 권리와 책임이 수반되어야 한다. 노인들은 가족이나 사회 또는 국가의 정당한 기대나 합리적인 여망을 받아들이고 책임감을 발전시키며 사회봉사 활동에 자발적으로 참여하는 등 자신의 발전에 도움이 되는 기회를 적극적으로 활용하여 책임의식을 명확히 해야 한다.

⑤ 보편성과 선별성의 원칙

노인은 경제적 상태에 관계없이 공통적인 욕구와 발달과업이 있으므로 이러한 욕구가 과업의 해결을 위해서는 노인 전체에 공통적으로 주어지는 보편적인 서비스가 필요하다. 한편 개인의 경제적 사정이 다르므로 경제적인 욕구도 다르다. 그러므로 사회적인 입장에서 비용의 절감과 비용의 효과성을 위해서 경제적 소득이 일정수준 이하의 노인에게 한정하여 선별적으로 혜택을 주어야 할 필요가 있다. 따라서 노인복지사업은 정부의 주어진 재정적·사회적 여건 하에서 노인의 욕구에 따라 선별적 원칙과 보편적 원칙은 적절히 적용해야 한다.

⑥ 개별적 기능의 원칙

노인의 개별성이나 주체성의 인정에서 비롯되는 원칙이다. 노인복지서비스의 과제는 내재되어 있는 능력을 도출하여 발전하게 하는 것이며, 이를 통해 스스로 잠재력을 개발할 수 있는 것이다.

⑦ 전체성의 원칙

노인복지사업을 전개함에 있어서 노인을 하나의 전체성의 띤 인간으로 받아들여야 한다. 노인은 신체적·정서적·지적 어느 한 측면만을 강조하여 도움을 주는 것은 바람직하지 못하다.

⑧ 전문성의 원칙

노인복지사업이 목표를 달성하기 위해서는 전문적인 사회복지 조직이나 기구와 전문적인 훈련을 받은 인력을 활용해야 한다.

⑨ 노인의 시대적 욕구반영 원칙

노인은 동년배 집단별로 보면 각각 다른 사회적·역사적 경험을 하고 다른 사회와 과정을 거쳐서 노령기에 이르므로 노인들의 욕구는 시대에 따라 달라질 수밖에 없다. 그러므로 욕구조사에 따른 새로운 프로그램의 계획이 노인복지 발전에 있어 중요한 원칙이 된다.

3) 노인의료보장제도 내용

(1) 국민건강보험

국민건강보험은 질병, 상해, 분만 등으로 말미암아 드는 비용이나 수입 감소에 대한 보상을 목적으로 하는 보험제도로서 우리나라의 건강보장체계의 중핵을 이루고 있다. 이러한 건강보험은 1977년에 공무원 사립학교 의료보험, 직장의료보험을 실시하고 1981년 지역의료보험이 실시됨으로써 전 국민 의료보험시대가 개막하였으며, 2001년 7월 이러한 세 가지 의료보험을 통합하여 국민건강보험제도로 전환하여 오늘에 이르고 있다.

국민건강보험은 치매나 중풍 등 질환의 진단, 입원 및 외래 치료, 재활치료 등을 목적으로 주로 병·의원 및 약국에서 제공하는 서비스를 급여대상으로 하는 반면,

노인장기요양보험은 치매, 중풍의 노화 및 노인성 질환 등으로 인하여 혼자 힘으로 일상생활을 영위하기 어려운 대상자에게 요양시설이나 재가 장기요양기관을 통해 신체활동 또는 가사지원 등의 서비스를 제공하는 제도라는 점에서 차이가 있다.

국민건강보험과 노인장기요양보장제도와의 관련성은 다음과 같은 사회적 욕구에서 기인한다.

첫째, 핵가족화, 여성의 사회참여 증가, 보호기간의 장기화(평균 2년) 등으로 가정 중심의 보호에 한계에 도달했으며 둘째, 중산, 서민층 노인이 이용할 수 있는 시설이 절대적으로 부족하고 유료시설 이용 시 비용부담이 과중(유료요양시설·요양병원 월 100~250만 원)되고 셋째, 고령화 진전에 따라 치매, 중풍 등 요양보호를 필요로 하는 노인이 급격히 증가하기 때문이다. 넷째, 노인인구 증가와 만성질환노인의 증가 등으로 노인의료비가 급격히 증가하고 있다. 즉 2002년 3조 6,357억(19.3%),

표 5-4 노인인구 및 노인진료비 현황

(단위: 천 명, 억 원, %)

	2002년	2003년	2004년	2005년	2006년	2007년	2008년	2009년
적용인구	46,659	47,103	47,372	47,392	47,410	47,820	48,160	48,614
노인인구	3,345	3,541	3,748	3,919	4,073	4,387	4,600	4,826
점유율(노인인구/ 적용인구×100)	7.2	7.5	7.9	8.3	8.6	9.2	9.6	9.9
총진료비	188,317	207,420	225,060	248,615	284,103	323,892	348,690	393,390
노인진료비	36,357	44,008	51,364	60,731	73,504	91,189	107,371	123,458
점유율(노인진료비 /총진료비×100)	19.3	21.2	22.8	24.4	25.9	28.2	30.8	31.4
노인 1인당 월평균진료비	90,575	103,568	114,203	129,124	150,400	173,217	194,513	213,163

※자료: 국민건강보험공단(2010)

2004년 5조 1,364억 원(22.8%)이었으나, 2008년에 30%를 넘어 2009년에는 12조 3,458원(31.4%)로 지속적으로 증가하고 있으며, 특히 65세 이상 건강보험 노인인구는 적용인구의 2002년 7.2%, 2004년 7.9%에서 2009년에는 약 10%를 점유하지만 의료비는 건강보험 지출의 31.4% 점유한다. 또한 노인 1인당 진료비도 2004년 대비 거의 2배에 달하는 비용이 지출되고 있다(〈표 5-4〉 참조).

따라서 고령화사회 초기에 공적 노인요양보장체계를 확립하여 국민의 노후 불안 해소 및 노인 가정의 부담경감을 도모하고자 노인성질환이 있는 노인들을 위한 노인장기요양보험이 건강보험에 추가적으로 등장하게 되었다.

노인들의 건강보험 이용현황에 따르면, 1인당 의료비는 1백 24만 원 정도로써 64세 이하 일반 의료비에 비해 3.3배 정도 높은 편이고, 진료율도 연간 25.84%로서 2.1배, 건당 진료일수는 9.03%로 1.8배, 건강진료비는 4만 8천 원 정도로 1.6% 높은 것으로 나타났으며, 모든 건강보험의 노인의료비 관련 주요 비표들이 지속적으로 증가하는 것으로 나타났다. 그리고 65세 이상 노인의료비는 1995년 7,281억 원이었으나, 매년 30%에 가까운 증가 추이를 보이며 2004년에는 5조 1,364억 원(22.8%), 2009년에는 12조 3,458원(31.4%)로 지속적으로 증가하고 있다(국민건강보험공단, 2010).

(2) 의료급여

의료급여란 생활유지능력이 없거나 생활이 어려운 저소득 국민에 대하여 국가 및 지방자치단체 재정으로 의료문제 해결을 보장하는 제도이다. 의료급여의 법적 근거는 「헌법」 제34조와 「사회보장기본법」, 「국민기초생활보장법」, 「의료급여법」 등의 법률을 기초로 한다.

의료급여제도의 수급권자는 헌법상 사회보장권의 수급 주체, 사회보장 관련법상 공공부조의 수급 주체로서의 국민(외국인은 제외)으로서 의료급여의 필요성이 인정된 자, 「국민기초생활보장법」에 의한 수급자, 「재해구호법」에 의한 이재민, 「의사상자 등 예우 및 지원에 관한 법률」에 의한 의상자 및 의상자의 유족, 「독립유공자 예우에 관한 법률」 및 「국가유공자 등 예우 및 지원에 관한 법률」에 의하여 의료급여가 필요하다고 인정된 자, 그밖에 생활유지 능력이 없거나 생활이 어려운 자 등을 대상으로 한다. 급여 유형으로는 의료급여(수급권자의 질병·부상·출산 등에 대한 진찰·검사, 약제·치료재료의 지급, 처치·수술, 치료, 예방·재활, 입원, 간호, 이송과 그 밖의 의료목적의 달성을 위한 조치), 요양비, 건강검진 등이 있으며, 재원으로는 국고보조금, 지방자치단체의 출연금, 상환받은 대불금, 기금결산 잉여금 등으로 충당한다.

(3) 노인건강지원사업

사회보험인 건강보험과 공적부조인 의료급여 이외에 「노인복지법」과 「의료법」에 근거하여 노인들의 건강증진과 관리를 위한 노인건강지원사업을 실시하고 있다. 현재 「노인복지법」에 의거하여 실시하고 있는 사업은 노인 건강진단, 안검진 및 개안수술, 치매상담센터 운영, 경로식당 및 저소득 결식노인 무료급식사업이 있으며, 「의료법」에 근거하여서는 공립치매요양병원의 설치, 운영이 있다(권중돈, 2007).

노인건강검진사업은 질병의 조기발견 및 조기치료를 통한 노인의 건강유지와 증진을 통하여 건강하고 활기찬 노후생활을 보장할 목적으로 1983년에 처음 시행하였다.

노인 건강진단은 65세 이상 국민기초생활보장 대상 노인 중 노인 건강진단 희망자에 한하여 실시하는데, 1차 진단은 치매검사 외 11개 항목, 그리고 2차 검사는 정밀안전검사 등 29개 항목에 대하여 건강진단을 실시한다.

노인 안검진 및 개안수술사업은 저소득층 노인 등에 대한 정밀 안검진을 실시하여 안질환을 조기발견, 치료함으로써 노인들의 시력 향상 및 실명 예방과 노인 개안수술비 지원을 통한 노인 및 가족의 의료비 부담경감을 목적으로 2003년에 처음으로 실시하였다.

치매상담센터는 「노인복지법」과 「지역보건법」에 근거하여 지역사회 치매관리사업의 원활한 수행과 치매노인 등록에 따른 관리 및 이에 필요한 상담, 지원 등의 서비스를 제공할 목적으로 1997년부터 실시하고 있다. 치매상담센터의 주요 사업내용은 치매노인 등록 및 관리, 치매노인 및 보호자 상담 및 지원, 치매 예방 및 간병요령 교육 실시, 재가치매노인에 대한 방문 및 관리, 치매노인의 노인전문 요양시설 입소 안내 등이다.

공립치매요양병원은 치매노인에 대한 전문적인 치료 및 요양서비스를 제공하여 치매의 악화 방지 및 치매노인 가족의 부담경감을 목적으로 「의료법」에 근거한 요양병원이다. 2004년 기준 시·도립 공립치매요양병원에 대해서는 건축비와 증축비, 장비비를 지원하고 있으며 군 단위 병원에 대해서는 건축비와 장비비를 지원하고 있지만, 건립부지 매입이나 운영비에 대해서는 지원하고 있지 않다. 1996년부터 2004년까지 시·도립 공립치매요양병원 44개소와 군 단위 병원 11개소에 대해 재원을 지원하여, 55개소의 공립치매요양병원이 운영되고 있다.

경로식당 및 결식노인 무료급식사업은 가정형편이 어렵거나 부득이란 사정으로 식사를 거를 우려가 있는 노인들에게 무료식사를 제공하는 데 목적을 둔 사업으로, 1991년 사회복지사업기금으로 시작하였으나 경로식당에 대해서는 1999년부터, 그리고 저소득 결식노인 무료급식사업에 대해서는 2000년부터 국고로 재정 지원하고 있다. 이 두 사업의 사업대상을 보면 경로식당은 60세 이상 결식노인, 저소득 재가노인 식사배달사업은 65세 이상을 기준으로 정하고 있다.

4) 노인장기요양보험제도

노인장기요양보험제도란 고령이나 노인성질병 등으로 인하여 일상생활을 혼자 수행하기 어려운 노인 등에게 신체활동 또는 가사지원 등의 장기요양급여를 사회적 연대원리에 의해 제공하는 사회보험제도를 말한다. 따라서 이 법은 고령이나 노인성 질병 등의 사유로 일상생활을 혼자서 수행하기 어려운 노인 등에게 제공하는 신체활동 또는 가사활동 지원 등의 장기요양급여에 관한 사항을 규정하여 노후의 건강증진 및 생활안정을 도모하고 그 가족의 부담을 덜어줌으로써 국민의 삶의 질을 향상하는 것을 목적으로 한다.

우리나라의 「노인장기요양보험법」은 2007년 4월 27일 공포됨으로써, 2008년 7월 1일부터 노인장기요양보험제도를 시행하였다. 노인장기요양보험제도는 수급자에게 배설, 목욕, 식사, 취사, 조리, 세탁, 청소, 간호, 진료의 보조 또는 요양 상담 등 다양한 방식의 장기요양급여를 제공하는데, 이미 오래전부터 고령화 현상을 겪고 있는 선진국들은 우리나라보다 앞서 다양한 방식으로 장기요양서비스를 제공해왔다. 노인장기요양보험제도는 노인뿐만 아니라 노인부양을 담당하던 중장년층과 가족 등 모든 세대가 혜택받을 수 있으며, 노인들은 자식들에게 부담을 주지 않고 계획적이고 전문적인 장기요양서비스를 받을 수 있어 품위 있게 노후를 보낼 수 있고, 장기요양을 담당하던 중장년층은 정신적·육체적·경제적 부담에서 벗어나 경제, 사회활동에 전념할 수 있다는 점에서 1990년대 이래 세계적인 추세로 자리 잡고 있다.

노인장기요양보호의 제공 주체는 공식과 비공식으로 나눌 수 있고, 공식적 주체에는 국가와 지방자치단체, 영리와 비영리 민간기관이 있으며, 비공식적 주체에는 가족, 친척, 이웃, 친구 등이 서비스를 제공하는 것을 말하며 대부분 무료이다. 대부분의 노인이 심리적 만족감 때문에 가정 내에서 가족에 의한 보호를 더 선호하고 있다. 공식적 주체는 비공식적 지지망인 가족이나 친척 등이 노인에게 필요한 보호를 제공할 수 없는 경우에 보호를 담당한다. 또한 전문가나 자원봉사자가 유료 또는 무료로 재가보호서비스나 시설보호서비스를 제공하고 하나의 공급 주체에 따라 두 가지를 동시에 제공하기도 한다. 재가보호서비스에는 병원이나 요양원이 운영하는 장기요양보호서비스, 방문간호, 호스피스, 주간보호센터, 위탁보호, 가정간호의 보조, 가정건강보호 등이 있다. 시설보호서비스에는 요양시설과 숙식보호시설, 생활조력시설 등이 있다. 비공식적 주체에서 제공하는 서비스에는 일상생활수행원조(식사, 목욕, 옷 입기 등), 도구적 일상생활수행 원조(세탁, 청소, 쇼핑 등), 간호와 치료원조, 외출 시 동행 등이 있다.

노인장기요양보호의 적용대상은 노인과 장기 장애를 가진 성인, 아동 등 일반인이지만 대다수는 노인이 차지한다. 그러나 노인장기요양보호는 노인만이 아닌 노인의 가족까지도 대상으로 하고 있다. 가족의 부양부담이 감소하는 프로그램을 통해 노인부양의 질을 높이기 위함이다. 장기요양보호의 주 대상은 보통 75세 이상이며 여성이 더 많다. 대상자 선정 시에는 여러 요인 중에서도 일상생활수행능력ADL과 도구적 일상생활수행능력IADL에 의한 노인의 기능적 건강상태를 가장 중시한다.

장기요양은 65세 이상 노인 또는 65세 미만 노인성질병을 가진 자로서 거동이 현저히 불편하여 장기요양이 필요한 자를 대상으로 하며, 요양등급은 1등급, 2등급, 3등급으로 구분하여 시설 또는 재가서비스를 받을 수 있다. 장기요양 1등급은 일상생활에서 전적으로 다른 사람의 도움이 필요한 자로서 장기요양 인정점수가 95점 이상인 자이고, 장기요양 2등급은 일상생활에서 상당 부분 다른 사람의 도움이 필요한 자로서 장기요양 인정점수가 75점 이상 95점 미만인 자이며, 장기요양 3등급은 일상생활에서 부분적으로 다른 사람의 도움이 필요한 자로서 장기요양 인정점수가 55점 이상 75점 미만인 자이다. 〈표 5-2〉는 요양등급별 상태이다(보건복지부 요양보

구분	내용
제도운영방식	·다른 사회보장제도와 독립된 「노인장기요양보험법」 제정
관리 운영 주체 (보험자)	·국민건강보험공단: 평가판정, 케어플랜, 급여심사, 서비스 질 평가 등 요양서비스 관리는 공단의 자회사 형태 별도의 기관을 설치
가입자(보험료부담)	·건강보험 가입자
수급권자	·65세 이상 노인(64세 이하 노인성 질환자는 진단서 제출)
요양서비스 등급	·심신상태, 서비스 양을 고려하여 1~4등급으로 구분 ·평가판정기준에 의거하여 의사 등 전문가로 구성된 평가판정위원회(시·군·구 단위로 설치)가 요양서비스 대상 여부 및 등급 판정 ·평가판정기준: ADL(일상생활동작) 12항목, 인지기능 8항목, 문제행동 10항목, 간호처치 및 재활 21항목 등 총 51항목
요양서비스 범위	·현물급여 제공을 원칙 ·가족에 의한 서비스는 가족휴식, 수발물품 등으로 보상 ·현금급여는 현물급여가 곤란한 경우 등 아주 제한적으로 지급
요양서비스 종류	·시설서비스 3종: 노인(전문)요양시설, 노인요양공동생활가정 ·재가서비스 6종: 방문요양, 방문목욕, 방문간호, 주·야간보호, 단기보호, 복지용구대여 및 구입지원
요양급여비 한도액	·등급별 월 한도액 범위 내
이용자 본인부담	·시설급여는 20%, 재가급여는 15% 수준(기초생활수급자는 0%, 차상위자는 50%만 부담) ·시설입소자의 식비 및 요양실 차액(4인실 기준)은 본인부담
요양서비스 제공기관	·서비스 제공기관의 신청에 의한 보험자의 지정 형태 ·민간사업자, 비영리법인·단체 등 다양한 주체의 참여 촉진
재원조달	·보험료＋정부지원＋이용자 본인부담(보험료는 건강보험료와 일괄 징수) - 정부지원은 현행 건강보험수준으로 지원 - 공공부조자는 현행대로 부담
요양서비스 전문인력	·요양보호사: 국가자격제도 도입 및 2010년 5월부터는 자격시험 합격자에게 자격증 수여

호사표준교재, 2008)

노인요양보장서비스의 종류와 내용은 다음과 같다.

① 방문요양서비스

요양보호사에 의하여 요양대상자 거주하는 곳을 방문하여 ADL 지원(식사보조, 배변, 목욕, 개인위생 등) 및 가사지원(가정관리, 심부름, 장보기 등) 서비스로 제공이다.

② 방문목욕서비스

목욕에 필요한 장비를 갖추어 가정을 방문하여 목욕을 제공하는 것이다.

③ 방문간호

「의료법」상의 간호, 위생업무, 치료의 보조 등 필요한 요양서비스를 제공하는 것이다.

④ 주·야간보호서비스

노인을 낮 또는 밤 동안 시설에서 보호하는 서비스로 사례관리를 통해 ADL 지원 서비스(식사보조, 배변, 목욕, 개인위생 등)는 물론 간호 및 재활서비스, 상담서비스를 제공한다(일반노인과 치매노인을 구분하여 치매노인의 특성과 보호욕구에 맞는 서비스 제공).

⑤ 단기보호서비스

노인을 일정 기간 동안(2010년 3월 이전에는 년 6개월, 이후부터는 월 15일로 제한

표 5-3 요양등급별 상태

요양등급 1등급	요양등급 2등급	요양등급 3등급
종일 침대에서 움직일 수 없는 와상상태	타인 도움으로 일상생활 가능 휠체어 이용	타인 도움을 받아 외출가능 신변처리에 부분적 도움

함) 시설에서 보호하는 서비스로 사례관리를 통해 ADL 지원 서비스(식사보조, 배변, 목욕, 개인위생 등)는 물론 간호 및 재활서비스, 상담서비스를 제공한다(일반노인과 치매노인을 구분하여 치매노인의 특성과 보호욕구에 맞는 서비스 제공).

⑥ 복지용구 대여 및 구입 지원

ADL 유지와 재활에 도움이 되는 용구(워커, 휠체어 등)를 일정한 비용을 받고 대여해 주거나 구입비를 지원한다.

〈표 5-4〉는 노인장기요양보험 대상자, 재정 및 보험료 추계로서, 2008년 노인요양보호사업 첫 해에는 거동이 거의 불가능한 최중증 노인들 약 7만 5천 명에게 요양시

표 5-4 노인장기요양보험 대상자, 재정 및 보험료 추계 (단위: 명, 원)

구분	대상자 수(공공부조자 제외)			세대당 보험료		
	시설	재가	소계	지역	작정	평균
2007년	4만 9,751	2만 2,160	7만 1,911	1,501(3,002)	1,452(2,905)	2,318
2008년	5만 1,794	2만 3,070	7만 4,864	1,562(3,124)	1,512(3,024)	2,397
2009년	5만 3,565	2만 3,859	7만 7,424	1,616(3,232)	1,564(3,128)	2,461
2010년	7만 5,498	7만 1,880	14만 7,377	2,809(5,618)	2,719(5438)	4,248

※주: 세대당 보험료 괄호 안은 국고, 사용자 부담 포함 금액임.
※자료: 보건복지부(2010)

설 간병, 방문간병·수발·간호 등 12종의 서비스를 제공하기로 했다. 2010년부터는 한두 가지 정도의 신체장애로 타인의 시중을 받아야 하는 3등급과 공적 부조자들로 확대해 14만 7천여 명이 서비스를 받을 것으로 예상하였으나, 2010년 4월 현재 26만 명이 요양서비스를 이용함에 따라 예상보다 1.8배 정도가 증가하였다(보건복지부, 2010).

노인장기요양제도는 다음과 같은 기대효과를 갖는다.

첫째, 고령화사회에서 증가하는 노인요양비 문제에 사회적 공동대처로 요양보호 가족의 부담을 크게 경감하고 나아가 국민의 노후불안을 해소하는 것이다. 특히 병원 입원 시 혜택이 없는 간병비(월 100만여 원)를 급여 범위에 포함하고 요양병원 및 요양시설 이용 시 20% 수준만 부담하게 됨으로써 요양병원 월 150~200만 원에서 40~60만 원으로, 요양시설 월 비용이 100만 원에서 70만 원으로 경감되어 가족 부담이 큰 폭으로 완화할 것이다. 그리고 가정을 방문하여 간병이나 간호서비스를 제공함으로써, 노인의 삶의 질이 개선되고 가족이 간병·수발 등으로부터 상당 부분 해방되어 여성의 사회적 진출에 크게 기여할 것이다.

둘째, 노인의료비의 감소로 건강보험 재정의 안정화에 기여할 것이다. 일본은 개호보험 도입 후, 매년 5~9% 증가한 노인의료비가 2000년에는 5.2% 감소했으며, 실질 감소는 11.8%에 해당한다. 이를 참고할 때, 우리나라도 전 노인에게 확대 실시하면 노인 의료비의 증가억제효과가 상당히 있을 것으로 전망된다.

셋째, 노인 간병인력, 전문 간호사 등의 새로운 일자리가 마련되는 등 고용창출효과도 매우 크게 나타날 것이다. 특히 이러한 인력의 대부분은 여성인력으로서, 제도가 도입되는 2007년에는 약 3만 명이, 제도가 성숙되는 2010년경에는 약 10만 명이 새로운 일자리를 갖게 될 것으로 예상된다.

넷째, 요양시설, 요양병원 등 요양보호 인프라 확충에 따른 지역 경제 활성화가 기대된다. 2011년까지 요양시설, 요양병원 등이 1천 개소가 넘게 신축되고 여기에 약 2조 원(국고 및 지방비)을 투입할 계획이다.

5) 노인의 의료재활서비스

최근 우리나라는 65세 이상 노인인구가 전체의 7.1%를 차지하는 본격적인 고령화사회로 접어들었다. 특히 노인인구의 18.9%가 장기요양보호 대상으로 재가서비스 대상이 되고 있으며, 2010년에는 그 수가 백만 명에 육박하리라 추정된다(선우덕, 2000).

전국 노인생활실태조사(보건복지부, 2009) 결과에서도 기본적 일상생활수행능력이나 도구적 일상생활수행능력에서 한 가지 이상 제한이 있는 노인이 23.2%(65세

그림 5-1 성·연령별 일상생활수행능력 제한율

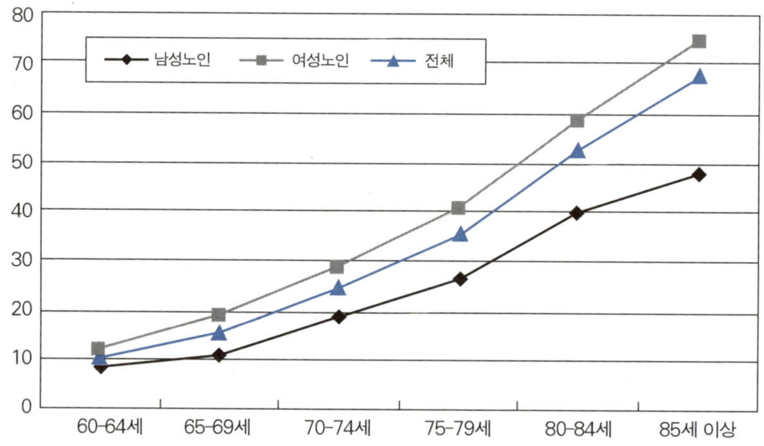

※자료: 보건복지부(2009b)

이상 기준 28.4%)이고 연령이 높을수록 제한율이 증가하고 있다. 그리고 이러한 제한율은 〈그림 5-1〉과 같이 연령 증가와 더불어 꾸준히 상승하여 85세 이상 노인의 경우 67.4%, 특히 85세 이상 여성노인의 경우 74.0%가 일상생활수행능력에 제한이 있는 것으로 나타났다.

이렇게 노인의 경우 의료적 요구와 일상생활수행 상의 요구가 복합적으로 나타나고 있음에도 불구하고 대상자 선정 시 ADL 수준 또는 질병 유무의 단순한 기준이 사용되고 있어 다양한 서비스 내용과 제공방법의 개발이 이루어지기 어려운 실정이라 볼 수 있다. 이처럼 와상 및 거동불편 노인들의 문제가 심각한 수준이므로 사회적으로 높은 의료비용 부담을 경감하기 위해서라도 적절한 의료재활서비스를 제공해야 한다. 특히, 시설노인들의 특성 상 고령에 퇴행성관절염, 낙상 등의 안전사고 등의 위험요인으로 전반적으로는 운동량이 부족한 실정으로 더 많은 재활훈련이 요구된다. 노인의료복지시설 입소노인들이 비록 만성적이고 복합적인 질환과 장애를 가지고 있다 하더라도 본인 스스로 자립할 수 있도록 도와야 한다. 그러므로 시설에서는 그러한 장애를 극복할 수 있는 재활훈련과 남아 있는 기능 유지 및

표 5-5 노인의료복지시설의 의료재활서비스 유형

의료 서비스	건강관리서비스	건강진단	건강검진: 정기진단, 종합진단 의뢰업무
		건강상담	건강상담과 지도, 식단조정
	의료 서비스	치료서비스	진료(진찰, 치료, 투약, 처치), 정기진찰, 구급
		재활서비스	물리치료, 작업치료, 일상생활동작훈련
	간호서비스	기본적 간호	일상생활의 도움
		기술적 간호	투약관리, 신체점검, 처치, 기록

※자료: 보건복지부(각 연도), 「노인복지사업지침」.

	설비기준	직원배치기준
노인의료 복지시설	1. 의무실: 진료실에 필요한 상용의약품, 위생재료 또는 의료기구 구비	1. 의사 또는 촉탁의사 2. 간호사 또는 간호조무사(입소자 25인당 1인 이상)
	2. 물리치료실: 기능회복 또는 기능의 감퇴를 방지하기 위한 훈련 등에 지장이 없는 면적과 필요한 시설	3. 물리치료사: 시설당 1인(시설당 1인을 두되 입소자 100인 초과 시마다 1인 추가)

※자료: 보건복지부(각 연도), 「노인복지사업지침」.

회복을 위해 노력해야 한다. 또한 노인들의 증상을 정확히 파악하여 의료재활목표를 세우고 타 직종 전문가들과 협력하여 재활에 만전을 기하여야 한다. 이러한 노인의 재활을 강조하는 이유는 노인 스스로의 행동은 본인의 의지대로 선택하고 스스로 결정하는 것이 보다 더 나은 인간다운 삶이기 때문이다.

시설에서의 의료서비스는 〈표 5-5〉와 같이 입소노인들이 건강을 유지할 수 있도록 도와주는 건강관리서비스, 치료 및 간호서비스, 그리고 장기적인 치료를 요하는 노인의 경우 일상생활동작훈련과 통증완화를 주목적으로 하는 재활서비스로 크게 나누어 제공하고 있다. 현행 「노인복지법」에서는 노인의료복지시설에 의무실 설치와 의사, 간호사, 물리치료사와 같은 의료인력을 배치할 것을 규정하고 있다. 노인의료복지시설의 설비기준과 의료인력 배치기준은 다음 〈표 5-6〉과 같다.

2. 선진국의 노인의료보장제도

선진 복지국가들은 계속적으로 증가하는 노인인구의 고령화와 의료수요 및 의료이용률, 의료비 증가 등 사회문제로 많은 어려움을 겪어왔으며 또한 이의 해결을 위하여 많은 노력을 기울여왔다. 그 중 65세 이상 노인만을 위한 노인 「의료보장법」이 제정되어 있는 미국과 의료보장제도 면에서 우리나라와 사회보험체제 등 유사한 의료보험제도를 적용하고 있는 일본 등이 그간 노인의료보장 문제를 어떻게 대처하였는지를 살펴보는 것은 우리의 실정에 적합한 노인의료보장의 진로를 모색하는 데 대단히 유용하다고 본다.

이와 같이 노인의료보장 문제를 다루는 데 있어서 우리나라보다 앞서 이미 인구의 고령화문제를 겪고 있는 일본, 미국 등의 제도를 개략적으로나마 다루어 보는 것은 향후 우리나라에 다가올 노인의료보장 문제를 해결하는 간접적인 기준이 될 수 있을 것이다(곽은석, 2000).

1) 일본의 노인의료보장제도

일본은 70년대 초에 이미 노인인구가 7%를 넘어 고령화 속도가 매우 빠르게 진행하여 노인인구 증가 및 핵가족화에 의한 부양의식의 감퇴로 노인복지 시책의 필요성을 강조하였다. 이에 따라 1963년 「노인복지법」을 제정하여 복지서비스의 근거를 마련하였고, 1973년 노인보건의료정책의 중심으로 노인의료비지급제도, 즉 의료비의 무료화 제도를 시행하였다. 1983년 고령화사회의 도래에 대비하고 국민의 자조와 연대정신에 입각하여 질병 예방과 건강 만들기를 포함한 종합적인 노인보건의료대책을 추진하는 것과 함께 노인 의료비를 공평하게 부담하는 것을 목적으로 「노인보건법」을 제정하여 노인보건의료제도를 창설하였다.

일본의 노인보건의료제도는 의료, 간호, 개호 및 기능훈련이 필요한 와상노인을 위한 노인보건요양시설의 설립과 가정의 와상노인을 위한 가정방문 치료, 간호제도의 신설이다. 이 제도의 가장 큰 특징은 노인을 위한 의료공급체계를 구축하여, 기술 집중적인 병원에서의 치료보다는 노인성 만성질환에 알맞는 노인 보건시설 등을 적극 확충하는 것이라 할 수 있다. 즉 만성질환에 대응할 수 있는 간호 개호에 치중한 시설로 특별양호노인홈, 노인보건시설, 홈케어_{Home Care}와 같은 주택서비스 일환으로 노인방문스테이션, 주택개호지원센터, 주간보호시설, 단기보호시설, 가정봉사센터와 가정봉사지원센터를 운영하고 있다. 노인들을 위한 시설로서 치료를 위한 노인병원이 있고, 가정복귀와 요양기능을 위한 노인보건시설이 있으며 거의 가정과 동일한 특별양호노인홈이 있다.

(1) 시설 이용노인 의료보장

70세 이상(경우에 따라 65세 이상)의 노인이 대상인 노인보건시설로서 입소 서비스(재활 및 일상생활동작훈련, 간호, 개호, 의료, 이발, 교양 오락행사 등), 재택 서비스(단기보호 및 주·야간보호의 식사, 목욕, 재활 등)를 실시한다. 이와 같은 요양시설은 의료법인, 사회복지법인 등이 개설하여 병원의 일부를 노인보건시설로 전환하여 병원이나 특별양호노인홈에 병설 또는 독립시설로 운영하는 등의 다양한 형태가 가능하다.

(2) 재가노인 의료보장

「노인보건법」에 근거하여 기초자치단체인 시정촌이 주체가 되어 가정간호사업,

주·야간보호사업, 단기보호 사업 등을 70세 이상(또는 병약한 65세 이상 노인)의 노인을 대상으로 실시하고 있다.

① 가정간호사업

가정간호사업은 가정에서 와상상태 또는 그에 준하는 상태에 있는 노인 의료수급 대상자로서 주치의가 방문간호의 필요성을 인정한 노인에게 방문을 통하여 요양상의 시중 또는 필요한 진료의 보조인 간호서비스를 제공한다. 지방공공단체, 의료법인, 사회복지법인, 노인방문간호 스테이션이 운영 주체가 되어 실시하고 있다.

② 가정봉사원제도

가정봉사원제도는 신체의 개호 및 가사보조, 상담 및 간호 및 양호에 관한 조언 등의 서비스 제공을 목적으로 실시한다. 가정봉사원과 민간복지기관의 민간 가정봉사원으로 구분하며 노쇠, 심신의 장애 및 상병의 이유로 병상에 누워 있어 일상생활을 영위하는 데 지장이 있는 대략 65세 이상 노인이 있는 가정으로 저소득 세대는 무료, 과세 세대는 시간단위로 소득수준에 맞추어 비용 부담한다.

③ 단기보호사업

단기보호사업, 재가보호촉진사업, 야간보호사업 등으로 구분하며 단기보호사업은 가족을 대신하여 거동이 불편한 노인을 일시적으로 보호할 필요가 있는 경우 노인홈에서 노인들을 보호함으로써 노인의 복지증진 및 가족들의 부담을 덜어주는 것을 목적으로 한다. 재가보호촉진사업은 거동이 불편한 노인을 돌봐주어야 하는 가족을 단기간 특별양호노인홈에 입소하여 노인을 돌보는 방법을 교육함으로써 노인 및 가족의 생활을 지원하는 것을 목적으로 한다.

④ 야간보호사업

야간에 가족들로부터 수발을 받을 수 없는 거동불편 노인을 특별양호노인홈에서
보호하는 사업이다. 특별양호노인홈은 65세 이상 노인 중 신체적·정신적으로 현저
한 장애가 있어 상시 간호를 필요로 하는 자로 집에서 적절한 간호를 받는 것이 곤
란한 자를 입소시키는 시설이며, 양호노인홈은 65세 이상이고 신체 및 정신, 환경상
의 이유 또는 경제적 이유로 집에서 생활이 곤란한 자를 입소하는 시설이다.

2) 미국의 노인의료보장제도

미국은 노인에게 서비스를 제공하는 근거로 「노인법」The Older American Act, OAA을 1965
년에 제정하였다. 주 정부에 서비스, 훈련, 연구를 위한 자금을 지원하기 위한 목적
으로 제정된 「노인법」은 60세 이상 노인의 소득, 주거, 건강, 재활서비스 등 노인에
게 필요한 모든 서비스를 총괄하고 있다.

(1) 노인 의료보호

65세 이상 노인들이 보편적으로 받게 되는 의료보장 프로그램으로서 일정 기간
동안 사회보장세를 낸 사람이면 누구나 가입이 적용되어 혜택을 받을 수 있는 병
원보험과 보다 높은 수준의 의료서비스를 받기 위해 병원보험의 가입자 중 매월 일
정액의 보험료를 내고 가입하는 선택적 프로그램인 보충적 의료보험으로 나누어
진다.

① 병원보험

단기적인 입원치료를 제공하는 병원보험Hospital Insurance, HI은 가입이 강제적으로 적

용되며 65세 이상의 노인이 일정 기간 동안 사회보장세를 내면 누구나 혜택을 받는다. 1972년 「사회보장법」의 개정으로 사회보장세를 내지 않는 노인에 대해서도 연방정부의 일반예산으로 재원이 충당된다. 병원보험 가입자에게 주어지는 혜택은 병원입원 서비스, 퇴원 후 서비스, 가정건강보호 서비스, 호스피스 간호 등에 대해서 소요경비 중 일정 부분을 부담한다.

② 보충적 의료보험

외과서비스를 제공하는 보충적 의료보험Supplementary Medical Insurance, SMI은 가입이 선택적인 프로그램으로서, 병원보험의 수혜자가 매월 일정액의 보험료를 지불하게 되면 보충적 의료보험 가입자가 외과 서비스를 받게 될 경우 이에 관한 비용을 보험에서 상환하는 제도이다.

의료보호는 대부분의 노인이 직면하는 의료비 비용을 돕고 있지만 월 보험료, 병원공제액, 공동 지불금 등 많은 비용이 여전히 수혜자에게 남아 있다. 그러나 대부분의 노인들은 보충적 의료보험에 가입되어 있으나 저소득층 노인에게 있어 이의 가입이 용이하지 않다. 따라서 저소득층이 보충적 의료보험에 소요되는 의료비용을 보상하기 위해 '자격 있는 의료보호 수혜'qualified medicare beneficary 프로그램으로 설정하였다. 저소득층 노인은 매해 자산조사를 통해 이 프로그램의 혜택을 받을 수 있다.

③ 민간의료보험

의료보호만으로 계속적으로 상승하는 개인적인 의료비용을 부담하기 어렵고, 특히 장기요양 보호비용을 충당할 수 없는 경우가 많다. 따라서 많은 미국인들은 의료보호에 의해 제공되지 않는 또는 부분적으로 제공되는 의료서비스의 비용을 보충하기 위해 민간의료보험medigap이라 지칭하는 의료보호 보충보험에 가입하고 있다.

이 보험에 가입된 사람은 의료보험의 공제액 및 공동보험금에 대한 혜택을 받을 수 있다. 미국의 경우 노인 전체 의료비용의 약 75%가 개인적으로 또는 고용주가 후원하는 민간의료보험을 갖고 있다.

(2) 의료부조

의료부조medicaid는 공적부조에 의한 의료보장 프로그램이다. 의료부조는 연방정부의 책임 하에 각 주 정부가 운영상 상당한 재량권을 가지고 있으며 수혜자격 및 수혜기간 등에 대한 규정은 주에 따라 조금씩 다르다. 각 주정부가 연방정부로부터 의료부조의 예산을 할당받기 위해서는 연방정부가 규정한 의료부조 프로그램인 병원입원, 통원, 산전보호, 내과 서비스, 간호 및 가정 건강보호서비스, 가족계획서비스 등을 실시해야 한다. 이외에도 주에 따라 선택적으로 제공하는 서비스가 있는데 치과 진료비, 약국에서의 의사 처방비, 안경 및 콘택트렌즈 비용 등이 그것이다.

이 프로그램의 가장 중요한 역할 중 하나는 가정건강 보호서비스의 많은 부분이 이 제도에 의해 제공된다는 것이며, 특히 일반요양시설intermediate care facilities에서 제공하는 의료서비스도 혜택을 받는다.

(3) 보건예방사업

연방정부의 예산으로 지원하는 개별 보조금categorical grant와 보건복지성과 다른 연방정부기관을 통하여 각 주로 지원되는 정액 보조금block grant를 통하여 지원되며, 질병예방 및 건강증진 서비스를 60세 이상의 노인을 대상으로 무료로 실시한다는 「노인법」에 의거한다. 서비스의 제공은 각 주마다 조금씩 다르지만 서비스를 요하는 모든 60세 이상의 노인을 대상으로 건강진단(고혈압, 암, 당뇨병 등), 영양상담 및 교육,

보건교육, 운동 프로그램, 가정사고 예방서비스, 약물복용 안전에 관한 검진, 질병 치료, 예방, 재활에 관한 제공, 노인상담, 사회 및 보건서비스 관련 상담을 제공한다.

(4) 요양시설

노인전문요양시설skilled nursing facility, 노인일반요양시설intermediate nursing facility, 비전문요양 시설intermediate and other nursing home이 있다.

전문요양시설은 의료기관으로 분류하며, 중증 질환자를 입소시켜 적절한 치료 및 보호서비스를 제공하는 시설이다. 주요 서비스는 의사의 치료 및 응급처치, 간 호, 투약, 식이요법, 재활, 검사 및 방사선치료, 치과치료, 오락 등 사회서비스이다. 이 중에서 치료 및 응급처치, 간호, 투약, 식이요법 서비스는 반드시 요양소 안에서 제공하도록 규정하고 있으나, 재활 검사 및 방사선치료, 치과치료, 오락 등 사회서 비스는 외부 관련기관 및 인력과 연계하여 제공이 가능하다. 일반요양시설은 보건 기관으로 미국의 장기요양시설의 약 65%를 차지하고 있다. 일반요양시설 입소대상 은 의사의 지속적인 치료가 필요하지는 않지만, 건강상태의 지속적인 관찰과 건강 관리, 재활서비스가 필요한 사람으로 서비스 내용도 전문요양시설에 비하여 의료 서비스가 완화되어 있다.

(5) 재가노인 보건·의료 서비스

가정간호사업, 주간보호사업, 단기보호사업 등을 실시하고 있다.

① 가정간호사업

주로 저소득층과 노인환자를 대상으로 간호, 물리치료, 언어치료, 작업치료, 영 양지도, 가정봉사, 사회사업 등의 서비스를 제공하던 가정건강관리home health agency의 활동에서 시작된 가정간호사업은 병원에서 조기 퇴원한 환자의 관리를 위하여 1980년 이후 활성화되었다.

② 가정봉사원제도

가정봉사원제도는 공공 또는 민간(비영리기관 및 영리기관)으로 이분화되어 제공되고 있다. 따라서 실시 주체는 지역병원의 가정간호부Home Care Units of Community Hospitals, 복지부Departments of Social Service, 비영리사립지역사회기관Private Nonprofit Community Agencies, 지역사회건강센터Community Health Centers, 사립기관Proprietary Agencies 등 다양하다. 가정봉사원이 제공하는 서비스는 의료서비스(급식서비스, 약 배달 및 가정건강 장비 제공, 그리고 노인의 가정에서 안전하게 제공할 수 있는 치료적 서비스와 의사의 왕진, 간호방문, 물리치료, 작업치료), 간병 서비스(목욕 등 일상활동의 원조, 약물복용의 지도나 혈압검사와 같은 건강보조, 물리치료 보조서비스)와 가정봉사서비스(가사, 음식준비, 세탁서비스 등의 기초적인 서비스)로 구분한다.

③ 주간보호, 단기보호사업

제공하는 의료서비스의 종류에 따라 건강 지향적 기관과 사회 지향적 기관으로 구분하며 입소자의 상태, 제공되는 서비스의 종류, 비용 등에 따른 다양한 형태가 있고 사회복지기관과 연계하여 운영한다.

3. 우리나라의 노인의료보장제도의 현황 및 개선사항

노인의 건강의 악화는 노인들에게 경제적인 문제가 야기되며, 노인생활 전반에 부정적인 영향을 미칠 뿐만 아니라 생활에 대한 만족 여부를 좌우한다. 그러므로 노인을 위한 국가적인 차원의 의료보장은 매우 중요한 의미를 갖는다고 할 수 있다. 우리나라 노인들의 절반 정도는 자신의 건강상태를 나쁘다고 생각하고 있고, 한 가지이상의 수단적 일상생활 수행에 어려움을 느끼고 있다. 현재 우리나라에서는 노인을 위한 의료보장정책은 없고 일반노인의 경우 의료보험제도에 의해, 저소득층 노인의 경우 의료보호제도 및 노인건강진단제도로부터 혜택받고 있다.

선진국에서의 의료보장제도는 첫째, 질병의 예방, 건강증진의 중요성을 인식한 예방보건사업이 적극적으로 시행하고 있으며 둘째, 지역사회 중심의 의료, 생활, 사회서비스, 즉 방문진료 및 방문간호사업, 자원봉사활동 등이 활성화함으로써 노인의 정서저 안정을 도모하고, 시설에 투자하는 사회적 비용을 절약하고 있다. 셋째, 노인전문의료 전달체계의 구축으로 사회적 비용의 절감 및 간호와 요양 중심의 보건의료체계 활성화를 이루었고 넷째, 전문인력의 양성으로 노인보건의료의 전문화를 이루고 있다. 다섯째, 노인의료수가의 별도책정, 중간시설 중심 운영 등으로 노인의료비 절감 방안에 대한 노력과 함께 노인의 의료비 부담완화를 위하여 국가재정 공비 비율을 높이고 있다. 이와 같이 선진국의 경우 노인을 위한 의료보장제도가 갖추어져 있고, 건강보호에 대한 의료비 부담을 경감시키고 다양한 의료서비스를 제공하기 위한 노력을 하고 있다. 그러나 우리나라의 경우 노인을 위한 의료보장정책의 부재로 인해 다가오는 고령화사회에서는 노인인구의 증가와 함께 의료서비스에 대한 욕구가 더욱 높아질 것으로 전망되므로 이를 위하여 의료보장제도의 개선방안을 제시하면 다음과 같다.

1) 노인보건의료사업의 확대

정년 등에 따른 퇴직자에 대하여 직장의료보험을 계속 적용하는 제도를 도입하고, 노인의료보험료 및 진료비의 본인부담을 경감하는 방안을 마련해야 할 것이다. 또한 틀니, 안경 및 보청기 등 신체기능 저하에 따른 노인의 건강생활 유지에 필수적인 기구에 대하여 의료보험급여를 실시해야 할 것이다. 아울러 65세 이상 생활보호대상자에게 실시하고 있는 무료건강검진 항목에 1996년부터 간암, 위암 등 각종 암검사를 추가하였는데, 항목을 단계적으로 확대해야 할 것이다.

치매 및 중풍노인 등을 위한 노인전문요양시설을 확충해야 할 것이다. 일상생활 수행에 제약이 있는 와상노인臥床老人은 1995년 약 14만 명으로 2010년까지는 26만 명으로 추정되고 있다. 이들 중 가정에서 생활할 수 없는 노인을 위하여 의료기능을 강화한 노인전문요양시설을 전국적으로 확대 설치 운영해야 할 것이다. 특히 치매노인을 위한 치매전문요양시설을 보다 확대하고, 치매원격진료 정보통신망을 구축·운영하며, 치매전문의, 간호사, 간병인력, 상담원 등 치매전문인력을 양성하고 가족의 보호능력 향상을 위한 훈련을 실시해야 할 것이다. 또한 이들 시설이 의료보험기관으로 지정받을 수 있도록「노인복지법」,「국민건강보험법」그리고「의료급여법」등 관련 법제도의 개정을 적극적으로 검토할 필요가 있다.

민간노인전문병원을 설치하고 설치비용을 지원해야 할 것이다. 치료가 가능하나 장기간 입원치료가 필요한 노인이나 수술 후 회복기에 있는 노인을 위한 노인전문병원을 일반병원보다 저렴한 의료비로 운영할 수 있는 저리의 융자를 실시해야 할 것이다.

보건소에 물리치료를 위한 인력과 장비를 보강하여 노인성질환 1차 진료기관으로 육성하며, 각 보건소에 치매상담 및 신고센터를 설립 운영해야 할 것이다(장인협·최성재, 1998).

2) 재가복지서비스의 확대

저소득층 노인이나 정신적·신체적 장애가 있는 노인뿐만 아니라 노인성질환 등으로 인하여 일상생활에서 거동이 불편한 노인들을 위해 재가복지서비스를 확대 강화해야 할 것이다. 급속한 고령화로 인한 노인들의 장기적인 입원은 의료비의 급격한 팽창을 가져와 사회보장체계 자체를 위협할 수도 있다. 이를 방지하기 위해서도 현재 운영하고 있는 사회복지시설을 그 목적에 맞추어 재정비하고 가정봉사원 파견사업의 확대, 주간보호 및 단기보호시설을 확충하는 등 재가복지서비스를 강화해야 하며, 이를 위해 무엇보다도 사회복지전문요원 및 수발care 전문요원을 양성해야 할 것이다(장인협·최성재, 1998).

3) 의료보장 혜택의 확대

건강은 생산적인 존재로서 생명을 유지하는 핵심적인 요인은 물론 사적으로 인간다운 삶을 유지하는 데 지대한 영향을 미친다. 즉 건강은 개인의 신체적 독립을 유지하고 일상생활을 영위하게 하고 개인의 목표를 달성하는 데 있어서 필수적인 요건이다. 건강은 또한 결혼생활, 가정생활, 사회생활에서 기대되는 역할을 수행하는 데 있어서도 중요한 요인이 된다. 한편 사회심리적인 면에서는 자아상을 긍정적으로 유지하고 인간관계에 있어서 소외되고 고립되지 않게 하여 사회에서의 삶의 주류 속에 자신을 통합하는 데 기여한다. 이러한 의미에서 우리 사회의 모든 노인은 질병, 상해, 장애 등이 있을 때는 적어도 의료서비스를 언제나 받을 수 있고 이로 인한 개인적인 일상생활 활동을 하는데 지장이 생기면 타인의 도움을 받아 가능하면 자신의 신체적 활동과 독립을 유지할 수 있어야 할 것이다. 이러한 목표를 달성하기 위해서는 의료비 지급을 보장받을 수 있어야 하고 의료서비스와 관련된 서비스는 경제적으로 부담이 없어야 할 것이다(Shanas & Maddox, 1976).

(1) 의료보험

노인의료보장제도가 별도로 마련되어 있지 않는 우리나라 현 상황에서 노인의료보장제도의 주된 역할을 하고 있는 것이 의료보험이라고 할 수 있다. 이러한 의료보험은 진료비 보장과 질병 치료를 포함함은 물론 건강검진, 재활 및 예방의 범위까지 포함하는 적극적이고 포괄적인 의미를 지니고 있다. 그러나 우리나라의 의료보장체계는 노인질환의 특성과 노인의 신체적인 기능 저하로 인하 보조기구들이 필수적임에도 주로 급성질환의 치료에만 치중하고 있다. 2008년 통계청 기준으로 의료보험에서 차지하는 65세 이상 노인의 진료비를 살펴보면, 총진료비의 29.9%를 차지하고 있으며 2007년 대비 2008년 전체 의료비는 8.6% 증가하였으나 노인 의료비는 15.5% 증가하는 등 매년 2배 이상의 차이를 보이고 있다(통계청, 2009).

이와 같은 현황들을 살펴볼 때 노인의 의료보장에 있어서 의료비 경감을 위한 대책이 매우 중요하다고 할 수 있다. 즉 노인 진료비의 급격한 상승에 따른 노인을 위한 의료비 경감에 대한 대책으로 필요한데 이는 노인들은 소득이 낮은 반면 의료비는 더 많이 지출해야 하는 형편이며, 만성질환 유병률 등으로 스스로의 부담 비율이 높아지고 있기 때문이다. 현재 의료보험의 경우 외래 본인부담금이 일반인보다는 일부 경감되지만 치료적 상황에 대해서는 상대적으로 더 많은 부담을 주고 있어서 노인들이 의료보장권 안에 있다 해도 높은 본인부담률 때문에 의료 이용이 억제될 수밖에 없다. 이를 낮추어 의료비 때문에 진료를 하지 못하는 일이 없도록 합리적 방안을 조성해야 하며, 특히 저소득층 노인에 대하여는 국가의 경제적 부담으로 공적 노인복지제도가 보장해야 할 것이다. 즉 의료 경감 부담률을 사회가 공평하게 나누어 부담하는 방법을 강구하는 등 대책이 필요하다. 또한 노인이 건강을 유지하고 일상생활을 영위하는 데 필수품이라고 할 수 있는 안경, 보청기, 의치 등 각종 보조기구에 장치에 대하여 보험적용으로 비용을 경감할 수 있는 조치를 마련해야 할 것이다.

(2) 의료보호

의료보호제도는 공적부조로서 저소득층 노인들이 최저 생활수준을 유지하기 위혜 모든 질병에 대한 치료를 받아야 하나 현실적으로 여러 제약 조건이 따른다. 특히 의료보호 대상자 선정에 있어 소득과 재산 그리고 노동능력의 유무를 기준으로 선정하고 있어서 대상자 선정에 객관성의 문제가 있어 이에 대한 개선이 요구된다. 또한 여러 가지 제약요건으로 현재는 특진, 보조기, 의수·족, 보청기, 각종 진단서 및 증명서 발급, 기타 규정에 의한 의료보험급여 기준의 비급여 대상에 해당하는 진료 등을 의료보호의 범위에서 제외하는 문제가 발생하고 있다. 따라서 거동불편 노인이나 일상생활에 지장이 있는 저소득층 노인에게 기능적이고 자립적으로 하기 위하여 일상생활 용구 및 치료를 위한 메트리스나 의치, 휠체어 등을 임대하고 급여범위에 포함하는 방안을 검토해야 하며 노인의료보호 환자의 대부분이 만성질환자임을 감안하여 입원진료기간을 만성질환에 이환된 노인에게는 적정한 급여가 이루어져야 한다.

1 우리나라의 노인의료보장제도에 관해 논의하시오.

2 노인장기요양보험에 대해 논의하고, 건강보험과의 관계성을 토의하시오.

3 선진국의 노인의료보장제도와 우리나라의 노인의료보장제도를 비교하여 토의하시오.

제 6 장

노인과 주거보장

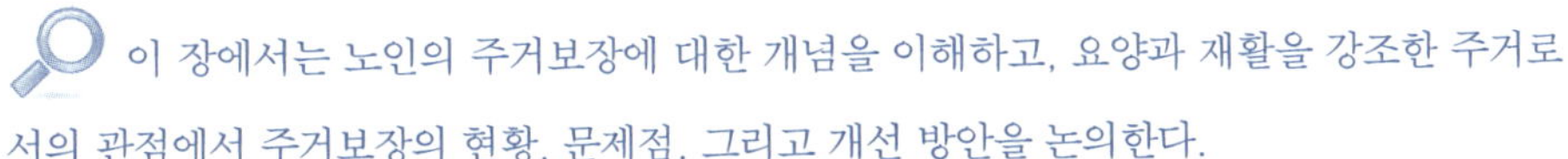

이 장에서는 노인의 주거보장에 대한 개념을 이해하고, 요양과 재활을 강조한 주거로서의 관점에서 주거보장의 현황, 문제점, 그리고 개선 방안을 논의한다.

- 고령화사회의 노인의 주거문화를 이해한다.
- 요양과 재활기능을 겸비한 고령자주택에 대한 개념을 이해하고, 이를 주거 계속성 문제와 결부하여 생각한다.

산업사회로 변화하면서로 가정의 핵가족화와 더불어 맞벌이 부부의 증가로 인한 노인들에 대한 가족부양기능이 저하했고, 이제 노인주거에 대한 문제가 개인에서 해결하는 문제를 넘어서 사회적 차원에서 해결해야만 하는 시점에 와 있다.

그러나 지금까지의 노인주거 부양문제는 가정에서 해결하는 것을 원칙으로 하고,「노인복지법」제32조에 따른 국민기초생활보장 수급자를 중심으로 한 노인복지시설을 확충하는 데 주안점을 두어 왔다. 이로 인해「국민기초생활보장법」상의 수급대상자가 아니거나, 중산층 이하의 어려운 생활을 유지하면서도 시설에 입소하지 못하는 노인들에 대한 주거, 요양, 의료문제는 사실상 사각지대에 놓여 있는 것이 현실이다. 그러므로 앞으로의 노인주택정책은 정부 차원에서 저소득층 노인에 국한된 노인주택정책에서 중산층을 포함하는 것보다 포괄적인 노인주거정책으로 전환해야 한다.

1. 노인의 주거보장

우리나라는 2000년에 이미 '고령화사회'에 진입하였고, 2026년에는 노인인구가 전 인구의 20%를 넘는 '초고령사회'가 될 것이다. 이는 고령화사회를 먼저 경험한 선진국들보다 비교가 되지 않을 정도로 고령사회와 초고령사회로 나아가고 있다는 것을 일컫는다.

이렇듯 평균수명 연장과 동시에 노년기의 증가에 따라 정년퇴직 이후의 노후생활 기간은 대체로 20년 이상이 되는 경우가 많아졌고 80세 이상 장수하는 비율이 증가할 것이며, 고령 후기 노인들 중에는 정년퇴직한 자식들과 동시대에 삶을 누리게 되는 경우가 일반화될 것이다. 10년 전까지만 하더라고 자녀들 측에서 노부모와의 동거를 기피하는 것으로만 인식되어 왔는데, 최근 60대의 젊은 노인들 중에는 도리어 부모 측에서 결혼한 자녀들과의 동거를 기피하는 현상이 두드러지게 나타나고 있다. 즉 고령자 1인 또는 고령자 가구가 증가함에 따라 노년층이 주택 내에서 자립적인 생활을 할 수 있도록 하는 것이 우선적으로 필요하다(보건복지부, 2009).

후기 산업사회에 살고 있는 우리는 현재 고령화사회, 초고령사회를 맞이하여 생산력과 경쟁력을 보완하고, 인생 황혼기를 맞이한 노년층들이 자립하여 생활할 수 있도록 만들어주어 그들도 사회의 일원으로 살아갈 수 있도록 여러 가지 프로그램과 주거환경을 만들어줌으로써 그들의 보다 나은 노년기를 보장해야 한다.

이에 본 장에서는 '고령자주택' 또는 '노인주택'에 대한 개념과 필요성에 대해 간략히 살펴보고, 요양과 재활을 강조한 주택의 관점에서의 고령자주택을 논의하고, 노인주택보장의 원리와 우리나라의 노인주거시설에는 어떠한 유형들이 있는지 자세히 알아보고자 한다. 그리고 현재 우리나라 노인주택 관련 정책의 현황과 우리나라 노인주거시설의 문제점을 얘기해보고 마지막으로 노인주택정책의 활성화 방안에 대해 논의하고자 한다.

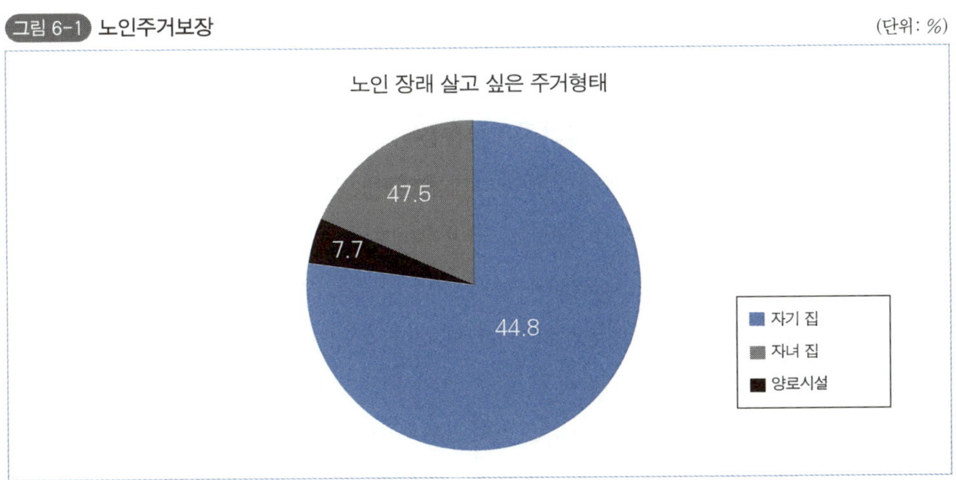

그림 6-1 노인주거보장 (단위: %)

※출처: 통계청(2009e)

1) 노인주택의 개념

노인주택은 '일반주택의 기능 외에 노인들에게 필요한 사회활동 보조서비스, 가사보조서비스, 간호간병 서비스 등을 통합한 특수주택'이다. 이 서비스는 노년기 후반부로 갈수록 비중이 높게 제공되는 특성이 있다. 노인주택 전문가인 밸린스(Valins, 1988)는 "노인주택이란 거주자인 고령자의 자립생활과 프라이버시를 보장하기 위해 여러 가지 보호와 지원을 제공하는 다양한 건물의 전부를 의미하는 것"이라고 제시하면서 다음과 같이 설명했다.

첫째, 노인주택 또는 고령자주택이란 고령자들이 모여 사는 주택을 뜻한다. 다만 이때에 고령자라 함은 나이가 몇 살 이상인지를 엄밀하게 규정할 수 있는 것이 아니고, 사회 전체를 구성하는 인구 중에서 상대적으로 연령이 많은 사람들이라는 뜻이며, 각 국의 정책이나 사업에 따라 대상 연령층이 달라질 수 있다. 주택의 집합규모는 평범한 마을 속에 집합하는 소규모 단위로부터 고령자만이 대규모 마을을 구성하는 것 등 여러 가지가 있을 수 있고, 이는 반드시 복수의 고령자 가구가 모여 거주하는 곳이어야 한다. 따라서 노인주택이란 고령자가 모여 사는 것을 전제로 한다.

둘째, 고령자의 생활 특성을 배려한 건축방식이어야 한다. 고령자의 가장 큰 특색은 나이가 들어감에 따라 행동능력이 쇠퇴한다는 점이다. 그러므로 노인주택은 입주자의 행동능력이 다소 떨어져도, 자립생활이 가능할 수 있도록 또는 쉽게 행동할 수 있도록 건축 면에 있어서 장애시설을 제거하고 노인의 신체조건에 알맞게 설치하는 것이 각국 공통의 필수조건이다. 그렇다고 해서 반드시 거창한 시설을 요구하는 것이 아니라 실외에 있어서 주택에서 현관까지 수월하게 들어갈 수 있는 통로 확보, 거실, 화장실, 욕실 등의 바닥이 같은 높이이고, 복도나 출입문이 넓이에 여유가 있을 것 등 건축조건을 충족한다면, 노인주택으로서의 기본조건은 갖춘 셈이다. 그리고 노인주택은 입주대상 고령자의 신체상황에 따라서 달라진다. 이처럼 고령자들의 신체적 특성을 고려하여 건축 장벽을 최대한 제거하려는 설계를 '장애제거barrier free 설계'라고 한다.

셋째, 고령자의 자립적인 생활을 지원하기 위하여 건축물 이외에 인적 서비스가 반드시 부수된다는 점이다. 고령자는 나이가 들어감에 따라 신체적으로 쇠약해지므로 건축조건을 고령자를 위하여 정비해야 할 뿐만 아니라 인적 지원체계의 수립도 불가결한 것이다.

2) 노인주택의 필요성

주택은 인간이 생존을 위해 기본적으로 구비해야 할 물질적 조건이기 때문에 어느 누구에게나, 생활주기상의 어느 시기에 있어서나 중요하다. 특히, 노령기에 있어서의 주택의 필요성은 그 의미와 가치에서 큰 비중을 차지하며, 노인의 생물학적 생존을 위한 기본적인 수단이 되는 것이다. 매슬로우의 욕구 5단계에 따르면 인간이 생물학적 생존을 위해서 생리적인 욕구와 안전의 욕구를 먼저 충족해야 하는데 주택은 바로 안전의 욕구가 충족되는 주된 수단이 되는 것이다. 노령기는 신체적 및 심리적 기능이 약해지므로 안전에 대한 욕구가 더욱 강하게 나타날 수 있기 때문에 이를 충족할 수 있는 주택의 필요성은 커진다고 할 수 있다. 그러므로 노령기에 있어서의 주택의 필요성에 대해 알아보면 다음과 같다.

(1) 인구 고령화

노인주택 문제의 가장 큰 원인은 노인인구의 증가에 따른 노령가구의 급격한 증가에 있다. 그러나 이러한 직접적인 원인 외에도 사회의 산업화와 도시화, 그에 따른 노인주택에 대한 욕구의 증가, 노인주택 공급정책부진, 노인을 위한 주거시설의 미흡 등의 간접적인 원인도 노인주택의 발생에 일조하였다(김태구, 2002).

과거에는 노인들이 자녀의 부양을 받으면서 동거하는 형태가 일반적이었으나 현대의 노인들은 매우 다양한 가구형태를 보이고 있다. 혼자 사는 노인, 부부거주 노인, 자녀와 동거하는 노인, 가족 이외의 사람들과 사는 노인가구가 그 예다. 또한 고령의 부모와 함께 살며 돌보는 노인, 부모의 이혼, 가출 등으로 손자녀를 돌보는 조손가정도 증가하고 있다. 이런 다양한 형태의 가족유형에 맞는 노인주택에 대한 복지정책이 세워져야 할 것이다. 저출산고령사회 기본계획에 따르면 2008년 독거노인이 93만 명(노인의 18.6%)이었으며, 매년 5만 명씩 증가할 것으로 예측하고 있다(보건복지부, 2009).

(2) 의식 구조의 변화

전통적인 사회에서의 노인부양은 가족이 담당하였으나, 산업화, 핵가족화 등의 급격한 사회환경 변화 속에서 국민들의 경로효친 사상이나 자녀들의 효도관이 변화하고 있다. 효의 실천에 있어 과거와 같이 무조건 복종이나 전통적인 부모 부양은 약화되고 지금은 보다 실용적이고 합리적인 방법으로 변화하고 있다. 부부와 자녀만을 중심으로 하는 핵가족 단위의 생활체계로 변화하고 있으며 더 나아가 과거 가문과 가족을 중요시하던 경향에서 개인을 더 중시하는 경향으로 바뀌고 있다. 노인 또한 예전과는 달리 경제적 여력과 자립도를 가짐으로써 과거에는 자녀들 측에서 노부모와의 기피하는 것으로 되어 왔는데 최근에는 자녀들 측만 기피하는 것이 아니라 부모 측에서도 결혼한 자녀들과 동거를 기피하는 현상이 두드러지게 나타나고 있다(김두섭, 2003).

(3) 노인주택의 선호

1993년 한국주택협회에서 전국 60세 이상 남녀 노인 1,057명을 대상으로 노인들을 위한 노인주택에 대한 조사를 실시하였는데, 사전 설명이 없는 상태에서 40%가 노인주택에 대하여 주거하기를 희망하였다. 노인주택에 대한 설명을 충분히 한 후에는 63%가 노인주택에 입주하기를 희망하였다(변재관, 1999). 〈그림 6-2〉를 보면 노인들의 주거시설에 대한 인지율은 양로시설의 경우 88.4%의 노인이 인지하고 있는 반면, 노인공동생활가정이나 노인복지주택에 대한 인지율은 각각 32.0%, 30.1%로 큰 차이가 났다. 전통적으로 가정에서 거주하기 어려운 상태의 노인에게 대안주거로 많이 이용되었던 양로시설에 비해, 노인공동생활가정이나 노인복지주택은 최근 제공되기 시작한 주거시설이기 때문에 인지율이 낮을 수밖에 없을 것으로 보고했다(보건복지부, 2009).

다음은 〈그림 6-2〉의 구체적인 내용이다.

첫째, 전체 노인의 30.1%가 노인복지주택이 있다는 것을 알고 있다고 응답하였

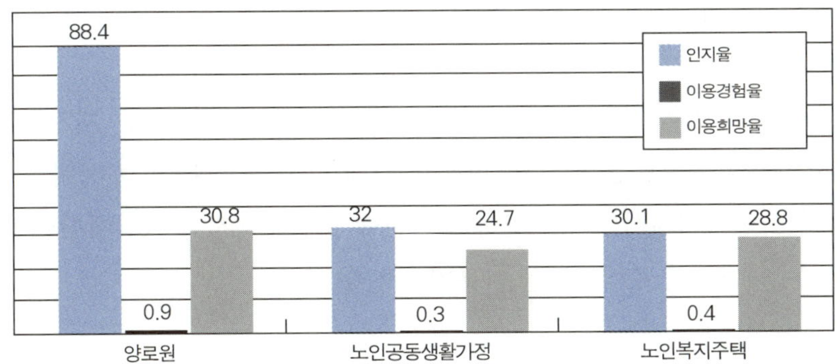

그림 6-2 주거시설 인지율, 이용률 및 이용희망률

(단위: %)

※자료: 보건복지부(2009b)

으며, 연령이 낮을수록 인지율이 연령이 높은 노인에 비해 높게 나타났으며, 여성노인(27.0%)에 비해 남성노인의 인지율(34.3%)이 훨씬 높게 나타났다.

둘째, 노인복지주택의 이용경험이 있는 노인은 조사대상 노인의 0.4%였다. 이용경험이 있는 노인의 수가 적어 일반적 특성별 차이가 특정한 경향이 보이지는 않지만, 연령이 증가하면서 이용경험이 조금씩 증가하였고(다만 85세 이상에서 다소 감소), 미혼노인(1.7%)이 기혼노인(0.4%)에 비해 이용경험이 높은 것으로 나타났다.

셋째, 향후 노인복지주택을 이용할 의향이 있다는 응답은 전체 노인의 28.3%였다. 연령이 낮을수록 이용희망률이 높았으며, 읍·면 거주노인(20.7%)에 비해 동 거주노인(31.8%)이 더 높았으며, 노인독거가구(28.3%)나 노인부부가구(27.3%), 기타가구(27.4%)에 비해 자녀동거가구(30.0%)가 조금 더 높았다. 또한 기능 제한이 없는 노인(30.6%)이 제한이 있는 노인(20.7%)에 비해 노인복지주택에 대한 이용의향이 더 높은 것으로 나타났다. 교육수준이나 월가구소득이 높을수록 대체로 향후 이용희망률이 높은 것으로 나타났다.

2. 노인주택보장 원리 및 정책

우리나라의 「노인복지법」과 「주택관련법」에서의 노인주택보장은 재가목적 주택보장과 수용목적 주택보장(최성재, 1995)로 크게 나눌 수 있는데, 수용목적 주택보장은 제8장 노인복지시설에서 취급하기 때문에 노인주택정책 관점에서만 다루고, 본 장에서는 재가목적 주택보장을 다루기로 한다.

1) 수용목적과 재가목적의 노인주택정책

수용(입소)목적 주거정책은 노인을 시설에 보호하는 것을 목적으로 하여 제공하는 주택보장 관련 서비스를 의미한다. 수용보호시설은 치료기능의 유무에 따라 양로원과 요양원이 있으며, 입소자의 비용 부담 정도에 따라 무료 및 유료로 나뉘어 있다. 우리나라의 경우 「노인복지법」 제32조에 따른 우리나라의 노인주거복지시설은 양로시설, 노인공동생활가정, 노인복지주택이 있다. 그리고 동법 제34조에 따른 노인의료복지시설은 노인요양시설, 노인요양공동생활가정, 노인전문병원 등이 있다. 국민기초생활보장 대상의 노인인 경우는 무료양로원이나 무료요양원에 입소하여 보호받는다. 그리고 국민기초생활보장 대상 노인 이외의 자들은 자신의 경제적 능력에 따라 실비시설이나 유료시설에 입소하여 보호를 받을 수 있다.

재가목적 주거정책은 수용보호시설이 아닌 일반 가정에서 생활하는 재가노인을 위한 주택보장 관련서비스를 의미한다. 이들 서비스로는 노인주택의 건설 및 공급에 의한 직접적 주거정책제도가 있으며, 주택 상속세 공제, 주택자금 할증 융자 등과 같은 간접적 주거정책이 있다. 예를 들면, 첫째, 소규모 그룹홈 형태의 노인공동생활가정은 양로시설 등의 수용보호의 문제점을 해소하고 지역사회에서의 자립을 도모하기 위한 보다 효율적이고 효과적인 주택보장 방안이라고 할 수 있다. 둘째, 주택 상속세 문제는 3세대 이상 대물림한 주택이나 5년 이상 동거부양한 자가 상속받는 주택에 대하여 주택가액의 90%에 대한 상속세를 공제하여 주고, 3,000만 원의 인적 공제의 혜택을 제공함으로써 이러한 제도는 엄격한 의미에서 노인들의 자녀들을 위한 것이므로 노인들을 위한 주택보장제도라고 하기에는 제한이 있다. 셋째, 주택자금 할증 융자는 노인 본인 또는 배우자의 직계존속과 2년 이상 동거하고 있는 세대주에게 주택을 위한 매입 및 개량자금을 융자하고 있다.

2) 노인주택보장의 원리

노년기의 주택보장의 원리는 인간으로서의 노인 자립과 존엄을 지키는 데 있다. 노인주택은 단순히 주택의 의미뿐 아니라 삶의 기반에 두는 복지개념이 더해지는 데 그 의미를 찾는다. 그래야만 노인 특성과 상황을 전반적으로 고려하여 주택의 건설방향 길잡이로 사용할 수 있을 것이다. 이를 위해서는 다음의 네 가지의 원리를 적용해야 한다(사회보장연구소, 1990).

(1) 계속 주거의 보장

노인이 장기간 거주하여 익숙해진 주택에 계속 거주하는 것이 새로운 환경에 대한 불안감과 부적응 현상을 겪지 않는다는 점에서 가장 바람직하지만, 경제적 부담 때문에 주택을 축소하여 이주해야만 하는 경우에는 자녀들, 이웃, 지인들과 지속적인 교류가 가능하고 익숙한 생활을 지속할 수 있는 지역사회 내의 주택으로 이주해 안심하고 지속적으로 노후생활을 영위할 수 있는 권리를 보장해야 한다. 나아가 노후에도 익숙해진 주택에 지속적으로 살기 위한 주택 개조 등의 사회적인 원조도 주택보장의 일환으로 중시해야 할 것이다. 노년기에는 소득의 증대를 기대할 수 없기 때문에 퇴직금 등의 재산소득과 전체 노인 중 일부에 해당하는 연금, 자녀가 보내주는 생활비 등이 중심이 되는 생활을 하게 된다. 무주택자는 집세의 상승, 주택 소유자는 관리 운영비, 재산세 등의 경제적 부담으로 장기간 거주해온 주택을 축소해야만 생활유지가 가능하기 때문에 거주장소를 이주해야 하는 사태도 예상할 수 있다.

(2) 주거공간의 최저기준 확보

인간의 자립과 존엄성을 지키기 위한 인권의 보장으로서 주거공간의 최저수준보장은 기본적 전제가 되어야 한다는 것이다. 복지국가가 출범했을 때의 목표 중 하나는 최저생활보장의 실현이었다. 서구 복지국가에서는 생활공간 역시 주택건설법 등에 따라 최소한의 주거공간을 국가가 보장해야 한다. 그러나 우리나라의 최저생활보장은 소득과 의료보장, 사회복지서비스의 보장에 치중하여 왔고, 우리나라의 전체적인 주택부족 현상으로 노인에 대한 주택보장은 경시되어 왔다. 하지만 최근에는 주택 자급률이 상당 수준 향상하였으므로 인간의 자립과 존엄성을 지키기 위한 인권의 보장으로서 주거공간의 최저수준보장은 기본적 전제가 되어야 할 것이다.

(3) 거주기회 평등의 보장

노인의 거주권리 보장이란 어느 곳에서 누구라도 거주하고 싶은 지역에 거주할 수 있는 거주기회의 평등을 보장하는 것으로 노후의 안정된 생활로 연결된다. 노인과 장애인은 생활상의 위험이 대단히 높다고 할 수 있다. 예를 들어, 불의 관리, 가옥 내에서의 안전사고와 파손, 집세 체납 등의 위험이 많다고 하여 집주인들은 고령자와 장애인들에게 집을 임대하지 않는 경우가 많다. 노인의 거주권리 보장으로 어느 곳에서 누구라도 거주하고 싶은 지역에 거주할 수 있는 거주기회의 평등은 노후의 안정된 생활을 보장하는 것이다.

(4) 정상화의 실현

정상화의 의미는 '건강한 사람도 장애인도 젊은이도 노인도 모두가 살 수 있는 공동체'이다. 환언하면 '누구라도 인간의 존엄성을 갖고 생활할 수 있는 권리'를 행사할 수 있는 사회가 정상인 사회라는 국민적 공통인식을 갖는 것이 정상화가 지향하는 목표이다. 노년기에 들어가면 병약하게 되고 장애가 올 경우가 많게 된다. 정상화 이념에 입각하여 그들이 생활하는 환경을 개선하여 노년기에 나타나는 생활상의 장애를 제거해야만 자립생활이 가능할 것이다. 따라서 자립할 수 있는 생활공간을 만들어 가지 않으면 노인들은 살기 익숙해진 지역사회에서 생활할 수 없게 된다. 그 같은 연유로 주거지 안에서도 주거지 밖에서도, 비록 장애노인이라 할지라도 자립하는 일상적 생활이 가능할 수 있는 주택 및 지역사회 환경의 개선이 요구된다는 것이다.

3) 노인주택정책

우리나라의 노인주택정책은 노인주택의 필요성과 노인주택보장의 원리에 기초하여 수립되고 있다.

우리나라의 노인주택정책의 시작은 1964년 노인가구용 공영주택이라고 할 수 있다. 이는 고령자와 자녀들이 인근주거에 함께 사는 형태의 페어pair주택 개념이다. 이후 중산층 정책확대 차원에서의 고령자 동거가구에 대한 입주 우대로서 임대주택 당첨확률을 두 배로 늘리고 노인동거형 및 노인인근거주형의 공단주택 건설과 공급을 활성화하였으며, 고령자 동거가구에 대한 할증대부 혜택을 지원하였으며, 이 혜택은 지금까지 지원하고 있다. 주택정책의 다양화는 1990년의 독신노인가구의 공영주택에의 입주특례, 1980년 승계상환 융자금relay loan(2세대에 걸친 장기변제 융자), 고령자 동거가구 등을 위한 입주우대조치(공단주택), 1981년 분양주택의 최저일시금 감액조치(분양주택), 1985년 분양주택 할부금 상환이율의 우대조치, 그리고 효자 융자제도로서 인근거주형 주택우대정책 등을 실시하였다.

그러나 노인주택을 위한 본격적인 정책의 시작은 1987년 실버하우징 프로젝트silver housing project, 1992년 복지형 공공임대 주택제도, 1990년 시니어주택공급 추진사업, 1988년 고령자용 케어 부설 공사주택의 공급추진, 그리고 일반주택의 질적 향상을 위한 장애제거 설계를 위한 정부시책에서부터라고 할 수 있다.

노인주택분야 관련 정책

① 고령자용 기획주택
- 고령자 위주의 설계와 생활보조사
- Day Care Center 병설
- 입주자 부담과 공적보조

② 복지형 임대주택
- 중·저소득층 고령자에게 주택, 임대료 지방자치단체 보조

③ 시니어 주택제도
중견근로자가 퇴직 시까지 마련할 수 있는 자금으로 입주힐 수 있는 주택으로, 경제저 어유가 있는 사람을 대상으로 한 주택
- 정액 입주금
- 종신연금보험 활용
- 간병, 간호 필요 시 선택 가능

④ 케어 하우스
- 실비양로시설 제도 개량
- 일반주택구조에 근접하고, 각 거실은 프라이버시 확보
- 서비스 시설은 내부에 병설되지 않음(필수 부분만 제공)

⑤ 건강 장수마을
- 지방공공단체가 종합적 기본계획수립하고 민간사업자와 연계
- 기본계획은 후생성의 보조를 받고 지방자치단체가 주체가 되어 수립

3. 노인주택의 현안 문제점

1) 노인주택사업의 기반여건 부족

노인주택 중 실버타운과 관련해 우리나라는 아직 완전한 의미의 노인촌락의 기반여건 구성이 미흡하다고 할 수 있다. 즉 방향설정은 물로 정부 차원의 의료복지 등 사회보장보험이 기본적으로 정비되어 있지 않은 상황에서 주택 사업자들이 노인주택을 일반아파트를 분양하는 것쯤으로 생각하는 것은 위험하다. 현재 민간기업이 추진하는 노인주택에 입주하려면 적어도 2~3억 원의 현금이 있어야 할 것으로 보이며 우리나라 노인 중에 이 정도의 경제력을 갖고 있는 사람들은 전체 노인의 1%정도로 추정된다. 하지만 여유 있는 사람이 굳이 넓고 좋은 집을 놔두고 노인시설에 들어가려고 하겠느냐 하는 문제가 있다. 따라서 무엇보다도 노인주택사업의 활성화를 위해서는 노인의 수입단절을 막아주는 소득보장과 노인의 건강한 삶을 유지하는 의료보장, 안락한 생을 보낼 수 있는 주택보장과 사회심리적 고립과 소외를 막아주는 사회적 서비스와 같은 기반이 선행 또는 병행해야 한다.

현재 국내현황을 보면 노인주택사업을 활성화해야 한다는 것이 대다수 노인들의 욕구임에도 불구하고 이 분야의 사업이 발전하지 못하는 이유는 바로 정부 당국의 잘못된 인식과 정책에 원인이 있다는 것이 관계자들의 지배적인 견해이다.

2) 정책상 문제점

(1) 민간공급부문에 관한 규제

주택의 공급체계를 보면 공공부문과 민간부문으로 구분하는데 공공부문이란 중앙정부, 지방자치단체, 주택공사, 주택은행, 특수목적의 기관을 들 수 있고, 민간부문은 주택사업자, 건축업자, 주택자금 공급자를 말한다. 경제력이 있는 노인들은 보다 고가, 양질의 서비스를 원하지만 지금까지 우리나라는 민간기업이 수익자 부담원칙에 의한 노인주거시설 또는 수용시설의 건설이나 운영에 참여하는 것을 지원하거나 권장하는 정책은 전무할 뿐 아니라 어떤 의미에서는 도리어 정책적으로 그것을 억제하는 듯한 경향마저 있었다고 해도 과언이 아니다. 이는 민간기업이 이러한 분양에 손을 대면 영리추구의 폐단이 발생할 염려가 있고, 또한 노인전용주택을 활성화하면 젊은이들이 부모를 모시는 지금까지의 전통적인 가족제도와 미풍양속이 붕괴될 우려가 있다는 점 등을 크게 고려했기 때문이다. 그래서 지금까지 우리나라는 유료요양원, 노인촌 등은 민간기업이 아닌 비영리법인만이 설치 운영할 수 있도록 법적으로 규정하고 있을 뿐만 아니라, 비영리법인이 이러한 시설을 설치함에 있어서도 복잡한 허가절차를 밟아야 했고, 특히 운영 면에서도 까다로운 법규에 의해서 제약을 받게 되어 있었다. 그러나 93년 12월에 개정된 법에서는 민간기업의 참여를 보장하면서 민간의 역할이 가능하게 되었다. 특히 97년 8월에 개정된 법에서는 영리법인도 설치가 가능하다고 되어 있지만 융자 우선순위에서 밀리는 것이 현실이다(김종태, 2006). 이와 같은 배경은 민간자본 또는 민간기업은 생리적으로 이윤추구가 그 주된 목표로 되어 있기 때문에 소비자로서의 노인을 국가가 보호하기 위한 장치를 마련한다는 것은 당연하다고 할 수 있으나, 국가가 못하는 일을 민간기업이 이를 담당하고자 할 경우 정부는 노인복지증대 측면에서 이를 적극적으로 권장 또는 지원해야 한다는 것 역시 매우 중요한 문제이다.

(2) 노인주택과 관련된 건축관계법에 따른 문제

우리나라의 주택관련 규정에 노인주택에 대한 개념이나 별도의 노인주택에 관한 법 규정이 아직 마련되지 않고 있다. 따라서 노인주택에 관한 개념이나 용어정의에 대한 사항 및 세부적인 법 규정이 마련되어 있지 않아 노인주택 건설 및 공급에 많은 문제점을 내포하고 있다. 구체적으로 살펴보면 노인주택에 대한 용도분류는 일반주택에서 사용하는 「건축법」 시행령의 용도분류에 따르고 있으며, 최근 법의 개정으로 노인복지법 제55조(「건축법」에 대한 특례)에서는 재가노인복지시설, 노인공동생활가정 및 노인요양공동생활가정은 「건축법」 제2조 제18항과 제19조의 용도변경 규정에 의해 단독주택 또는 공동주택에 설치할 수 있으며, 건축물의 용도를 노유자시설로 본다고 규정하고 있다. 그러나 노인주거시설은 「건축법」 시행령의 노유지 시설에 규정한 노인복지시설, 경로당 기타 이와 유사한 시설로 규정하고 있다. 이와 같은 용도분류는 건축물의 지역별 건축 제한에 주로 쓰이며 노인시설은 일반주거지역, 준주거지역, 생산녹지지역과 자연녹지지역에서는 건축을 허용하며 그외 지역에서는 지방자치단체에의 건축조례에 따라 건축을 허용할 수 있도록 정하고 있다. 지역별 건축 제한은 건축물의 건축 여부를 규정하는 것이기 때문에 대단히 중요하며 노인주택과 노인시설은 큰 차이를 두고 있다는 점에서 개선의 여지가 있다. 즉 건축물의 용도지역별 규제는 일반적인 시설을 기준하여 총괄적으로 규정한 것이기 때문에 노인주택의 특수성을 고려하지 못한 것으로 여겨진다(이동찬, 2007).

「노인복지법」에서는 노인복지주택의 입주대상자와 소유주를 60세 이상으로 한정하며, 노인복지주택의 용도를 '단독 취사 등 독립된 주거생활을 하는데 지장이 없는 60세 이상'을 대상으로 '주거의 편의·생활지도·상담 및 안전관리 등 일상생활에 필요한 편의를 제공함'으로 명시하고 있다. 또한 노인복지주택이 이러한 용도를 수행할 수 있도록 일반 공동주택과 구별되는 시설·설비기준, 직원배치기준, 운영기준을 규정하고 있다. 노인복지주택은 완공 후 「주택법」에 따라 사용 승인을 받아야 하는 것과 함께 「노인복지법」의 규정에 따라 시설설치를 신고해야 한다. 따라서 현행 법체계에서는 우리나라의 노인주택은 주택으로서의 특성과 복지시설로서의 특성을 복합적으로 갖는다고 할 수 있다(정경숙, 2009).

(3) 노인주택정책의 조세제도에 따른 문제

조세란 국가 또는 지방자치단체 등 공공단체가 그 고유사무를 수행하는 데 소요되는 경지를 조달하기 위하여 외부로부터 국가경제에 참가하여 강제 권력적으로 획득하는 물적 수단 또는 화폐라고 할 수 있다. 우리나라의 현행 실정법상 주택과 관련된 세제는 토지의 취득, 개발, 주택건설, 주택소유 및 양도 등 사업단계에 따라 구분할 수 있다.

노인주택 건설 및 공급에 있어서 고령자 전용주택, 3세대 동거주택, 근거주택에 대한 정책적 지원, 특히 절실히 조세 지원을 요청하고 있으나 현행 조세법상 주택 양도 시에 부과하는 양도소득세, 부동산취득세에 부과하는 취득세, 등록세, 주거시설의 보유 여부에 따라 부과하는 재산세 및 종합토지세 등에 대한 조세지원을 고려하지 않고 있어 노인주택 문제를 더욱 악화하는 원인이 되고 있다. 따라서 노인주택의 건설 및 공급을 촉진하기 위해서는 노인주택건설에 부과하는 조세와 주택공급에 따른 조세를 대폭적으로 경감해야 하며 또한 세제상 많은 혜택을 주어야 노인주택건설사업의 활성화를 기대할 수 있을 것이다(임구원, 2003).

(4) 주택금융제도에 따른 문제

주택은 값이 비싼 영구재이기 때문에 주택을 구입하거나 또는 주택건설업체가 건설자금을 전액 스스로 조달하기에는 경제적인 부담이 매우 크다. 또한 주택은 영속적으로 유지하는 것이 아니기 때문에 주택서비스는 장기간을 두고 제공한다는 점에서 볼 때 일시금으로 고가의 주택을 마련하는 것은 자금운용상 비효율적이다. 그러므로 주택금융은 주택과 직·간접적으로 관련된 각종 저축을 유도하여 주택부문 투자와 소비자 융자를 위한 자금을 효과적으로 운용함으로써 주택시장에서의 주택수급을 원활히 하고 가격을 안정시키는 역할을 한다. 주택금융이 쇠약하면 결국 자금의 여유가 있는 소비자 또는 생산자만이 주택시장에 참여할 수 있게 되어 주택시장은 매우 제한적으로 운용되고 결국 주택이 필요한 실수요자나 경제적 능력이 부족한 저소득층 및 노령자층의 시장진입을 막아 주택문제가 심화될 것이다. 또한 우리나라의 주택금융제도는 현재 저소득층에 대하여는 어느 정도 지원이 되고 있으나, 노인주택에 대한 금융지원은 거의 없는 실정이다(김종태, 2006).

4. 노인주택의 과제

우리나라 전체 인구에서 노인인구가 차지하는 비율은 급속도로 증가할 것이며, 특히 후기 고령인구의 비율이 급증할 것으로 예상된다. 노인을 부양하고 보호하던 가족관계가 급속하게 변화함에 따라 노인의 거주문제는 노인 스스로 해결해야 하는 상황에 놓여 있다. 하지만 노인의 소득, 교육, 건강 수준을 고려할 때 자력으로 주택문제를 해결할 수 있는 노인의 수는 많지 않다. 그러나 적절한 주거의 확보는 인간생존에 필수적인 것이며, 그 필요성은 고령기에 가장 크다고 할 수 있을 것이다. 이는 고령기에는 생활의 주된 공간이 주택에 한정되며 편리한 주거조건을 갖추지 않고는 생활이 이루어질 수 없기 때문이다. "노인복지는 주택으로 시작하여 주택으로 끝난다(사회보장연구소, 1990)"는 표현이 있을 정도로 적절한 주거의 제공은 노인복지의 기본이라고 할 수 있다. 따라서 노인의 주택문제를 해결하기 위해서는 다음과 같은 방향을 설정하는 것이 필요하다.

1) 노인주택의 공급확대

과거 선진국에서의 노인거주는 일반주택 → 보호시설 → 병원이라는 3단계를 거치는 방식이었으나 노인주택, 즉 노인들의 능력감퇴와 쇠약을 고려하여 노인들이 독립하여 생활할 수 있도록 특수한 설비와 시설을 갖춘 노인주택이 공급되면서 보호시설에 가야 할 많은 노인들이 기존의 생활거점을 바꾸지 않고 그대로 머물면서 주거만족을 얻고 있다. 우리나라의 경우 '선 가정 후 사회복지'라는 정책이념 때문에 보호시설의 공급이 저소득층에 한정하고 있으며, 유료시설조차 공급된 예가 많지 않은 점에서 우리나라 노인의 경우 대부분이 일반주택에서 불편함을 감수하면서 생활하다가 임종한다고 할 수 있다. 이 때문에 가벼운 노화증상이나 단순한 휴식이 필요한 고소득 노인의 경우는 종합병원이나 개인병원에 장기적으로 입원하는 이른바 '사회적 입원'을 하는 경우도 있다. 따라서 노인이 보다 독립적이고 자율적이며 심리적으로 안정된 주거생활을 영위할 수 있도록 하기 위해서는 우리나라에서도 노인주택이라는 개념을 보편화해야 할 것이다.

노인주택을 보편화하기 위해서는 우선 경제적 특성에서 큰 편차를 보이는 노인층의 주거 수요에 부응할 수 있는 여러 가지 유형의 노인주택 프로그램을 개발하는 한편, 정부지원체계를 재정비해야 한다. 또한 노인복지주택은 주택의 개념보다는 사회복지시설로서 분류하면서, 노인복지주택이라는 용어의 개념적 이유 때문에 주택법 승인을 준용하고 사업승인절차를 거치도록 하고「건축법」상 건축물의 용도는 교육연구 및 노인복지시설을 적용하고 있으나, 양로시설은 건축허가만 취득하도록 되어있다. 그러므로「주택법」과「건축법」을 개정하고 노인복지주택을 노인주택 또는 노인전용주택으로 명칭을 변경하여 북유럽의 보호주택, 일본의 생활지원서비스주택 등의 개념을 도입하여 양로시설과 같이 5인 이상의 노인복지주택을 설치 공급할 수 있도록 하고 노인들이 자신의 집이나 노인복지주택에서 지역사회 일원으로 참여하여 가정의료서비스home care service와 가정봉사서비스home help service를 제공받을 수 있도록 주택관리인, 간호사, 간병인 등의 관련 프로그램을 연계하고 최대한 안락하고 안전하며, 최고의 건강상태로 노인욕구를 충족할 수 있는 장치를 마련해야 한다(김종태, 2006).

2) 노인주택의 관리체계 확립

노인주택 기본형의 경우 일반 분양주택과 관리방식을 통일해도 무리가 없기 때문에 일반분양주택과 같은 관리체계에서 운영할 수 있다. 그러나 노인주택보급형과 고급형의 경우 향후 관리의 문제에 대한 검토가 필요한 바, 공급과 관련된 내용을「주택건설촉진법」에서 규정하되, 관리와 관련해서는「노인복지법」에 따르도록 하는 것이 필요하다. 일본의 경우 노인주택의 공급은 건설성이 담당하나, 준공 이후 관리의 문제는 후생성에서 담당한다. 실제로 서비스가 첨가되는 노인주택의 관리를 위해서는 건설성과 후생성이 공동으로 고령자주택재단高齢者住宅財團을 설립하여 노인주택의 관리를 담당하도록 하는 시스템을 갖추고 있다.

이러한 점에서 노인주택 관리와 관련된 별도의 조직을 두는 문제와 이와 관련한 비용지원의 문제는 현재 양로시설과 요양시설에 준하여 사회복지사와 생활상담사를 두고 이들은 주택소재지의 행정관청의 지도와 지원을 받도록 하는 것이 필요할 것이다.

3) 노인주택관련 법제의 정비

노인주택이 활발하게 공급되기 위해서는 공급에 앞서 인식체계 개선과 공급체계에 대한 개선방안을 제시하면서 나타난 관련된 법제의 정비를 필수적으로 마련해야 한다(김종태, 2006). 우선 주택공급과 관련된 기본법인「주택건설촉진법」, 주택공급에 관한 규칙과의 관계, 관련 세제와의 관계가 분명해야 할 것이다. 이러한 점에서 노인주택의 유형을「노인복지법」에 포함하되, 노인주택의 공급, 유형, 국민주택기금융자, 입주자격에 대해서는「주택법」에서 언급해야 할 것이다. 또한 정부재

국민주택기금

제63조(국민주택기금의 운용 제한) ① 국민주택기금은 다음 각 호의 용도가 아닌 용도로는 운용할 수 없다. 〈개정 2010.4.5〉

1. 국민주택의 건설

2. 국민주택을 건설하기 위한 대지조성사업

3. 제1호와 제2호의 사업을 위한 기자재의 구입 및 비축

4. 공업화주택(대통령령으로 정하는 규모 이하의 주택으로 한정한다)의 건설

5. 제60조 제2항 제1호, 제4호, 제7호, 제9호 및 같은 조 제3항의 예탁금 및 차입금의 원리금 상환

6. 제67조에 따른 국민주택채권의 원리금 상환

7. 「공공자금관리기금법」에 따른 공공자금관리기금으로부터의 예수금의 원리금 상환

8. 국민주택 규모 이하의 주택을 개량하거나 구입 또는 임차하는 자에 대한 융자

9. 정부시책으로 추진하는 주택사업

10. 「도시 및 주거환경정비법」에 따른 도시·주거환경정비기금, 「도시재정비 촉진을 위한 특별법」에

　따른 재정비촉진 특별회계 또는 이 법에 따른 국민주택사업 특별회계의 지원

11. 국민주택기금의 조성·운용 및 관리를 위한 경비

12. 대한주택보증주식회사에의 출자 및 융자

13. 「한국주택금융공사법」 제56조 제3항에 따른 주택금융신용보증기금에의 출연

14. 「주택저당채권유동화회사법」에 따른 주택저당채권유동화회사 및 「한국주택금융공사법」에 따른

　한국주택금융공사에의 출자

15. 한국토지주택공사에의 출자

16. 국민주택을 건설하기 위한 자재 및 기술의 연구·개발

　16의2. 준주택의 건설·개량 또는 구입에 필요한 자금의 융자

17. 국민주택의 리모델링

18. 「도시 및 주거환경정비법」 제2조 제2호 가목 및 나목의 주거환경개선사업 및 주택재개발사업

19. 제41조 제2항에 따라 한국토지주택공사가 분양가상한제 적용주택을 우선 매입한 비용

20. 「도시재정비 촉진을 위한 특별법」 제2조 제6호에 따른 기반시설 중 같은 법 제29조 제2항에서 정

　하는 기반시설의 설치에 드는 비용

21. 「경제자유구역의 지정 및 운영에 관한 법률」 제4조에 따라 지정된 경제자유구역의 활성화를 위한

　임대주택의 건설 및 이와 관련된 기반시설 등의 설치에 필요한 자금의 융자

22. 그 밖에 국민주택의 건설을 촉진하기 위하여 대통령령으로 정하는 사업

　② 국토해양부장관은 국민주택기금에 여유자금이 있을 때에는 대통령령으로 정하는 방법으로 이

　를 운용할 수 있다.

〔전문개정 2009.2.3〕〔시행일 : 2010.7.6〕 제63조 제1항 제16호의2, 제63조 제1항 제18호

정지원을 위한 국민주택기금 융자지원과 관련하여 「주택법」 제63조의 '국민주택기금운용제한 규정'을 개정하여 국민주택기금을 활용할 수 있도록 해야 한다.

4) 노인주거복지를 위한 정부의 서비스 개발

노인주택공급과 관련해서 중앙정부와 지방정부, 또한 중앙정부 간의 협조 그리고 특히 기초자치단체의 역할이 매우 중요하다. 앞에서도 언급했듯이 노인주택은 주택의 공급에 그치는 것이 아니라 복지서비스가 가미된 관리가 중요한 점에서 주택의 공급과 관련된 부서와 복지서비스를 제공하는 부서의 협조가 없이는 노인주택 유지할 수 없기 때문이다. 일본의 경우도 건설성과 후생성의 협조가 없었다면 노인주택 프로그램이 유지될 수가 없었으며, 협조를 보다 적극적으로 지원하는 형태가 노인주택 관리와 자료 등의 조사를 위해 건설성과 후생성이 출자하여 운영하는 고령자주택재단인 것이다. 또한 중앙정부와 지방정부 간의 역할분담 및 지방정부의 노인복지에 대한 직접적인 관여가 필요하다. 복지선진국의 경우 통상 중앙정부는 노인주택을 위한 기본적인 방향과 정부예산에서 지원하는 금액을 명시한 방침을 매년 발표한다. 그러나 복지와 관련된 구체적인 시책이나 프로그램은 지방정부가 주도적으로 작성하는 것이 기본적이다. 참고로 일본에서는 중앙정부인 건설성建設省 산하의 주택·도시정비공단住宅·都市整備公團과 지방자치단체인 시구정촌市區町村 산하의 주택공급공사住宅供給公社가 향후 입주할 수 있는 고령자의 소득에 따라 시니어 주택과 실버 하우징이라는 주택을 공급하고 있다. 뿐만 아니라 기존주택을 노인용으로 개조하거나 재가복지서비스의 이용을 돕기 위해 지방정부의 주택개량자금 지원제도를 운영하고 있다. 특히 선진국의 경우 자가를 가진 노인이 많다는 사실에 착안하여 노인이 소유한 주택을 담보로 매월 일정금액을 생활비식으로 지불하는 주택자산 활용 연금제도reverse mortgage나 주택을 매각함과 동시에 노인의 생존 시까지 연금을 지급하는 일종의 보험과 결합한 비아제viager제도도 실시하고 있다.

5) 노인주택 소비자 선택의 다양화

우리나라에서의 노인주택 입주방식은 무료 및 실비시설입소는 무료 또는 월임대료 납부방식, 유료시설의 경우는 회원권 구입, 입주보증금 및 월 이용료 납부방식이며, 노인주택의 공급은 아직까지는 사회복지법인이 주를 이루는 등 다양하지 않다. 노인주택과 관련된 소비자 선택은 극히 제한되어 있다. 이에 비해 선진 외국에서는 노인주택의 입주방식도 임대형에서 연금지급형에 이르기까지 여러 가지 방식이 있으며, 공급자도 지역기업에서부터 전국에 노인주거시설을 체인점식으로부터 공급한 부동산개발업자에까지 다양하며, 노인주택 유형도 도심형 아파트에서 은퇴자를 위한 전원형 마을village까지 규모나 시설 면에서 여러 가지 유형을 공급하고 있다. 특히 미국의 경우 노인주택 분양권을 소유자의 필요에 따라 시가로 매매할 수 있으며, 경우에 따라서는 프리미엄이 붙는 등 노인주택의 유형에 따라 상품성이 존재하므로 특정 업체가 공급한 노인주택 구입과 관련해서는 대기자 명부waiting list까지 작성하고 있다고 한다. 우리나라에서도 노인주택의 수요자인 소비자를 위해서는 앞에서 언급했듯이 입주자의 건강상태나 소득에 따라 노인주택기본형, 노인주택보급형, 노인주택고급형 등의 주택이 입지나 공용시설의 설비나 수준이 다양하게 공급되는 한편, 입주방식도 분양이나 임대만이 아닌 여러 가지 방식을 활용해야 할 것이다. 즉 소비자의 선택범위를 늘릴 수 있는 여러 가지 유형의 노인주택을 공급해야 한다는 것이다.

6) 노인주택의 적정 인력 배치

노인주택은 60세 이상의 일상생활 능력을 가진 자들이 입주하고 있지만 노인들에게는 노년기 정서적·심리적 불안을 느끼기 때문에 잦은 노인성 질병 유발에 대한 예방조치와 심리적 상담이 매우 중요하다. 그러나 개인, 민간기업 노인주택의 대다수가 거주노인의 수에 비례하여 종사자가 평균적으로 10%를 넘지 못하고 있어 종사자들이 노인정서, 심리적 고충에 대해 적절히 대응할 수 없다. 그러므로 노인주택 활성화를 위해서는 적정 수의 직원과 자격증, 그리고 경력을 가진 직원의 배치가 필요하다(김종태, 2006).

1 우리나라의 노인주거복지제도와 노인의료복지제도의 유형과 개념을 설명하시오.

2 노인주택의 유형, 문제점과 개선사항을 팀을 구성하여 토의하시오.

3 노인주택을 계속 주거의 개념으로 설명하시오.

노인과 고용보장

이 장에서는 노인의 고용보장에 대한 개념을 이해하고, 은퇴, 임금피크제, 부분연금제 등을 이해하고, 「고령자고용촉진법」과 노인 일자리사업의 현황, 문제점, 그리고 개선 방안을 논의한다.

- 노인의 퇴직과 은퇴에 대해 이해한다.

- 임금피크제, 부분연금제 등에 대한 개념을 이해한다.

- 「고령자고용촉진법」과 노인 일자리사업의 현황, 문제점, 그리고 이를 해결하기 위한 정부에서 추진하고 있는 정책을 알아본다.

노인인구 수가 급격히 증가함에도 불구하고 우리나라는 이러한 사회적 현상에 따른 국가의 소극적 정책 등으로 인한 많은 문제점들을 가지고 있다. 사람들은 자신의 확실치 않은 노인으로서의 여생을 생각하며 걱정하게 되고, 따라서 이른 퇴직으로 갖게 되는 문제점 등 현 사회가 갖는 노인의 은퇴 및 취업에 관한 많은 문제들에 사람들은 관심을 두게 되었으며, 이에 따른 해결 방안을 모색하고자 노력하고 있다. 노인에게 소득은 삶의 질을 보장하는 기본조건이며 노동은 이를 확보할 수 있는 방법이다. 대다수의 고령자는 건강하고 일할 능력도 있으며 일에 대한 의욕이 있으나 퇴직이나 은퇴로 인해 사회참여에서 물러나 소외감을 느낀다. 노년기에 취업을 통한 경제활동은 생계유지라는 목적 외에도 건강 유지나 여가선용을 통한 자아실현의 충족과도 연관이 높다.

노인에게 일을 찾아주고 일을 할 수 있게 하는 것은 고령화사회에서 고령인구 부양에 대한 늘어나는 부담은 덜고 노인들의 심리적·사회적 위축을 줄일 수 있을 것이다. 노인 스스로가 원한다면 가능한 한 노인을 노동시장에 머물도록 하고, 정부는 노인들이 재취업 기회를 확대하고 지속적인 취업을 지원하는 정책을 추진해야 한다.

1. 노인의 은퇴

1) 은퇴의 의미

일반적으로 은퇴는 경제활동을 완전히 그만둔 상태를 의미한다(박경숙, 2003). 또한 은퇴는 경제활동에 더 이상 참여하지 않는 상태에서부터 노동시간의 단축, 주요 직업 중단에 이르기까지 다양한 의미로 사용될 수 있다. 즉 공식적으로는 일에서 물러나는 사건임과 동시에, 은퇴자로서의 새로운 역할을 수행하기 위하여 준비하는 단계에서부터 은퇴 후의 적응까지를 포함하는 광범위한 과정이라고 볼 수 있다(권문일, 1997). Atchley(1976)는 은퇴란 개인의 임금이 삭감된 상태에서 고용되거나, 개인의 수입이 이전 직업을 통해 얻어진 은퇴연금에 의존되어 있는 상태라고 규정하고 있다. 고령화 연구 패널조사에서는 은퇴를 "본격적인 소득활동을 그만두고 지금은 일을 하지 않고 있거나, 소일거리 정도의 일을 하고 있는 경우, 또한 앞으로도 특별한 변화가 없는 한 소일거리 정도의 일 이외의 일을 할 의사가 없는 상태"로 정의 한다. 은퇴는 퇴직이라는 용어와 혼용하여 사용하기도 하지만 대부분의 연구에서 은퇴라는 용어를 사용하고 있으므로 본 장에서는 은퇴를 사용하기로 한다.

사람이 인생의 후반부인 50, 60대 혹은 70대에 들어서면 누구나 은퇴하기 마련이다. 은퇴는 한 개인의 일생에 있어서 중요한 분기점이며, 특히 노동과 직업 지향적인 산업사회에서는 큰 의미를 가진다. 인간은 누구를 막론하고 본인의 의사와는 관계없이 어느 시기에 도달해서는 사회생활과 직장생활에서 물러나 조용히 여생을 맞아야 하는 것이 생애의 당연한 결과일지도 모른다. 그러므로 우리는 심리적·물질적으로 은퇴준비가 되어 있지 않고 무언가 사회활동을 계속해야 할 입장인데도 불구하고 정년퇴직을 감수하고 있는 것이 현 실정이다. 따라서 우리 모두 노후생활 문제를 여유 있게 생각을 가져봐야 할 것이다. 은퇴란 일생동안 종사해온 역할, 지위와 인정, 정체감을 상실하고 수입이 감소한다는 점에서 위기일 수 있다. 그러나 업무에서 오는 스트레스와 책임에서 벗어나 새로운 삶을 추구할 수 있는 도전의 기회일 수도 있다. 은퇴가 개인에게 위기의 시기인가, 또는 새로운 삶을 추구할 도전의 시기인가는 그가 어느 연령시기에, 어떤 상황에서, 어떤 이유로 은퇴했으며, 그리고 자신이 그 상황을 어떻게 지각했는가에 중요한 영향을 미치고 있다.

은퇴 그 자체는 정해진 날에 일어나는 예정된 사건이지만, 사망과정이 출생부터

Remote Phase 먼 단계	Near Phase 근접 단계	Honeymoon Phase 밀월 단계	Disenchantment Phase 환멸 단계	Reorientation Phase 재지향 단계	Stavility Phase 안정 단계	Termination Phase 종결 단계
Preretirement 은퇴 전			Retirement 은퇴			

시작되듯이 은퇴과정은 고용 당시부터 시작된다. Atchley(1976)는 은퇴를 하나의 연속적인 과정으로 보았고, 아래와 같이 7단계로 제시했다.

(1) 먼 단계 Remote Phase

은퇴 이전에 맞이하는 이 단계에서 사람들은 은퇴에 대한 준비도 하지 않으며 가능한 은퇴라는 사건을 믿지 않으려 한다.

(2) 근접 단계 Near Phase

이 단계는 두 가지 현상이 나타나는데 많은 경우 곧 그만 둘 사람의 태도를 보이거나 퇴직 후 생활에 대한 환상에 빠지게 된다. 이때의 환상이 현실적인 환상이면 은퇴생활의 전이를 용이하게 해주지만 비현실적인 환상은 전이를 어렵게 하고 환멸을 경험하는 결과를 초래할 수 있다.

(3) 밀월 단계_{Honeymoon Phase}

은퇴자가 의무적이고 시간 제약적인 직업활동을 벗어난 어느 정도 도취된 시기를 맞게 되는 단계이다. 이 단계에서는 그동안 하고 싶어도 시간이 없어서 못했던 일을 하려고 할 것이며 여러 해에 걸쳐 관심을 갖고 있던 흥밋거리나 여가활동에 대부분의 시간을 소비하게 된다. 경제적 지출이 요구되므로 경제적 사정이 좋지 못한 사람들은 밀월 단계를 갖지 못하고 바로 안정 단계로 들어가게 될 것이며, 환멸 단계에서 은퇴를 하였거나 강제적 은퇴를 한 경우에도 밀월 단계를 거치지 않는다.

(4) 환멸 단계_{Disenchantment Phase}

밀월 단계를 벗어난 사람들도 대부분 안정 단계에 들어가지 못하고 은퇴 전에 갖는 이상은 환상에 불과하다는 것을 깨닫게 되어 생활이 침체되고 환멸을 느끼거나 우울한 상태에 빠지며 심한 경우에는 절망감을 겪기도 한다.

(5) 재지향 단계_{Reorientation Phase}

환멸을 느끼는 대부분의 사람들이 그들의 재정상태, 한계성, 어떤 특정한 일의 실천 가능성 등을 재검토하고 비교적 정확히 현실을 인식하게 된다. 자신을 에워싼 세계로부터 고립되고 무관하게 지냈다고 느끼는 사람들은 이 단계에서 멀어졌던 인간관계를 새롭게 하여 자신을 정립하기 시작하며 이렇게 함으로써 일상적인 은퇴생활의 구조와 유형을 발전해나간다. 재지향 단계의 주요 목적은 안정적이고 비교적 예측 가능한 만족스러운 생활을 정립하며, 그리고 실현성 있는 선택을 하는데 있다.

(6) 안정 단계 Stability Phase

은퇴자가 변화를 잘 처리할 수 있는 기준을 확립하였을 때 도달하게 된다. 안정을 얻은 사람은 자기 충족적이며 자율적인 성인으로서 은퇴자의 진지한 일에 종사한다.

(7) 종결 단계 Termination Phase

은퇴자의 역할이 종결되는 단계인데 재취업을 함으로써 은퇴자의 역할이 중단되기도 하지만, 대부분의 경우 질병이나 무능력으로 더 이상 자기 보호와 같은 기본적이고 중요한 활동을 수행할 수 없게 됨으로써 은퇴자의 역할은 환자의 역할로 바뀌게 된다. 따라서 독립성이 상실되고 의존성이 계속 증가하게 된다.

2) 은퇴에 대한 시각

학자에 따라서 은퇴를 보는 시각은 다양하다. 은퇴의 장점과 긍정적인 면을 평가하는 학자들은 은퇴의 긍정적인 개념을 다음과 같이 설명하였다. 은퇴는 사회화의 결핍에도 불구하고, 많은 사람들로 하여금 기쁨을 누리게 한다. 은퇴는 보상이며, 여가를 위한 기회가 되고, 새로운 정체성을 발견하는 기회가 된다. 사회적 기대와 시간적 압박 없이 시간과 재능을 사용할 수 있으며, 천천히 노화과정을 겪는 기쁨을 준다. 교우관계를 개선할 수 있고, 자원봉사활동도 할 수 있다. 또한, 은퇴를 경험함으로써 은퇴에 대해 좋은 방향으로 생각을 전환할 수 있으며, 자기 발전과 성숙을 위해 여러 단체나 조직에 참가할 수 있다. 반면에, 은퇴에 대한 부정적인 평가는 다음과 같다. 은퇴는 스트레스이며 일과 여가의 전환점에서 문제점과 긴장을 경험하는 단계이다. 은퇴로 육체활동이 저하되고 질병과 삶의 불만족이 생긴다. 은퇴가 고통이라는 고정관념을 다수가 갖고 있으며, 고용 당시의 65~80% 수입이 있어야 표준생활을 유지하는 데도, 대부분 50% 이하의 수입을 갖게 됨으로써 경제적 어려움이 뒤따른다. 특히, 여성 근로자는 주로 비정규직 근무자가 많아 직장 연금 회원이 되기 어려우므로, 더욱 허탈감과 무력감을 느낀다. 은퇴는 자신의 삶에 대한 의사결정을 하도록 강요하는 의미가 있으며, 가족이나 공동체는 은퇴자의 의존성을 회피한다. 고령 노동자의 경우, 은퇴를 격려 받거나 아예 강제퇴출 되는 경우가 많다. 사회참여가 감소되고 낮은 수준의 생활이 지속 된다. 대인관계에서 동료의 지원을 상실하고 사회적 결속에서 분리 된다. 결과적으로 사회적 위축을 초래한다(Atchley, 1976; Kiyang Lee, 2000).

Kimmel(1974)은 은퇴를 생활주기상의 하나의 사건event, 은퇴라는 지위, 과정process 이라는 세 가지 측면에서 각각 다른 의미를 가질 수 있다고 설명하고 있는데, 이것은 당사자가 그것을 어떻게 지각하느냐에 따라 그 의미가 달라질 수 있음을 의미한다(장인협·최성재, 1998).

(1) 긍정적인 사건event

Kimmel(1974)은 은퇴는 한 개인의 생활주기 상의 통과의식rite of passage 적인 사건이라는 관점에서 보자면, 직업적인 일을 중단하고 특별한 직업이 없는 생활을 시작하는 전환점이라고 지적했다. 은퇴는 한 역할에서 다른 역할로의 전이를 의미하고, 흔히 이것을 확인하는 공식적인 인식이 있게 된다. 이런 면에서의 은퇴는 후배나 후손들에게 사회적 책임과 의무를 넘겨주고 승진의 기회를 제공하며, 그동안의 사회적 책임과 역할에서 벗어나서 자유로워진다는 점과 새로운 삶을 시작할 수 있는 도전의 기회를 제공해 준다는 점에서 '긍정적인 사건'으로 본다.

Atchley(1976) 역시 은퇴는 계속되는 일생의 '연속적인 한 부분'이라고 한다. 특히,

은퇴는 인생주기에서 오래 전부터 예견해온 단계로 보고, 직업을 인생의 모든 것이라기보다는 어느 한 단계의 잠정적인 과업이므로 이에 대해 지나치게 비통해 하거나 부적응 상태에 빠질 필요가 없다고 지적한다.

(2) 지위, 역할role의 상실과 위기

은퇴는 일생동안의 직업생활로 인해 얻은 심리적·사회적 기능의 상실을 의미한다. 구체적으로는 수입감소, 자아정체감의 상실, 사회적 역할과 지위상실, 사회적 유대관계의 상실을 초래하는 일이다. 은퇴는 지위와 자아정체감의 상실, 비생산적인 여가시간, 무능력하다는 사회적 낙인, 혹은 남성적이지 못하다는 낙인 등으로 인한 커다란 위기라고 주장한다. 은퇴자의 역할retirement role에 대해서는 그 역할의 범위와 양이 줄어든 가운데 경제적 어려움을 당하고, 시간은 많은데 별로 할 일 없이 지낸다는 식의 부정적인 면의 역할로 인식되고 있다.

일반적으로 은퇴자의 역할은 다른 사회적 역할보다 더 융통성 있고 비공식적이지만, 그 나름의 역할이 있을 것이다. 노인들도 우리 사회의 중요한 사회구성원이며 사회적 역할수행 능력이 있다고 보기 때문이다. 그러나 은퇴자, 즉 행동적 지침의 부재상태라고 논의되고 있는 노인들의 정체성 찾기는 아직까지 쉽지 않아 보인다. 은퇴에 대한 부정적인 시각은 앞으로 노년기의 중요성이 크게 인식되고 경제적 조건도 크게 향상되고 이 시기의 역할규범이 사회적으로 용인되는 가운데 형성되면 노년기 특유의 역할, 기대 및 책임이 주어지는 긍정적이고 도전적인 지위를 갖는 방향으로 변화해야 할 것이다.

(3) 과정process

은퇴를 직업적 경력이 끝나거나 줄어드는 과정의 측면에서 볼 때는, 기대했던 새로운 지위와 역할로 전이하는 과정을 의미한다. 이에 따라 종전의 역할을 버리고 새로운 역할로 사회화가 이루어지는 과정 자체를 말하는데 이러한 과정이 어느 정도 성공적이냐 하는 것은 개인의 생물학적·심리적 및 사회적 특성과 새로이 취득하게 되는 지위와 역할의 성격에 달려있다.

(4) 중년기와 노년기를 가르는 분기점

가장 일반적으로 은퇴자는 사회에서 노인으로 인식되고 있다. 은퇴는 보통 직업적으로 가장 활발한 활동을 유지하던 중년까지의 삶을 공식적으로 마감하고, 자신의 신체적·심리적 노화를 자각 내지는 인정하게 되는 생활주기 상의 분기점이 되고 있는 것이다. 은퇴 당사자나 이를 준비하고 있는 사람들에게 그 의미가 항상 똑 같은 것은 아니다. 은퇴란 개인의 가치와 사회적 접촉의 종말, 휴식의 안식처, 불쾌하고 체력 소모적인 직업으로부터의 해방, 사회에 대한 헌신의 종결, 자기실현의 시작 등, 한 경력과 또 다른 경력 간의 하나의 의식이라 할 수 있다고 하는 것도 개인에 따라 퇴직에 대한 의미가 다양할 수 있다.

윤진(1995)은 위의 관점을 어느 정도 통합하면서 '사실상 하나의 사건 혹은 계기로서, 사회적 지위의 변화를 의미하는 동시에 점진적인 하나의 과정이기도 하다'라고 그 의미를 지적하고 있으며, Atchley(1976)는 '은퇴란 하나의 직업에서 물러나서 은퇴자로서의 사회적 역할을 수행해가는 과정'이라고 설명하고 있다. 이러한 내용들을 통해 은퇴 이전에 개인이 가졌던 활동 범위와 지위, 심리적 특성에 따라 은퇴를 어떻게 지각하느냐 하는 것은 달라질 수 있음을 알 수 있다.

3) 은퇴의 문제점 및 효과적인 은퇴

(1) 경제적 문제

현대 산업사회에서는 노인의 사회적 지위 하락이 가족 내의 지위에도 영향을 주어 노인문제가 발생할 뿐 아니라 특히 경제적인 측면에서 볼 때 생산성 수준의 끊임없는 증대를 요구하는 노동력의 효율성과 유용성에다 중요한 가치를 부여하고, 끊임없이 새로운 지식과 경험을 요구하고 경쟁과 변화를 특징으로 하는 직업구조를 요구하고 있다. 이런 상황에서 상대적으로 나이가 많은 사람은 자신의 의도와는 무관하게 은퇴하는 명목으로 현재의 직업에서 밀려남으로써 사회적 역할을 상실하고 그동안 가지고 있던 주도적 역할에서 멀어지게 되었다. 우리나라 대부분의 노인들은 자신의 노후대비보다는 주로 자식들의 교육, 결혼 등으로 많은 비용을 투자하였다. 특히 농촌 노인들은 자녀들의 교육과 취업을 위하여 도시로 진출하기 위해 더 많은 희생을 치렀다. 노년기에 이르면서 노인들은 퇴직으로 인하여 정기적인 수입원이 단절되고 연금, 퇴직금, 저축, 재산수익 등으로 살아간다고 하지만 노령연금제도가 아직 성숙하지 못한 우리나라의 경우 은퇴 후의 수입상태는 아주 열악하다. 국민연금 수급연령은 60세이며 「노인복지법」상 노인은 만 65세 이상으로 규정하고 있어 현행 정년연령은 55세 전후로 되어 있어 정년퇴직 이후 연금수급을 받기까지 실질적으로 노인은 수입이 없는 상태가 된다. 게다가 우리 노인들의 은퇴시기는 선진국의 65세보다 빠르다. 은퇴시기는 대략 54세에서 57세인 것으로 나타났다(한국개발연구원, 2007).

우리나라는 〈그림 7-2〉와 같이 평균수명이 빠르게 증가하고 있는 것과는 반대로 임금 근로자들의 평균 근로연수는 계속 줄어들고 있다. 1988년에는 30년 가까이 벌어서 15년의 퇴직생활을 지탱하였으나, 2003년에는 비슷한 기간 동안을 준비해서 20

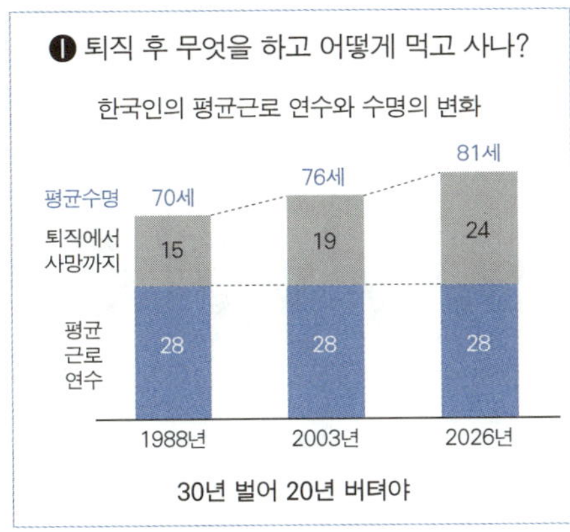

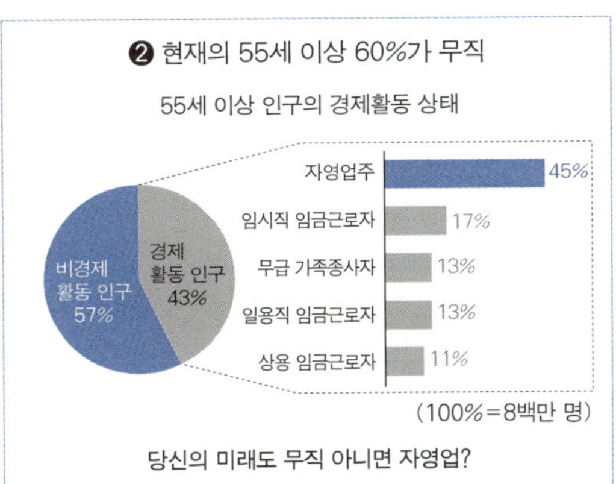

※자료: SBS, Mckinsgg & Company(2006)

년을, 2025년에는 25년의 여생을 살아내야 하는 것으로 나타났다. 또한 55세 이상의 경제활동 상태를 살펴보면 60% 가까이가 사실상 일손을 놓고 있는 것으로 나타났다. 그나마 일하는 사람도 대부분 소규모 자영업이나 단순 노무직이다. 이렇듯, 운 좋게 30년 동안 일해서 돈을 모았다 하더라도 25년을 일없이 버텨내야 하는 것이 지금 우리의 현실이다.

(2) 사회 및 경제에 미치는 영향

증가한 노령인구의 은퇴는 〈그림 7-3〉과 같이 심각한 사회경제적인 문제를 대동할 것으로 예상된다. 빠르게 늘어나는 노인복지 비용과 재정부담은 우리 경제의 발목을 잡을 것이다. 일본의 경우를 볼 때, 65세 이상 고령인구의 비율이 늘어나면서 노인복지 비용이 GDP의 6%에 육박하는 모습으로 나타났다. 한국의 경우에도 여기에 연금, 건강보험 재정의 확충, 출산율 증가를 위한 보조금 지급 등도 고려해야

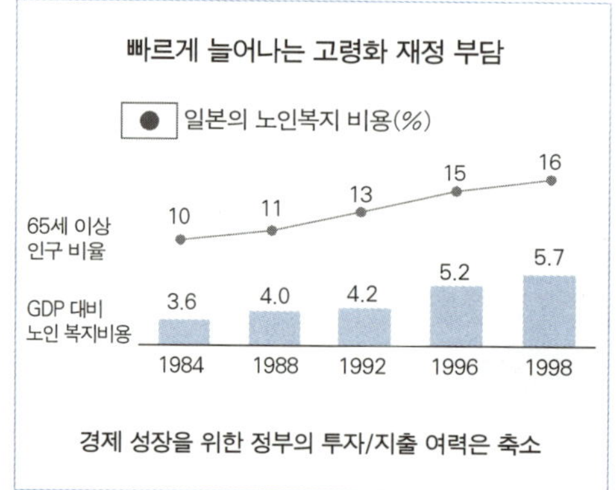

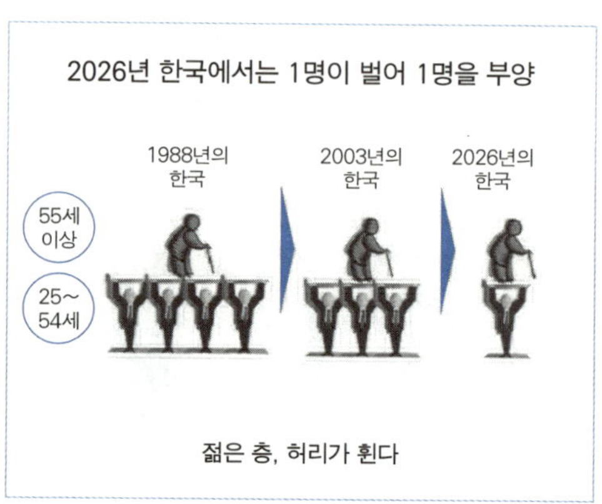

※자료: SBS, Mckinsgg & Company(2006)

하므로 고령화는 경제성장을 위한 정부의 투자 및 여력이 크게 감소할 것이다.

또한 〈그림 7-3〉에서 2026년 한국의 미래를 살펴보면, 5명 중 1명이 65세 이상의 노인이 되는 초고령사회의 한국을 넘어, 1명이 벌어 1명을 부양하는 현실로 다가오고 있는 현실이다. 이때가 되면, 25세에서 54세의 일하는 사람 3명이 55세 이상의 노년층 1명을 부양하는 2003년과는 비교조차 어렵게 될 것이다. 25세를 넘겨 취업을 해서 50대 후반 혹은 그 이전에 퇴직을 하는 우리나라의 현실과 여성 취업의 열악한 현실을 감안하면, 실제 노인에 대한 부양부담은 이 수가보다 훨씬 더 클 수 있다는 것이 맥킨지의 분석이다(SBS, 2006).

(3) 효과적인 은퇴

은퇴가 가져오는 사회적 변화에 대처하여 보다 효과적인 노후생활을 하기 위한 지침으로서 미국은퇴자협회(AARP, 2006)는 노인들이 은퇴 이후 생활을 설계하려고 할 때 다음 과정을 꼭 지킬 것을 권장하고 있다.

은퇴 후에 겪게 될 경제적인 문제를 예방하기 위해 각종 연금이나 보험, 금융상
품 등을 검토하고, 사회·정서적인 문제를 예방하기 위해 교우관계를 돈독히 하거나
가족관계를 점검하는 노력들을 기울이고, 질병문제를 최소화하기 위한 운동, 식이
요법 등에 관심을 기울이는 등 생활 전반에서 은퇴에 대비하는 노력들을 해야 할 것
이다.

2. 고용보장

1) 고령자 고용촉진제도

우리나라의 고용시장은 생산가능인구 및 경제활동인구의 고령화가 급속히 진행되어 당분간 고령층 노동공급의 확대가 지속될 전망이다. 고령층은 노후대비 및 사회안전망의 미비로 일하고 싶은 욕구는 강하나, 조기퇴직 관행, 고령자 적합 일자리 부족 등으로 일자리 공급이 제한되어 고용불안이 가중될 것이며, 중장기적으로는 고령화로 인한 생산가능인구의 절대규모 감소로 노동력 부족에 따른 인력난 예상된다(노동부, 2006).

또한 조기퇴직의 확산 등으로 낮아지는 고령자 고용률은 외환위기 이후 비자발적 조기퇴직이 일반화되면서 일할 능력과 의욕이 있는 고령자가 노동시장에서 급격히 퇴출되고 있다. 이로 인해 〈표 7-1〉과 같이, 주요 선진국은 90년대 이후 고령인구의 고용률이 상승하고 있음에 반해 우리나라는 감소하고 있다.

고령자 고용안정성도 매우 취약하다. 〈그림 7-4〉에 나타난 것 같이 일본, 프랑스,

표 7-1 OECD 주요국 고령인구(55~64세) 고용률 비교

(단위: %)

국가	한국	미국	일본	영국	독일	프랑스	OECD평균
1990년	61.9	54	62.9	49.2	36.8	30.7	47.3
2005년	58.7	60.8	63.9	56.8	45.5	40.7	51.8
차이	3.2	6.8	1	7.6	8.7	10	4.5

※자료: OECD(각 연도), Employment Outlook.

독일 남성은 같은 고용주와 평균 12년 이상 일을 하고 있는 반면, 한국은 약 6년 정도로 나타나 다른 OECD 회원국에 비해 고용안정성이 취약하다.

고령자 고용시장의 또 다른 특징으로는 주된 일자리 퇴직연령은 낮고 완전은퇴 연령은 높다는 데 있다. 우리나라의 생애 주된 일자리major job에서의 평균 퇴직연령은 약 54세이며(임금근로자 52.3세, 비임금근로자 56.5세), 그 후 13~14년 정도 임금 등 근로조건은 급격히 하락한 새로운 일자리에서 제2의 근로생애를 보낸 후 완전 은퇴하는 것으로 나타났다. 이로 인해 중장기적으로 노동력 부족에 따른 인력난 예상되며(〈그림 7-5〉 참조), 향후 여성 및 고령자 경제활동참가율의 충분한 진작이 없을 경우, 저출산 및 고령화는 국가경제와 사회의 활력을 저하시키고 성장잠재력을 둔

그림 7-4 우리나라와 OECD 국가의 성, 연령별 평균 근속기간

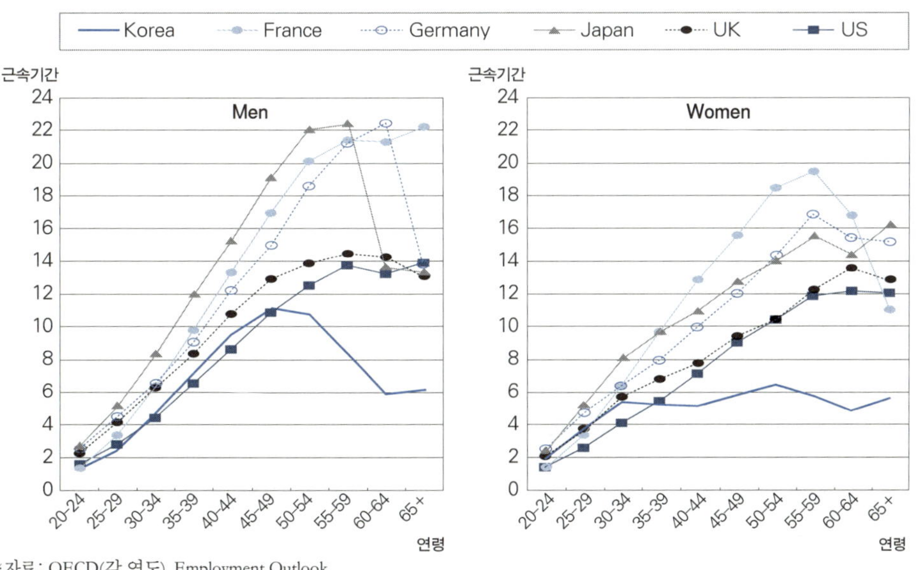

※자료: OECD(각 연도), Employment Outlook.

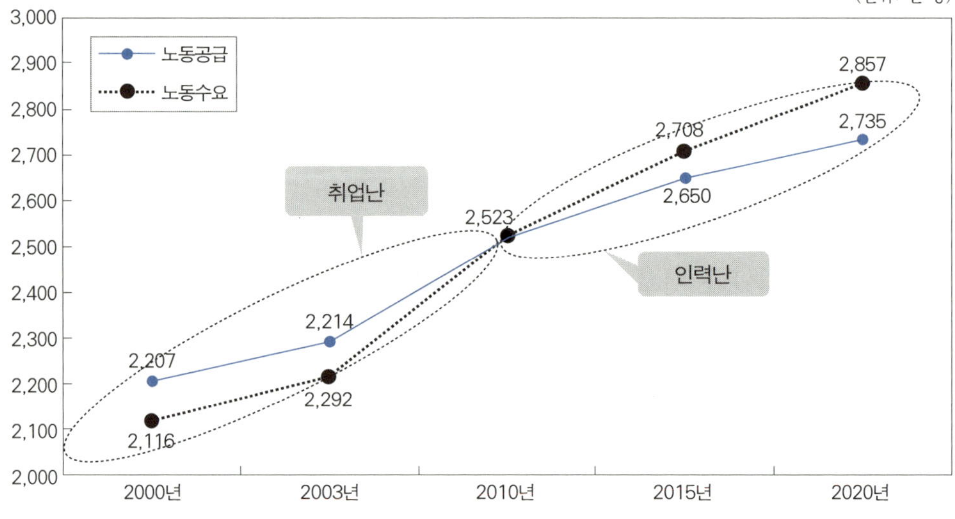

※자료: 노동연구원(2006)

화시키는 위협요인으로 작용할 전망이다(노동부, 2006).

2) 고령자 고용촉진개선 기본방향

(1) 기본 방향

우리나라는 2021년까지 저출산·고령사회에 대응한 고령자 고용정책을 추진하여 활력 있는 고령사회active ageing를 실현하는 것을 골자로 하여, 5년마다 전략적 목표 설정 및 계획 수립하고 있다(〈표 7-2〉 참조).

첫째, 60세 이상까지 고령근로자 고용확보를 위해 정년을 단계적으로 연장하면서 기업의 고용연장 기피요인을 해소하는 한편 고령근로자의 안전, 보건을 증진하

시기	추진목표
제1차(2007-0211)	60세 이상 고용확보, 고령사회 기반 조성
제2차(2012-0216)	62세 이상 고용확보, 고령사회 대비 고용정책 패러다임 전환
제3차(2017-2021)	고령사회 성공적 정착

고 둘째, 실직 고령자의 재취직 촉진을 위해 고령자에게 능력개발기회를 근원적으로 보장하고 퇴직자 재취업지원 강화, 고령자 고용지원서비스 확충, 고령인력 채용도 지원해야 한다. 셋째, 다양한 취업기회 제공을 위해 사회적 일자리 확대, 고령자 친화형 창업을 지원하고 넷째, 고령자 친화적 여건 조성을 위해 고용상 연령차별 해소, 고령자 친화적 분위기 조성, 사회보험 개편 등을 추진하는 것이다.

(2) 고령자 임금형태 및 고용형태 개선 계획

우리나라 고령자의 노동시장에서의 최종 은퇴연령은 약 67~68세 정도로 세계적으로 높은 수준이나 주된 일자리에서의 평균 퇴직연령은 약 54세 정도이다. 그 후 13~14년 정도 새로운 일자리에서 제2의 근로생애를 보낸 후 은퇴하며, 제2의 근로생애기간 동안 임금 등 근로조건은 급격히 하락한다. 특히, 고령자들은 평균수명이 늘어나는 반면, 사회안전망 미비로 노후소득을 보장하지 않아 근로의욕은 높은데도 불구하고, 기업에서는 고령자를 우선 고용조정 대상으로 하는 등 고령자의 고용불안이 심화되고 있는 실정이다. 산업현장에서 연공급적 임금체계가 완화되고는 있으나 아직도 고령자에 대한 임금부담 압력이 적지 않아 고령자들이 조기퇴직 되고 있는 실정이다. 그 결과 OECD국가의 경우 55~64세 재직자가 생산현장에서 가장 많은 비중을 차지하나 우리나라는 45~49세 재직자가 가장 많은 비중을 차지하고 있다. 이에 따라 고령자에게는 고용연장을 기업에게는 고령자에 대한 임금부담을 완화하는 제도 도입이 시급한 실정이다(노동부, 2006a).

이전 장에서 살펴 본 바와 같이 퇴직연령과 연금 수급연령의 상향조정은 고령화 사회에서 예상되는 노동력의 부족문제와 연금재정의 불안문제를 해결할 수 있는 주요 수단으로 간주하고 있지만 노령계층의 고용환경이나 근로조건이 실질적으로 개선되지 않은 상태에서 단순한 퇴직연령의 상향조정은 작업부담을 감당할 수 없거나, 그러한 능력이 부족한 사람들의 경우 소득 공백기간이 확대되고 연금의 조기 수급에 따른 급여의 감액이라는 불이익이 발생한다. 한국의 2013~2033년까지 수급 개시연령이 60세에서 65세로 상향하므로 향후 발생할 수 있는 소득 공백기의 보장을 위한 제도로 고령자 임금형태와 고용형태 개선을 위한 임금피크제도, 부분연금제도와 가교연금제도 등에 관한 도입을 검토하고 있다.

① 임금피크제

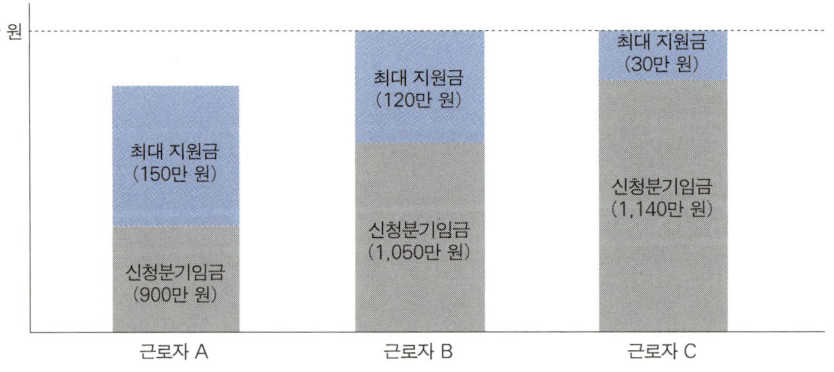

그림 7-6 임금피크제 지원한도

※자료: 노동부(2006a)

임금피크제란 일정연령 이상으로 고용을 보장하는 대신 일정연령 또는 근속시점부터 임금을 삭감하는 것을 말하며, 임금피크제 보전수당제도는 기업이 임금피크제를 실시할 경우 임금삭감액의 일부를 보전수당으로 정부가 직접 근로자에게 지원하는 제도이다.

지원조건은 임금피크제를 도입 실시한 해당 사업장에서 18개월 이상 근무하고 임금이 10% 이상 하락한 54세 이상 근로자에게 삭감된 임금의 50%를 최대 6년간 지원한다. 다만, 삭감 후의 연간 임금이 4,680만 원 이상인 고액 임금근로자는 지원받을 수 없다. 지원금은 분기별로 지급되며 매분기 다음 달 한 달 동안 신청을 받아 지원요건에 해당되면 10일 이내에 개인통장으로 지원금이 입금된다. 피크시점의 분기임금보다 2006년 1분기 임금이 10% 이상 감액된 근로자에게 감액분의 50%를 150만 원 한도 내에서, 신청분기임금과 지원금의 합이 분기 1,170만 원을 초과하지 않는 범위 내에서 지급한다. 여기서 피크시점이란 임금피크제의 적용으로 임금이 최초로 감액된 날이 속하는 연도의 직전 연도를 말한다. 지원기간은 사업장별 임금조정시기 및 고용보장 연령에 따라 최소 1년부터 최대 6년까지이며, 55세까지 고용보장할 경우 1년, 56세까지 고용보장할 경우 2년, 57세까지 고용보장할 경우 3년, 58세까지는 4년, 59세까지는 5년, 60세까지는 최대 6년간 지원받을 수 있다(노동부, 2006a).

〈그림 7-6〉는 근로자 A의 경우 분기 지원한도 150만 원까지 지원받는 경우이고, 근로자 B와 C의 경우는 1,170만 원(4,680만 원의 1/4) 한도에 걸려 분기 지원한도가 축소되는 경우이다.

임금피크제 실시로 근로자는 임금을 양보하는 대신 고용관계가 안정된다. 고용관계를 어떻게 안정시킬지를 결정하는 방식을 임금피크제 유형의 결정이라고 정의할 수 있다. 우리나라에서 실시하고 임금피크제의 제도 유형을 나눠보면 크게 3가지로 나눌 수 있다(노동부, 2009).

·정년보장형: 기업에서 취업규칙 등에서 이미 정해진 정년을 실질적으로 보장하
는 것을 전제로 일정시점부터 임금을 조정하는 방식을 말한다. 외형상으로 근로자
에게 별다른 혜택이 없는 것을 보이나, 대다수 국내기업이 명예퇴직, 희망퇴직 등
을 실시하여 근로자들이 느끼는 체감 정년이 40대를 넘지 않는다는 현실을 감안해
볼 때, 고용관계가 불안한 기업에 근무하는 근로자들에게는 실제로 10년 이상 근속
을 연장하는 효과가 있을 수 있다. 취업규칙에서 정년규정이 사문화된 기업이나 임
금피크제 도입 초기에 과도기적으로 이 유형을 도입할 수 있다.

그림 7-7 정년(57세)를 보장하는 대신 일정연령(47세)부터 임금을 조정

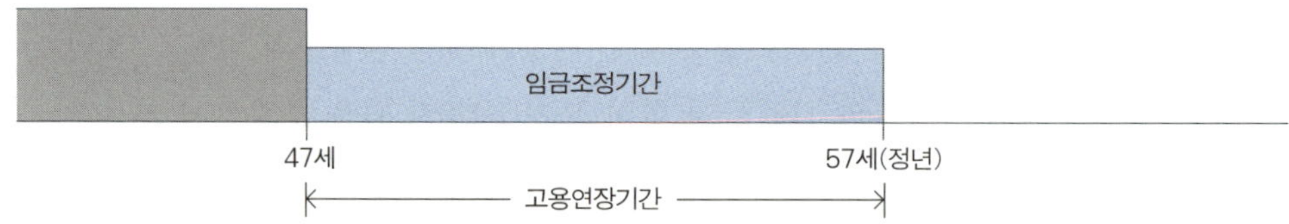

·정년연장형: 기존 정년을 연장하는 대신 일정시점부터 임금을 조정하는 방식으
로 임금피크제의 전형적인 유형이다. 우리나라와 일본기업에서 많이 도입하고 있
는 유형이다. 아직까지는 우리나라의 인구 고령화와 출산율 저하가 기업들에게 심
각하게 와 닿지는 않지만, 2015년부터 노동시장의 인력공급이 감소될 것으로 예상

그림 7-8 기존정년(57세)보다 상향하여 정년(62세)을 연장하는 경우

되므로, 향후 정년연장의 필요성이 더욱 증가할 것으로 보인다. 임금피크제를 설계하기 위한 전제조건인 근로자와 노동조합과의 공감대 형성에 가장 용이한 제도 유형이다.

·고용연장형: 정년퇴직 이후에 기존의 고용 계약관계를 종료하고, 기간제, 촉탁직 등의 형태로 재고용하여 이전 임금대비 조정된 임금을 받고 근로를 제공하는 형태를 말한다. 임금피크제의 논의 이전에도 고용연장형과 유사한 형태의 고용계약이 기업실무에서 행해지고 있었다. 연령과 관계없이 일정수준의 생산성을 유지할 수 있는 특수(별정)직에서는 정년 이후에도 촉탁직으로 근무하는 경우를 흔히 볼 수 있었다.

그림 7-9 기존정년(60세)종료 후 다시 고용하여 65세까지 근무하는 경우

그러나 이런 경우와 임금피크제의 고용연장형의 다른 점을 살펴보면 첫째, 촉탁 재고용의 경우는 개별 근로계약을 통해 체결되기에 사전에 재계약 여부를 예측하기 어려운 점이 있으나, 고용연장형의 경우는 정년 이후에도 재고용 가능성을 예측할 수 있다. 둘째, 촉탁 재고용의 경우는 재고용 기간의 임금수준이 시장임금을 기준으로 결정되나, 고용연장형의 임금수준은 기존 임금을 기준으로 합의된 일정수준에서 결정이 된다. 고용연장형은 인력 정원제로 운영하는 공기업 등에서 쉽게 도입할 수 있는 유형이다. 제도 설계 시 유의해야 할 점은 임금피크제 적용 이전과 이

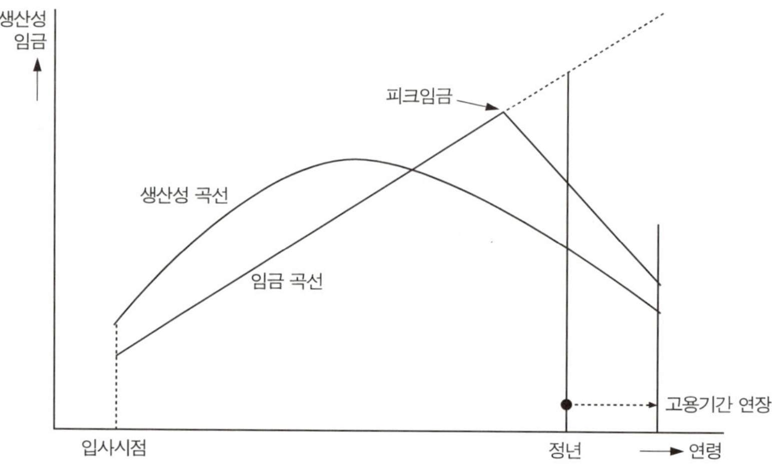

※자료: 노동부(2009)

후에 임금수준뿐만 아니라, 고용계약 형태도 달라지기 때문에 직무조정 등을 통해 변화된 근무환경에 적응할 수 있는 지원책을 동시에 실시해야 할 것이다.

③ 부분연금제

부분연금제도partial pension system는 아래의 〈그림 7-11〉에서 보는 바와 같이 경제활동주기의 후반부에 위치한 노령근로자들이 근로시간의 단계적 단축을 통하여 점진적 퇴직gradual retirement을 할 수 있도록 하고, 그로 인한 소득의 상실부분에 대해서는 국민연금제도에서 별도의 보충소득을 제공하기 위하여 마련된 제도이다. 그러나 소득의 상실분에 대한 보충방법은 국민연금의 부분연금제도뿐만 아니라 고용보험제도, 기업, 동일직종 단위의 공제기금 등을 통하여 이루어지는 경우와 같이 다양하다(이

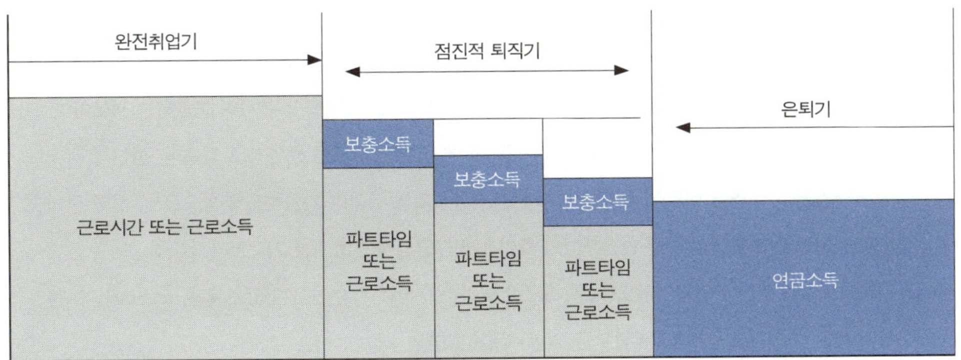

※자료: 노동부(2006b)

정우, 2003).

궁극적으로 부분연금제도는 부분퇴직을 지원하기 위한 제도이며 부분퇴직의 기능은 아래와 같이 근로와 퇴직이 일정시점을 기준으로 상호 단절적으로 나타나지 않고, 일정한 기간 동안 병행하여 이루어지게 된다.

이러한 부분퇴직제도는 노년학적 측면에서 신체 및 정신적 적응기를 갖고, 기업의 입장에서는 인력수급의 유연성을 제고할 수 있는 수단으로 활용될 수 있을 것이다. 연금정책적인 면에서는 조기퇴직으로 인한 연금의 조기수급을 억제하고, 퇴직시점과 연금수급시점을 상향하여 연금재정의 안정화효과가 발생하게 된다. 끝으로 노동시장 정책적 목표에서도 점진적 퇴직은 그 운영방식에 따라 단기적 차원에서 인력과잉의 문제 그리고 중장기적 차원에서 인구 고령화로 인한 인력부족의 문제에 유연하게 대처할 수 있는 정책적 수단이 될 수 있다. 즉 노령인력의 근로시간을 단축하여 젊은 실업자의 고용기회를 제고할 수 있는 반면, 장기적 차원에서 예상되는 노동력의 부족문제에 대처하여 고령근로자가 공식적인 퇴직연령 이후에도 계속하여 근로를 할 수 있는 여건을 제공해 노동공급의 증대효과를 가져다줄 것으로 기대한다.

④ 가교연금제

가교연금bridgepension 제도는 스위스의 고령근로자의 정상적 연금 수급개시 연령 전에 불가피하게 발생하는 소득의 공백기 동안의 노후보장제도이다. 스위스의 연금체계는 공적연금과 기업연금 그리고 개인연금으로 다층의 노후소득보장을 통해 퇴직 전 소득 70%의 대체율 제공을 목표로 구성되어 있다. 만일 법정 퇴직연령 65세 이전에 퇴직하고자 할 경우에는 공적연금뿐 아니라 기업연금에서도 감액율을 적용하여 근로자들의 조기퇴직을 억제하는 요인으로 작용하고 있다. 가교연금제도는 법정 퇴직연령인 65세 이전에 조기퇴직을 원할 경우 55세부터 60세까지는 전적으로 본인부담금으로 공적연금에서 가교연금을 지급받고, 60세부터 65세까지는 본인과 기업이 반반 부담해서 기업연금 재원으로 가교연금을 지급받을 수 있다. 단, 추가

50%의 가교연금 수급을 원할 경우에는 60세에서 64세 5년간 수급한 가교연금 전체의 5%에 해당하는 감액률이 65세 이후 지급하는 공적연금인 노령연금에서 매년 삭감되도록 설계되어 있다. 이처럼 스위스에서는 조기퇴직에 따른 가입자의 재정적 어려움을 도와주는 가교연금제도를 운영하고 있으나 조기퇴직으로 인한 불이익을 근로자 본인 및 해당 기업에게 부과함으로써 신중을 기하도록 하는 장치가 내재되어 있다.

위에서 살펴본 부분연금제와 가교연금제도는 공히 공적연금의 수급연령의 상향 조정으로 부득이하게 발생할 수 있는 노후소득보장의 공백을 지원하고 고령근로를 장려하기 위한 제도이다. 이들 제도로부터 얻을 수 있는 시사점은 제도의 제공자와 수급자 어느 일방에게 유리하지 않도록 부담을 나누어 지움으로써 상호 견제할 수 있도록 설계되어 있다는 것이다.

가교연금의 경우는 다층의 소득보장체계가 발달한 경우 적용이 가능하며 공적연금의 경우 그 수용성 및 제도의 성공 여부는 제도를 쉽게 이해하고 받아들이는 데 있다. 그러나 현재 한국의 국민연금에 적용하기에는 현재로써 다소 무리가 있을 것이다. 따라서 기존의 틀 안에서 연금급여제도를 개선하기 위해서는 외국의 선진사례를 분석하여, 우리나라에서 이들 제도를 도입 시 국민연금의 제도 내로 어떻게 수용할 수 있을 것인가에 관해서 신중하게 검토해야 한다. 독일의 부분연금제 도입 시, 공식 퇴직연령인 60세의 전후로 이행 기간을 설정하고 60세 전의 기간은 독일의 연방고용청 책임으로 진행하고 있는 사례와 같이 조기연금의 수급 가능시점인 55세부터 60세까지 한국의 고용보험제도를 통해 부분퇴직으로 인한 소득의 상실분에 대한 보충을 하고 60세 이후부터 65세까지는 현행 국민연금의 책임 하에 부분연금으로 소득을 보충하는 방안이 현실 적용에 용이할 것으로 보인다. 특히, 고용보험제도를 통해 파트타임의 근로로 인한 소득감소액을 지원하지 않는다고 해도 파트타

임 근로에 따른 연금급여 하락을 방지하기 위해 과거소득에 근접하는 수준의 보험
료의 납부가 가능하도록 지원하는 것은 수급권자의 권익보호와 연금재정 안정화의
측면에서도 유리하게 작용하므로 도입 여부에 대한 적극적인 검토가 필요하다고
본다(신규수, 2005).

60세 이후의 소득활동에 종사하는 자를 대상으로 하는 부분연금의 도입과 관련
한국의 재직자연금과 상충되는 요소를 가지고 있다. 즉 60세 이후 소득활동을 할 경
우, 연금의 지급이 해당 연령에 따라 10~50%의 제한을 두고 있으므로 근로활동에
대한 인센티브를 제공하기 위한 부분연금제도의 취지와 조화될 수 없다. 이에 수급
연령을 상향조정하여 65세 이상 69세 미만에 대한 재직자 감액률을 적용할 경우 이
를 폐지하자는 견해가 있으나, 재직자연금에 적용하는 감액률에 대한 수정을 통해
부분연금의 취지를 반영, 보완해나가는 것이 더욱 바람직할 것이라 판단된다(윤석
명, 2003).

3. 노인 일자리 창출

1) 노인 일자리 개념

「고령자고용촉진법」에서는 고령자는 55세 이상인 자로 정의하고 있으며, 「국민
연금법」상의 노령연금 급여대상자로서 노인은 60세부터로 규정하고 있다. 또한 노
인복지법이나 「국민기초생활보장법」에서는 65세 이상인 자로 규정하고 있다. 노인
의 일자리는 본격적으로 국가적 차원에서 노인 일자리사업을 수행하면서 사업의
주요대상을 「노인복지법」과 동일한 65세 이상의 노인으로 하고 있다.

노인 일자리의 개념을 살펴보면, 양철호(2003)는 노인 일자리란 60세 이상의 어르신들의 활기찬 노년생활을 보장하고 그들의 경륜을 사회적으로 활용하기 위하여 노동시장의 안과 밖에서 제공되거나 만들어지는 일자리라고 정의하였다. 보건복지부(2004)에서는 일자리는 노인의 능력과 정서에 맞고 시간적 연속성과 공간적 실체를 갖는 활동으로서 단편적인 활동 내용중심의 일거리와는 구분된다고 규정하였다.

노인 일자리사업의 목적은 첫째, 일하기를 희망하는 노인에게 맞춤형 일자리 제공으로 노인 소득창출 및 사회참여 기회제공 둘째, 일을 통한 소득보충, 적극적인 사회참여 및 건강증진 등으로 노인문제 예방 및 사회적 비용절감 셋째, 노인인력 활용에 대한 사회적 인식개선 및 민간 참여 도모 넷째, 은퇴 전후 준비 및 노인생애교육 등 노인인력 교육 연계를 통해 일자리를 창출하는 것이다(보건복지부, 2009). 노인 일자리사업의 사업근거는 「노인복지법」 제23조 "노인 적합 직종의 개발 및 보급 시책을 강구하고 근로능력이 있는 노인에게 일할 기회를 우선적으로 제공하도록 노력해야 함", 제23조2의 "노인 적합 일자리의 개발·보급과 교육 훈련 등을 전담할 기관을 설치 운영하거나 법인·단체 등에 위탁할 수 있음"과 「저출산·고령사회기본법」 제11조 "노인에게 적합한 일자리 창출 등 안정된 노후생활을 할 수 있도록 필요한 조치를 강구해야 함"에 나타나 있다.

노인 취업의 의의는 첫째, 노인 취업은 노후 소득보장을 위한 대책으로 다양한 노년기의 문제인 소득상실, 역할상실, 지위하락 등을 해결하기 위한 방안으로 노인의 취업이 가장 효과적이다. 둘째, 대체 노동력으로서의 노인인력 활용문제이다. 산업현장에서는 노동력이 부족하여 그 충원을 심각하게 생각하고 있는 반면, 노인들은 취업을 못해서 취업 개선방안을 요구하는 인적자원의 수요와 공급의 불균형을 이루고 있다. 더군다나 소산소사(小産小死)형 인구 증가율의 변화는 생산인구의 격감과 심각한 노동인구의 부족현상을 초래하여 가까운 미래에 대체 노동력으로 노인인력활용에 관심을 가져야 할 것이다(서영자, 2003).

2) 고령자의 취업 실태

2008년 기준으로 우리나라의 65세 이상 경제활동 현황은 〈표 7-3〉과 같이, 경제활동참가율은 30.6%로 전년보다 0.7% 감소하였으며, 이 중 남자는 41.8%, 여자는 22.9%로 전년보다 각각 1.0%, 0.4% 감소하였다. 고용률은 30.3%로 전년보다 0.8% 감소하였고, 이 중 남자는 41.4%, 여자는 22.8%로 전년보다 각각 1.1%, 0.5% 감소하였다(통계청, 2009g).

2009년 기준으로 55~79세의 취업자 비중은 48.9%(4,457천 명)으로 전년대비 1.0% 하락하였다. 〈표 7-4〉와 같이 '취업경험은 있으나 현재 미취업'인 경우는 45.9%이며, '취업경험 전혀 없음'은 5.2%로 나타났다(통계청, 2009e).

표 7-3 65세 이상 인구의 경제활동참가율 및 고용률

(단위 : %)

	전 체		남 자		여 자	
	참가율[1]	고용률[2]	참가율	고용률	참가율	고용률
1998년	27.5	27.1	40.3	39.5	19.8	19.6
2001년	30	29.9	41.3	41	22.9	22.9
2004년	29.8	29.6	41.4	40.9	22.2	22.1
2005년	30	29.8	41.2	40.8	22.4	22.4
2006년	30.5	30.3	42	41.5	22.7	22.6
2007년	31.3	31.1	42.8	42.5	23.3	23.3
2008년	30.6	30.3	41.8	41.4	22.9	22.8

※주: 1) 경제활동참가율 = 65세 이상 경제활동인구(취업자＋실업자)/65세 이상 인구 × 100(2000년 이후 실업자의 구직기간이 1주에서 4주 기준으로 변경되었음)
　　2) 고용률 = 65세 이상 취업자/ 65세 이상 인구 × 100
※자료: 통계청(2009g)

| 표 7-4 | 고령층의 취업자 현황 | | | | (단위: 천 명, %) |

		55~79세 인구	취업자	미취업자	취업경험 있으나 현재 미취업	취업경험 전혀 없음
2009년 5월		9,111(100)	4,457(48.9)	4,654(51.1)	4,180(45.9)	474(5.2)
성별	남자	4,209(100)	2,596(61.7)	1,612(38.3)	1,604(38.1)	8(0.2)
	여자	4,902(100)	1,860(37.9)	3,042(62.1)	2,575(52.5)	466(9.5)
연령별	55~64세	4,749(100)	2,903(61.1)	1,846(38.9)	1,670(35.2)	176(3.7)
	65~79세	4,362(100)	1,554(35.6)	2,808(64.4)	2,510(57.5)	298(6.8)
2008년 5월		8,841(100)	4,411(49.9)	4,429(50.1)	3,945(44.6)	485(5.5)

※자료: 통계청(2009c)

| 표 7-5 | 고령자가 선호하는 일자리 형태 | | | (단위: 천 명, %) |

	장래 근로희망자	전일제	시간제
2009년 5월	5,251(100)	3,740(71.2)	1,511(28.8)
남자	3,044(100)	2,491(81.8)	554(18.2)
여자	2,207(100)	1,249(56.6)	957(43.4)
2008년 5월	5,045(100)	3,739(74.1)	1,306(25.9)

※자료: 통계청(2009c)

　　55~79세 장래 근로희망자들이 원하는 일자리 형태는 〈표 7-5〉와 같이, '전일제'가 71.2%(3,740천 명)이며, '시간제'는 28.8%(1,511천 명)로 나타났으며, 시간제 희망은 여자 43.4%가 남자 18.2%에 비해 높게 나타났다(통계청, 2009c).

　　60세 이상 노인의 생활비 마련방법은 〈표 7-6〉과 같이, 근로소득 및 사업소득 56.2%, 연금 및 퇴직금 24.5%, 재산소득 13.3% 순으로 나타났다.

　　〈표 7-7〉에서, 연금은 고령자의 생활비를 마련하는 방법으로 많은 비중을 차지하

(단위: %)

	계	본인 및 배우자 부담	소계	근로 소득, 사업 소득	재산 소득	연금, 퇴직금	예금	자녀 또는 친척 지원	소계	함께 살고 있음	함께 살고 있지 않음	정부 및 사회 단체	기타
2007년	100	61.3	100	65	11.3	16.2	7.5	34.1	100	53.3	46.7	4.4	0.1
2009년	100	60	100	56.2	13.3	24.5	6.1	31.4	100	44.9	55.1	8.6	0.1
도시(동부)	100	58.3	100	48.3	16.8	27.9	7.1	33.2	100	48.7	51.3	8.4	0.1
농어촌 (읍면부)	100	63.9	100	73	5.8	17.1	4	27.1	100	34.1	65.9	9	0
남 자	100	73.1	100	59.2	11.4	24.6	4.7	20.5	100	38.3	61.7	6.4	0.1
여 자	100	50.1	100	52.8	15.3	24.3	7.6	39.6	100	47.5	52.5	10.2	0.1
60~64세	100	80	100	66.5	9.1	20	4.4	15.9	100	56.1	43.9	3.9	0.1
65~69세	100	67.9	100	58	14	22	6	25.5	100	42.2	57.8	6.6	0
70~79세	100	48	100	44.2	17.6	30.1	8.1	40.4	100	42.4	57.6	11.5	0.1
80세 이상	100	23.8	100	27.8	18	46.2	7.9	59.5	100	45.4	54.6	16.7	0

※자료: 통계청(2009c)

고 있다. 실제로도 우리나라의 55~79세 인구의 43.7%가 지난 1년간 연금을 수령한 적이 있는 것으로 나타났다. 월평균 연금수령액은 34만 원으로 연금수령자의 84.9%가 50만 원 미만을 받은 것으로 나타났으며, 10만 원 미만을 받은 경우가 44.6%로 가장 많았다. 성별로 살펴보면 남자는 49.2%, 여자는 38.9%가 연금을 수령한 적이 있는 것으로 나타났다.

표 7-7 고령자의 연금수령 현황[1]　(단위: 천 명, %)

	55~79세 인구	연금 수령자	월평균 연금수령액[2]						평균 수령액
			10만 원 미만	10~25 만 원 미만	25~50 만 원 미만	50~100 만 원 미만	100~150 만 원 미만	150만 원 이상	
2009년 5월	9,111 (100)	3,978 (43.7)	1,774 (44.6)	1,150 (28.9)	451 (11.3)	208 (5.2)	114 (2.9)	280 (7)	34만 원
남자	4,209 (100)	2,072 (49.2)	557 (26.9)	702 (33.9)	320 (15.4)	172 (8.3)	81 (3.9)	241 (11.6)	48만 원
여자	4,902 (100)	1,905 (38.9)	1,217 (63.9)	449 (23.5)	131 (6.8)	36 (1.9)	34 (1.8)	39 (2.1)	19만 원
2008년 5월	8,841 (100)	2,648 (29.9)	847 (32)	976 (36.8)	328 (12.4)	148 (5.6)	95 (3.6)	254 (9.6)	41만 원

※주: 1) 기초노령연금 수급자도 연금수령자에 포함됨을 조사문항에 명시해 조사하여 이전 조사 결과와 직접 비교할 수 없음.
　　2) 공적연금(국민연금, 사학연금, 군인연금 등), 기초노령연금, 개인연금 등 노후생활의 안정을 위해 정부 또는 개인에 의해 조성되어 수령한 금액.
※자료: 통계청(2010)

3) 노인 일자리사업 내용

(1) 노인 일자리사업 유형

노인 일자리사업 유형은 〈표 7-8〉과 같이 공공분야와 민간분야로 나눌 수 있다 (보건복지부, 2009).

표 7-8 노인 일자리사업 유형

구분	유형	설명
공공 분야	공익, 교육, 복지형	노인일자리 예산에서 참여노인 인건비와 부대 경비를 전액 지원
민간 분야	인력파견형, 시장형, 창업모델형	기업 등 노인인력 활용 업체에서 인건비를 지급하고 노인일자리 예산에서 부대 경비를 지원

① 공공분야

공공분야 일자리사업은 지방자치단체 및 공공기관에서 공공서비스 향상을 목적으로 업무영역(환경, 질서유지, 시설관리 등) 및 지역사회 현안 문제해결 등을 위해 창출된 일자리로서 공공의 이익에 부합하고 사회적으로 유용성이 강한 일자리를 말한다. 사업종류로는 〈표 7-9〉과 같다.

② 민간분야

민간분야는 인력파견형, 시장형, 창업모델형으로 구분한다.

인력파견형은 수요처의 요구에 의해서 일정교육을 수료하거나 관련된 업무능력

표 7-9 공공분야 노인 일자리사업

연번	분류	세부사업명	세부사업 내용
1	미래세대 지원사업	아동안전보호사업	초등학교 등·하굣길 및 학교 주변의 교통정리, 어린이보호 및 순찰사업
		초등학교 급식도우미사업	초등학생들을 대상으로 급식지도 및 지원사업
2	지역사회 관리지원 사업	지역사회 환경개선보호사업	지역 내 주거환경 및 생태환경 등 보호, 개선사업
		지역사회 문화재관리지원사업	지역 내 문화재 보호, 훼손방지 및 관람 편의 제공사업
3	공공질서 계도지원 사업	주정차질서 계도지원사업	주차 혼잡지역의 질서유지 및 계도지원사업
		지하철이용질서 계도사업	지하철역 이용질서 계도지원사업
4	공중이용 시설관리 지원사업	도서관 관리지원사업	국·공립 및 초·중·고 학교 내 도서관 관리지원사업
		생활근린시설 관리지원사업	놀이터, 공원 및 공설운동장 등 관리지원사업
		의료 및 복지시설 관리지원사업	보건소, 양로원 및 복지기관 등 관리지원사업
5	기타 지역 특화사업	행정조사지원사업	지역사회 기초자료 조사 및 지원사업
		기타(지역특화)사업	지역상황에 적합한 사업(산불예방사업, 지방세 고지서 송달사업 등)

이 있는 자를 해당 수요처로 파견하여 근무기간에 대한 일정보수를 지급받을 수 있
는 일자리이며, 시장형은 노인에게 적합한 업종 중 소규모 창업 및 전문직종 사업
단을 공동으로 운영하여 창출되는 일자리로서 일정 기간 사업비 또는 참여자 인건
비를 일부 보충 지원하고, 추가 사업소득으로 연중 운영하는 일자리를 말한다. 창
업모델형은 구매력 있는 노인세대의 등장에 대비하여 노인창업을 유도하는 한편,
노인창업 아이템의 발굴과 창업 장애요인 분석 및 제거를 통해 노인에게 적합하고
소득창출효과가 큰 사업 모델을 개발하여 민간 노인 일자리사업의 활성화에 기여
하고 노인 창업의 사회적 확산 및 파급효과를 도모하기 위한 일자리이다.

표 7-10 인력파견형 노인 일자리사업

연번	세부사업명	세부사업 내용
1	시험감독관 파견사업	공공기관 및 민간기관의 자격 및 채용시험의 정부·보조감독위원으로 활동하는 사업
2	주례사 파견사업	전문주례인 양성 및 파견사업
3	주유원 파견사업	주유소에 파견되어 주유서비스 외 주유소 관리 및 제반업무 등을 수행하는 사업
4	경비원 파견사업	지역 내 아파트, 상가 및 공공기관 등 수요에 적합한 인력을 선발교육 후 경비원으로 파견하는 사업
5	가사도우미 파견사업	고령여성인력을 대상으로 전문가사 서비스 훈련 후 수요처에 파견하는 사업
6	청소 및 미화원 파견사업	지역 내 기업체, 공공기관 및 아파트단지 등에 적합한 인력을 선발교육 후 미화원으로 파견하는 사업
7	식당보조원 파견사업	지역 내 일반식당, 구내식당 및 외식업체 등 인력수급이 요구되는 수요처에 파견하는 사업
8	농어촌일손도우미 파견사업	농번기 지역 내 농가 및 과수업체 등에 파견하는 사업
9	기타사업	기타 지역상황에 적합한 사업

연번	분류	세부사업명	세부사업 내용
1	제조 및 유통사업	식품제조 및 판매사업	공동사업단 구성 및 창업 등으로 식재료를 활용, 식품 등을 제조하여 판매하는 사업
		특산물제작 및 판매사업	공동사업단 구성 및 창업 등으로 지역특산물을 제조하여 판매하는 사업
		공산품제작 및 판매사업	공동사업단 구성 및 창업 등으로 비누 등 공산품을 제작하여 판매하는 사업
		공동작업장운영사업	공동사업단을 구성하여 기업이나 업체와 연계시켜 관련 생산품 혹은 반제품을 생산·조달하는 사업
2	서비스업	아파트택배	공동사업단 구성을 통해 아파트단지 내 택배물품을 배송·집하하는 사업
		지하철택배	지하철을 이용하여 지역 내 수요처의 각종 수하물 및 서류 등을 배달하는 사업
		세차 및 세탁사업	공동사업단 구성을 통해 세차 혹은 세탁 등의 서비스사업
3	영농업	지역영농사업	유휴경지를 활용하여 농산물 등을 공동으로 경작하고 판매하는 사업
4	기타	기타(지역) 특화사업	기타 지역 상황에 적합한 사업

(2) 노인 일자리사업 발전 방안

① 노인욕구에 맞는 맞춤형 노인일자리 창출·확대

정부가 참여노인 보수를 직접 지원하는 공공분야 일자리 확대(2009년 기준 13만 8천 개) 및 정부가 부대경비를 지원하는 민간분야 일자리를 2만 2천 개를 창출하되, 민간분야는 노인적합형 일자리 창출로 일을 통한 소득보장 체계 마련 및 사회적 파급효과를 극대화해야 한다.

② 맞춤형 노인일자리 창출을 위한 사업관리 강화 및 내실화 추구

공공영역에서 필요한 일자리 중심으로 개발된 프로그램 인증제로 표준화된 운영을 유도한다. 노인 적합형 민간일자리 창출을 위해 인력파견형 사업은 사업량 확대에 따라 전문적인 사업수행기관에 사업량 우선 배정을 권장하고, 시장형 사업은 정부지원금 외 매출 발생에 의한 추가 수익금이 인건비로 지급되도록 심사 및 평가기준 강화하며, 창업모델형은 기존의 시장형 초기투자 지원사업을 발전시켜 구매력 있는 노인세대의 등장에 대비하고 사회적 파급효과를 도모한다.

③ 노인일자리 개발보급을 위해 사업수행 인프라 지원 및 강화

노인일자리 사업수행기관에 전담인력을 지원 확대하고, 지역 특성에 맞는 일자리 개발, 보급 및 노인 교육을 위해 노인인력개발원 기능을 강화한다. 시니어클럽 역량강화 및 지방자치단체 실정에 맞는 노인일자리 전담기관 설치 확대를 지원하고, 노인욕구에 맞는 노인 일자리사업 통합정보시스템 구축함으로써 노인인력 정보에 대한 체계적인 관리와 구축을 통해 노인의 취업 관리를 강화한다.

④ 노인 일자리사업 질적 향상을 위한 체계적 교육 지원

실무자 및 관리자의 업무능력과 전문성 함양을 위해 직무 전문화를 위한 단계별 교육과정 개발 및 적극적으로 운영하고, 노인 일자리사업 참여 노인의 체계적 교육을 위한 지원한다. 또한 은퇴 전후 준비교육을 수료한 고령자에게 교육내용에 대한 지역사회 적응훈련 프로그램을 실시하고, 노인 일자리사업 아이템의 자체 개발을 통해 일자리 창출을 연계한다.

1 노인의 은퇴준비 단계와 은퇴 후의 특징에 대해 설명하시오.

2 노인 소득보장과 고용보장에 대해 이해하고, 현재 운용하고 있는 연금제도의 대체 제도로서 임금피크제, 부분연금제 등을 팀을 구성하여 토론하시오.

3 노인 일자리사업의 현황 및 현재 추진하고 있는 내용을 보건복지부, 그리고 각 지자체별로 자료를 수집하고 이를 토의하시오.

제8장

노인과 사회적 서비스

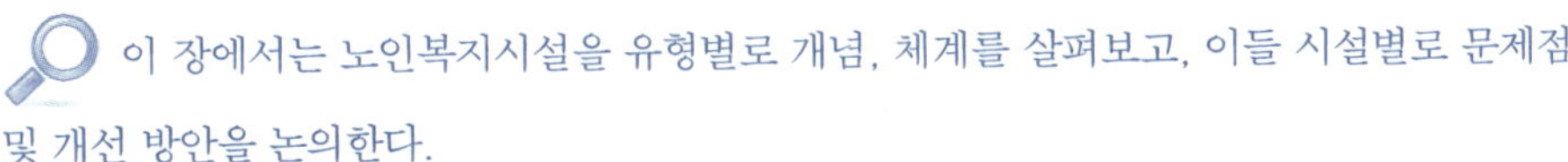

이 장에서는 노인복지시설을 유형별로 개념, 체계를 살펴보고, 이들 시설별로 문제점 및 개선 방안을 논의한다.

- 노인복지시설의 사회화이론을 이해한다.
- 탈시설화, 지역사회복지 활성에 대한 개념을 이해하고, 이를 인구 고령화 문제와 결부하여 생각해본다.
- 노인복지시설의 설치 및 운영에 대한 기본적인 내용을 이해한다.

　우리나라 「노인복지법」 제31조에는 노인복지시설의 종류로서 노인주거복지시설, 노인의료복지시설, 노인여가복지시설, 재가노인복지시설, 노인보호전문기관 등 5종을 명시하고 있다. 일반적으로 노인복지시설이라고 하면 노인요양시설을 생각할 수 있는데, 노인요양시설의 정확한 의미는 노인복지시설 중 노인의료복지시설에 속하는 것으로 입소대상과 소요경비의 부담 정도에 따라 노인요양시설, 노인요양 공동생활가정, 노인전문병원으로 구분된다.

노인요양시설이란 노인을 입소시켜 무료 또는 저렴한 요금으로 급식, 요양 기타 일상생활에 필요한 편의를 제공함을 목적으로 하는 시설을 말하는 것으로, 국민기초생활보장 대상노인과 국민기초생활보장 대상노인이 아닌 65세 이상인 자 중, 그 부양의무자로부터 적절한 부양을 받지 못하는 자가 입소대상이다. 실비노인요양시설이란 노인을 입소시켜 저렴한 요금으로 급식, 요양 기타 일상생활에 필요한 편의를 제공함을 목적으로 하는 시설을 말하는 것으로, 노인성질환 등으로 요양을 필요로 하는 65세 이상의 자가 입소대상이다. 유료노인요양시설이란 노인을 입소시켜 급식, 요양 기타 일상생활에 필요한 편의를 제공하고 이에 소요되는 일체의 비용을 입소한 자로부터 수납하여 운영하는 시설을 말하는 것으로, 노인성질환 등으로 요양을 필요로 하는 60세 이상의 자가 입소대상이다. 노인전문요양시설이란 치매·중풍 등 중증의 질환노인을 입소시켜 무료 또는 저렴한 요금으로 급식, 요양 기타 일상생활에 필요한 편의를 제공함을 목적으로 하는 시설을 말하는 것으로 국민기초생활보장 대상노인과 국민기초생활보장 대상노인이 아닌 65세 이상인 자 중 그 부양의무자로부터 적절한 부양을 받지 못하는 자 중에서 치매, 중풍 등 중증 노인성질환으로 요양을 필요로 하는 자가 입소대상이다. 유료노인전문요양시설이란 치매·중풍 등 중증의 질환노인을 입소시켜 급식 및 요양 등 기타 일상생활에 필요한 편의를 제공하고 이에 소요되는 일체의 비용을 입소한 자로부터 수납하여 운영하는 시설을 말하는 것으로 치매·중풍 등 중증 노인성질환으로 요양을 필요로 하는 60세 이상의 자가 입소대상이다. 노인전문병원이란 주로 노인을 대상으로 의료를 행하는 시설을 말하는 것으로 노인성질환으로 치료 및 요양을 필요로 하는 자, 혹은 임종을 앞둔 자가 입소대상이다.

현대사회에 있어서 사회복지시설은 과거의 시설 생활자만의 수용보호에서 1970
년대 이후 탈시설화, 커뮤니티케어 등의 영향과 지역복지 수요확대에 따라 시설의
수용보호만 아니라 지역복지에 대한 역할이 점점 커지고 있다. 사회복지시설에서
시설의 환경이 되는 지역사회와의 관계는 점점 중요시되고 있다. 시설의 사회화는
시설의 개방화에 비하여 시설과 지역사회와의 상호교류 및 지역사회의 중요한 복
지공급자원으로서의 의미를 강조한다. 따라서 시설사회화는 시설의 개방화를 넘어
서, 보다 적극적으로 시설의 공공성을 강조하는 의미를 포함하고 있다. 이러한 시
설의 개방과 공공성을 전제조건으로 하는 시설의 사회화를 이론적으로 이해하고
구조화하는 데는 체계와 환경의 상호교류를 강조하는 체계이론에 대한 이해가 필
요하다(Bertalanffy, 1969).

1. 노인복지시설의 사회화

사회복지시설의 사회화에 대한 개념을 정리하여 보면, 시설사회화는 인간과 환경
측면에서의 체계론적 관점과 시설보호의 기본이념인 정상화에 바탕을 두고 있다(박
태영, 1994; 박태영 외, 2000). 이에 본 장에서는 먼저 이 두 가지의 관점에서 노인복
지시설의 사회화를 정의한 후에 시설사회화의 개념을 구체적으로 다루려고 한다.

1) 체계론적 관점에서의 시설사회화

사회복지시설이 사회복지서비스를 제공하고 나아가 클라이언트가 그 시설에서

생활하는 경우에, 체계이론에 의하면 사회복지시설은 인간과 환경이라는 관계에서 매우 중요하고도 기본적인 체계에 해당한다. 이처럼 중요한 체계로서의 사회복지 시설이 인간과 환경과의 관계에서 어떠한 위치와 맥락에 있는가를 알기 위해 체계 론적 관점에서의 노인복지시설의 사회화를 살펴보는 것은 의미가 있을 것이다.

사회복지시설을 체계론적 관점에서 분석하여 보면 여러 개의 체계로 나누어 볼 수 있다. 이선영(2004)은 사회복지시설을 자원체계, 정보체계, 프로그램체계, 관계 형성 등의 4개의 내부체계로 나누어 연구하였다. 자원체계는 인적자원체계에 직원, 이사회, 후원자 및 후원회, 자원봉사자 등을 포함하고, 물적자원체계는 정부보조 금, 지방자치단체보조금, 이사회보조금, 후원회보조금, 지역사회 주민모금 등을 포 함하였으며, 정보체계에는 홍보활동, 예산안, 재무, 수용자 정보 등을 포함하였다. 프로그램체계에는 지역사회 욕구조사, 계획과정, 실행과정, 평가단계 등을 포함하 고, 관계형성체계에는 지역주민의 참여, 시설직원의 참여, 수용자들의 외출, 외부 인들의 방문 등을 포함하였다. 이러한 시설의 단위체계들이 각 각 지역사회와 상호 작용이 활발할 때 시설운영의 효율성, 효과성은 극대화된다고 주장하였다(김수정, 1999).

시설사회화는 이러한 시설과 상위체계인 지역사회에 있어서 시설의 에너지 자원 인 단위체계들과 지역사회의 여러 가지 에너지 자원들의 상호교류를 의미하는 것 이다. 이러한 상호교류가 이루어지는 체계가 개방체계이며 상호교류가 활발히 이 루어 질 때 시설은 네겐트로피negentropy 상태가 되어 유지 발전하고 시설 생활자들의 삶의 질도 높아지는 것이다. 이선영(2004), 김수정(1999) 등의 시설사회화에 대한 체 계이론적 연구들은 시설과 지역사회 사이에 서비스 전달의 효과성 및 효율성을 시 설의 목적으로 보고 시설의 개방성과 사회화에 대하여 중점적으로 분석하였다. 즉 이들은 체계이론에 기초하여 사회복지시설의 운영과정을 투입, 전환, 산출 그리고 평가 및 시정조치로 구분하고, 투입에는 고객, 지식, 기술, 물적자원, 사회적지지, 전환에는 조직운영, 시설설비운영, 인력운영, 재정운영, 사업운영, 산출에는 현금서비스, 현물서비스, 인적서비스, 의뢰서비스 등을 포함하여 파악하였다. 이처럼 시설사회화는 체계이론 관점에서 볼 때 단위체계인 시설과 환경체계인 지역사회와의 상호교류에 있어서 다양한 에너지가 해당되며 에너지의 유입과 출입이 활발한 개방체계일수록 체계의 유지 및 존속이 용이한 것과 같이 에너지 유출입이 활발한 시설일수록 시설운영의 효과성과 효율성이 향상하게 된다. 또한 시설과 지역사회와의 교류가 활발히 함으로써, 궁극적으로는 시설 생활자의 인간관계나 사회관계의 폭이 넓어져 시설 생활자의 고립감 해소, 자아존중감 향상 등으로 이어져 시설 이용자 삶의 만족도가 향상하게 된다(하은호 외, 2004). 이것은 개인체계인 시설 생활자가 그의 환경이 되는 시설과 지역사회와의 역동적인 상호작용의 영향으로 볼 수 있기 때문에 생태체계적 관점으로 설명할 수 있다.

2) 시설의 정상화와 시설사회화

시설의 사회화는 시설보호의 기본이념인 정상화normalization에 바탕을 두고 있다고 할 수 있다(조흥식, 1998; 박태영 외, 2000). 정상화에 대하여 Nirje(1969; 1980)는 "본격적인 정상화는 인본주의적이고 평등주의적인 가치관에 토대를 두어 선택의 자유와 자기결정권을 강조하는 것"이라고 지적하면서, "정상화이론의 중요한 요소는 법 아래 모두가 평등하다는 법률적이고 행정적인 견해"라고 하였다. Wolfensberger(1983; 1987)는 정상화를 가능한 한 사람들에게 가치 있는 사회적 역할을 습득, 정립, 유지하기 위해 문화적으로 가치 있는 수단을 이용하는 것 또는 사람들이 문화적으로 가치 있는 삶을 영위할 수 있도록 하기 위한 문화적으로 가치 있는 수단들의 이용이라 했으며, 또한 신체장애가 있는 사람, 고령자 등 모든 사람이 그 사회의 일원으로서, 타인들과 다르지 않는 일상생활을 영위하는 것이 정상적인 인간생활이라고 하였다. 그리고 이것을 통하여 장애인도 지역사회를 기반으로 하여 타인들과 더불어 살아갈 수 있는 사회가 정상적인 사회이며, 이를 종합적으로 실현하는 사회를 지향하는 것이 정상화라고 하였다. 이와 같은 이론에 의하면, 정상화는 인간의 평등에 근거한 이념이라고 할 수 있다.

이와 같이 정상화이론은 법 앞에서 평등하다는 인간 존엄성에 관심을 가지며 최근 장애인뿐만 아니라 사회복지실천의 보편적인 사상이 되고 있으며, 인간적인 삶을 추구하며 격리보호주의에 반대하고 지역사회와의 관계를 중요시하는 탈시설화_{de-institutionalization}, 커뮤니티케어, 개방화 및 사회화가 지향하는 근본적인 상위개념의 이념 또는 이념적 원리와 유사한 개념이라고 할 수 있다. 그러나 이들 간의 관계를 좀 더 정리하면, 정상화 개념을 1980년 후반에 한국의 사회복지 분야에 도입하면서 탈시설화와 사회통합 등의 상위개념에 대한 관심이 고조되었다고 하는 것이 좀 더 타당하다. 원래 탈시설화 개념은 스칸디나비아 반도에서 장애인의 인권에 입각하여 장애인과 비장애인의 평등한 생활조건_{normal living condition}을 조장하기 위해서는 사회적으로 평등한 관심을 보여야 하며, 이는 국가의 정책적인 고려로 나타나야 한다는 것에서 시작하였다. 그러나 이들이 반드시 통합된 환경에 존재해야 한다고는 주장하지 않았다(Nirje, 1980). 이후 영국과 북미로 이 개념이 넘어가면서 중앙 정부의 복지비용 축소를 위한 거대시설의 폐쇄에 초점이 맞춰지는데, 시설인이 직면하는 획일성, 존엄성의 무시, 선택과 결정을 위한 자유의 박탈 등 주로 정신병원과 감옥의 폐단을 원용하면서 탈시설화의 정당성을 도출하게 된 것이다. 즉 시설의 열악한 상황이 알려지면서 북미 지역을 중심으로 하여 논의되었던 정상화 개념을 도입하였는데, 이 개념이 추구하고 있는 물리적인 통합 환경에서의 문화적인 일체성 확보와 사회적인 역할 강화에 대한 강조점은 많은 공감을 일으킨 것은 사실이다(Wolfens-berger, 1983; Oliver, 1994).

그러나 최근 몇 몇 이론가들에 의해, 사회사업의 실천분야에서 최신의 논리적 도구로 인정받고 있는 정상화이론에 대한 비판을 제기하고 있다. 예를 들어, 노인이나 장애인이 일반가정이나 사회에서 정상적인 생활을 하는 것이 가장 바람직하다는 것이 정상화의 내용이지만, Sainsbury(1993)는 실증적인 연구에서 노인, 장애인들이 집에 있다고 편안함을 느낀다고 단언할 수 없으며, 많은 노인이나 장애인들은 가족들의 짐이 되고 있는 상황을 벗어나면서 오히려 편안함을 느낀다고 하였다. 또한 그는 이러한 결과들을 무시하고 노인이나 장애인들을 무조건 일반사회와 통합해야 한다는 단순 논리에 동의할 수 없다고 하면서, 장애인과 비장애인, 여성과 남성, 흑인과 백인 등 각 대칭 단위들이 서로의 문화와 특징을 인정하며, 자기들이 속한 사회의 가치를 추구하며 즐기는 사회가 더 자연스러운 사회라고 말했다. Oliver(1994)는 시설에서의 억압된 상황과 심각한 갈등 및 모순관계를 해결되지 않은 상태에서의 탈시설화 또는 지역사회에 토대를 둔 서비스 확대는 아무런 의미를 갖지 않을 뿐더러 아무런 차이점도 제공하지 못한다고 주장하면서, 오히려 차별과 억압상황을 더욱 직접적인 것으로 만들기 때문에 매우 위험한 결과를 낳을 수 있을 뿐이라고 정상화를 비판하였다. 또 그는 아무리 서비스가 좋아도 그 서비스에 관한 통제권이 정부 혹은 여타의 다른 기관에 있으면 억압관계는 해소될 수가 없다고 하면서, 장애인, 노인들은 궁극적으로 그들 자신이 서비스에 대한 통제권을 갖기를 원한다고 하였다(이성규, 2000).

이와 같이 정상화가 인간적 삶의 보장을 지향하는 사회복지의 보편적인 이념적 원리가 되고 있지만, Sainsbury(1993), Oliver(1994), 이성규(2000) 등은 정상화를 비판하면서 정상화와 탈시설화의 이러한 사회편견 해소 및 서비스 통제권 등의 선행

조건을 강조해야 한다. 이러한 선행조건을 충족하지 않았을 때, 즉 시설 생활자와 지역사회의 상호교류를 의미하는 시설사회화가 시설 생활자의 삶의 질에 반드시 긍정적인 영향만 준다고 할 수는 없다고 하였다.

이러한 지역사회의 사회복지시설과 시설 생활자에 대한 부정적인 편견의 해결은 시설과 지역사회 간의 상호교류를 확대하고 시설운영에 지역주민이 참여하여 시설 경영을 투명하게 하고 지역사회 복지전문적인 여러 가지 기능 설비들을 지역사회에 제공하여 시설이 지역사회에 꼭 필요한 복지센터로서의 공적인 역할 등을 함으로써 이루어질 수 있다(곽병은, 2006). 따라서 정상화이론은 시설사회화의 이론적 원리가 되지만 시설 생활자에 대한 부정적 편견에 의한 정상화이론의 비판적 부분과 시설사회화에서 나타날 수 있는 생활자의 삶의 만족도에 대한 부정적인 영향은 시설사회화가 적극적으로 실천됨으로써 해결될 수 있기 때문에 시설사회화가 더욱 필요하다고 할 수 있다.

3) 사회복지시설 사회화의 개념

사회복지시설의 사회화를 개념화하기 위해서는 탈시설화, 커뮤니티케어 혹은 지역사회보호, 그리고 시설의 개방화에 대한 개념을 우선적으로 이해해야 한다.

탈시설화는 사회복지시설 내의 시설 생활자의 재활, 사회복귀 그리고 자립생활을 위하여 적절한 사회복지서비스를 시설과 지역사회에서 제공받기 위한 방안으로써 대두한 이념이라 할 수 있으며, 탈시설화는 정상화원리에 바탕을 둔 이념으로서 사회복지시설의 구조적 변화뿐 아니라 지역사회와의 기능적인 연계를 통하여 시설 생활자와 지역사회 내에 있는 요보호자의 인간다운 삶을 보장하는 이념이다. 따라서 탈시설화는 수용보호에 대한 반대의 성격이 더 강하지만 지역사회와의 관계를 강조하며 시설 생활자의 정상화의 이념을 실천한다는 면에서 사회화와 유사한 개념이라 할 수 있다(조흥식, 1998).

커뮤니티케어 혹은 지역사회보호는 수용시설 혹은 주거 케어residential care의 대안으로서 지역사회에 기초한 서비스 일반을 지칭하는 개념이다. 이 개념 또한 시설 수용에 대한 부정적 이미지로부터 출발하였으며 1950년대 후반부터 시설보호에서 벗어나 지역사회로 나아간다는 개념을 포함하고 있다(박태영, 2000). 2008년 「노인장기요양보험법」 제정 이후 활성화되고 있는 재가복지는 커뮤니티케어의 하위개념으로 볼 수 있다. 또한 커뮤니티케어의 목적이 시설 생활자가 갖는 모든 관계를 유지하면서 일상생활과 사회생활의 능력을 회복, 개발과 동시에 사회생활상의 기본적 욕구를 지역사회에서 충족시킬 수 있는 기회를 제공하고 가정과 지역사회에의 참여 능력을 고취하는 데 있다(Walker, 1982). 따라서 사회복지시설이 지역사회복지의 일부가 되고 지역사회와의 관계를 중요시하며 정상화이념을 실천한다는 의미에서 커뮤니티케어 혹은 지역사회보호도 시설사회화와 유사한 개념이라고 할 수 있다.

박태영(2000)은 사회복지시설이 지역사회 내에서 원활하면서 효과적인 기능을 수행하려면 시설의 내적 단위체계들, 상위체계인 지역사회, 그리고 각각의 체계부분들끼리 상호작용 관계를 항상 형성, 유지해야 하는데, 이는 사회복지시설이 지역사회에 개방해야 함을 의미한다고 하였다. 이와 같이 시설의 개방화는 시설이 지역사회에 개방되어 상호교류 한다는 의미가 있어 사회화와 유사하지만, 사회화는 지역사회와 상호교류하고 지역사회주민이 시설운영에 참여하는 더욱 적극적인 상호교류 차원의 개방화, 즉 시설의 지역화이며 또한 시설의 지역사회에의 중요한 복지제공자로서 그 공공성을 강조한 의미가 더 있다고 할 수 있다.

사회복지시설의 사회화는 탈시설화, 커뮤니티케어, 개방화와는 달리 미국이나 유럽보다 주로 일본에서 개발하여 사용하고 있는 개념이다.

시설사회화는 정상화이념에 맞추어서 서유럽에서 탈시설화를 강조할 때, 일본에서는 사회화를 주장하고 있었다. 일본에서 사회복지시설의 사회화란 용어가 처음 사용된 것은 1951년 '전국사회복지사업대회'이었으며(박태영, 1994), 이후 1960년대를 거쳐서 1970년대에 이르러 시설사회화에 대한 폭넓은 논의와 다양한 프로그램을 제시하였고, 우리나라에는 1990년대에 들어서야 처음으로 사용하였다(이병록, 2004).

이병록(2004)은 시설사회화의 대두 배경을 다음과 같이 설명하였다. 첫째, 시설의 양적 확대이다. 사회구조의 변화로 인해서 아동, 노인, 장애인, 모자 등에 대한 부양과 지원이 사회문제 되었고, 결국 사회복지시설이 대량으로 증가하였다. 결과적으로 시설에 대한 관심, 시설과 지역사회 간의 접촉기회를 확대한 것이다. 둘째, 처우의 근대화이다. 시설 서비스가 권리로 인식되는 상황에서 이제 시설의 폐쇄성을 비롯한 문제들을 해결하고 시설 서비스의 수준을 제고해야 할 시점에 오게 된 것이다. 셋째, 사회복지시설과 지역사회의 분쟁의 심화이다. 70년대에 들어서 시설건립반대운동을 비롯한 시설과 지역사회 간의 분쟁이 심화되자 시설의 변화에 대한 관심이 높아진 것이다. 넷째, 지역사회 보호지향 및 지역사회복지의 등장과 전개이다. 지역사회보호에 대한 관심이 증가하였지만, 일본은 영국이나 미국과는 달리 오히려 시설을 확충하고 시설이 지역사회 보호의 주체가 되는 쪽으로 변화하였다. 그리고 고도의 경제성장으로 지역의 생활문제가 악화되자 복지를 요구하는 주민운동이 확대하였다. 이러한 과정에서 재가서비스가 정비되는 가운데, 시설의 확충과 시설사회화를 통하여 전체적인 지역복지 수요를 충족시키게 되었다.

정리하면, 일본에서의 시설사회화 대두 배경은 노인인구의 급작스런 증가와 함께 다양한 사회변화로 인한 재가복지 욕구의 증대와 전반적인 사회복지에 대한 인식의 변화 및 요구 증가에 대한 해결방법의 하나로서 시설의 사회화의 필요성이 인식되었으며 또한 인간적인 보호에 장애를 주는 시설의 폐쇄성에 대한 반성 및 해결 방안으로써 시설의 사회화가 대두한 것이다.

다음으로 시설사회화의 내용을 보면, 秋山智久(1978)는 그 내용을 다음의 세 가지 측면으로 구분하고 있다. 첫째는 처우의 사회화로서, 지역사회의 일원으로서 시설 이용자의 처우는 관리적이고 자기 만족적인 좁은 의미의 처우가 되어서는 안 된다는 것이다. 둘째는 운영의 사회화로, 시설의 공공성으로 특히 시설의 사유화나 자의적恣意的 운영을 배제하고, 민주화·근대화된 것을 의미한다. 지역주민의 운영 참가가 기대되는 것은 이러한 측면에서이다. 셋째는 문제의 사회화로, 시설문제는 대부분이 시설 이용자들만의 문제로 그치는 것이 아니고, 그것의 사회적 배경이 되는 지역사회 혹은 국민 전체의 과제로 인식되는 것을 가리킨다. 이종복(1989)은 시설사회화의 내용을 시설보호의 사회화, 시설운영의 사회화, 시설기능의 사회화 등의 3가지로 설명하고 있다. 첫째, 시설보호의 사회화는 문제의 사회화라고도 할 수 있는데, 시설에서 생활하고 있는 사람이라 하여도 그 시설이 존재하는 지역사회의 주민이라고 하는 사실을 부정할 수 없으므로 시설에서 생활하고 있는 사람들의 생활의 장을 시설 안에서만 한정하는 것이 아니라 지역사회와 비슷한 생활을 영위할 수 있도록 시설에서의 생활수준을 향상해야 한다는 것이다. 둘째, 시설운영의 사회화는 지역주민이 시설운영에 참가하는 것으로써 운영의 민주화라고 하는 의미에서 종래 특히 사적·자의적으로 운영한 민간시설의 경향이 강했던 것에 대한 반성으로 생각해 볼 수 있다. 셋째, 시설기능의 사회화는 시설의 전문적 기능을 지역사회에 개방하고 이용하는 것이다. 즉 지역사회의 다양한 복지욕구를 시설의 전문기능을 통해서 충족시켜 줄 수 있는 길을 모색하는 것이다.

사회복지시설의 사회화에 대한 개념을 정리하여 보면, 시설사회화는 주로 시설의 폐쇄성 문제와 지역사회의 사회복지 요구에 대한 해결 방안으로써 등장하였으며, 시설 생활자의 보호, 시설의 운영, 그리고 시설기능의 면에서 지역사회와 적극적인 상호교류를 통하여 시설운영의 효과 및 효율을 높일 수 있는 운영방법이 된다. 또한 시설사회화는 시설 생활자의 의식주의 기본적인 생리적 욕구만을 충족하는 것이 아니라 다양한 사회활동 참여와 인간관계 확대를 통해서 보다 상위의 자아실현과 사회심리적 욕구도 충족함으로써 인간은 평등하다는 정상화이념을 실현하여 일반인과 동등한 인간적인 삶을 보장하는 사회복지시설의 근본적인 목적에 더 접근하는 개념이라고 할 수 있다.

그럼으로 시설사회화는 시설의 문제점으로 알려져 있는 시설 생활자의 인권문제, 생활처우의 문제, 비민주적인 시설운영, 지역의 시설설립 반대 등에 대한 해결방안으로 주장할 수 있을 것이다. 그리고 점점 고령사회가 되어 노인복지 수요가 증가되어 노인복지시설이 급증하고 있고 지역복지에 대한 수요가 다양해지고 증가일로에 있는 우리나라에 있어서 노인복지시설이 지역복지의 중요한 복지자원이 되어야 하는데 있어서도 시설사회화가 그 해결 방안이 될 수 있을 것이다.

4) 노인복지시설 사회화의 구성 범주

사회복지시설 사회화의 구성 범주는 아직까지도 정해진 기준 없이 비슷한 사업 내용들을 학자들마다 그들이 생각하는 철학에 따라서 서로 다른 범주로 구분하여 설명하고 있다.

시설사회화는 1975년 동경도사회복지협의회 산하 조직인 부전의야副田義也 등의 연구에서 시설사회화가 처우의 사회화, 운영의 사회화, 문제의 사회화를 최초로 규정하였고, 이듬해인 1976년 동경도민생국東京都民生局이 실시한 시설사회화의 지역사회 커뮤니티케어에 관한 현황조사 보고서에서 시설사회화의 구체적 실천 측면이 자원봉사 활동, 시설설비의 지역개방, 시설 이해의 노력, 시설 경영 및 운영에 참가로 정리하였다. 그리고 1980년 동경도사협東京都社協에서 실시한 추산지구秋山智久등이 조사한 시설사회화 현황조사에서 시설사회화가 공공시설의 이용, 자원봉사자의 접수, 홍보활동, 시설·설비의 지역제공, 교류사업, 교육·계발사업, 상담·조언·지도사업,

표 8-1 시설사회화의 영역과 실천내용

사회화 영역	내용
시설처우의 지역화	· 입소자의 지역단체에 참가 · 입소자의 일상생활의 지역화 · 입소자의 자치조직화 · 입소자와 친구와의 연결 · 퇴소자와의 관계 · 지역 내 건물 설비의 이용
입소자와 가족의 연결	· 가족의 정기방문 · 시설의 가정방문 · 입소자의 일시귀택 · 입소자와 가족과의 서신왕래
시설전문기능. 설비의 지역제공	· 시설 전문기능의 지역제공 · 시설설비의 지역제공 · 지역 내 관계 기관과의 연계 · 시설직원의 지역참가 · 시설직원의 자질향상
시설운영에의 참가와 의견반영	· 가족의 의견반영 · 지역주민의 의견반영 · 후원회의 의견반영 · 입소자의 의견반영 · 직원의 의견반영 · 자원봉사자의 직접 처우에의 참가 · 자원봉사자의 간접 처우에의 참가 · 자원봉사자 담당직원의 설치 · 시설행사의 주민참가 · 시설 내에서의 주민과의 교류 · 시설홍보지 발행

※자료: 野口定久(1980)

전문적인 서비스사업, 지역복지 활동에의 참가 등 9개의 사업으로 세분화하였다. 한편 시설처우의 사회화를 중심으로 시설사회화의 사례연구를 실시한 野口定久 (1980)에 의하면, 시설사회화의 측면은 〈표 8-1〉과 같이 시설처우의 지역화, 입소자와 가정의 연결, 시설 전문기능·설비의 지역제공, 시설운영에의 참가와 의견반영으로 구분하여 설명하고 있다(곽병은, 2006).

국내에서의 연구를 살펴보면, 접수, 시설설비의 지역 개방(장소의 제공, 전문기능의 제공), 시설 이해의 방향(지역사회 행사에 참가, 홍보활동, 학습 계몽활동, 시설의 경영 및 운영에 참가, 시설행사에 초대)등으로 구분하여 설명하였고, 감정기 등(2000)은 시설사회화의 영역을 시설 설비 및 서비스의 개방, 재정 공개와 주민의 시설운영 참여 등을 포함하는 시설운영의 개방, 시설 생활자의 지역사회 참여, 시설의 지역사회 활동 참여 및 지원, 지역사회 자원의 활용 등 다섯 가지로 구분하였다. 이병록(2004)은 처우의 사회화, 기능의 사회화, 운영의 사회화, 문제의 사회화, 공공행정과의 연계 등으로 구분하였다. 또한 곽병은(2006)은 〈표 8-2〉와 같이 처우의 사회화, 운영의 사회화, 기능의 사회화 등의 포괄적이고 기능적으로 단순 분류하였다.

첫째, 처우의 사회화는 시설보호의 사회화 혹은 처우의 지역화라고도 하는데, 시설 생활자가 지역사회의 각종 자원들을 이용하고 접촉하는 것을 통해서 지역생활을 지속적으로 영위하며, 시설 생활자의 잔존능력의 개발과 정서적 안정을 통한 자립조장을 의미한다. 또한 시설에서 생활하고 있는 사람들이 가지고 있는 문제는 인근지역주민이 가지고 있는 생활상의 여러 문제와 본질적으로 동일하다고 할 수 있다. 이것을 문제의 사회화라고도 할 수 있는데, 시설에서 생활하고 있는 사람이라 하여도 그 시설이 존재하는 지역사회의 주민이라고 하는 사실을 부정할 수 없으므로 시설에서 생활하고 있는 사람들의 생활의 장을 시설 안에서만 한정하는 것이 아

표 8-2 시설사회화의 범주 및 실천내용의 체계론적 분류

체계론적 분류	범주	실천내용
지역사회에서 시설로 에너지 이동	처우의 사회화 (보호의 사회화, 처우의 지역화)	· 가족, 친척, 친구 등과의 교류 · 가족의 정기적인 시설 방문 · 자원봉사자 접수 · 자원봉사자 관리 담당자의 유무 · 시설 생활자, 퇴소자, 가족 등의 자치회 유무 · 지역사회에서의 쇼핑, 식사 · 시설 행사에 주민 참가 · 종교활동, 지역단체에 참여 · 지역 내 건물 및 설비의 이용
	운영의 사회화 (운영의 민주화)	· 가족, 지역주민, 자원봉사자 및 후원회 등의 시설운영에 대한 의견반영 · 지역주민의 시설 이사회 참가 · 시설 홍보지 발행 · 시설 새정 및 프로그램의 공개 · 시설사회화에 대한 예산의 유무 · 시설사회화에 대한 시설규정에 포함 유무 · 시설사회화에 대한 담당직원의 유무
시설에서 지역사회로 에너지 이동	기능의 사회화	· 운동장, 주차장, 정원, 회의실, 강당, 목욕탕, 교회 등을 지역에 제공 · 재활물리치료실을 지역에 제공 · 의료서비스, 복지상담 등 전문기능을 지역에 제공 · 직원의 지역단체에 복지관련 강연 및 교육(치매노인 케어 등) · 재해 시 피난장소 제공 · 주간보호, 단기보호, 가정봉사원파견 등의 재가보호의 기능 지역에 제공 · 지역주민의 복지에 대한 욕구조사 · 지역행사에 시설직원의 참가 · 지역자치회 운영에 시설직원의 참가

니라 지역사회와 비슷한 생활을 영위할 수 있도록 시설에서의 생활수준을 향상해야 하는 것이다(이종복, 1989). 따라서 처우의 사회화의 범주에 속하는 사회화 내용들을 보면, 시설 생활자가 지역사회에서 인간관계를 지속적으로 유지한다는 차원에서 가족, 친척, 친구 등과의 교류를 들 수 있고, 지역사회 생활을 지속적으로 유

지하기 위한 차원에서 지역사회에서 쇼핑, 식사, 종교활동, 지역단체에 대한 참여 등을 제시할 수 있다(이병록, 2004).

둘째, 운영의 사회화는 크게 시설운영에 대한 지역사회의 의견반영과 시설운영에 대한 자원봉사자로서의 지역주민의 참여이다. 이것은 시설에 생활하고 있는 사람, 보호자 및 주변지역의 주민의 참가를 전제로 한 시설의 경영, 운영의 민주화라고 하는 의미에서 종래 특히 민간시설의 사적, 자의적으로 운영된 경향이 강했던 것의 반성으로 생각해 볼 수 있다(이종복, 1989). 그리고 박태영(1992)은 지역주민들의 시설에 대한 편견과 심리적 장벽, 차별의식 등은 시설의 올바른 이해부족에 기인하는데, 이것은 시설의 기능과 목적, 시설 생활자 삶의 모습, 시설운영 내용 등을 지역주민에게 알림으로써 해결해나갈 수 있다고 하였다. 구체적 실천사항으로는 사회복지시설의 운영에 있어서 시설 생활자와 가족의 의견방영, 지역주민 및 후원회의 의견반영, 그리고 자원봉사자의 시설 생활자의 처우에 대한 참여, 지역주민의 사회복지에 대한 욕구조사, 홍보지 발행, 시설 재정 및 프로그램의 공개 등이 있다.

셋째, 기능의 사회화는 초기에 사회복지시설이 보유한 설비만을 지역에 제공하는 제한된 형태로 진행하였는데, 사회복지시설이 보다 적극적으로 지역사회와 교류하고 지역사회의 주요한 복지자원으로서 기능하기 위해서는 시설의 설비를 포함하여 보유하고 있는 전문기능까지 지역사회에 제공해야 한다는 것이다. 지역주민들이 이용할 수 있는 복지전문 설비와 기능은 물적자원의 측면에서는 운동장, 주차장, 정원, 회의실, 강당, 목욕탕 등의 설비를 지역사회에 제공하는 것을 포함할 수 있으며, 전문기능으로서는 진료나 물리치료 서비스 등 의료서비스와 복지상담 서비스의 제공과 직원의 지역사회단체에 대한 강연 등이 지원활동에 속한다.

사회복지시설이 지역사회에 대하여 가지는 강점은 전문인력이 모여 있다는 점이며, 정부의 지원과 시설 운영과정에서 심리·사회·경제적으로 어려운 상황에 대처하는 노하우를 많이 가지고 있다는 점이다. 아울러 시설별로 목적 사업에 입각하여 특성화한 각종 시설과 장비가 있다는 점 또한 지역사회의 입장에서는 상당히 매력적인 이용자원이다. 이는 곧 사회복지시설의 경우 금전적인 것보다는 다양한 전문 서비스 제공과 장비 및 시설대여와 같은 방법으로 지역사회에 지원을 하는 것이 재정적인 면은 물론 효과 면에서도 유리할 것임을 의미하는 것이다. 그리고 사회복지시설이 지역사회 발전의 중추적인 역할을 하기 위해서는 보유하고 있는 기능을 보다 적극적으로 지역사회에 제공하여 지역사회의 복지센터로서 기능해야 한다.

이렇듯 체계론적 관점에서 사회복지시설을 이해하면, 사회복지시설과 지역사회를 서로 다른 체계로 보고 사회화의 내용들은 에너지의 이동으로 볼 수 있으며, 이러한 에너지의 유출입이 활발하여 개방체계가 될 때 네겐트로피가 되어 그 체계가 유지 존속하는 것이다. 시설과 지역사회가 상호작용하여 자원, 정보, 서비스 등의 교류가 활발히 이루어지는 개방체계로서의 역할을 할 때 시설은 사회화가 이루어져 효율적으로 운영되고, 시설 생활자에게는 인간관계의 폭이 넓어져 자아존중감 향상에 도움이 되는 결국 시설 생활자의 삶의 만족도에 직·간접적인 영향을 미칠 것이다.

2. 노인복지시설

노인복지시설은 「사회복지사업법」의 제2조의 "사회복지사업"을 행할 목적으로 설치된 시설로서, 「노인복지법」에 정의되어 있는 시설을 의미한다.

인간의 정상적인 삶은 가정생활과 사회생활의 적절한 조화를 통하여 추구될 수 있다. 시설노인의 인간다운 삶은 시설 내적 생활과 더불어 시설 외적 생활, 즉 지역사회와의 교류를 통하여 이루어지게 된다. 물론 이 둘은 밀접하게 상호 연계되어 있어서 명확하게 구분하기 어려운 점도 있지만 분명한 것은 시설과 지역사회의 교류를 통하여 시설노인의 삶의 질을 높인다는 사실이다(박태영, 2003). 노인복지시설은 이와 같이 지역사회에 거주하고 있는 노인의 삶의 질적 수준을 도모하고자 노인의 포괄적 욕구해결에 필요한 관련 서비스 및 프로그램을 제공하는 시설을 의미한다. 노인복지시설은 지역사회 내에서 다음과 같은 역할을 수행한다(小笠原祐次, 1591; 全國社會福祉協議會, 2000).

첫째, 시설노인의 생활을 유지하고 지원하는 역할이다. 사회적인 자립이 곤란한 사람이 자택에서 생활할 수 없을 경우에 시설에 입소하여 생존권적 기본권을 보장한다. 이러한 시설보호를 통하여 노인을 자신의 문제나 장애를 치료, 훈련, 회복하여 사회적 자립을 하게 된다. 따라서 시설보호는 그 유형에 따라 단순한 생명의 안전이나 유지 차원에서부터 전문적인 서비스의 제공에 이르기까지 다양한 수준의 서비스가 필요한 것이다.

둘째, 가정생활을 지원하는 역할이다. 노인의 시설보호 이용으로 인하여 남은 가족생활을 직·간접적으로 지원하고 가족관계를 조정하고 가족의 부양기능을 안정시킬 수 있다. 시설이 있으므로 가족 내의 보호를 포기하고 시설로 유기하는 부작용도 있지만 가족기능을 강화하기 위한 적절한 조치, 즉 가족에 대한 상담, 가족 실정에 적합한 지원체계 구축, 시설의 통과적 기능 강화 등을 통하여 가정생활을 지원해나가야 할 것이다.

셋째, 지역사회복지를 증진하는 역할이다. 시설은 시설노인에 대한 서비스 제공만 하면 되는 것으로 생각해왔다. 그러나 지역사회와 유리된 시설보호는 시설노인에게 있어서 매우 부적절한 서비스일 수밖에 없다. 시설은 지역사회에 고립된 섬과 같은 곳이 아니라 지역사회 복지인프라로 자리매김해야 한다. 시설이 시설보호에 충실한 것은 물론이고 시설이 위치하는 지역사회의 욕구에 적극적으로 대응하는 노력이 필요하다.

넷째, 주민에 대한 복지 교육적인 역할이다. 시설은 주민의 체험적인 복지교육의 현장이다. 주민이 복지문제를 자신의 문제로 여기지 않는 한 복지영역에 적정한 재원 투입이나 사회적 차별 극복을 기대하는 데는 한계가 있다. 주민에게 복지의식을 심어줄 수 있는 최적의 교육시설이 바로 사회복지시설이다. 주민에게 자원봉사활동을 제공하고, 시설노인에 대한 이해를 높이고, 시설보호에 대한 주민참여를 조장하고, 시설노인과 주민이 함께 어우러져 진정한 이웃으로 나눔의 삶을 살아갈 수 있도록 체험의 장이 되어야 한다.

1) 노인복지시설의 필요성

노인복지시설이 필요한 이유는 인구, 사회, 문화적 측면의 변화에서 찾아 볼 수 있다.

첫째, 노인인구의 급속한 증가와 인구 고령화로 노인에 대한 다양한 복지서비스 요구가 증가된다. 2010년 현재 총 인구 중 65세 이상 노인인구는 1장의 〈표 1-5〉와 같이 460여만 명에 이르러 전체 인구의 11.2%를 차지하고 있고, 이들 노인 인구의 증가속도는 갈수록 빨라져 2006년에는 20.6%로서 초고령화사회가 될 전망이다(통계청, 2006). 이와 같은 고령노인들의 증가는, 무소득으로 인해 경제적 사회의존도가 높고 치매나 중풍 등의 만성퇴행성질환의 발생가능성이 높은 요보호 노인들의 증가와 직결되어 〈표 8-3〉과 같이 장기요양서비스가 필요한 요보호 노인들의 수를 급증하는 요인이 된다(통계청, 2008). 노인인구의 경제적·신체적 의존도와 더불어 정서적 의존도의 증가는 다양한 복지서비스의 요구로 이어져 이를 충족시킬 수 있는

표 8-3 65세 이상 요양보호대상자 증가 전망

	시설			재가				
	최중증	중증	합계	최중증	중증	경증	치매 (경증)	합계
2007년	26,781	65,566	92,347	27,171	124,113	238,642	236,242	626,168
2010년	29,388	71,950	101,338	30,062	137,322	264,040	261,389	692,813
2020년	41,480	101,554	143,034	143,472	198,575	381,817	377,983	1,001,847

※자료: 보건복지부(2004)

다양한 기능의 노인시설이 필요한 것이다.

둘째, 가족의 부양부담 증가로 인한 문제 발생이다. 고령인구의 증가는 거동불능 노인과 치매노인 등의 증가로 이어져 이들을 보호하는 가정에서는 경제적·심리적 부담이 증가하고, 심각한 갈등으로 이혼이나 가정해체 등의 문제를 겪게 된다. 이런 사회적 문제가 우리 사회에서 증가하고 있으며 이를 해결하기 위해서는 가족과 가정의 대체기능으로서의 시설 이용이 필수적이기 때문에 노인복지시설의 필요성이 증가하고 있다.

셋째, 노인 단독가구가 증가하면서 독거노인 수가 〈표 8-4〉와 같이 증가하고 있다. 통계청이 발표한 자료에 따르면(〈표 8-4〉 참조) 2010년 현재 65세 이상 노인이 홀로 사는 노인단독가구(독거노인)는 약 102만 가구로 총가구의 6%를 차지했고, 이후 꾸준히 증가하여 20년 뒤인 2030년에는 11.8%로서 10가구 중 1가구 이상이 될 것으로 전망했다.

넷째, 노부모 부양의식이 변하고 있다. 노인부양의 책임이 개인과 가족에게만 있지 않고 사회와 국가가 책임을 공유해야 한다는 의식이 자녀세대나 노인세대 모두에게 확산 되고 있다. 이러한 가치관은 독거노인의 증가와 맞물려 가정과 가족 외

표 8-4 노인가구 추이 (단위: 가구, %)

연도	총가구	노인가구	구성비	독거노인가구	구성비
2000	14,507,010	1,733,525	11.9	543,522	3.7
2010	17,152,277	2,982,240	17.4	1,021,008	6
2020	19,011,815	4,231,578	22.3	1,512,082	8
2030	19,871,144	6,410,665	32.3	2,338,354	11.8

※ 자료: 통계청(2010)

에 타인의 도움을 필요로 하는 노인가구의 증가를 초래하고 있다.

결국 고령화와 더불어 노인의 절대적 인구의 증가, 길어진 노년기와 더불어 장기간의 간병과 보호를 필요로 하는 초고령노인의 증가, 노인 단독가구의 증가와 핵가족화, 부양의식 변화 등으로 인한 가정의 부양기능 약화와 같은 요인은 가정을 통한 적절한 보호를 감소시킬 뿐 아니라 시설보호의 필요성과 중요성이 부각되고 있다. 특히, 가정에서 장기간의 간병과 집중적 돌봄을 필요로 하는 노인을 부양할 경우, 이들의 경제적·신체적·심리적 부양부담은 심한 경우 가족해체로까지 이어지는 가족갈등을 유발하기 때문에 따라 가족과 가정의 대체기능으로서의 노인복지시설의 필요성과 중요성이 증가하고 있다(박차상 외, 2006).

2) 노인복지시설의 종류 및 내용

우리나라의 「노인복지법」(2010년 1월 30일 개정)의 총칙에 따르면, 「노인복지법」의 목적은 "노인의 질환을 사전예방 또는 조기발견하고 질환 상태에 따른 적절한 치료·요양으로 심신의 건강을 유지하고, 노후의 생활안정을 위하여 필요한 조치를 강구함으로써 노인의 보건복지증진에 기여하기 위함"으로 정의하고 있다. 또한 이 법의 기본이념은 "① 노인은 후손의 양육과 국가 및 사회의 발전에 기여해온 자로서 존경받으며 건전하고 안정된 생활을 보장받는다. ② 노인은 그 능력에 따라 적당한 일에 종사하고 사회적 활동에 참여할 기회를 보장받는다. ③ 노인은 노령에 따르는 심신의 변화를 자각하여 항상 심신의 건강을 유지하고 그 지식과 경험을 활용하여 사회의 발전에 기여하도록 노력하여야 한다"이다. 이러한 목적과 기본이념을 달성하기 위한 노인복지시설의 종류는 「노인복지법」 제31조에 정의하고 있다. ① 노인주거복지시설, ② 노인의료복지시설, ③ 노인여가복지시설, ④ 재가노인복지시설,

⑤ 노인보호전문기관 등이다.

〈표 8-6〉은 연도별 노인복지시설 현황이다. 결과에서 알 수 있듯이, 다른 노인복지시설들은 해마다 감소하거나 거의 변동이 없는 것으로 나타나고 있으나, 노인의료복지시설과 재가복지시설은 해마다 증가하고 있는 것으로 나타났다. 특히, 재가복지시설은 2007년 대비 2008년에 거의 2배에 가까운 증가를 나타내고 있다.

(1) 노인주거복지시설

노인의료복지시설은 일상생활에 지장이 없는 노인을 대상으로 급식과 그 밖에 일상생활에 필요한 편의를 제공하여 노후의 안정된 생활을 도모하는 것을 목적으로 토 한다.

노인주거복지시설은 다음과 같이 분류한다.
· 양로시설: 노인을 입소시켜 급식과 그 밖에 일상생활에 필요한 편의를 제공함을 목적으로 하는 시설
· 노인공동생활가정: 노인들에게 가정과 같은 주거여건과 급식, 그 밖에 일상생활에 필요한 편의를 제공함을 목적으로 하는 시설
· 노인복지주택: 노인에게 주거시설을 분양 또는 임대하여 주거의 편의·생활지도·상담 및 안전관리 등 일상생활에 필요한 편의를 제공함을 목적으로 하는 시설 등이다. 동법에서의 주거복지시설 입소대상·입소절차·입소비용 및 분양·임대 등에 관하여 필요한 사항은 보건복지부령으로 정하고 있으며, 노인복지주택의 설치·관리 및 공급 등에 관하여 이 법에서 규정된 사항을 제외하고는 「주택법」의 관련규정을 준용하고 있다.

종류	시설	설치목적	입소(이용) 대상자	설치
노인 주거 복지 시설	양로 시설	노인을 입소시켜 급식과 그 밖에 일상생활에 필요한 편의를 제공	○ 다음 각 호의 어느 하나에 해당하는 자로서 일상생활에 지장이 없는 자 가. 「국민기초생활보장법」 제2조에 따른 수급권자(이하 "기초수급권자"라 한다)로서 65세 이상의 자 나. 부양의무자로부터 적절한 부양을 받지 못하는 65세 이상의 자 다. 본인 및 본인과 생계를 같이 하고 있는 부양의무자의 월 소득을 합산한 금액을 가구원 수로 나누어 얻은 1인당 월평균 소득액이 통계청장이 통계법 제17조제3항에 따라 고시하는 전년도의 도시근로자가구 월평균 소득을 전년도의 평균 가구원수로 나누어 얻은 1인당 월평균 소득액 이하인 자(이하 "실비보호대상자"라 한다)로서 65세 이상의 자 라. 입소자로부터 입소비용의 전부를 수납하여 운영하는 양로시설 또는 노인공동생활가정의 경우는 60세 이상의 자	시장 · 군수 · 구청 장에 신고
	노인 공동 생활 가정	노인들에게 가정과 같은 주거여건과 급식, 그 밖에 일상생활에 필요한 편의를 제공		
	노인 복지 주택	노인에게 주거시설을 분양 또는 임대하여 주거의 편의·생활지도·상담 및 안전관리 등 일상생활에 필요한 편의를 제공	단독취사 등 독립된 주거생활을 하는데 지장이 없는 60세 이상의 자	〃
노인 의료 복지 시설	노인 요양 시설	치매·중풍 등 노인성질환 등으로 심신에 상당한 장애가 발생하여 도움을 필요로 하는 노인을 입소시켜 급식·요양과 그 밖에 일상생활에 필요한 편의를 제공	○ 노인성질환 등으로 다음 각 호의 어느 하나에 해당하는 자 가. 「노인장기요양보험법」 제15조에 따른 장기요양급여수급자 나. 기초수급권자로서 65세 이상의 자 다. 부양의무자로부터 적절한 부양을 받지 못하는 65세 이상의 자 라. 입소자로부터 입소비용의 전부를 수납하여 운영하는 노인요양시설 또는 노인요양공동생활가정의 경우는 60세 이상의 자	〃
	노인 요양 공동 생활 가정	치매·중풍 등 노인성질환 등으로 심신에 상당한 장애가 발생하여 도움을 필요로 하는 노인에게 가정과 같은 주거여건과 급식·요양, 그 밖에 일상생활에 필요한 편의를 제공		
	노인 전문 병원	노인을 대상으로 의료를 행하는 시설 ☞ 「의료법」에 의한 의료기관을 개설할 수 있는 자(치과의사 및 조산사 제외)에 한하여 시·도지사의 허가를 받아 설치	가. 노인성질환으로 치료 및 요양을 필요로 하는 자 나. 임종을 앞둔 환자	시·도 지사 허가
노인 여가 복지 시설	노인 복지관	노인의 교양·취미생활 및 사회참여활동 등에 대한 각종 정보와 서비스를 제공하고, 건강증진 및 질병예방과 소득보장·재가복지, 그 밖에 노인의 복지증진에 필요한 서비스를 제공	60세 이상의 자	시장· 군수· 구청 장에 신고

종류	시설	설치목적	입소(이용) 대상자	설치
노인 여가 복지 시설	경로당	지역노인들이 자율적으로 친목도모·취미활동·공동작업장 운영 및 각종 정보교환과 기타 여가활동을 할 수 있도록 하는 장소를 제공	65세 이상의 자	시장·군수·구청장에 신고
	노인교실	노인들에 대하여 사회활동 참여욕구를 충족시키기 위하여 건전한 취미생활·노인건강유지·소득보장 기타 일상생활과 관련한 학습프로그램을 제공	60세 이상의 자	"
	노인 휴양소	노인들에 대하여 심신의 휴양과 관련한 위생시설·여가시설 기타 편의시설을 단기간 제공	60세 이상의 자 및 그와 동행하는 자. 다만, 이용인원이 정원에 미달하는 때에는 정원의 100분의 30의 범위 안에서 그 외의 자도 이용할 수 있다.	"
재가 노인 복지 시설	방문요양 서비스	가정에서 일상생활을 영위하고 있는 노인으로서 신체적·정신적 장애로 어려움을 겪고 있는 노인에게 필요한 각종 편의를 제공하여 지역사회 안에서 건전하고 안정된 노후를 영위하도록 하는 서비스	○ 장기요양수급자나 심신이 허약하거나 장애가 있는 65세 이상의 자(이용자로부터 이용비용의 전부를 수납 받아 운영하는 시설의 경우에는 60세 이상의 자로 한다)로서 다음 각 호에 해당하는 자 가. 방문요양서비스: 가정에서 보호가 필요한 자 나. 주·야간보호서비스: 주간 또는 야간 동안의 보호가 필요한 다. 단기보호서비스: 단기간의 보호가 필요한 자 라. 방문 목욕서비스: 가정에서의 목욕이 필요한 자	"
	주·야간 보호 서비스	부득이한 사유로 가족의 보호를 받을 수 없는 심신이 허약한 노인과 장애노인을 주간 또는 야간 동안 보호시설에 입소시켜 필요한 각종 편의를 제공하여 이들의 생활안정과 심신기능의 유지·향상을 도모하고, 그 가족의 신체적·정신적 부담을 덜어주기 위한 서비스		
	단기보호 서비스	부득이한 사유로 가족의 보호를 받을 수 없어 일시적으로 보호가 필요한 심신이 허약한 노인과 장애노인을 보호시설에 단기간 입소시켜 보호함으로써 노인 및 노인가정의 복지증진을 도모하기 위한 서비스		
	방문목욕 서비스	목욕 장비를 갖추고 재가노인을 방문하여 목욕을 제공하는 서비스		
노인 보호 전문 기관	노인보호 전문기관	시·도지사가 노인보호전문기관을 지정·운영, 노인학대 신고, 상담, 보호, 예방 및 홍보, 24시간 신고·상담용 긴급전화(1389) 운영	노인학대 행위자에 대한 상담 및 교육 학대받은 노인의 발견·상담·보호 등 노인학대 예방 및 방지를 위한 홍보	시·도지사 지정

※자료: 보건복지부(2009a)

(단위: 개소, 명)

종류	시설	2008		2007		2006	
		시설 수	입소정원	시설 수	입소정원	시설 수	입소정원
합계		63,919	112,064	60,788	150,548	59,117	119,498
노인주거 복지시설	소계	347	17,342	398	16,579	366	16,074
	양로시설	306	11,520	384	13,014	351	12,509
	노인공동생활가정	21	177				
	노인복지주택	20	5,645	14	3,565	15	3,565
노인의료 복지시설	소계	1,832	81,262	1,186	61,406	898	52,628
	노인요양시설	1,332	66,715	1,114	51,310	815	40,589
	노인요양공동생활가정	422	3,500				
	노인전문병원	78	11,047	72	10,096	83	12,039
노인여가 복지시설	소계	59,422		57,777		56,789	
	노인복지관	228		211		183	
	경로당	57,930		56,480		55,504	
	노인교실	1,260		1,082		1,099	
	노인휴양소	4		4		3	
재가노인 복지시설	소계	2,298	13,460	1,408	72,563	1,045	50,796
	방문요양서비스	1,111		767	62,736	523	42,832
	주야간보호서비스	621	10,627	504	8,109	409	6,557
	단기보호서비스	217	2,833	137	1,718	113	1,407
	방문목욕서비스	349					
노인보호 전문기관	노인보호전문기관	20		19		19	

※자료: 보건복지부(2009a)

① 노인주거복지시설의 설치 및 사업내용

노인주거복지시설은 다음과 같이 설치할 수 있다.

· 국가 또는 지방자치단체는 노인주거복지시설을 설치할 수 있다.

· 국가 또는 지방자치단체 외의 자가 노인주거복지시설을 설치하고자 하는 경우
에는 특별자치도지사·시장·군수·구청장에게 신고해야 한다.

· 노인주거복지시설의 시설, 인력 및 운영에 관한 기준과 설치신고, 설치·운영자
가 준수하여야 할 사항, 그 밖에 필요한 사항은 보건복지부령으로 정한다.

노인주거복지시설을 설치하고자 하는 자는 노인주거복지시설 설치신고서에 다
음의 서류를 첨부하여 특별자치도지사·시장·군수·구청장에게 제출한다.

· 설치하고자 하는 자가 법인인 경우에는 정관 1부

· 위치도·평면도 및 설비구조내역서 각1부

· 입소보증금·이용료 기타 입소자의 비용부담 관계서류 1부

· 사업계획서(서비스의 내용과 입소자로부터 입소비용의 전부를 수납하여 운영
하는 양로시설, 노인공동생활가정 및 노인복지주택의 경우에는 의료기관과의
연계에 관한 사항을 포함한다) 1부

· 시설을 설치할 토지 및 건물의 소유권을 증명할 수 있는 서류(입소자로부터 입
소비용의 전부를 수납하여 운영하려는 양로시설 및 노인공동생활가정의 경우
에는 사용권을 증명할 수 있는 서류로 갈음할 수 있다) 각 1부

노인주거복지시설의 시설의 규모는 다음과 같다.

· 양로시설: 입소정원 10명 이상(입소정원 1명당 연면적 15.9㎡ 이상의 공간을 확
보하여야 한다)

· 노인공동생활가정: 입소정원 5명 이상 9명 이하(입소정원 1명당 연면적 15.9㎡ 이상의 공간을 확보하여야 한다)
· 노인복지주택: 30세대 이상

노인주거복지시설에서는 다음과 같은 사업을 수행한다.
· 양로시설·노인공동생활가정
　- 입소자의 생활의욕 증진 등을 도모하기 위하여 입소자의 신체적·정신적 상태에 따라 그 기능을 회복하게 하거나 기능의 감퇴를 방지하기 위한 훈련에 참가할 기회를 제공한다.
　- 교양·오락설비 등을 구비하고 적절한 레크리에이션을 실시한다.
· 노인복지주택
　- 입주자의 거주에 불편함이 없도록 생활편의를 위한 체육시설, 여가 및 오락시설 등 부대시설 및 각종 복리시설을 설치하여 직접 또는 위탁하여 운영한다.
　- 사회복지사는 순회서비스를 제공하는 등 항상 입주자의 안전을 위하여 세심한 배려를 하여야 하며 다음의 서비스를 제공한다.
　　㉠ 생활지도·상담, ㉡ 문안, ㉢ 긴급사태시 대처, ㉣ 의료기관 등 관계기관과의 연락, ㉤ 일상생활상 필요한 원조
　- 필요한 경우 재가노인복지시설의 방문요양과 주·야간보호서비스 등을 활용할 수 있도록 노인보건 및 복지에 관련된 사업기관과의 연계를 도모한다.

② 노인주거복지시설의 입소대상자 및 입소자격
「노인복지법」 제32조에 따른 노인주거복지시설의 입소대상자는 다음과 같다.
· 양로시설·노인공동생활가정

다음 각 목의 어느 하나에 해당하는 자로서 일상생활에 지장이 없는 자
- 「국민기초생활보장법」 제2조에 따른 수급권자로서 65세 이상의 자
- 부양의무자로부터 적절한 부양을 받지 못하는 65세 이상의 자
- 본인 및 본인과 생계를 같이 하고 있는 부양의무자의 월 소득을 합산한 금액을 가구원 수로 나누어 얻은 1인당 월평균 소득액이 통계청장이 「통계법」 제17조 제3항에 따라 고시하는 전년도(본인 등에 대한 소득조사일이 속하는 해의 전년도를 말한다)의 도시근로자가구 월평균 소득을 전년도의 평균 가구 원수로 나누어 얻은 1인당 월평균소득액 이하인 자로서 65세 이상의 자
- 입소자로부터 입소비용의 전부를 수납하여 운영하는 양로시설 또는 노인공동생활가정의 경우는 60세 이상의 자

· 노인복지주택

단독취사 등 독립된 주거생활을 하는 데 지장이 없는 60세 이상의 자

노인복지주택의 입소자격 등은 다음과 같다.
- 노인복지주택에 입소할 수 있는 자는 60세 이상의 노인(이하 "입소자격자"라 한다)으로 한다. 다만, 입소자격자의 배우자는 60세 미만의 자라 하더라도 입소자격자와 함께 입소할 수 있다.
- 노인복지주택을 설치하거나 설치하려는 자가 노인복지주택을 분양 또는 임대하려는 경우 입소자격자에게 분양 또는 임대한다.
- 제2항에 따라 노인복지주택을 분양받거나 임차한 자는 해당 노인주거시설을 입소자격자가 아닌 자에게 양도(매매·증여나 그 밖에 소유권 변동을 수반하는 일체의 행위를 포함) 또는 임대할 수 없다.
- 제3항에도 불구하고 노인복지주택을 상속받은 경우 입소자격자가 아닌 자도 노인복지주택을 취득할 수 있다. 다만, 상속에 의하여 노인복지주택을 취득

노인주거복지시설 신고 시 유의사항

◆ 양로시설(유료)

○ 설치신고

시설설치자는 「노인복지법」에서 정한 시설·인력배치기준 및 운영기준을 갖춘 후 시설 소재지 관할

시·군·구청에 양로시설(유료) 설치 신고를 마친 후 운영

○ 입소대상: 60세 이상(60세 미만 배우자 포함)

60세 미만의 부양의무자 등 입소 금지

○ 저당권 설정 제한: 피담보채권액＋입소보증금 합이 건설원가의 80% 이하

○ 합숙용 거실 정원: 4인 이하

입소노인들의 삶의 질 향상목적

☞ 기존시설은 시행(2006.10.20) 후 5년 이내에 4인 이하로 조정

○ 조리원 배치기준 조정: 2인, 100인 초과 시마다 1인 추가

입소노인들에게 제공되는 식사의 질 향상과 조리원의 근무환경 개선 목적

☞ 기존시설은 시행(2006.10.20) 후 5년 이내에 조정

◆ 노인복지주택

○ 설치신고

시설설치자는 「노인복지법」(「주택법」 일부 준용)에서 정한 시설·인력배치기준 및 운영기준을 갖춘

후 시설 소재지 관할 시군구청에 노인복지주택 설치 신고를 마친 후 운영

○ 분양 및 입소대상: 60세 이상(60세 미만 배우자는 입소 가능)

－ 60세 미만의 부양의무자 등은 분양·소유 및 입소 금지

－ 분양받은 노인복지주택을 부득이한 사유로 매매하는 경우에도 60세 이상의 자만이 가능함으로

60세 미만의 자에게 매매 금지

－ 분양·입소 중 사망 시 60세 미만의 자가 상속받은 경우, 60세 이상의 자에게 매매하거나 매매할

수 없는 경우 60세 이상의 자에게 임대는 가능

※자료: 보건복지부(2008), 「노인보건복지사업안내」.

한 자라도 입소자격자가 아닌 자는 노인복지주택에 입소할 수 없으며 입소
자격자가 아닌 자에게 해당 노인복지주택을 양도 또는 임대할 수 없다.
- 시장·군수·구청장은 지역 내 노인 인구, 노인주거복지시설의 수요와 공급실
  태 및 노인복지주택의 효율적인 이용 등을 고려하여 노인복지주택의 공급가
  구수와 가구별 건축면적(주거의 용도로만 쓰이는 면적에 한한다)을 일정규
  모 이하로 제한할 수 있다.
- 「노인복지법」 제33조 제2항에 따라 노인복지주택을 설치한 자는 당해 노인복
  지주택의 전부 또는 일부 시설을 시장·군수·구청장의 확인을 받아 대통령령
  으로 정하는 자에게 위탁하여 운영할 수 있다.

(2) 노인의료복지시설

노인의료복지시설은 다음과 같이 분류한다.

· 노인요양시설: 치매·중풍 등 노인성질환 등으로 심신에 상당한 장애가 발생하
  여 도움을 필요로 하는 노인을 입소시켜 급식·요양과 그 밖에 일상생활에 필요
  한 편의를 제공함을 목적으로 하는 시설
· 노인요양공동생활가정: 치매·중풍 등 노인성질환 등으로 심신에 상당한 장애
  가 발생하여 도움을 필요로 하는 노인에게 가정과 같은 주거여건과 급식·요양,
  그 밖에 일상생활에 필요한 편의를 제공함을 목적으로 하는 시설
· 노인전문병원: 주로 노인을 대상으로 의료를 행하는 시설 등이다. 노인의료복
  지시설의 입소대상·입소비용 및 입소절차와 설치·운영자의 준수사항 등에 관
  하여 필요한 사항은 보건복지부령으로 정하고 있다.

① 노인의료복지시설의 설치 및 사업내용

노인의료복지시설은 다음과 같이 설치할 수 있다.

· 국가 또는 지방자치단체는 노인의료복지시설을 설치할 수 있다.

· 국가 또는 지방자치단체외의 자가 노인의료복지시설을 설치하고자 하는 경우
  에는 시장·군수·구청장에게 신고해야 한다. 다만, 노인전문병원은 의료법에 의
  한 의료기관을 개설할 수 있는 자(치과의사 및 조산사를 제외한다)에 한하여
  시·도지사의 허가를 받아 설치할 수 있다.

· 노인의료복지시설의 시설, 인력 및 운영에 관한 기준과 설치신고 및 설치허가
  등에 관하여 필요한 사항은 보건복지부령으로 정한다. 다만, 노인전문병원의
  시설 등에 관한 기준은 「의료법」 제36조의 규정에 의한 의료기관의 시설 등의
  기준에 관한 규정 중 요양병원에 관한 규정을 준용하되, 보건복지부령이 따로
  정하는 경우에는 그러하지 아니하다.

· 노인전문병원에 관하여 이 법에서 규정된 사항을 제외하고는 「의료법」의 규정
  을 준용한다.

노인의료복지시설(노인전문병원을 제외)을 설치하고자 하는 자는 노인의료복지
시설 설치신고서를 첨부하여 특별자치도지사·시장·군수·구청장에게 제출하여 신
고필증을 받은 후에 이를 첨부하여 노인장기요양기관의 설치신고서, 〈그림 8-1〉을
작성하여 동 기관에 제출한다.

· 설치하고자 하는 자가 법인인 경우에는 정관 1부

· 위치도·평면도 및 설비구조내역서 각 1부

· 입소보증금·이용료 기타 입소자의 비용부담 관계서류 1부

· 사업계획서(제공되는 서비스의 내용 및 의료기관과의 연계에 관한 사항을 포

함한다) 1부
· 시설을 설치할 토지 및 건물의 소유권을 증명할 수 있는 서류(입소자로부터 입
  소비용의 전부를 수납하여 운영하려는 노인요양시설 및 노인요양공동생활가
  정의 경우에는 사용권을 증명할 수 있는 서류로 갈음할 수 있다) 각 1부

노인전문병원의 설치허가를 받고자 하는 자는 허가신청서를 첨부하여 특별시장·
광역시장·도지사·특별자치도지사에게 제출한다.
· 설치허가를 받고자 하는 자가 법인인 경우에는 법인설립 허가증 사본(정부투
  자기관을 제외한다)과 정관 및 사업계획서 각 1부. 다만, 「의료법」에 따른 의료
  법인의 경우에는 이를 제출하지 아니한다.
· 설치허가를 받고자 하는 자가 「의료법」에 따른 의료인인 경우에는 사업계획서
  1부
· 설치허가를 받고자 하는 자가 의료인인 경우에는 면허증 사본 1부
· 건물평면도 및 그 구조설명서 각 1부
· 진료과목(「의료법」시행규칙 제30조 제1항 제2호 및 제4호의 규정에 의한 진료
  과목을 말한다) 및 진료과목별 시설·정원등의 개요설명서 1부
· 의료보수표 1부

노인의료복지시설의 시설의 규모는 다음과 같다.
· 노인요양시설: 입소정원 10명 이상(입소정원 1명당 연면적 23.6㎡ 이상의 공간
  을 확보하여야 하며, 입소자 1명당 침실면적은 6.6㎡ 이상이어야 하고, 합숙용
  침실 1실의 정원은 4명 이하이어야 한다).
· 노인요양공동생활가정: 입소정원 5명 이상 9명 이하(입소정원 1명당 연면적

장기요양기관 지정신청서

| 신청인 (대표자) | ① 성명 | | ② 주민등록번호 | | - |
| | ③ 주소 | | ④ 전화번호 | | |

| ⑤ 기관명 | |

| ⑥ 법인등록번호 | - | ⑦ 법인명 | |

| ⑧ 설립구분 | ☐ 국가 ☐ 지방자치단체 ☐ 법인(   ) ☐ 개인 ☐ 기타(   ) |

| ⑨ 기관유형 (급여종류) | 시설 | ☐ 노인요양시설(구법)   ☐ 노인전문요양시설(구법)
☐ 노인요양시설(현행법)   ☐ 노인요양공동생활가정 |
| | 재가 | 재가노인복지시설 (☐ 방문요양 ☐ 방문목욕 ☐ 주·야간보호 ☐ 단기보호) |

| ⑩ 소재지 | ☐☐☐-☐☐☐ |
| | 전화번호 | | 팩스번호 | | E-mail | | @ |

「노인장기요양보험법」 제31조 및 같은 법 시행규칙 제23조에 따라 장기요양기관 지정을 신청합니다.

.   .   .

신청인(대표자)   (서명 또는 인)

시장·군수·구청장 귀하

위 본인은 장기요양기관으로 지정받은 후 「노인장기요양보험법」 제34조에 따라 국민건강보험 공단이 운영하는 인터넷 홈페이지(www.longtermcare.or.kr)에 장기요양기관회원으로 가입하여 장기요양급여의 내용, 시설·인력 등의 현황자료 등을 성실히 게시할 것을 서약하며, 본인이 홈페이지에 게시한 정보가 변경되었거나 사실과 다를 경우에는 공단이 이를 확인하여 직접 수정하는 것에 동의합니다.

신청인(대표자)   (서명 또는 인)

구비서류: 일반현황·인력현황·시설현황을 기재한 서류 각 1부

※자료: 장기요양보험(www.longtermcare.or.kr).

20.5㎡ 이상의 공간을 확보해야 하며, 입소자 1명당 침실면적은 6.6㎡ 이상이어야 하고, 합숙용 침실 1실의 정원은 4명 이하이어야 한다).

② 노인의료복지시설의 입소대상(노인전문병원 제외)
노인의료복지시설의 입소대상은 다음과 같다.
· 노인장기요양급여수급자 중 시설급여 대상자
  - 노인장기요양 1~2등급자
  - 노인장기요양 3등급자 중 불가피한 사유 등으로 등급판정위원회에서 시설급여 대상자로 판정받은 사람
    (→ 위 사항에 해당하지 않는 사람 중 아래와 같은 사유로 반드시 시설 입소가 필요한 노인은 먼저 양로시설로 보호 조치하고, 만약 양로시설의 입

노인장기요양보험이란?

고령이나 노인성질병 등으로 인하여 6개월 이상 동안 혼자서 일상생활을 수행하기 어려운 노인 등에게 신체활동 또는 가사지원 등의 장기요양급여를 사회적 연대원리에 의해 제공하는 사회보험 제도이다.

「노인장기요양보험법」 제1조에서 노인장기요양보험은 고령이나 노인성 질병 등의 사유로 일상생활을 혼자서 수행하기 어려운 노인 등에게 제공하는 신체활동 또는 가사활동 지원 등의 장기요양급여에 관한 사항을 규정하여 노후의 건강증진 및 생활안정을 도모하고 그 가족의 부담을 덜어줌으로써 국민의 삶의 질을 향상하도록 함을 목적으로 제시하고 있다.

노인장기요양보험제도는 2008. 7. 1부터 시행하였다. 노인장기요양보험제도는 그 간 가족의 영역에 맡겨져 왔던 치매·중풍 등 노인에 대한 장기간에 걸친 간병, 장기요양 문제를 사회연대원리에 따라 국가와 사회가 분담한다.

※ 자료: 보건복지부(2008), 「노인보건복지사업안내」.

소가 불가능할 경우에는 관할 시·군·구청장이 판단하여 노인요양시설로 입소 보호)
- 노인보호전문기관에서 학대피해노인으로서 입소를 의뢰한 노인
- 기초수급자나 긴급조치대상자로서 거주지가 없어져서 가정에서 생활이 불가능하거나, 부양의무자가 부양을 거부하거나 실종되는 등의 사유로 수발을 들 사람이 없는 경우
(→ 위 사항에 해당하지 않는 사람 중 본인이 비용을 전액 부담하여 시설에 입소하고자 하는 사람)

(3) 노인여가복지시설

노인여가복지시설은 다음과 같이 분류한다.

· 노인복지관: 노인의 교양·취미생활 및 사회참여활동 등에 대한 각종 정보와 서비스를 제공하고, 건강증진 및 질병예방과 소득보장·재가복지, 그 밖에 노인의 복지증진에 필요한 서비스를 제공함을 목적으로 하는 시설
· 경로당: 지역노인들이 자율적으로 친목도모·취미활동·공동작업장 운영 및 각종 정보교환과 기타 여가활동을 할 수 있도록 하는 장소를 제공함을 목적으로 하는 시설
· 노인교실: 노인들에 대하여 사회활동 참여욕구를 충족시키기 위하여 건전한 취미생활·노인건강유지·소득보장 기타 일상생활과 관련한 학습프로그램을 제공함을 목적으로 하는 시설
· 노인휴양소: 노인들에 대하여 심신의 휴양과 관련한 위생시설·여가시설 기타 편의시설을 단기간 제공함을 목적으로 하는 시설 등이다.

① 노인여가복지시설의 설치 및 사업내용

노인여가복지시설은 다음과 같이 설치할 수 있다.

· 국가 또는 지방자치단체는 노인여가복지시설을 설치할 수 있다.

· 국가 또는 지방자치단체 외의 자가 노인여가복지시설을 설치하고자 하는 경우에는 시장·군수·구청장에게 신고하여야 한다.

· 노인여가복지시설의 시설, 인력 및 운영에 관한 기준과 설치신고 등에 관하여 필요한 사항은 보건복지부령으로 정한다.

노인여가복지시설을 설치하고자 하는 자는 노인여가복지시설 설치신고서를 첨부하여 특별자치도지사·시장·군수·구청장에게 제출한다.

· 설치하고자 하는 자가 법인인 경우에는 정관 1부

· 위치도·평면도 및 설비구조내역서 각 1부(경로당 및 노인교실을 제외한다)

· 이용료 기타 이용자의 비용부담 관계서류 1부(경로당을 제외한다)

· 사업계획서 1부

· 시설을 설치할 토지 및 건물의 소유권을 증명할 수 있는 서류(경로당 및 노인교실의 경우에는 사용권을 증명할 수 있는 서류로 갈음할 수 있다) 각 1부

노인여가복지시설의 규모는 다음과 같다.

· 노인복지관: 연면적 500㎡ 이상

· 경로당: 이용정원 20명 이상(읍·면지역의 경우에는 10명 이상)

· 노인교실: 이용정원 50명 이상

· 노인휴양소: 이용정원 20명 이상(객실은 10실 이상)

노인여가시설은 다음과 같은 사업을 수행한다.

· 노인복지관
    - 노인의 복지증진을 위하여 종합적인 노인복지센터로서의 기능을 수행할 수 있도록 필요한 사업을 선정 및 수행한다.
    - 다음의 사업을 기본사업으로 수행하되 이용대상 노인의 실정과 지역 여건 등을 감안하여 사업의 종류를 가감하거나 별도의 사업을 개발·추진할 수 있다.
        ㉠ 상담·지도: 노인의 생활·주택·신상 등에 관한 생활상담 및 노인의 질병예방·치료에 관한 건강상담 및 지도
        ㉡ 취업상담 및 알선: 노인에 대한 취업알선 및 취업자의 사후관리
        ㉢ 기능회복훈련의 실시: 노인의 기능회복 또는 기능의 감퇴를 방지하기 위한 훈련을 실시하되, 물리치료장비는 관할보건소에 종사하는 의사의 지도를 받아 사용하여야 한다.
        ㉣ 교양강좌 등의 실시: 노인의 교양향상을 위한 프로그램의 제공 및 레크리에이션 활동 등의 지도
    - 거동불편 노인의 생활편의를 위한 서비스 등의 제공을 위하여 재가노인복지시설을 병설·운영하도록 노력한다.
    - 지역 특성에 따라 야간이용이 가능한 체제를 갖추도록 노력한다.
· 경로당: 이용노인들이 건전한 사회봉사활동이나 취미활동 등을 할 수 있도록 하여야 한다.
· 노인교실: 주 1회 이상 교육을 실시해야 한다.
· 노인휴양소: 휴양노인들의 교양증진을 위한 다양한 프로그램을 실시하고 레크리에이션활동 등을 통하여 건전한 여가활동을 지도해야 한다.

② 노인여가복지시설의 입소대상자 및 입소자격

노인여가복지시설의 이용대상자는 다음과 같다.

· 노인복지관 및 노인교실: 60세 이상의 자

· 경로당: 65세 이상의 자

· 노인휴양소: 60세 이상의 자 및 그와 동행하는 자. 다만, 이용인원이 정원에 미
  달하는 때에는 정원의 100분의 30의 범위 안에서 그 외의 자도 이용할 수 있다.

· 노인복지관 및 노인교실 이용대상자의 배우자는 60세 미만인 때에도 이용대상
  자와 함께 이용할 수 있다.

· 노인여가복지시설의 이용은 시설별 운영규정이 정하는 바에 의한다.

(4) 재가노인복지시설

정신적·신체적인 이유로 독립적인 일상생활을 수행하기 곤란한 노인과 노인부양
가정에 필요한 각종 서비스를 제공함으로써, 노인이 가족 및 친지와 더불어 건강하
고 안정된 노후생활을 영위할 수 있도록 함과 동시에 노인부양으로 인한 가족의 부
담을 덜어주기 위한 시설이다.

재가노인복지시설은 다음의 하나 이상의 서비스를 제공함을 목적으로 한다.

· 방문요양서비스: 가정에서 일상생활을 영위하고 있는 노인(이하 "재가노인"이
  라 한다)으로서 신체적·정신적 장애로 어려움을 겪고 있는 노인에게 필요한 각
  종 편의를 제공하여 지역사회 안에서 건전하고 안정된 노후를 영위하도록 하는
  서비스

· 주·야간보호서비스: 부득이한 사유로 가족의 보호를 받을 수 없는 심신이 허약
  한 노인과 장애노인을 주간 또는 야간 동안 보호시설에 입소시켜 필요한 각종

편의를 제공하여 이들의 생활안정과 심신기능의 유지·향상을 도모하고, 그 가
족의 신체적·정신적 부담을 덜어주기 위한 서비스
· 단기보호서비스: 부득이한 사유로 가족의 보호를 받을 수 없어 일시적으로 보
호가 필요한 심신이 허약한 노인과 장애노인을 보호시설에 단기간 입소시켜 보
호함으로써 노인 및 노인가정의 복지증진을 도모하기 위한 서비스
· 방문 목욕서비스: 목욕장비를 갖추고 재가노인을 방문하여 목욕을 제공하는 서
비스

① 재가노인복지시설의 설치 및 사업내용
재가노인복지시설은 다음과 같이 설치할 수 있다.
· 국가 또는 지방자치단체는 재가노인복지시설을 설치할 수 있다.
· 국가 또는 지방자치단체외의 자가 재가노인복지시설을 설치하고자 하는 경우
에는 시장·군수·구청장에게 신고해야 한다.
· 재가노인복지시설의 시설, 인력 및 운영에 관한 기준과 설치신고 등에 관하여
필요한 사항은 보건복지부령으로 정한다.

재가노인복지시설을 설치하고자 하는 자는 재가노인복지시설 설치신고서(〈표 8-
7〉 참조)를 첨부하여 특별자치도지사·시장·군수·구청장에게 제출한다.
· 설치하고자 하는 자가 법인인 경우에는 정관 1부
· 위치도, 평면도 및 설비구조내역서 각 1부(주·야간보호서비스 또는 단기보호서
비스를 제공하려는 경우에만 제출한다)
· 이용료 기타 이용자의 비용부담 관계서류 1부
· 사업계획서(사업대상 및 서비스내용을 포함한다) 1부

· 시설을 설치할 토지 및 건물의 소유권 또는 사용권을 증명할 수 있는 서류 각 1부
(주·야간보호서비스 또는 단기보호서비스를 제공하려는 경우에만 제출한다)

재가노인복지시설의 시설규모는 다음과 같다.
· 방문요양서비스 및 방문목욕서비스를 제공하는 경우: 시설전용면적 16.5㎡(연
면적 기준) 이상이 되어야 한다.
· 주·야간보호서비스 및 단기보호서비스를 제공하려는 시설의 정원 및 면적은 다
음과 같다.
  – 이용정원: 5명 이상
  – 시설 여면적: 시설 연면적 각각 90㎡ 이상(이용정원이 6명 이상인 경우에는

표 8-7 · 노인장기요양기관 설치서류

서비스	필요 서류
공통	1. 장기요양기관 지정신청서 1부 　1-1. 일반현황 1부 　1-2. 인력현황 각1부(서비스 유형별 1부) 　1-3. 시설현황 각1부(서비스 유형별 1부) 2. 면허 또는 자격증 사본 　2-1. 사회복지사, 간호(조무)사, 물리(작업)치료사, (촉탁)의사, 요양보호사, 영양사 3. 요양보호사 자격유예자 재직증명서(유예대상자별) 각 1부 　3-1. 요양보호사 자격유예자의 경우 자격유예기준일(2008.7.1)에 근무하던 기관에서 발급한 　　경력증명서 또는 재직증명서, 2008.7.1 이전에 지정받는 경우에는 지정당시 재직증명서 　　를 첨부하여 지정을 받으면 2008.7.1 이후에 자격유예 여부를 재심사하지 않을 계획 4. 법인의 경우 – 법인 대표자가 아닌 대리인 신청 시 위임장
신규설치 요양시설	5. 개정규정(2008.4.4 이후)에 따라 설치 신고된 요양시설의 경우 사용자와 고용인 간의 직접 　근로계약을 증빙할 수 있는 근로계약서 사본 또는 건강보험 사업장 가입자 명부

※자료: 보건복지부(2010a)

1명당 6.6㎡ 이상의 공간을 추가로 확보하여야 한다)이 되어야 한다. 다만, 주·야간보호서비스와 단기보호서비스를 함께 제공하거나 사회복지시설에 병설하는 경우에는 공동으로 사용하는 시설의 면적을 포함하여 각각 90㎡ 이상이 되어야 한다.

- 이용자 1명당 침실 면적은 6.6㎡ 이상이고, 합숙용 침실 1실의 정원은 4명 이하이어야 한다.

재가노인복지시설은 다음과 같은 사업을 수행한다.
· 방문요양서비스
  - 방문요양에 관한 사항
    ㉠ 신체활동지원서비스: 세면도움, 구강관리, 몸 청결, 머리감기기, 몸단장, 옷 갈아입히기, 목욕도움, 배설도움, 식사도움, 체위변경, 이동도움, 신체 기능의 유지증진 등 신체에 관한 서비스
    ㉡ 가사활동지원서비스: 취사, 침실 및 주변정돈, 세탁 등 가사에 관한 서비스
    ㉢ 개인활동지원서비스: 외출 시 동행, 일상업무 대행 등 개인 활동에 관한 서비스
    ㉣ 정서지원서비스: 말벗, 격려 및 위로, 생활상담, 의사소통 도움 등 정서에 관한 서비스
  - 상담 및 교육에 관한 사항
    ㉠ 노인생활 및 신상에 관한 상담서비스
    ㉡ 장애노인 및 보호자의 교육
  - 노인결연에 관한 사항: 무의탁노인의 후원을 위한 결연사업
· 방문목욕서비스: 목욕준비, 입욕 시 이동보조, 몸 씻기, 머리말리기, 옷 갈아입

히기 등이며 목욕 후 주변정리까지 포함한다.

· 주·야간보호서비스

　- 생활지도 및 일상동작훈련 등 심신의 기능회복을 위한 서비스

　- 급식 및 목욕서비스 등

　- 노인가족에 대한 교육 및 상담

· 단기보호서비스: 급식, 치료, 그 밖에 일상생활에 필요한 편의를 제공하는 서비스

② 재가노인복지시설의 이용대상

재가노인복지시설의 이용대상자는 다음과 같다.

· 장기요양급여수급자

· 심신이 허약하거나 장애가 있는 65세 이상의 자(이용자로부터 이용비용의 전부를 수납 받아 운영하는 시설의 경우에는 60세 이상의 자로 한다)로서 다음 각

목에 해당하는 자
- 방문요양서비스: 가정에서의 보호가 필요한 자
- 주·야간보호서비스: 주간 또는 야간 동안의 보호가 필요한 자
- 단기보호서비스: 단기간의 보호가 필요한 자
- 방문 목욕서비스: 가정에서의 목욕이 필요한 자

(5) 노인보호전문기관

국가 및 지방자치단체는 노인학대 업무를 담당하는 노인보호전문기관을 설치 및 운영하여야 한다. 노인보호전문기관에 관한 업무내용은 다음과 같다.

· 노인학대의 예방 및 방지를 위한 홍보

· 학대받은 노인의 발견·상담·보호와 의료기관에의 치료의뢰 및 노인복지시설에
 의 입소의뢰
· 노인학대 행위자, 노인학대행위자로 신고된 자 및 그 가정 또는 업무·고용 등
 의 관계로 사실상 노인을 보호·감독하는 기관이나 시설 등에 대한 조사
· 노인학대 행위자에 대한 상담 및 교육
· 그 밖에 학대받은 노인의 보호를 위하여 필요한 사항 등이다.

노인보호전문기관의 지정절차는 다음과 같다.

보건복지부장관 또는 시·도지사는 「노인복지법」 제39조의5 제1항 단서의 규정에
의하여 다른 노인복지시설을 노인보호전문기관으로 지정하고자 하는 경우에는 지
정대상의 수, 지정기간, 신청절차 그 밖에 지정에 관하여 필요한 사항을 성한 노인
보호전문기관 지정운영계획을 미리 수립하여 이를 공고한다.

노인복지시설을 운영하는 자로서 노인보호전문기관으로 지정받고자 하는 자는
노인보호전문기관 지정신청서를 첨부하여 보건복지부장관 또는 시·도지사에게 제
출한다.
· 노인복지시설신고증 사본
· 노인복지업무 수행실적을 기재한 서류
· 노인보호전문기관 사업계획서
· 노인보호전문기관으로 사용하고자 하는 시설의 평면도
· 직원의 명단과 자격증 사본

「노인복지법」에서는 누구든지 다음에 해당하는 행위를 금지하고 있다.
· 노인의 신체에 폭행을 가하거나 상해를 입히는 행위

· 노인에게 성적 수치심을 주는 성폭행·성희롱 등의 행위
· 자신의 보호·감독을 받는 노인을 유기하거나 의식주를 포함한 기본적 보호 및
  치료를 소홀히 하는 방임행위
· 노인에게 구걸을 하게 하거나 노인을 이용하여 구걸하는 행위
· 노인을 위하여 증여 또는 급여된 금품을 그 목적 외의 용도에 사용하는 행위 등

노인학대 신고절차는 누구든지 노인학대를 알게 된 때에는 노인보호전문기관 또는 수사기관에 신고할 수 있다. 또한 다음 아래에 해당하는 자는 그 직무상 노인학대를 알게 된 때에는 즉시 노인보호전문기관 또는 수사기관에 신고하여야 한다.
· 「의료법」 제3조 제1항의 의료기관에서 의료업을 행하는 의료인
· 노인복지시설의 장 및 그 종사자
· 「장애인복지법」 제58조의 규정에 의한 장애인복지시설에서 장애노인에 대한 상
  담·치료·훈련 또는 요양을 행하는 자
· 「가정폭력방지 및 피해자보호 등에 관한 법률」 제5조 및 제7조의 규정에 의한
  가정폭력관련 상담소의 상담원 및 가정폭력피해자 보호시설의 종사자
· 「노인복지상담원 및 사회복지사업법」 제14조의 규정에 의한 사회복지전담공무
  원 등

1 노인복지시설의 사회화의 이론 중 정상화이론에 대한 비판과 대안을 제안하시오.

2 정부가 탈시설화와 지역복지 향상 관점을 추진하려는 취지를 설명하고 향후 과제를
제시하시오.

3 노인의료복지시설의 설치 신고서류를 작성하시오.

노인복지실천의 이해

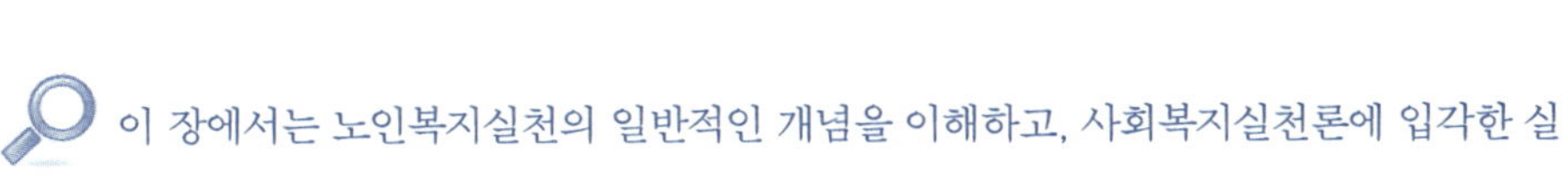

이 장에서는 노인복지실천의 일반적인 개념을 이해하고, 사회복지실천론에 입각한 실천의 의미를 살펴본다.

- 노인복지실천의 개념을 이해하고 실천방법의 구성을 파악한다.
- 노인복지실천의 방법론을 이해한다.
- 대상자에 따른 실천방법을 살펴보고, 실천방법에 따른 현안 문제점에 대해 논의한다.

사회복지에 대한 연구는 크게 사회복지 실천 관점에서의 미시와 정책 관점에서의 거시로 나누어 발전해왔다. 미시영역인 사회복지 실천도 다양한 접근방법으로 클라이언트의 문제와 욕구를 해결하기 위하여 노력해왔다.

이 장에서는 먼저 사회복지실천에 대한 개념을 개괄적으로 살펴보고, 사회복지 실천분야에서 노인복지실천 관점에서의 개념을 살펴보고, 노인복지실천의 방법론을 설명하고, 대상자에 따른 실천방법을 제시하고, 이들의 현안 문제점을 제시하고 논의하고자 한다.

1. 노인복지실천방법의 개론

1) 노인복지실천의 개념

사회복지실천이란 개인, 집단, 가족 및 지역사회의 문제 및 욕구에 대해 사회적 적응과 사회적 기능향상을 클라이언트 스스로 해결해 나갈 수 있도록 도와주는 전문적인 활동이나 서비스를 의미한다. 노인복지실천은 사회복지의 대상자 범위를 노인이라는 대상으로 국한하여 사용할 수 있겠다.

사회복지실천은 "개인, 집단, 또는 지역사회가 사회기능을 향상하도록 자신들의 능력을 회복하거나 증진하고, 자신들의 목표달성을 위한 사회조건을 창조하도록 돕는 전문적인 활동"이라 정의한다(NASW, 1973). 사회복지실천에 대한 용어의 역사를 살펴보면, 1915년 리치몬드Richmond의 『사회진단서』 "사회사업이란 개인의 개선과 동시에 사회의 개선을 달성하기 위해서 각자 개성이 다른 사람들과 더불어 또한 그 사람들을 위해서 협력하여 일하는 기술이다"라고 최초로 정의하였다. 이는 사회복지 목적을 개인의 욕구충족이나 사회규범의 적응으로 보는 미시적 견해였으며, 이후 사회문제 해결, 사회개혁을 강조하는 거시적인 견해의 이론적 대립에 따라 다양하게 제시하였다. 1958년 미국사회복지사협회National Association of Social Workers, NASW 정의에 의하면 "사회사업실천은 인간과 사회환경의 부조화로 나타나는 개인이나 집단의 문제를 해결하거나 최소화하며 이러한 문제를 미리 예방하여 개인, 집단, 지역사회의 잠재력을 최대화하는 것을 목적으로 하는 원조활동이다"라고 정의하였다. 이때부터 개인의 사회적 기능을 향상하기 위한 활동으로 정의하기 시작하였다. 여기에서 사회적 기능향상이란 모든 사람들이 발달단계에 따른 자신의 다양한 역할이나 과업을 잘 수행하는 것이며, 개인 스스로가 자신에 대한 존엄성을 믿고 긍정적이고 만족한 대인관계를 유지하도록 하는 것이다. 이후 1960년대부터 임상사회사업clinical social work, 일반적 사회사업generalist social work 혹은 전문적 사회사업specialist social work으로 구분하여 발전해오고 있으나, 인간과 사회환경 간의 상호작용을 중시하고 개인, 가족, 집단의 사회적 기능을 향상하는 사회복지실천 개념은 크게 달라지지 않는다.

한편 사회복지실천가는 클라이언트 체계수준에 따라, 미시석 수준micro level, 중간적 수준mezzo level, 거시적 수준macro level으로 구분하여 그 수준에 맞는 전략을 채택하여 사용하고 있다. 또한 1980년대 생태체계적 관점과 1990년대 강점 관점을 도입하면서 보다 체계적이고 포괄적으로 사회복지실천을 정의하였다. 즉 1982년 NASW는 사회복지실천을 생태체계적 관점에 기초하여 개인, 집단, 가족이 자신들의 문제해결 능력과 대처능력을 향상하고 인간이 필요로 하는 사회자원, 서비스, 기회 등의 환경체계가 원활하게 상호작용할 수 있도록 도와주며 자원과 서비스를 제공하는 다양한 사회복지기관이나 조직이 클라이언트에게보다 좋은 서비스를 제공할 수 있도록 효과적, 효율적 운영을 추구하며 새로운 사회정책의 개발과 향상을 목적으로 하는 실천 활동이라 정의한다. 최근 정의로는 1994년 미국사회복지교육협회Council of Social Work Education, CSWE가 사회복지 교육과정을 제시하며 "사회복지실천은 인간의 삶의 질을 향상하고 빈곤과 억압을 감소하기 위해 공적인 영역과 사적인 영역으로부터 권한을 위임받아 다양한 분야에서 사회적 서비스를 제공하는 것이며 사회적 기능향상과 사회경제적 정의를 실현하기 위해 정부나 민간에서 다양한 사회복지서비스를 제공하는 것이다" 정리한 개념으로 현재 보편적으로 인용되고 있다.

이상에서 정의한 사회복지실천이 포함하고 있는 공통적인 개념들은 사회복지실천은 인간과 사회환경 간의 상호작용에서 나타나는 욕구와 문제들을 해결하는 구체적인 실천활동을 강조하고 있으며 사회복지실천의 대상자가 개인, 가족, 집단, 조직, 지역사회임을 명시하고 사회복지실천의 목적으로 개인의 사회적 기능향상과 사회정의의 실현을 규정하는 것이라고 할 수 있다. 사회복지실천은 인간 삶의 질을 향상하려는 사회복지의 목적을 위해서 사회복지의 이념과 가치를 토대로 사회복지실천가가 제공하는 다양하고 전문적인 실천활동을 의미한다. 즉 개별사회사업, 집단사회사업, 지역사회조직 방법론을 포함하는 통합적 실천방법 외에 사례관리기법, 위기개입방법을 활용하는 전문적이고 종합적인 실천활동을 의미한다. 따라서 사회복지실천은 개인, 집단, 가족, 지역사회를 대상으로 이들의 문제와 욕구를 스스로 해결하도록 돕고 이들의 사회적 기능을 향상하고 배분적 사회정의를 실현하는 것을 목적으로 하는 실천활동이라고 정의할 수 있다.

2) 사회복지실천의 구성요소 및 본질

Perlman(1957; 1972)은 사회복지실천의 구성요소를 문제problem, 사람person, 장소place, 과정process 등 4P로 정의하였다. 즉 주어진 과정에 따라 문제가 있는 사람이 전문적인 서비스를 제공하는 장소에서 서비스를 제공받는 것을 말한다. 그는 후에 전문가(사회복지사)professional, 제공물(유형 및 무형의 서비스)provision 등 2P를 추가하였다. 이러한 사회복지실천의 구성요소에 따른 NASW에서 분류한 사회복지실천의 본질은 다음과 같다.

(1) 사회복지실천의 가치관

사회복지 전문직의 기본적 가치는 인간 존엄성과 사회정의 실현에 있다. 사회의 개인들은 서로 의존적인 관계에 있으며, 사람들은 서로에 대한 사회적 책임이 있다. 또한 사람들에게는 공통적인 인간적인 욕구가 있는 동시에 각 개인은 본질적으로 독특하며 타인과 다른 점을 지니고 있다. 민주사회의 속성은 각 개인이 최대한의 잠재력을 실현하는 것이며 능동적인 사회참여로서 그에 대한 사회적인 책임을 가지는 것이다. 사회는 자기실현의 장애를 극복하거나 예방할 수 있는 방법을 제공할 책임이 있다.

(2) 사회복지실천의 목적

개인과 환경 간의 상호작용을 증진하는 데 있다. 1979년 NASW가 주관한 시카고 회의에서 사회복지실천 목적을 "모든 사람의 삶의 질 향상을 위해 개인과 사회가 서로 유익한 상호작용을 촉진 또는 회복시키는 것"으로 정의했다. 모든 사람의 삶의 질을 향상, 소외받는 사람 없이 구성원 모두를 위해 사회적 정의를 실현해야 하고, 모두가 사회 가용자원 및 기회에 공정하게 접근 가능하도록 보장해야 하며 사회는 취약계층을 위해 권리를 찾아주는 활동(지지, 옹호활동, 권능부여활동, 전문직협의회 활동 등)을 펼치는 것은 물론 사회적 기능 향상을 위해 노력 개인, 집단뿐 아니라 주변의 사회적·물리적 환경 개선을 통해 개인과 환경의 상호작용을 촉진하며, 역기능이 발생하기 전 취약계층을 대상으로 예방적 서비스를 제공함으로써, 질환 없이도 사회적 역기능을 경험하고 있는 사람들에 관한 개입이 필요하다. 또한 대인관계 어려움, 사회적 역할의 불이행, 자신감 결여 등으로 사회적 고립을 경험하고 있는 사람들에 관해서는 대인관계 기술을 습득하고 자신의 역할을 제대로 수행할 수 있도록 사회적 자신감을 갖도록 도와주는 것이다. 이상에서 제시한 사회복지실천 목적을 위해 사람들은 다음의 믿음을 가진다. 개인을 둘러싼 사회환경은 개인의 모든 잠재력과 소망의 최대 실현에 필요한 기회와 자원을 제공해야 하며 개인의 곤궁과 고통을 감소하기 위해 기본적으로 필요한 것들을 공급해야 한다. 각 개인은 자신의 행복, 자기 주변의 타인의 복지, 전체 사회의 복지를 위해 최대한 효과적으로 기여해야 한다. 개인과 개인 주변의 타인과의 교류는 모든 당사자들의 존엄, 개성 및 자기결정을 향상하는 방향으로 진행해야 한다.

(3) 사회복지실천의 인정과 전문직으로서의 사회사업

모든 전문직은 체계적 이론, 권위, 지역사회의 인가, 윤리강령, 전문적 문화를 갖추어야 한다. 다음과 같은 측면에서 사회사업이 전문직의 속성을 갖춘다. 요구되는 기술을 일관성 있는 이론의 체계로 조직화할 수 있는 지식의 보고에 바탕을 둔다. 사회사업도 과학적인 연구방법을 통해 새로운 이론을 구성하려고 연구하고 있으며 일반적으로 동의되고 있는 지식기반을 개발하고 있다. 사회발전을 위한 권한을 인간의 안녕과 지역사회 이익을 위해서만 발휘해야 하며 자신을 위해 사용하지 말아야 하고, 인간욕구와 관심사에 반응하는 관계로 클라이언트 권리를 보호해야 하며, 일정한 연한을 지닌 교육, 시험제도, 자격증, 등록증, 면허증을 통한 행동규제 등을 겸비한 사람만이 전문적 지식을 실천토록 권리를 제재하고 있다.

(4) 사회복지실천에 필요한 지식

인간에 관한 지식이나 절대적인 지식은 없으며 항상 예외성이 존재할 수 있다. 사회복지실천은 심리학, 사회학에서 도출되었으며 인본주의적 요소, 신념 등으로 인해 거부하는 태도도 있으나 전문화됨에 따라 사회복지실천 자체에 지식기반을 두고 공통적으로 수용할 수 있는 개념과 준거 틀을 찾고, 실천에 대한 가설을 검증하고 표준적 조사방법을 통해 실천을 평가하고 타당성을 확보하는 데 관심을 기울여 조사가 유용하다는 것을 발견하게 된다. 사람들은 조사결과를 활용하고 조사에 참여하게 되며 이는 사회복지 지식 증대를 가져오게 된다. 사회복지 지식은 인간과 사회체계에 관한 것이며 다양한 학문을 응용한 것인 만큼 광범위하여 필요한 지식을 선정하고 제한하는 방식이 필요하고, 필요한 지식은 인간발달과 행동에 관한 지식, 인간의 의사소통의 다양한 방법을 이해, 집단의 과정 이해, 개인, 집단, 지역사회 행태에 문화적 요인이 어떤 의미와 영향을 주는지에 대한 이해, 인간관계에 대한 이해, 지역사회의 본질에 대한 이해, 자신에 대한 지식 측정, 관계형성, 개입방법 등 개입과정에 관한 지식, 조직행위와 기관의 행정적 과정, 정치적 과정 일반적 조사방법과 프로그램 평가방법 등이 있다.

(5) 사회복지실천의 기본적 방법론

가치관과 지식을 바탕으로 활동을 전개해가는 절차를 체계화한 것이다. 개별사회사업, 집단사회사업, 지역사회개발 내지 지역사회조직사업을 들 수 있다. 그러나 모든 문제는 통합적으로 적용되어야 하며 사회적 정의구현이 일반적인 실천방법이며 이는 기법과 기술 양면성을 지닌다.

2. 노인복지실천 접근방법

이 장에서는 사회복지실천의 대표적 접근방법의 하나인 개인, 가족, 집단을 대상으로 한 실천의 개념과 특징을 알아보고, 개별 클라이언트의 심리내적·대인적·사회환경적 문제에 개입할 때 효과적으로 활용되는 실천기술을 개입과정을 중심으로 살펴보고자 한다.

1) 개인대상의 실천 접근방법

(1) 개인대상 사회복지실천의 개념

전통적으로 사회복지실천의 개입방법은 개입하는 클라이언트 체계의 수준에 따라 개인을 대상으로 한 개별지도, 집단을 대상으로 한 집단지도, 지역사회를 대상으로 한 지역사회조직으로 분류되어 왔다. 개인과의 일대일 관계를 통해 이루어지는 접근방법은 개별지도 또는 개별사회사업이라고도 하며, 대부분의 사회복지실천 현장에서 가장 빈번하게 활용되는 접근방법으로 알려져 왔다. 리치몬드(1922)는 개별사회사업을 "개인과 사회환경 간의 개별적인 의식적 조정을 통해 인격발달을 도모하는 과정"으로서 정의하고 있다. 개인에 대한 심리내적 적응과 개입을 강조하던 초기 개별사회사업의 경향은 사회환경적 개입의 중요성이 점차 강조되면서 상호관계적인 기능과 상황적 문제에 관심을 갖게 된다. 이에 따라, 개인의 문제를 사회적 환경과의 관련성 속에서 삶의 문제problem in living로 이해하고 다양한 수준에 체계적으로 개입하는 것을 강조하는 시각과 방법이 요구되었다. 생태체계적 관점에 기초한 통합적 접근은 이러한 개별사회사업의 개념적 변화에 중요한 영향을 미치게 되었으며, 이에 따라 진단주의 입장에서의 심리치료적 기능의 직접적 개입을 중시하던 '개별지도'casework 라는 용어보다는 기능주의 입장에서의 서비스 개입대상으로서의 개인을 강조하는 '개인대상의 실천'work with individuals을 보다 일반적인 용어로 사용하기 시작하였다(Germain, 1979).

개별 클라이언트의 문제에 대한 전문가의 개입 유형은 크게 대면적 접촉을 통해 서비스를 제공하는 직접 실천과 자원연계나 환경적 조정과 같은 개입을 하는 간접

실천으로 나누고 있다. 직접 실천direct practice은 임상사회사업clinical social work 분야에서 클라이언트와의 면접이나 상담을 주로 활용하여 접근하는 반면, 간접 실천indirect practice은 지역사회복지기관과 같은 곳에서 클라이언트의 주변체계에 개입하여 사회지지체계나 관련자원들을 활용하는 방법이다.

개인대상 사회복지실천의 특징은 다음과 같다.

첫째, 클라이언트 체계의 특징으로서, 개인대상의 사회복지실천은 1인의 클라이언트 체계를 중심으로 개별 클라이언트가 갖는 문제에 초점을 두고 클라이언트와의 개별화된 원조과정을 진행하는 특징이 있다.

둘째, 클라이언트의 문제를 해결하기 위해 클라이언트와 사회복지사와의 전문적 관계를 도구로서 활용한다는 특징이 있다.

셋째, 개인의 적응과 변화를 위한 다양한 모델과 개입방법을 활용하는 것이다.

(2) 개인을 대상으로 한 실천기술

Barker(1995)는 사회복지사의 실천기술을 대화나 클라이언트의 문제, 욕구, 능력 등에 대한 사정, 자원개발과 사회구조를 변화하는 데 있어서의 숙련성이라고 정의하고 있으며, 개인을 대상으로 하는 실천기술의 종류를 다음과 같이 정의했다.

① 기초적인 실천기술
가. 자기이해에 필요한 기술

사회복지사의 자아인식self-awareness은 클라이언트와의 관계 속에서 자신을 책임성 있게 의도적으로 통제하고 활용하는가의 문제와 관련된다. 따라서 사회복지사가 자신의 과거와 현재의 상황을 인식하고 이해하는 것은 개인으로서뿐 아니라 전문가로서의 역할을 수행하는 데에도 중요한 요소가 된다. 가족의 영향력을 인식하는

한 방법으로서 가족구성원의 특성이나 사건, 가족관계 등을 도식화한 가계도genogram
를 활용하기도 한다. 개인을 둘러싼 사회적 상황을 이해하는 데 유용한 도구로서 활
용되는 생태도eco-map는 가족에 대한 전체적인 상황을 알려줄 뿐 아니라 가족구성원
과 외부세계와의 에너지의 흐름도 나타내며, 변화가 필요한 부분을 알려주는 기능
을 한다. 또한 이 기술은 사회복지 전문직에 대한 동기 사회복지의 기본적인 목적
과 가치를 수용하며 자신이 사회복지 전문직에 적합한 특성과 자질, 열의를 갖추고
있는가를 검토하는 것이 중요하다.

자기이해에 필요한 기술은 다음과 같다.

첫째, 클라이언트에 대한 인식이다. 사회복지사는 개입하는 대상에 대한 자신의
느낌이나 클라이언트의 문제에 대한 개인적인 경험이나 생각 등을 살펴보고 이를
다양한 측면에서 검토하는 것이 필요하다.

둘째, 타인에 대한 수용acceptance of othrers이다. 타인에 대한 수용이란 자신과 다른 외
모나 배경, 태도, 행동 등을 가진 사람들을 있는 그대로 받아들이고 나름대로의 가
치를 인정하는 것이다.

셋째, 자아존중감self-esteem이다. 자아존중감은 자신에 대한 견해나 느낌을 의미하
는 것으로 높은 자존감은 자신에 대해 긍정적이고 수용적이며 지지적이어서 일상
생활에서 겪는 다양한 스트레스로부터 완충작용을 한다. 반면, 부정적이며 낮은 자
존감은 자신에 대해 왜곡되고 비현실적이며 수용적이지 못하기 때문에 내적·외적
으로 스트레스에 취약하게 된다.

나. 윤리적 의사결정을 위한 기술

사회복지실천에서 이루어지는 모든 일들은 전문가의 윤리와 책임이라는 관점에
서 우선적으로 검토해야 한다. 윤리적 의사결정ethical decision making을 위해 사회복지사는

모든 원조 전문직에 적용되는 기본적인 법적 의무를 이해하며, 사회복지실천의 가치와 윤리강령을 이해해야 한다. 또한 특정 사회복지현장이 갖고 있는 윤리적 원칙과 법적 의무규정 등을 살펴보고 합리적인 근거와 적절성을 검토한다.

윤리적 의사결정을 위한 기술은 다음과 같다.

첫째, 법적 책임에 대한 이해이다. 사회복지사는 자신이 일하는 실천현장에서 빈번히 발생하는 직무과실의 사례들을 파악하고 관련된 법적 규정 등에 대해서도 알아둘 필요가 있다.

둘째, 사회복지의 기본적 가치와 윤리에 대한 이해와 윤리적 의사결정이다. 사회복지사협회 등에서 제시하는 전문가 윤리강령the code of ethics은 사회복지의 기본적 가치와 일치되는 윤리적 준거 틀을 제공하고 있다. 그러나 일반적인 전문가의 윤리적 책임과 윤리강령에 대한 이해뿐 아니라 사회복지사는 특정 상황을 고려하고 이에 적합한 윤리적 원칙이나 법적 의무를 결정할 수 있는 기술을 갖춰야 한다. 만약 사회복지사가 의사결정을 상황에서 윤리적 딜레마에 빠지는 경우에는 특정 사례에 적용되는 윤리적 원칙들을 검토하고 관련된 원칙들 간의 우선순위를 정하는 것이 중요하다.

다. 대인관계의 기술

대인관계의 원조기술은 모든 대인적 업무를 다루는 전문가에게 기본적으로 요구되는 기술이다. 특히, 사회복지사와 클라이언트와의 전문적 관계는 사회복지실천 과정의 기초로서 효과적인 개입 여부를 결정짓는 중요한 요소가 된다.

대인관계의 기술은 다음과 같다.

첫째, 대화의 기술이다. 대화의 기술은 클라이언트와의 언어적·비언어적 의사소통을 포함하는 것으로, 클라이언트의 언어적·비언어적 표현을 이해하고 해석하며 클라이언트의 의사표현을 보다 명확히 하도록 도와주는 것이다.

둘째, 관계형성의 기술이다. 문제해결의 중요한 도구로서 활용될 수 있는 클라이언트와의 관계형성을 위해 사회복지사는 자신을 의식적으로 활용하는 것이 필요하다. 사회복지사에게 필요한 원조관계의 기술에는 감정이입empathy, 존경심respect, 구체성concreteness, 진실성genuineness, 즉각성immediacy, 자아노출self-disclosure, 따뜻함warmth, 직면confrontation 등이 있다(Cormier & Cormier, 1991).

② 문제해결을 위한 실천기술

사회복지실천기술은 실천과정을 통한 전문적인 사회복지사의 역할에 따라 수행되며, 사회복지사가 이러한 역할을 수행해 나가기 위해서는 의도적인 변화과정 또는 단계와 절차를 가진다. 이러한 과정에 대해 여러 학자들은 여러 가지의 분류와 명칭을 제시하고 있으나, 일반적으로 초기 단계, 사정 단계, 개입 단계, 평가와 종결 단계로 구분한다(전재일, 1982; Johnson & Yanca, 2001).

가. 초기 단계

전통적인 문제해결 과정에서 상대적으로 소홀히 다루어져 왔던 클라이언트와의 첫 만남을 준비하는 일은 앞으로의 관계 지속 여부와 방향을 결정하는 중요한 일이다. 구체적인 초기 단계beginning phase의 기술을 살펴보면 다음과 같다.

첫째, 초기 접촉 이전에 기관이나 사회복지사에게 주어진 정보를 검토하고 점검하는 기술은 중요한 기초정보 파악을 도와주며 클라이언트에게 이미 제공된 정보에 대해서는 반복적으로 제공하지 않도록 함으로써 시간을 절약하게 된다.

둘째, 초기 면접자나 의뢰인, 이전에 사례를 담당했던 직원 등으로부터 클라이언트(이름, 연령, 연락처, 주소, 기타 인적사항 등)와 문제상황(문제의 특성, 심각성,

위급성, 활용 가능한 자원 등)에 관해 알아보는 기술이 필요하다. 이러한 초기의 탐색을 통해 타인으로부터 얻은 정보는 클라이언트의 견해와는 다를 수 있으며 객관적인 정보이기보다는 의견이라는 것을 인식하며 섣불리 선입견이나 가정을 하지 않도록 주의할 필요가 있다.

셋째, 클라이언트와의 첫 만남이 이루어지기 전에 슈퍼바이저나 동료로부터 조언을 구하는 기술이 필요하다.

넷째, 면접을 방해하는 요소를 사전에 차단하고 의사소통을 원활히 하기 위해 첫 만남을 구체적으로 준비하는 것이 필요하다. 사회복지사는 약속시간을 정하고, 적절한 시간과 장소를 확정지으며, 면접장소의 분위기나 가구배치뿐 아니라 자신의 외모 등도 점검한다.

다섯째, 직접적인 대면접촉이 일어나기 전에도 예상되는 클라이언트의 문제와 상황에 대한 공감적 이해가 가능하다. 서비스를 찾게 된 배경이나 클라이언트의 동기, 초기에 느낄 수 있는 클라이언트의 생각이나 감정, 관련된 이슈 등에 대해 클라이언트의 입장에서 생각하는 기술이 필요하다. 사전 공감은 직접적인 만남 이전에 이루어지기 때문에 잠정적이며 클라이언트와의 직접적인 의사소통에 따라 바뀔 수 있다.

여섯째, 효과적인 면접을 위해 사회복지사는 클라이언트와 만나기 이전부터 면접의 목적이나 동기, 방향성, 예상되는 결과, 전문가의 역할, 질문의 내용과 과정 등에 관한 임시계획을 세우게 된다.

또한 클라이언트의 첫 만남으로부터 시작되는 초기 단계에서는 모임이 긍정적이며 생산적이라는 확신을 들게 하는 기술이 필요하다. 초기 단계와 연결되는 탐색 단계에서는 필요한 정보를 수집하고 클라이언트-문제-상황에 대한 보다 많은 이해를 얻는 것이 필요하다. 탐색 단계에 있는 사회복지사는 클라이언트의 사고나 감정, 서비스를 요청하게 된 주요 관심사나 상황 등에 대해 클라이언트와 공유할 수 있도록 격려하는 기술이 필요하며, 이때 탐색, 명확화, 반영, 세분화, 이해와 공감 등의 구체적인 탐색기술을 활용할 수 있다.

나. 사정 단계

사정 단계assessment phase에서 요구되는 기본적인 기술은 첫째, 기술적 정보를 정리하는 것이다. 클라이언트의 상황을 명확히 이해하고 실천과정에 대한 개입의 초점과 방향을 구체화함으로써 클라이언트에 관해 수집된 자료에 대한 체계적인 이해가 가능하도록 하는 기술이다. 둘째, 임시적인 사정 틀을 구성하는 것이다. 사정을 통해 사회복지사와 클라이언트는 문제상황에 영향을 주는 요소들에 대해 이해하게 된다. 문제를 정의하고 주요 클라이언트 체계를 결정하고, 개입과정에 참여하게 되는 체계들을 명확히 하고 목표를 설정하고, 결과를 예측하기도 한다. 또한, 개입과정에 발생할 수 있는 위험요소나 장애요소, 자원이나 강점을 찾아보고 문제해결에 활용될 수 있는 전략을 살펴볼 수 있다.

계약 단계contracting phase는 별도로 구분될 수도 있고 사정 단계의 마지막에 포함할 수도 있고 개입 단계에 포함할 수도 있다. 이 단계에서는 클라이언트의 상황과 관련된 문제들에 대한 사정을 기초로 구체적인 목표와 개입 프로그램, 방법 등에 대한 실행과 평가계획을 세우고 합의하는 데 필요한 기술이 요구된다. 따라서 계약 단계에서는 문제에 관한 상호이해를 통해 문제를 구체화하고 목표를 설정하며, 효과적인 접근방법을 개발하며, 단계적 행동방법을 구상하고, 평가계획을 세우는 실천기술을 필요로 한다.

다. 개입 단계

개입 단계intervention phase에서 문제해결을 위한 접근 시 필요한 실천과정의 기술이 이루어진다.

상담과 지지적 기술 이외에도, 사회적 기능을 향상하는 데 필요한 자원, 서비스, 정보 등을 제공하는 체계들을 연결하는 사례관리의 기술, 권리를 잃고 소외된 약자들이 기회를 얻고 서비스체계가 이들의 욕구에 적절히 반응하도록 옹호하는 기술, 기존의 지역사회서비스 및 자원체계의 개선과 향상을 위해 개입하는 기술 등이 개인을 위해 개입하는 사회복지사에게 필요하다.

라. 평가와 종결 단계

평가 단계evaluating phase에서는 목적달성을 위해 진행해온 지금까지의 과정을 다양한 평가방법을 통해 검토하게 된다. 종결 단계ending phase에서는 최종평가와 함께 원조관계를 끝내는 데 대한 클라이언트의 반응과 종결소감을 공유하는 것이 중요하며, 종결이 된 후 기록을 남기는 것이 필요하다.

2) 가족대상 실천기술

가족을 대상으로 실천하는 사회복지사는 가족을 공간과 시간의 관점에서 이해할 필요가 있다. 가족을 공간의 관점에서 이해한다는 것은 가족을 하나의 사회체계로 이해하는 것이다. 즉 가족은 개별 성원들로 이루어진 상위체계임과 동시에 확대가족, 지역사회, 문화 등과 지속적으로 상호작용하는 하위체계로 이해하는 것이다.

(1) 개입 단계 이전에 주로 적용되는 실천기술

① 관계형성

가족 성원들은 이미 오랜 기간에 걸쳐 관계 유형을 발전시켜 왔으므로, 사회복지사는 가족이 있는 곳에 합류joining할 필요가 있다. 가족과 합류한다는 것은 가족을 수용하고 가족에게 적응함으로써 가족의 신뢰를 얻는 것을 의미하며, 가족과 합류하기 위해서는 무엇보다 가족구성원들의 이야기를 경청하는 것이 중요하다.

② 가족 사정

가족 사정 단계에서 적용되는 실천기술은 다음과 같다.

첫째, 가족이 제시하는 문제에 대해 사정한다.

둘째, 생태학적 사정으로 가족의 기본적 욕구를 충족하고 있는지, 가족과 환경체계들 간의 경계는 어떠한지, 환경체계들과의 관계에서 개별 성원들 간의 차이가 있는지, 가족과 사회복지사 혹은 기관과의 관계는 어떠한지에 대해 탐색한다.

셋째, 세대 간 사정으로서 확대가족과 어떤 관계를 가지는지, 여러 세대에서 반복되는 가족의 유형, 관계, 문제 등은 무엇인지 등에 대해 탐색한다.

넷째, 가족 내부에 대한 사정으로서 가족의 구조와 기능, 의사소통, 가치, 신념체계 등에 대해 탐색한다. 먼저, 가족의 구조와 기능과 관련하여 가족 내 하위체계가 적절한 기능을 수행하고 있는지 평가한다.

③ 생태도 작성과 분석

생태도ecomaps는 가족과 환경체계들과의 관계를 이해하기 위한 도구로서 가족과 체계들 간의 자원 교환, 에너지의 흐름, 스트레스와 관련된 지료, 중재해야 할 갈등, 메워야 할 간극, 활성화해야 할 자원 등을 시각적으로 나타낸다. 생태도는 가족 전체와 환경체계들과의 관계뿐 아니라 개별 성원들과 환경체계들과의 관계도 나타낸다. 사회복지사와 가족은 생태도를 다음의 세 가지 차원에서 분석한다.

첫째, 생태학적 환경에서 가족을 전체적으로 이해한다.

둘째, 가족과 환경과의 경계에 대해 이해한다.

셋째, 가족 내부에 대해 이해한다.

④ 가계도 작성과 분석

가계도genograms는 가족 내 역동을 이해하거나 가족이 여러 세대에 걸쳐 발전시켜 온 가족 역할, 유형, 관계 등을 가족과 함께 비위협적이고 상호적인 방법으로 살펴 보기 위한 도구로 사용된다. 가계도에는 기본 가족 구성과 구조를 나타내는 상징들, 상호작용 유형, 가족병력, 기타 가족에 관한 정보(종교, 교육, 직업, 병무, 법적 문제, 신체적 혹은 성적 학대, 약물 남용 등)를 포함한다. 사회복지사와 가족은 작성한 가계도를 다음의 네 가지 차원에서 분석한다.

첫째, 가족의 구성과 구조를 분석한다.

생태도 작성방법
· 가족을 표현하는 원을 중앙에 그려 클라이언트와 그 가족을 표시한다.
· 가족이 일상적으로 상호작용하는 관련된 주변환경체계(직장, 병원, 학교, 친구, 사회복지, 오락, 확대가족원, 보호관찰소 등)는 중심 원 주변에 각각의 원으로 표시한다.
· 가족과 환경체계의 관계를 다양한 선으로 표현한다.
· 가족 및 관련 체계 사이의 자원 및 의사소통 교환인 에너지의 직접적인 흐름의 방향은 화살표로 나타낸다.

둘째, 가족의 생애주기를 분석한다.

셋째, 세대 간 유형의 반복이 있는지 분석한다.

넷째, 가족구성원들의 역할과 기능에서 균형이 이루어지는지 분석한다.

(2) 개입 단계에 주로 적용되는 실천기술

① 환경적 개입

가족이 주변 환경단체들과의 상호작용을 통해 필요한 자원과 지지를 확보하지

가계도 작성방법

· 보통 여성은 원으로, 남성은 네모로 표시한다.

· 네모나 동그라미의 이중 테두리는 개인 클라이언트를 표시한다.

· 동일세대의 가족구성원은 수평선으로 그린다. 즉 수평선은 결혼이나 관습법적 관계를 표시한다.

· 결혼하여 생긴 자녀는 부모의 수평선 바로 밑에 수직선으로 연결한다.

· 수직선은 결혼 및 자녀를 나타내는 다른 원과 사각형에까지 연장해서 그린다.

· 자녀는 연장자부터 연소자로 나이 순서에 따라 왼쪽에서 오른쪽으로 나열한다.

· 각 개인은 현재 그 가정에서 살고 있는지, 생존자인지와 무관하게 가계도 상에서 명확히 필요한 지점에 표시해야 한다.

· 가족구성원의 이름과 연령은 네모나 원 안에 표기한다. 바깥쪽에 중요한 정보들을 문자로 기록한다.
  예 "입원", "학교중퇴"

· 가족구성원이 사망하였다면 사망연도, 사망연령, 사망원인을 기록한다.

· 사망, 이혼 및 재혼 등과 같은 중대한 사건을 표시하고 재발된 행동양식을 나타내기 위한 다른 기호 또는 문자 해설을 포함한다.

· 가족성원이 가계도 그리는 것에 거부감을 보일 경우 이를 존중해야 한다.

못하는 경우, 사회복지사는 가족의 사회환경을 변화하기 위한 환경적 개입을 계획한다. 환경적 개입에서는 존재하지 않는 자원들과 지지를 개발하고, 존재하지만 작용하지 않는 자원들과 지지를 활성화하며, 경미하게 작용하는 자원들과 지지를 강화하는 데에 초점을 맞춘다. 특히 가족에게 필요한 자원과 지지를 제공하기 위해 사회복지사는 옹호자의 역할을 수행한다.

② 세대 간, 가족 내부의 변화를 위한 개입

가족 세대 간 혹은 가족 내부를 변화하기 위한 개입기술과 기법은 다음을 포함한다.

가. 탈삼각화

보웬에 따르면, 성원들의 분화가 이루어지지 않은 가족일수록 두 성원들 간 불안수준이 높아지면 다른 성원을 끌어들여 삼각관계를 형성한다. 탈삼각화detriangulation 란 두 성원들의 감정 영역에서 제3의 성원을 분리하는 과정이다.

나. 가족조각

경험적 모델에서 주로 사용하는 가족조각family sculpture 이란 성원들이 가족에 대해 어떻게 인식하고 있는지를 시각적으로 표현함으로써 가족에 대한 이해를 돕기 위한 기법으로서, 가족원들이 공간적으로 스스로 위치하여 가족관계를 몸으로 표현하면서 하나의 상황을 표현하는 것으로 가족동맹을 표현하고, 역기능적 가족연합을 보여주고 관계를 재조정해야 함을 인식하는 데 매우 효과적인 기법이며, 사회복지사의 도움으로 가족들은 자신의 가족구조에 대해 논의하게 되는데 이러한 논의로써 가족은 기존의 가족연합을 바꾸고자 한다.

다. 가족그림

역시 경험적 모델의 기법으로서 가족그림family drawing이란 가족성원들에게 자신이 느끼는 대로 자유롭게 가족에 대해 그림을 그리도록 하는 기법이다.

라. 경계 만들기

구조적 기법으로서 경계 만들기boundary making는 가족 내 하위체계들 간의 경계가 지나치게 유리되거나 밀착된 경우에 유리된 경계는 보다 가깝게 하며, 밀착된 경계는 어느 정도 거리를 두도록 만드는 것이다.

마. 균형 깨뜨리기

역시 구조적 기법으로서 균형 깨뜨리기unbalancing는 가족 내 하위체계들 간의 역기능적 균형을 깨뜨리기 위한 기법이다.

바. 역설적 지시

전략적 기법으로서 역설적 지시paradoxical directives는 문제를 유지하는 연쇄를 변화하기 위해 가족이 역설적이라고 생각하는 행동, 즉 문제행동을 유지하거나 혹은 강화하는 행동을 오히려 수행하도록 지시하는 기법이다.

사. 순환적 질문하기

순환적 질문하기circular questioning는 가족성원들이 문제에 대해 제한적이고 단선적인 시각에서 벗어나 문제의 순환성을 깨닫도록 돕기 위한 질문을 연속적으로 하는 기법이다.

아. 재구성

가족실천 전략적 기법으로서 재구성reframing은 가족성원들이 문제 혹은 이슈를 다른 시각에서 보도록 혹은 다른 방법으로 이해하도록 돕는 것을 의미한다.

자. 긍정적 의미부여

전략적 기법으로서 긍정적 의미부여positive connotation는 가족의 응집을 향상하고 치료에 대한 저항을 줄이기 위한 목적으로 가족의 문제나 행동을 긍정적으로 재해석하는 기법이다

차. 기적질문과 예외질문 하기

가족은 기적질문mircle question을 통해 문제해결 마인드를 가질 수 있을 뿐 아니라 기적이 일어났을 때 달라질 수 있는 일들을 실제로 수행함으로써 문제를 해결하기 위한 노력을 하게 된다. 예외질문exception question은 가족이 현재 가지고 있는 문제를 가지

지 않았던 때에는 지금과 어떻게 달랐는지를 탐색하도록 함으로써 이런 '예외'를 확장하기 위해 가족이 무엇을 해야 할지에 대한 단서를 찾도록 하는 질문이다.

카. 역할연습

역할연습role playing은 두 가지 방법으로 활용한다.

첫째, 사회복지사가 한 가족성원에게 다른 가족성원의 역할을 수행해보도록 요청함으로써 다른 성원의 느낌과 행동을 다른 성원의 시각에서 경험하도록 돕는다.

둘째, 사회복지사가 성원에게 자신의 역할을 수행하지만 이전과는 다르게 행동해보도록 요청함으로써 실생활에서 겪을 수 있는 위험에 대한 부담이 없는 상황에서 새로운 행동을 학습하도록 돕는다.

(3) 평가 및 종결 단계에 주로 적용되는 실천기술

가족 개입을 통한 가족 혹은 성원들의 변화를 확인하고, 가족이 변화를 유지할 수 있도록 지원하며, 필요한 경우 추후 면접을 계획한다.

3) 집단대상 실천기술

집단은 일반적으로 다음과 같이 정의할 수 있다.

첫째, 3인 이상의 집합체이다.

둘째, 성원들이 소속감을 가져야 한다.

셋째, 성원들이 공통의 목적이나 관심사를 가져야 한다.

넷째, 성원들끼리 정서적 결속과 함께 상호의존적이며, 상호작용이 이루어져야 한다.

다섯째, 성원의 기능과 역할을 규제하는 규범을 가져야 한다.

집단은 시간이 지남에 따라 집단의 내부구조, 의사소통과 상호작용의 형태, 응집력, 사회적 통제, 문화 등이 형성되며 변화되어 간다. 이러한 변화를 집단발달이라고 한다. 집단의 발달과정에서 서로 구분되는 기간 또는 구분되는 정도를 집단발달단계라고 한다. 집단발달단계의 공통된 단계에 대해 대부분의 학자들은 집단의 초기단계를 집단을 계획하고 조직하며 소집하는 것과 관련된다. 집단의 초기 단계는 집단감정이 출현한다. 그러나 집단감정이 평탄하게 나타나지는 않는다. 예를 들어 성원들은 자신의 자율성을 유지하면서 집단의 성원이 되고자 하거나 집단압력에 저항을 나타낸다. 초기 단계가 진전되고 집단의 규범과 규칙이 차별화되면서 성원들은 집단 내에서 자신이 맡을 역할을 모색하고 시험한다. 이때 갈등이 발생할 수도 있다. 중간 단계는 과업과 목표를 달성하기 위해 집중적으로 노력하는 단계이다. 중간 단계에서 성원 간의 상호관계와 집단응집력은 상당히 발달한다. 이 단계는 문제해결, 형성, 유지, 친밀감, 성숙함 등으로 묘사된다. 종결 단계는 그동안 집단이 해온 노력을 종결하고 이에 대해 평가를 하는 단계이다. 종결 단계에서 이별의 과정이 시작되며 집단감정과 응집력이 감소한다. 성원들은 집단에서 달성한 것을 요약하고 함께 축하하는 것으로 종결을 하기도 한다.

집단사회사업은 이러한 집단의 의도적인 경험을 통하여 개인의 욕구를 충족시키고 사회심리적 기능을 향상하도록 하며, 개인이나 집단의 당면 문제를 해결할 수 있도록 하는 사회복지실천방법 중의 하나다.

(1) 집단사회복지기술

집단사회복지사는 집단 전체와 개별성원이 목적을 달성하도록 원조하기 위하여 지도자로서 활동한다. 집단 내부에서 사회복지사는 집단 전체의 역동성을 변화하기 위하여 개입하고, 집단성원의 변화를 원조한다. 집단 외부에서는 기관의 정책이나 집단활동에 필요한 자원을 확보하는 등 집단이 기능하고 있는 환경에 영향을 미치기 위해 개입한다.

집단사회복지사는 조성자, 중개자, 중재자, 옹호자, 교육자 등의 역할을 수행한다.

토스랜드와 리바스(Toseland & Rivas, 1995)는 집단사회복지사가 실무에서 활용할 수 있는 기술을 집단과정 촉진기술, 자료수집 및 사정기술, 그리고 행동기술로 구분하여 각 범주에 해당하는 기술들을 제시하고 있다.

① 집단과정 촉진기술

집단과정을 촉진하는 기술은 사회복지사가 집단과정에 영향을 미치려는 의도가 있을 때 사용한다. 집단과정을 촉진하는 기술은 성원 간의 이해를 증진하고, 개방적 의사소통을 형성하며 신뢰감을 형성하는 데 도움을 준다. 집단과정 촉진을 위해서는 다음과 같은 기술이 사용된다.

· 집단성원 참여촉진
· 주의집중
· 표현기술
· 반응기술
· 집단 의사소통의 초점유지
· 집단 과정의 명료화
· 내용의 명료화
· 집단 상호작용의 지도

② 자료수집 및 사정기술

자료수집과 사정기술은 의사소통 유형에 어떤 영향력을 행사할 것인가를 계획하고 집단목적의 성취를 위해 어떠한 기술을 사용할 것인지를 결정하는 데 유용하다. 자료수집 및 사정단계에는 다음과 같은 기술이 사용된다.

· 확인 및 묘사기술
· 정보요청, 질문 및 탐색기술
· 요약 및 세분화 기술
· 통합기술
· 분석기술

③ 행동기술

행동기술은 집단의 목적과 과업을 성취하도록 원조할 때 사용하는데, 이때 사용

소시오그램(사회도, sociogram)이란?

모레노와 제닝스(Moreno & jennings, 1950)가 개발한 것으로 상징을 사용해서 집단 내 성원 간 상호작용을 표현한 그림이다. 집단성원 간의 개인적 수용과 거부, 집단 내의 대인관계를 평가하기 위한 사정도구로서, 집단성원 간 선호도와 무관심, 배척하는 정도와 유형을 파악할 수 있으며 하위집단 형성 여부를 알 수 있다. 집단 내에서 성원들 간의 질적인 관계를 파악하기 위한 도구로 집단성원들의 수용-거부 과정을 평가하는 방법으로 사용하며, 다양한 시점에서 작성된 집단의 소시오그램을 비교해보면 집단성원들 간의 안정성과 변화를 살펴볼 수 있다.

소시오그램을 통해서 알 수 있는 정보로서는 집단성원의 성별, 성원 간의 친화력과 반감의 유형과 방향(일방적인지 쌍방향인지), 하위집단 형성 여부, 소외된 성원 여부, 삼가관계 형성 여부 등, 결속의 강도 등이다.

하는 기술은 다음과 같다.

- 지지
- 재구조화 및 재정의
- 성원 간 의사소통의 연계
- 지시
- 조언, 제안, 교육
- 자원제공
- 모델링, 역할연습 및 지도
- 직면기술
- 갈등해결

제9장 학습과제

1 진단주의와 기능주의를 비교 설명하고, 이들이 사회복지실천에 미친 영향을 제시하
시오.

2 개인실천, 가족실천, 집단실천에 대한 사정도구를 예를 들어 작성하시오.

노인상담

이 장에서는 노인상담의 일반적인 개념을 이해하고, 고령화사회에서의 노인문제에 대한 인식과 이에 대한 대처 방법으로서의 노인상담을 접근한다.

- 노인상담의 개념을 이해하고 영역을 분류한다.
- 노인상담의 실제상황을 습득한다.
- 노인상담의 기술 및 기법을 살펴보고, 노인문제와 결부하여 활성화 방안에 대해 논의한다.

최근 우리나라는 산업화·도시화 과정 속에서 핵가족화 및 여성의 사회진출 증가 등에 따른 세계 최저수준의 출산율과 함께 의학기술 및 생활수준 향상에 따른 급속한 평균수명의 연장으로 인구 고령화가 세계 최고 빠른 속도로 진행하고 있다. 이 같은 고령화의 급속한 진전과 함께 산업화, 도시화, 핵가족화 등에 따른 가족 및 사회 가치관의 변화로 가정에서는 성인자녀의 부모 부양의지가 희박해지고 산업현장에서는 능률주의 및 업적주의 등의 시장논리가 지배하면서 노인은 가정에서나 사회에서나 역할상실 및 경제능력 상실 등에 따른 소외감과 고독감에 빠지게 되었다. 게다가 이러한 사회구조, 환경적 요인 등으로 인해 노인은 경제적·신체적·정서적·사회참여적 문제에 직면하게 되었다.

21세기 들어 거의 모든 국가의 공통사항인 노인문제는 노인이나 가족이 해결하기에는 역부족이며, 따라서 국가와 사회가 전면에 나서서 해결해야 할 강력한 도전이자 정책과제로서 노인복지 관련학계나 전문가 사이에 논의의 초점이 되고 있다. 과거 고령화사회를 대비할 시간적 여유가 있었던 구미의 선진국들과는 달리 현재 우리나라의 경우 고령화가 급속도로 진전되어 미처 고령화사회를 대비할 인적·물적·행정적 자원을 제대로 갖추지 못했다. 최근 중앙정부나 지방자치단체의 차원에서 노인문제의 심각성과 중요성이 점차 인식되면서 노인복지 관련예산은 과거에 비해 크게 증가하였고, 정부 차원의 서비스를 확대 진행하고 있다.

그러나 노인문제를 해결하기 위해서는 충분한 양과 질의 복지서비스 제공을 위한 정책적 개발과 노력도 중요하지만, 다양한 지역적 특성을 갖고 있는 노인의 욕구 및 문제를 정확히 이해하고, 이에 대해 적절히 대응할 수 있는 수혜자 중심의 대처방안, 즉 신속, 정확한 처방전을 내놓을 수 있어야 한다. 이를 위해서 최근 들어 그 어느 때보다도 노인상담의 필요성이 크게 부각되었고, 이에 따라 노인상담의 효과성 측면에서 상담원의 우수한 자질과 역량, 그리고 정교한 상담기법 등이 요구되고 있다.

이 장에서는 먼저 노인상담에 대한 개념을 개괄적으로 살펴보고, 노인상담의 영역과 유형을 분류하고, 노인상담의 실제를 설명하고, 노인상담의 과정과 기법을 제시하고, 이들의 현안 과제를 제시하고 논의하고자 한다.

1. 노인상담의 개론

1) 노인상담의 정의 및 필요성

노인은 현대 가족의 구조적 변화와 급격한 사회변화, 개인주의적 가치관의 확대, 세대 간 차이 심화, 경제적 빈곤 등으로 다차원적인 문제가 있다. 더불어 신체·심리·사회적 노화의 결과로 자립적 일상생활능력이 감퇴하며, 노인과 가족 및 사회적 관계망과의 정서적 유대감의 약화로 노인들은 고독과 소외를 경험할 가능성이 높아진다. 따라서 노화과정에서 나타나는 부정적인 영향을 최소화하고, 노년기의 심리적 욕구충족과 문제해결 및 노후생활에 대한 적응을 도모하며 노년기의 삶의 질을 제고하기 위한 다양한 노인복지서비스와 함께 전문적 노인상담을 보다 확대할 필요가 있다. 상담이란 라틴어의 'consulere'로 표현하며 이 말은 심사, 숙고, 문의, 조언, 대화 등의 뜻을 포함하고 있다. 노인상담이란 도움을 필요로 하는 노인이 전문적 훈련을 받은 상담자와의 대면관계를 통해 자신의 개인적·가족적·신체적·경제적 문제를 해결함과 더불어 감정, 사고, 행동 측면의 인간적 성장을 통해 효과적으로 노후생활을 영위하도록 돕는 과정(김태현, 1985)을 의미한다. 즉 상담과정을 통해 노인들이 문제를 보다 쉽게 해결하여 노인들로 하여금 편안한 노년의 생활을 영위하는 것을 돕는 활동이 노인상담의 핵심이다(Burlingame, 1995). 노인복지실천에서 노인상담은 노인이 직면한 심리사회적 문제를 직접 해결하는 치료적 기능뿐 아니라 노인문제 해결을 위한 다른 서비스나 원조의 매개체로서의 기능도 지니고 있다(McDonald, 1996, 이호선 2005 재인용).

노년기에 접어들면 노인들은 이전과 다른 다음과 같은 성격적 특성들이 나타난다.

첫째, 우울증 경향이 증가한다. 노년기의 개인이 직면하는 여러 가지 개인적·가족관계적 및 사회적 스트레스는 노인의 우울증이 증가한다.

둘째, 내향성 및 수동성이 증가한다. 노화해감에 따라 사람은 사회적 활동이 점차 감소하고 활동방향을 외부보다는 내부로 돌리는 행동양식을 갖게 된다.

셋째, 경직성과 조심성이 증가한다. 경직성이란 융통성과 반대되는 것으로 어떤 태도, 의견, 그리고 문제해결 장면에서 그 해결방법이나 행동이 옳지 않거나 이득이 없음에도 불구하고 과거와 같은 방법을 고수하고 지속하려는 경향을 말한다.

넷째, 성역할 지각의 변화가 나타나 양성성이 강해진다. 이는 중년기 이후부터 시작되는 현상으로 남성노인들은 점점 여성적이고 수동적이 되어가며, 반대로 여성노인들은 오히려 능동적이고 권위적이 되어간다.

다섯째, 친근한 사물에 대한 애착심이 커진다. 노인이 될수록 오랫동안 사용해온 물건에 대한 애착심이 증가한다. 이러한 물건들은 노인으로 하여금 자신이 지나온 세상과 세월은 변했을지라도 자신의 주변은 변하지 않는 것으로 생각하기 때문에 정서적 안정감을 유지하려는 것이다.

여섯째, 유산을 남기려는 마음이 강해진다.

일곱째, 의존성이 증가한다. 노인은 신체적 및 경제적 의존성이 강해지는데 이는 정상적인 현상이다(현외성 외, 1998).

이와 같이 노인은 가족과 사회로부터 소외감과 고독감, 상대적 박탈감 등을 느끼고 갈등을 경험하게 된다. 한국 노인의 상대적 박탈감은 가족관계뿐 아니라 조기퇴직과 사회참여 프로그램의 미비 등으로 국가와 사회로부터 소외되었다는 느낌과 더불어 역할상실감도 같이 포함되어 있다고 말할 수 있다. 그 이유는 이미 국가에

서 시행하고 있거나 시행할 노인관련 여러 정책들과 사회구성원들이 노인의 의식
주 부분에 있어 많은 도움들을 주고 있지만, 인간으로서 기본적인 심리사회적 욕구
를 충족하기에는 매우 어려운 현실이기 때문이다. 그러므로 사회적으로 나타나는
많은 노인문제들이 다양한 정서적 영역인 부분에서 발생하고 있다. 이와 같은 상황
에서 가족구성원보다는 친구나 이웃이 사회적 역할을 상실해가는 노인들에게 노년
기 적응 및 사기 고취에 긍정적 영향을 준다고 하나, 이러한 1차 집단의 비공식적인
관계망을 통한 지지는 양과 질이 떨어질 수밖에 없으며, 자연히 전문상담원과 같은
공식적 관계망을 통한 지지와 지원의 필요성이 증대하고 있다(현외성 외, 1998).

노인상담은 다음과 같은 역할을 한다.

첫째, 상담을 통하여 표출되지 못한 욕구를 표현하게 하여 문제의 근원을 파악할
수 있고, 이러한 상담과정은 고립되고 소외된 노인들에게 1차적 사회관계망 역할을
해준다.

둘째, 노인의 욕구를 사실에 근거하여 정확하게 파악함으로써 노인을 이해할 수
있고, 노인욕구 충족을 위한 가족적·사회적 노력을 기울이게 되는데, 이는 상담과
정을 통하여 실천할 수 있다.

셋째, 상담을 통하여 문화적 정체감을 느끼는 노인에게 변화하는 사회에 적극적
으로 대처할 수 있도록 정보를 제공할 수 있다.

넷째, 문제를 가지고 있는 가족과 노인을 상담함으로써 욕구를 파악할 수 있고,
적절히 대처함으로써 정서적 지지를 제공할 수 있다.

노인상담은 상담 자체만으로도 노인문제를 해결하는 경우도 있고, 노인상담을 통
해 문제해결 예방과 일상적인 노후생활을 한층 활력 있고 건강하게 하는데 기여한다.

노인상담은 우선 노인이 필요로 하는 의료적·사회적·정서적 지원을 효과적으로

동원하고 이용하도록 원조하는 것을 목적으로 한다. 또한 신체적인 강점을 강화하고 건강약화에 적응하도록 원조하며, 보호, 주거에 대한 욕구를 충족하여 주며, 지역사회에서 새로운 역할을 가질 수 있도록 원조하고, 손자녀, 친척 및 지역사회와의 관계를 수정하고, 배우자나 친구 등 중요한 사람들의 상실에 대한 적응을 도우며, 은퇴와 재정적인 변화에 대처하고, 삶의 통제력을 유지하는 데 목적이 있다(최광현, 2006).

최근 고령화가 심화되면서 노년기에 겪는 경제적 빈곤과 각종 질병으로 인한 기본적인 노인문제와 함께 가족 내에서 노인들의 역할과 지위가 크게 변화하였고, 따라서 노인들은 직장이 아닌 가정과 이웃과 지역사회에 적응해야 하는 어려움이 증가하였다. 이로 인하여 노인들의 사회적 활동이 줄어들면서 소외감, 상실감, 무력감 등을 느끼며, 이러한 사회적 특성들은 노인들로 하여금 심리적으로는 고독을, 사회적으로는 박탈감과 지위와 역할상실, 경제적으로는 빈곤에 빠지게 하고 있다. 이처럼 일반적인 노인문제와 더불어 서비스 혜택 측면에서의 소외라는 이중고는 현대를 살아가는 노인의 위치를 더욱 불안하게 하고 있다. 그러므로 노인상담은 이처럼 불안한 가운데 긴 노년기를 보내야 하는 노인들이 보다 건강하고 활기찬 노후를 보내기 위해서는 노인상담을 통해 이들의 심리·정서적 어려움을 이해하고, 노인들의 욕구와 필요를 충족시킴으로써 노인들의 문제를 예방 및 치료하는 데 있다. 사회적으로 가정적으로 소외당하고 있는 노인에 대한 이해나 필요한 문제해결과 다양한 서비스 제공 및 정서적 지지를 도모하는 노인상담의 역할은 그 중요성이 더욱더 강조되고 있다(현외성 외, 1998).

2) 노인상담의 영역

Thorman(1995)은 노인상담의 목표를 자아존중감의 증진, 문제해결능력의 향상, 상실에 대한 대처, 위기상황의 해결, 스트레스의 감소와 대처능력 제고라고 하였다. 노인상담의 목표가 성공적 노후생활 적응이라는 점을 고려해 볼 때, 노인상담의 영역은 현재 노인에게 가장 문제시되는 경제적 문제, 신체적 문제, 정서적 문제, 사회참여 문제 등을 해소하기 위한 수단으로서 다음과 같이 분류할 수 있다. 즉 노인상담의 영역은 노인문제의 영역에 따라 크게 노인문제 중 경제적 문제의 해결을 위한 소득보장 등의 경제영역, 건강관리의 문제해결을 위한 의료보장 등의 건강영역, 역할상실과 여가문제 및 심리적 소외와 고립의 문제를 해결하기 위한 사회적 서비스 보장영역 등으로 나눌 수 있다(최일섭·최성재, 1995).

(1) 경제영역

우리나라의 노인문제 중에서 가장 심각하고 시급한 문제는 경제적 문제이다. 이를 해결하기 위한 구체적 수단을 소득보장 프로그램이라고 하는데 소득보장 프로그램에서는 금품을 직접 제공하는 직접 소득보장 프로그램과 금품을 직접 제공하지는 않지만 같은 효과를 도모하는 간접 소득보장 프로그램이 있다. 직접 소득보장에는 공적보장, 공적부조, 사적보장 등이 있고, 간접 소득보장에는 경로우대, 노인고용, 생업지원, 세제혜택 등이 있다.

(2) 건강영역

노인문제 중에서 경제적 문제와 함께 중요한 문제가 신체적·정신적 건강문제이다. 이를 해결하기 위한 구체적 수단으로서 의료보장제도가 있으며, 의료보장이란 질병의 진료와 간호보호 및 의료서비스에 접근할 수 있는 서비스를 제공하기 위한 사회적 노력이다. 의료보장 프로그램에는 공적보장으로서의 건강보험과 공공부조로서의 의료급여, 노인건강진단, 방문간호사업 등이 있다. 65세 이상 노인 의료비가 전체 의료비에서 차지하는 비중이 1990년 10.8%에서 2002년 19.3%, 2003년 21.3%에서 2008년 29.9%로 지속적으로 증가하고 있어 의료보장 지출의 급속한 증가를 가져오고, 국가 재정에 적지 않은 부담을 주고 있다(건강보험심사평가원, 2003; 2008).

(3) 사회적 서비스 보장영역

최근 선진국의 경우 노인들의 정서적, 사회참여적 문제에 대한 인식이 사회적으로 크게 높아지면서 소득보장 프로그램 및 의료보장 프로그램 등에 못지않게 사회적 서비스 프로그램에 대한 많은 관심과 노력을 기울이고 있는 추세이고, 우리나라 정부도 재가복지서비스 확대 등 이 분야에 깊은 관심과 정책적 배려를 하고 있다.

사회적 서비스란 사회·심리적 적응문제, 스스로 발전하고자 하는 욕구충족 문제, 일상생활에서의 신체적 독립을 유지하고자 하는 문제 등의 해결을 위한 비화폐적 서비스를 말한다. 사회적 서비스는 재가노인을 위한 재가복지서비스와 노인복지시설에 수용하여 서비스를 제공하는 시설복지서비스, 노인들의 사회참여를 위한 여가문화시설 확충 등으로 구분할 수 있다. 재가노인서비스는 하루에 일정 시간 동안 노인복지시설을 이용하는 주·야간보호서비스, 한 달에 일정 기간 동안 일시적으로 시설에 수용, 보호하는 단기보호서비스, 집에서 외출이 어려운 노인들에게 각종 서비스를 제공하는 방문요양서비스, 방문목욕서비스, 방문간호서비스, 그리고 가정봉사파견서비스 등이 있다.

시설복지서비스에는 노인을 복지시설에 수용하여 보호하기 위한 목적으로 제공하는 서비스로 양로원과 요양원, 노인전문병원 등이 있고, 비용부담은 무료 및 실비, 유료 등 다양하다. 여가문화 시설로는 노인복지회관, 경로당, 노인교실, 노인대학, 노인휴양시설 등이 있다. 최근 우리나라 노인들은 조기퇴직 및 평균수명 연장, 욕구증대 등에 따라 여가문화 향유에 대한 욕구와 관심이 높아지고 있는데, 현실적으로 노인들이 시간은 많지만 마땅히 갈 곳과 소일거리가 없다. 물론 부유한 노인들이야 해외여행, 골프 등 갈 곳과 할 것이 많겠지만, 대부분의 노인들은 그만한 경제적 능력이 없다. 이런 점에서 사회적 서비스 프로그램 중 여가문화 프로그램의 개발 및 확대에 대한 사회적 관심과 정책적 노력이 요구된다.

3) 노인상담의 유형

노인상담은 대상자에 따라 개인상담, 가족상담, 집단상담 등으로 분류할 수 있나(박차상 외, 2005).

(1) 개인상담

개인상담이란 한 명의 노인과 한 명의 상담자가 일대일로 만나는 형태로 노인이 자신의 문제를 가족에게 알리기 꺼리거나, 가족구성원이 상담과정에 참여하기 어려울 때 활용된다. 개인상담은 또한 문제가 위급하거나 원인과 해결이 복잡하고, 노인과 관련된 사람들의 신상을 보호할 필요가 있을 때, 그리고 집단에서 노인이 공개적으로 발언하는 것을 두려워 할 때 적당하다(모선희 외, 2005).

개인상담은 문제의 원인을 개인의 정신 내적 과정에서 찾아야 하며, 상담자는 프로이트Freud의 정신분석적 접근이나 로저스Rogers의 인본주의, 반두라Bandura의 행동수정 및 피아제Piaget의 인지적 접근에 의해서 내담자 문제를 분석해야 한다. 그러나 개인상담이 집단상담과 서로 정반대되는 것은 아니며, 개인상담도 가족상담이나 집단상담과 마찬가지로 효과적인 상담을 위해서 상담자는 문제해결을 위한 촉진적 역할을 다해야 한다. 때때로 내담자에 따라서 집단상담보다는 개인상담이 더 적합한 경우가 있다. 예를 들면, 내담자가 매우 복잡한 위기문제를 가졌거나, 전반적으로 대인관계의 '실패자'일 때에는 오히려 개인상담을 하는 것이 바람직하다.

(2) 가족상담

가족상담은 가족 내에서 의사소통의 문제를 겪고 있는 노인을 위해 이용할 수 있는 상담으로 각 가족구성원에게 감정을 표현하고 기회를 제공함으로써 그 대안을 찾게 하고, 다른 가족구성원에 대한 민감성이 증진한다. 또한 가족상담은 개인보다는 가족을 한 체계로 다루는 것이므로 그 체계의 구성원은 서로 연관되어 있고 상호작용 한다. 가족상담은 가족원 모두 또는 가족원 중의 일부가 참여하여 상담을 진행할 수 있는데, 어느 쪽이든 상담자는 가족원 간의 상호작용을 중시해야 한다. 상담자는 상담에 참여한 가족원의 행동, 말소리, 자세, 표정 등 모든 동작에 중요한 관심을 가져야 하며, 참여한 가족원 모두가 그 문제에 대한 생각이나 느낌을 같은 방향으로 이야기하도록 조정해야 한다.

특히, 노인의 경우에 가족원들 앞에서 감정을 적절히 표현한다는 것은 어려울 수 있다. 타인 앞에서 자신의 감정을 드러내지 않도록 생활해왔기 때문이다. 즉 노인 성격의 특성상 문제가 발생했을 때 혼자 조용히 생각하거나 무조건 참는 경향이 있다. 그렇게 때문에 가족상담자는 이러한 노인의 특성을 고려하여 가족 내의 문제에 대한 노인의 감정을 표현할 수 있도록 배려해야 한다(권중돈, 2005).

가족상담은 모든 가족원이 다른 가족원과 상호작용을 하면서 영향을 주고받는다는 사실을 인식하게 함으로써 가족원들이 함께 문제를 해결하려는 노력에 도움을 줄 수 있다. 가족상담에서 상담자는 참여한 가족이 많을 때 모든 가족원에게 충분한 관심을 가지기가 힘들 수 있는데, 이 경우에는 두 사람 이상이 함께 진행하는 공동상담을 시도해보는 것이 효과적일 수 있다.

(3) 집단상담

집단상담은 지역사회 및 노인시설 등에서 주로 사용되는 것으로 노인들의 의존 욕구를 장점으로 이용하는 것이다. 이 상담은 어떤 문제를 토의하는 집단, 집단구성원 간의 상호작용을 통한 개인의 변화를 추구하는 집단, 자신의 자립성이나 긍정적인 감정을 증진할 수 있도록 준비된 집단 등 그 유형이 다양하다. 또 집단은 각 대상자의 능력에 맞추어 현실적인 목표를 가지게 함으로써 그 결과 집단의 결합이 형성하도록 한다. 상담을 통해 노인증상이 좋아지는 것은 주로 집단지도자가 노인에게 주의를 기울이는 효과와 관계가 있다. 그러나 집단상담은 긍정적인 결과와 함께 부정적인 결과도 발생할 수 있는데, 즉 내담자가 자신을 평가절하할 수 있고, 시설 수용으로 외부와 격리됨으로써 자기파괴성이 증가할 수도 있다. 집단상담은 노인을 현실세계나 다른 사람들과 계속 접촉하게 하기 위하여, 신체적·정신적 문제로 인하여 사회에서 이탈된 노인을 재결합시키기 위하여, 개인의 성장과 강화를 위하여, 새로운 학습과 생존을 위하여, 삶의 질 향상을 위하여 흔히 사용하는 기법이다(권육상, 2000)

4) 노인상담의 방법

노인상담은 상담 매체에 따라서 면접상담, 전화상담, 전화방문서비스 등으로 분류할 수 있다.

(1) 면접상담

　면접상담이란 노인이 직접 상담자와 대면하여 일대일로 상담하는 기본적인 형태다. 면접상담은 상담자 앞에서 내담자가 직접 자신의 문제를 노출하는 심리적 부담이 있고, 상담자를 찾아가는 자발적 의지를 필요로 한다. 노인들의 경우 상담자가 스스로 찾아오는 것이 쉽지 않고 자발적 동기가 부족하여 특히 우리나라 고정관념상 노인들의 내방상담은 그렇게 보편적이지 않다(박차상 외, 2000). 그러나 면접상담은 상담자가 내담자의 언어적 표현뿐 아니라 비언어적 메시지와 그 밖의 상황에 대한 직접적인 관찰을 가능하므로 정확성을 살려 효율적으로 상담을 이끌어 갈 수 있다. 또한 면접상담은 다양한 상담기법을 활용하여 필요한 상황에 따른 다양한 적용을 가능하기 때문에 면접을 위한 동기가 부여되도록 여건을 만들어 주고, 필요 시 가정방문을 통해 대면관계가 성립되면 가장 바람직한 서비스를 제공할 수 있다는 장점이 있다.

(2) 전화상담

　전화상담은 전화 매체를 활용하여 신속하게 노인의 위기에 개입하는 상담의 한 형태이다. 익명성과 편리성, 그리고 즉시성과 같은 전화상담의 특성들은 거동이 불편하거나 직접 대면하여 자신을 밝히고 싶지 않은 노인들에게 적합한 상담 매체가 될 수 있다. 전화상담은 노인만을 대상으로 하는 것이 아니라 노인이 속한 가족이나 친척 등 비공식적 지지망이나 그 밖에 노인과 관련이 있는 일에 종사하는 사람 등 누구든지 노인과 관련된 문제를 체면에 개의치 않고 상담할 수 있는 개방 통로이다. 특히 치매나 중풍 등 만성질환을 가진 노인을 수발하는 부양자는 일부러 시간을 내서 상담하기가 곤란하므로 즉각적인 정보 입수를 위해 유효성을 지닌다. 그러나 전화로 낯선 상담자에게 자신의 문제를 말한다는 것이 신뢰감을 주지 못한다는 점과 대면적 관계와는 달리 목소리만으로 전달되는 감정에 대한 이해가 어렵다는 단점이 있다(박차상 외, 2000).

전화상담은 내담자의 입장과 상담자 입장이 있다.

① 내담자 입장

전화상담의 가장 큰 장점이자 단점은 익명성이다. 내담자는 익명으로써 자신에 대한 사적 정보를 제공하고 도움을 받을 수 있다. 그러므로 전화상담의 내담자들은 면접상담 시보다 더 개방적이고, 개인적인 문제에 대한 노출이 용이하다.

또한 전화상담에서 전화는 비인격적이며 이 매체를 통하여 손쉽고 즉각적으로 상담할 수 있고, 내담자가 문제해결의 욕구를 가지고 자발적으로 상담을 선택할 수 있다. 게다가 전화상담의 주도권을 내담자가 갖게 되는데, 그 이유는 익명으로 상담에 스스로 임하며 음성으로만 전해지기 때문이다. 즉 내담자는 자신에 대한 정보를 자기가 통제할 수 있으며, 언제든지 통화를 중단할 수 있기 때문에 상담을 종료할 수 있으며 특정 상담자에게 의존할 필요도 없다.

② 상담자 입장

전화상담자는 즉각적인 도움을 제공할 준비를 하고 언제나 대기상태에 있어야 한다. 그리고, 전화상담자는 전화를 통한 음성언어에만 모든 상담의 정보를 의존해야 한다. 이는 전화상담의 제한점이 될 수 있으나 감정이 들어 있는 음성에 집중할 수 있게 되어 의외로 효율적으로 상담하게 된다. 내담자가 익명성의 이점을 갖고 있는 반면, 상담자는 비대면성의 특징이 있는 상담을 충분히 활용할 수 있다. 따라서 상담자는 내담자를 대면하지 않음으로써 상담에 좀 더 충실할 수 있고, 자신감 있게 대처할 수도 있다. 그러나 전화상담은 상담자에게 최소한의 정보로 최대의 효과, 즉 단 한 번에 문제를 해결해야 한다는 긴박감을 준다.

(3) 전화방문서비스

전화방문서비스는 사회복지기관에서 정기적인 전화문안을 통해 노인들의 가정적·사회적 단절과 소외를 해소하고, 유사 시 필요한 조치를 취할 수 있는 능동적 대인 복지서비스다. 즉 전화방문서비스는 독거노인이나 노인단독가구 등 고독한 노인에게 적극적으로 말벗기능을 제공함으로써 심리적 소외를 완화하여 준다. 또한 서로 안부를 주고받음으로써 그들에게 지역사회 관심 속에 있다는 사실을 인식시켜주고 숨겨진 욕구를 드러내게 하며, 위기발생을 알려주는 기능을 한다.

전화방문서비스는 첫째, 복지 공급자 입장에서 대인서비스로의 특성 둘째, 정서적 돌봄 행위, 탐색적 역할, 말벗의 역할 셋째, 위기관리, 위기대처 등의 예방적 역할 등의 특성이 있다.

2. 노인상담의 원리 및 실천과정

노인상담은 상담의 주 대상이 노인이라는 점을 제외한다면, 상담의 원리와 실천과정은 일반적 상담과 크게 상이하지 않다. 상담은 내담자와의 논쟁, 과도한 관여, 지속적인 편들기, 의사를 전달하는 대신 내담자의 특성 및 가치관을 비난하지 않아야 하며, 모든 내담자를 수용하고 존중해야 한다.

1) 노인상담의 원리와 지침

노인상담의 기본원리는 개인 및 가족 차원에서 해결할 수 없는 노인의 욕구에 대한 구체적이고 실제적인 지원망이며, 노인들이 노년기의 발달과업을 원만하고 성공적으로 수행할 수 있도록 도와주기 위한 대안적 복지서비스의 하나로서, 노인의 복지와 직접적으로 연결된다. 이러한 노인상담의 기본원리는 상담자가 내담자와의 관계에서 지켜야 하는 일반적인 상담의 원칙과 유사함으로 비어스텍Biestek이 제시한 원조관계의 주요 원칙에 노인의 특성을 고려하여 노인상담에서의 원칙을 제시할 수 있다(최성재·장인협, 2006; 현외성, 2005).

첫째, 개별화의 원칙으로 이는 노인의 상황에 따라 다르게 처우해야 하며, 노인을 범주화해서 다루지 말아야 한다는 것을 의미한다. 노인이나 노화에 대한 편견이나 선입관을 가져서는 안 되며, 면접장소와 시간 등을 결정함에 있어서 노인에 대한 세심한 배려와 함께 상담을 통한 개인적 정보에 대한 비밀을 유지해야 한다.

둘째, 의도적 감정표현의 원칙으로 상담자는 노인들이 가족 또는 사회관계에 대해 갖고 있는 부정적 감정을 의도적으로 표현하여 이를 긍정적 감정으로 전환하기 위하여, 시간 및 정서적으로 여유를 가짐으로써 스스로가 긴장하지 말아야 한다. 그리고 상담과정에서 허용적 태도를 갖고 경청해야 하며, 비현실적 보장이나 성급한 판단을 삼가해 내담자를 실망시켜서는 안 된다.

셋째, 통제된 정서적 관여의 원칙이다. 상담자는 객관적 입장에서 노인의 심정을 감정이입적으로 이해하고, 노인의 감정을 수용할 수 있어야 한다. 좋은 감정은 물론 부정적 감정을 표현할 경우에도 노인에 대한 긍정적 태도를 바꾸어서는 안 된다.

넷째, 수용의 원칙이다. 상담자는 노인의 인간적 존엄성을 존중하여 노인의 강점과 약점, 바람직한 성격과 그렇지 못한 성격, 긍정적 또는 부정적 감정과 행동 등 노인이 지닌 특성을 현재 있는 그대로의 모습으로 받아들여야 한다.

다섯째, 비심판적 태도의 원칙으로 상담자는 노인의 사고와 감정에 대해 결코 심판적이어서는 안 되며, 문제해결에 노인이 공동참여할 수 있도록 해야 한다. 이를 위해 상담자는 노인의 문제에 대해 노인을 비판하거나 어느 정도의 책임이 있는가를 판단하고 따져서는 안 되며, 노인의 감정, 행동, 태도, 가치관 등을 객관적으로 평가하여 이해의 목적에서 행해야 한다.

여섯째, 비밀보장의 원칙이다. 상담자는 상담과정 동안 노인이나 그 가족에 대한 사적인 비밀을 외부에 제공해서는 안 되며, 철저하게 비밀을 유지해야 한다.

일곱째, 죽음에 대한 대비의 원칙이다. 상담과정에서 노인들이 죽음에 대한 불안에 대처하고 남은 인생을 바람직하게 보낼 심리적 준비를 할 수 있도록 자아통합의 기회를 제공해야 한다. 이를 위해 상담자는 노인의 삶에 대한 긍정적 회고를 할 수 있도록 자아통합의 기회를 제공해야 한다.

이러한 노인상담의 원리를 살펴봄에 있어서 더욱 유념해야 하는 사항은 바로 노인을 대상으로 상담을 수행하는 상담자에 대한 상담지침으로서 상담자는 노인의 욕구와 신체적·심리사회적 특성에 대한 이해가 바탕이 되어 있어야 한다.

모든 상담자는 전문적 자질과 인간적 자질을 동시에 갖춰야 하며, 이러한 상담자가 가져야 하는 노인상담의 지침은 일반적으로 다음과 같이 제시된다(박차상 외, 2005).

첫째, 노인이 최대한 주도권과 결정권을 갖도록 하여 통제력과 독립성을 유지할 수 있도록 도와야 하고 둘째, 초기면접에 보다 많은 시간을 투자하면서 노인의 구체적인 욕구를 명확하게 파악해야 하며 셋째, 노인의 언어적·비언어적 메시지를 명확하게 이해하고 상담자의 메시지는 간단하고 반복적으로 전달하는 유익한 방법'을 활용해야 한다. 넷째, 회상을 통해 과거를 더 잘 이해하고 미해결된 갈등을 해결함으로써 여생 동안 자신에 대해 만족하게 한다. 다섯째, 노인은 후손과의 관계에서 만족감을 얻으려는 욕구가 강하고 가족의 관심과 지지는 자존감 회복에 도움이 되는 중요한 내용이므로 기본적으로 가족 간의 관계 강화를 돕는다. 여섯째, 노인에게는 외형으로 드러나지 않는 방임이나 정신적 학대 등이 많이 일어날 수 있고 학대에 대한 노인 스스로의 체념이나 가정문제라는 인식 때문에 피학대 사실이 밝혀지지 않는 경우가 많으므로 학대 발생 가능성에 유의해야 한다. 마지막으로 노인은 삶의 경험을 말하고 싶어 하고 그렇지 못할 때 불만과 소외감을 느끼므로, 적극적인 경청을 통하여 심리적 지지를 제공하고, 이로써 노인의 상황을 더 잘 이해하도록 해야 한다.

2) 노인상담의 실천과정

앞서 살펴본 바와 같이 노인상담은 일반적인 상담과 그 상담의 대상에 대한 특징을 고려할 뿐 상담에 대한 접근방법은 유사한 형태로 진행한다.

상담은 목적이 있는 구조화된 형태로서 대화와는 구분된다. 상담은 일정하게 정해진 방식대로 진행하는 것이 바람직하며, 구조화된 상담에 대한 소기의 목적을 달성할 수 있다. 상담에서의 구조화란 상담이 진행되는 방식이나 내용, 방법, 절차 등 일련의 유기적인 연계가 형성되어 있다는 것을 의미하며, 이에는 내담자에 대한 상담 시 내담자의 행동, 태도, 관련된 정보에 대한 안내와 동의를 포함한 상담기간과 시간 등을 사전에 정확하게 전달하는 것도 포함하고 있다.

노인상담의 일반적인 실천과정은 접수 및 관계형성intake and engagement와 자료수집 및 사정data gathering and assessment, 개입intervention, 평가 및 종결termination 단계로 구분한다(권중돈, 2005).

① 접수 및 관계형성 단계

　접수 및 관계형성 단계는 내담자인 노인이 상담에 대한 초기 불안과 거부감을 해소할 수 있어야 하며, 상담의 핵심이 될 수 있는 전문적인 관계를 형성하는 데 주목적이 있다. 접수 및 관계형성 단계는 크게 상담신청과 접수면접, 첫 회 상담, 상담계약으로 구분할 수 있으며, 각 내용에는 공통적으로 내담자와의 관계rapport를 적절히 형성하고, 내담자의 문제를 정확히 인식, 상담의 기간, 시간, 절차, 내담자의 동의 등을 포함한 구조화가 필요하다. 성공적인 문제해결을 위한 상담을 위해서는 내담자의 적극적인 협력이 필요함으로 상담이 어떻게 진행되고, 상담을 통해 무엇을 할 수 있으며, 상담이 노인에게 어떠한 도움이 되는지를 알려주고, 상담을 활용해서 해결하고 싶은 다른 문제는 없는지를 충분히 검토하거나, 의견을 나누는 것이 필요하다(박재간, 2006).

　접수 및 관계형성에서는 상담에 대한 정확한 계약을 수행하는 것이 중요한 요소이다. 상담자는 내담자와 상담에 대한 구조화를 통해 내담자와 상담에 대한 정확한 계약을 형성해야 한다. 이러한 계약은 상담자자 선택한 방법, 절차, 내용이 과연 내담자를 변화할 수 있는지를 내담자 스스로도 판단할 수 있는 기회를 제공하며, 상담에 대한 목적을 제공하고 상담에 기여하는 정보가 증가하는 역할을 한다. 계약에는 상담의 예정횟수와 간격, 길이, 상담에 참여하는 사람, 상담목표, 비용 등이 포함되는데 상담의 예정횟수에 대한 정확한 언급은 내담자에게 상담이 영속될 수 있거나 상담자가 내담자의 문제에 편견 없는 개입이나 관심을 가질 것이라는 생각을 바꿀 수 있고, 문제해결의 단계에 대하여 구분할 수 있기에 중요하다. 상담계약에서 가장 중요한 것은 상담횟수와 상담내용을 명확히 서술하지 않는다면 상담이 성공할 확률이 낮아진다(권중돈, 2005).

② 자료수집 및 사정 단계

자료수집과 사정은 이 단계에서만 이루어지지 않고 모든 상담과정에서 이루어 진다.

이 단계에서는 구체적인 문제의 규정과 심각성, 문제로 인해 야기되는 결과나 상황에 대한 자세한 탐색이 집중되어 이루어진다. 이를 통하여 노인상담의 목표설정 및 개입이 적극적으로 이루어질 수 있으며, 상담목표의 설정은 상담과정에서도 매우 중요한 단계이다. 자료수집 및 사정 단계는 문제 정의하기, 상담목표 정하기, 문제의 명확성, 대안 검토, 결정 지지로 구분된다.

내담자와 초기에 설정한 상담목표를 놓고 상담을 진행하는 과정에서, 상담목표가 수정되어야 할 필요성이 있다면 빠른 수정과 상담의 방향을 내담자 동의 하에 변경해야 하며, 이에 따른 상담계약을 변경하거나 수성하는 등의 빙법을 포힘해야 한다. 특히, 사정과정에는 전반적으로 노인의 신체적·심리적·사회적 기능이 포함된 포괄적인 검토를 수행해야 하며, 노인이 문제해결을 위해 가지고 있는 사회적 자원들에 대한 적극적인 검토도 함께 수행해야 한다. 또한 노인은 인생의 경험이 많으며, 노화의 단계에 있으므로 노인의 문제사정과 목표설정에 있어서는 다차원적인 검토와 평가를 수행해야 한다. 자료수집 및 사정 단계를 통한 상담의 목표설정은 일반적으로 노인상담에서 내담자가 호소하는 문제를 명확하게 정의하고, 상담목표를 구체화하며, 이슈를 명료화하는 순서로 진행된다(이호선, 2005; 현외성 외, 1998).

상담자는 내담자와의 상담목표를 결정하기 전에 내담자가 호소하는 문제를 명확히 구분하거나 정의할 필요가 있다. 이를 통해 상담자는 내담자와의 초기과정에서 드러나는 중심이 되는 문제를 파악하기 위한 관심을 집중할 필요가 있으며, 내담자가 가지고 있는 여러 가지의 문제 중 가장 근원이 되는 내용을 구분해야 한다. 동시에 상담자는 내담자가 변화에 대한 시기, 내용, 대상, 과정 등을 정확히 이해할 수 있도록 해야 하며, 이를 위해 상담자는 내담자와의 상담과정에서 상담목표를 동일하게 이해하고 있어야 한다.

이를 위해 상담자는 한 번에 한 가지의 목표에 초점을 맞추며, 상담목표는 구체적이고 측정 가능하도록 설정, 실행 가능하고 도달 가능한 것으로, 내담자가 상담목표에 대한 승인과 동의를 구성해야 한다. 특히, 상담자는 내담자에게 상담의 목표로 설정된 내용에 대하여 내담자의 동의와 승인을 이끌어내야 하는데, 내담자의 목표에 대한 동의와 승인이 없다면 상담의 효율성이 저하되거나 내담자의 문제해결을 위한 상담이 지연되는 등 상담의 기반을 구성할 수 없기 때문에 상담자는 내담자와 문제에 대한 상담관계를 재정비하거나 재구조화를 통해 상담의 기반을 형성해야 한다.

③ 개입 단계

개입 단계는 문제해결의 계획을 구체적인 행동으로 실천하는 단계이자 문제해결 단계이다. 상담목표를 설정한 이후 그 목표를 달성하기 위해서는 목표에 도달하기까지 상담자는 이때 필요한 단계적 과정목표를 함께 설정해야 한다. 노인상담은 노인의 습관적 사고, 감정 및 행동유형을 변화하기 위하여 개입과정에서 상담자는 내담자의 의사나 환경을 고려하지 않은 일방적인 통보나 통제, 비우호적인 상담 분위기, 급격한 변화를 조정하는 개입방법 등은 내담자의 적극적인 참여를 방해할 수 있다. 이러한 노인에 대한 개입방법의 저항은 노인에 대한 잘못된 상담자의 가치나 믿음에서 유발되는 경우가 많은데 상담자는 이러한 잘못된 가치와 믿음을 배제한 상태에서 노인 내담자에 대한 변화 동기를 고취할 수 있는 개입방법과 단계를 설정해야 하며, 문제해결 노력에 기울여야 한다. 상담과정은 고정된 것이기보다는 지속적인 변화를 위한 유동적인 과정이므로 상담자는 초기단계에서 설정한 목표를 재평가하는 연속적인 과정이 필요하다. 이러한 과정을 통해서 내담자가 문제를 본격적으로 개방하고 문제와 증상을 가져다주는 역기능적 행동패턴을 수정하거나 새로운 행동양식이 재설정하는 시기가 전개된다. 이 단계는 접수 단계와 사정 단계보다 강한 감정적인 과정으로서 내담자의 문제와 갈등에 대한 감정적 상태가 분명히 표현되는 시기이다.

④ 평가 및 종결 단계

상담목표가 달성되었는지에 대한 진단과 더불어 시기적절하고 책임감 있는 상담을 위해서는 상담의 공식적인 종결이 필요하다. 종결 단계는 분리 단계로서 상담자는 내담자가 상담자를 계속 의지하기보다는 홀로서기를 하도록 적절한 분리를 하는 것이 필요한데, 이 과정 속에서 내담자에게 상담자는 상담과정을 통하여 변화된 부분을 적극적으로 지지하며 긍정적인 효과를 최대화하기 위한 방법을 동원해야 한다. 이러한 상담과정의 변화를 강화하기 위한 종결 단계를 적절히 수행하기 위해 McDonald & Haney(1988)은 다음의 일련 과정들이 도움이 된다고 하였다(이호선, 2005. 재인용).

가. 끝매듭 잘 마무리하기

상담자와 내담자 사이에 끝내지 못한 문제가 현안이 있다면 종결과정 전이나 종결과정에 이를 포함하여 처리해야 한다. 이런 마무리되지 않은 문제나 현안은 상담자와 내담자 사이에 상담의 종결 이후에도 연결되어야 하는 감정부분으로 남게 되거나 내담자가 상담자가 다른 업무나 내담자로 인하여 자신에게 이른 종결을 강요하는 것으로 이해할 수도 있다.

나. 적절한 때 맞추기

내담자에게는 상담자와 일정 기간 동안 관계를 형성하였기 때문에 상담관계를 종결하는 것은 내담자에게는 어려운 일일 수 있다. 현재 내담자의 문제가 해결되면 당연히 상담자는 현재 내담자와의 관계를 종결하고 새로운 내담자와 새로운 문제에 대한 상담과정을 실시하는 것을 시작해야 한다. 상담자는 내담자와의 종결을 논의할 때 내담자가 가질 수 있는 이러한 감정의 민감성에 유념하고 적절한 시기를 탐색하거나 종결을 논의해야 한다.

다. 작별의 슬픔

내담자는 상담자와의 종결이 또 다른 상실로 여길 수 있다. 일반적으로 내담자는 상담과정에서 스스로의 문제를 해결할 수 있는 능력을 충분히 가지고 있다는 상담자의 평가와 여러 환경의 변화에도 불구하고 상담자의 결정과 조언에 상당한 기대감을 가지고 있다. 이러한 내담자에게 종결은 '작별의 슬픔'을 가져올 수 있는 것을 상담자는 이해하고 있어야 하며, 내담자가 현재 종결을 앞두고 또는 종결시점에서 가지고 있는 감정에 대해 솔직히 이야기할 수 있도록 하거나 그 이야기에 귀 기울여야 한다.

라. 초대와 사후관리

상담이 성공적으로 끝나게 되면 내담자는 앞으로 발생할지도 모르는 새로운 문제들에 대처할 수 있는 자신감과 확신을 갖게 된다. 이러한 내담자의 자신감과 확신을 더욱 유지하는 것이 상담자의 사후관리로서 종결 이후에 상담자가 내담자에게 생활에 대한 연락을 하거나 이를 위해 내담자를 초대하는 것은 상담자에 대한 내담자의 배려를 충분히 인식시키는 좋은 행동이 된다.

3. 노인상담기법

노인상담은 노인의 삶에 대한 지지와 상담과정에서 이루어진 성과를 실제생활에 적용하는 것을 더 강조하며 노인의 체면을 손상하지 않기 위해 방어기제와 전이를 더 관대하게 다룬다. 현대사회의 상담 대상은 내담자뿐만 아니라 내담자의 생활에 영향을 주는 가정과 가족원, 형식적 또는 비형식적 집단과 조직체, 지역사회 환경까지도 포함해야 하기 때문에 다양한 상담기법을 요구하는 다문학적인 특성이 있다.

(1) 회상기법

회상기법은 과거 경험을 생각하거나 그 경험을 현실의 문제와 연관짓는 것으로써 구술방법, 서술방법, 명상법을 사용한다. 이 회상기법은 개인상담과 집단상담 모두에서 긍정적인 결과를 보인다. 주요 회상기법은 다음과 같다.

① 자서전의 저술이나 녹음

자서전 방법은 내담자가 자신의 삶을 정리, 기술하는 기법이다. 자서전 방법에서는 사건, 경험, 사람들이 중요하다. 여기에 기술되지 '않은' 것에 대해서도 주의를 기울이는 것이 필요하다.

② 생애 순례 여행

노인들은 자신이 태어나고, 아동기, 청년기, 성년기를 보낸 곳으로 여행을 떠남으로써 자신의 과거와 만날 수 있으며 생각을 정리하기 위해서 사진을 찍고 기록할 수 있다.

③ 중요 인물들과의 재회

사람들은 가족, 친인척, 종교단체나 활동단체의 모임에서 친구들이나 인생의 중요한 사람들을 보면서 자신을 돌아볼 수 있는 기회를 갖는다.

④ 가계족보

가계를 밝히는 일은 개인에게 역사의 연속성을 느끼게 하고, 얼마나 많은 가족구성원이 사망하였는가를 앎으로써 죽음의 두려움을 완화하는 데 도움이 된다.

⑤ 스크랩북, 사진첩, 오래된 편지 및 그 밖의 기억할 만한 중요 기사

사람들이 보관해온 물건들은 보통 자신의 인생에서 특별하고 즐거운 기억을 담고 있다. 오래된 여러 권의 사진첩, 친구에게 받았던 편지, 손자녀의 돌잔치 비디오, 취미로 모았던 우표 등을 보며 인생의 중요한 사건들을 이야기함으로써 오랫동안 잊고 있었던 사건과 친지들을 기억하고, 정서적 경험을 회상할 수 있다.

⑥ 일생의 업적 정리

노인들은 세상에 기여했다고 여기는 일을 정리함으로써 세상에 의미 있게 참여했다고 느낀다.

⑦ 민족적 정체감에 대한 관심

노인들은 민족집단의 한 구성원으로서 자신이 누렸던 특별한 전통과 경험을 집중적으로 회상함으로써 자신이 물려받은 유산의 진가를 인정하고 젊은이들에게 자신이 물려받은 유산을 전수하였다는 것만으로도 민족적인 기여를 하였다는 자부심을 갖게 된다.

(2) 조각기법

조각기법은 노인을 포함한 가족치료에서 사용된다. 가족원의 배치도는 하나의 관계망을 가시적으로 드러내어, 노인이 가족과 형성하고 있는 관계망과 감정적 관계의 거리를 가시화한다. 상담자는 구성된 가족원의 조각 구성상태에서 각 조각들에게 자신의 감정을 있는 그대로 표현하도록 한다. 조각기법은 가족이 실제로 가상의 위치와 자세를 형성해봄으로써 가족 간의 관계를 경험하는 비언어적 방법을 동원하는 치료방식이다.

(3) 문장완성기법

문장완성기법은 개인 또는 집단 상담에서 전체 노인에 대한 사전 정보를 획득하기 위하여 사용한다. 기법으로는 내담자 노인이 '내가 만일~', '나는 ~을 원한다'와 같은 미완성 문장을 보고 떠오르는 것들을 이야기해보며, 여러 가지 문장이 나올 수 있음을 알게 한다. 문장기법을 진행할 때 주의사항은 첫째, 심사나 시험이 아니므로 모든 문항에 대해 응답하며, 솔직하게 답할 수 있도록 지도한다. 둘째, 검사 결과는 확정적인 것이 아닌 내담자를 이해하기 위한 참고자료로만 사용하며, 해석된 내용이 선입견으로 작용하지 않게 주의한다. 셋째, 이 자료는 내담자의 단편적인 의식을 엿보는 단서로 활용하면서 다른 자료와 함께 종합적으로 판단하여 이해해야 한다. 넷째, 진행하는 동안 조용한 음악을 들려주어도 좋다.

(4) 심리극기법

심리극은 1912년 정신과 의사 모레노가 창시한 집단정신요법 중의 하나다. 심리극의 목표는 내담자에 대한 통찰과 내담자의 감정적 문제, 정서적 갈등이나 경험을 극화하여 연기함으로써 자신의 느낌을 동작으로 자유롭게 표현하게 한다. 심리극

기법을 위해 상담자는 내담자가 관중석에 있을 때 미리 내담자의 문제에 대해서 질문과 대화를 나누어 워밍업을 한다. 내담자를 무대에 불러내어 자별적으로 대사를 결정하도록 하여 자기 스스로 연기하게 한다.

① 독백

독백은 말이 없는 노인 혹은 대화 도중에 침묵이 자주 발생하는 경우에 사용하는 기법이다. 일반적인 독백은 자유연상과 달리 특정 상황이 주어지며 해당 상황의 숨겨진 사고, 감정의 표현과 명료화에 도움이 된다. 치료적 독백은 연극에서 대화 도중에 고개를 돌려 자기의 내면의 느낌을 표현하는 기법이다.

② 역할바꾸기

역할바꾸기는 상대하던 두 사람이 서로의 역할을 바꾸어 함으로써 상대방의 눈을 통해 자신의 문제와 갈등을 보게 하는 기법이다. 자신을 표현하는 데 어려움이 있는 노인들이 질문에 대한 답변을 스스로 찾도록 돕는 경우 상담자와 역할교환은 효과가 있다. 상담자와 내담자 간에 라포가 형성되지 못한 경우에는 내담자가 당황할 수도 있기 때문에 신중해야 한다. 역할바꾸기 시도한 후에 내담자가 답변을 못하더라도 실망해서는 안 된다.

③ 거울기법

거울기법은 자존감이 낮거나 대인관계가 어려운 노인, 비협조적인 노인, 우울증상이 있는 노인들에게 유용한 기법이다. 이 기법은 내담자에게 불쾌감을 줄 수도 있기 때문에 가능한 한 내담자의 동의를 얻는 것이 좋다.

④ 마술상점

마술상점은 내담자 내부의 긍정적인 자원을 탐색하고 생의 목표와 가치를 명백히 하는데 도움이 된다. 이 기법은 가계의 주인이 상담자가 되고, 내담자를 손님으로 맞이하여 물건을 고르게 한 후 그 물건의 필요성과 꼭 필요한지 버려도 되는지에 대해서 묻는다. 이 기법에서 중요한 점은 그동안 자신이 원했던 것이나 버리고 싶었던 것들이 실제로는 그다지 큰 의미가 없었다는 사실을 발견하는 것이다.

⑤ 빈 의자 기법

빈 의자 기법은 빈 의자를 이용해서 내담자의 상상력을 자극하거나 역할연기를 시도한다. 이 기법은 자신에 대한 이해나 내면의 답변을 찾는데 도움이 되며, 그 대상이 사람이 아닌 의자이기 때문에 보다 자유롭게 상상할 수 있어 내담자의 저항이 약화되는 강점이 있다.

⑥ 이중자아기법

이중자아기법은 내담자의 심리적 경험을 있는 그대로 혹은 최고조로 묘사함으로써 문제를 평가하고 갈등을 분석하며 상호관계를 자극하고 촉진하는 기법이다. 방법으로는 지지, 극화, 확대, 강조, 풍자, 직면, 해석, 과장, 비언어적 소통의 언어화, 반대화 등 다양하다. 이 기법은 내담자가 자신의 깊은 감정을 표현하는 데 효과적이다.

⑦ 죽음과 재생의 장면

죽음과 재생의 장면은 상담실의 의자, 긴 소파 혹은 바닥에서 진행한다. 이 기법은 자살충동을 느끼는 노인이나 죽음을 두려워하는 노인, 어느 한 가지 일에 지나치게 집착을 보이는 노인, 가족 간의 갈등이 심한 노인, 의심이 많거나 증오심이 강한 노인 등에게 유용하게 사용된다. 이 기법의 중요한 점은 죽음의 장면은 반드시 재생이나 부활의 장면으로 끝나야 한다는 사실이다.

⑧ 심판의 장면

심판의 장면에서는 내담자가 하느님, 가상의 인물, 철학자, 이상적인 인물들과 만나게 되고, 그 역할을 맡은 보조진행자가 삶에 대한 평가, 죄의식, 가치관 등을 공개재판의 형식으로 진행한다. 이 기법은 질문과 답변, 추궁과 방어 및 상징적인 상벌 행위도 가능하며, 심판의 장면은 죄책감이 강하거나, 자존감이 낮은 내담자에게 상징적인 심판과 상벌 행위를 통해 죄책감을 낮추고 자존감을 높이는 기능을 한다.

⑨ 등 보이기

등 보이기 기법은 가족관계에서 유난히 독단적이고 교만하거나 다른 또래 동료들과 어울리지 못하거나 자주 말썽을 일으키는 노인 혹은 친구가 없거나 우울하거나 다른 노인에게 배척당하고 있는 노인에게 사용한다.

⑩ 공유기법

공유는 타인에 의한 지지, 감정이입, 일반화로 통찰을 얻는 기법으로 여러 사람 앞에서 자신의 깊은 내면, 감추고 싶었던 내용, 수치스럽거나 고통스러웠던 일 등을 내어 놓고 그 내용을 함께 나누는 것이다. 이 기법은 집단상담에서 주로 사용된다.

(11) 기타 기법들

역할기법, 적극적으로 경청하기, 직면, 요약, 반복기법, 의사소통훈련, 매체학습

등이 있다.

① 역할기법

역할기법이란 내담자나 상담에 참여하는 내담자 가족, 집단상담 참여자가 역할을 맡아 내담자의 문제와 관련된 일련의 상황들을 연극 형식으로 표현하는 것이다. 이 역할기법은 상담 참여자들이 자신들의 이야기를 가지고 대본을 만들거나 연습을 해서 내담자 스스로 역할을 맡아 보여준다.

② 적극적 경청

적극적 경청이란 내담자의 생각과 감정을 충분히 듣고 느끼며 내담자의 입장에서서 이해하는 것을 말한다. 적극적인 경청은 내담자의 심정과 감정, 태도를 충분히 살피고 받아들이는 과정이며, 이 과정을 통해 노인은 마음의 문을 열고 경청을 하는 상대방과 충분한 감정적·정서적 관계를 형성한다. 적극적인 경청을 위해서는 언어적인 표현뿐만 아니라 비언어적 표현에도 신경을 쓰며, 상대가 말하고 있는 것을 피드백 하고, 충분한 감정표현의 동기를 만들어 주는 것 등이 중요하다.

③ 직면

직면은 갈등 상황에서 내담자와 가족원에게 직접적으로 문제의 핵심과 저항의 내용을 지적해 주는 것을 말한다. 노인상담에서는 용어 선택과 상황에 대한 책임 있는 진술, 예측할 수 없는 감정적 동요 등을 고려해야 한다.

④ 요약기법

노인들은 이야기를 길고 반복적으로 하며, 상담자의 주의집중을 흐리게 하고 자신에 대한 파악을 방해하며 상담자와 거리를 두고자 하는 목적이 이면에 있다. 이때 필요한 것이 요약기법이다. 이 과정은 내담자에게 상담자가 자신의 이야기를 주의 깊게 경청하고 있다는 것을 확신시켜 주어 상담을 심화하는 역할을 하기도 한다.

⑤ 의사소통훈련

노인들은 지나치게 자기 주장적이거나 자신을 표현하고 이해하는 데 미숙한 경향이 있고 이는 감정표현에 익숙하지 않고 감정표현의 방법이 서투르기 때문이다. 이때에는 내담자를 격려하고 변화나 적응에 대한 안정감을 느끼도록 하는 과정을 가져야 한다.

⑥ 매체학습

매체학습은 이전 상담 시 미리 설치해 두어 상담 상황을 담은 비디오테이프이나 녹음테이프를 내담자와 가족구성원에게 제공하는 것이다. 이러한 제공된 자료를 통해서 내담자와 그 가족은 함께 이야기하던 상담시간들을 되돌아보고 긍정적인 변화의 동력을 얻게 된다.

4. 노인상담의 실천과정 적용

1) 접수 단계 및 관계형성 단계

본 사례는 관절염으로 거동이 불편하고 우울증 증세를 나타내고 있는 클라이언트가 함께 살고 있는 양아들이 자신의 허락 없이 노인요양시설에 입소했다는 이유

> **피해자**: 안길자(가명, 76세)
> **가해자**: 이철중(가명, 아들, 40세)
>
> **학대내용**
> - 클라이언트의 팔에 구타로 인한 피멍자국이 심하게 나있으며, 심리적 불안증세 보임
> - 신체적 학대: 자신의 허락 없이 노인요양시설에 입소하였다며 구타 행위 등이 일어남
> - 언어/정서적 학대: '누가 허락도 없이 시설에 가라고 했느냐'며 폭언, 심리적 스트레스로 인한 우울증 증세와 아들에 대한 두려움을 나타냄
>
> **학대관련 주요 정보**
> - 피해자(클라이언트): 남편과 사별하고 1남 1녀를 둔 남자와 재혼하였으나, 클라이언트가 아기를 낳지 못하여 전처의 자녀들만을 키움. 요즘은 관절염이 심해져 바깥 출입을 할 수 없는 상태라 그나마 다니던 성당에도 잘 다닐 수 없는 상태이며, 몇 달 전 노인요양시설에 입소하였으나 아들이 강제퇴소 시킴. 내성적인 성격으로 팔에 피멍으로 보이는 상처가 있음
> - 가해자(클라이언트의 양아들): 아내와 이혼상태이며, 일정한 직업 없이 건설현장에서 일용근로자로 일을 하고 있음. 현재 클라이언트와 임대아파트 함께 거주하고 있음

로 구타와 폭언을 일삼고 클라이언트를 강제 퇴소시키는 등 노인학대를 당한 상담 사례이다. 상담센터와 원거리에 거주하고 있는 클라이언트의 지원을 위해, 지역사회 기관과의 긴밀한 협조체제를 통해 정기적인 방문 및 관찰 서비스지원이 연계된 상황에서, 방문 시 클라이언트의 자살시도가 발견되었고 현재 '○○병원'에 입원된 상태에서 간병인 및 자원봉사자 서비스 지원 연계하고 있는 상황이다.

2) 사정 단계

접수 단계 상담 결과, 클라이언트는 팔에 구타로 보이는 피멍이 심하게 나 있는 상태이고, 생활보호대상자로 내성적이고 우울증세를 보이고 있는 클라이언트는 아들의 학대 사실을 강하게 부정하고 있고, 아들에 대한 두려움을 느끼고 있다는 인상을 받을 수 있었다. 또한 관절염으로 거동이 불편하여 이웃과 왕래가 없고, 상담

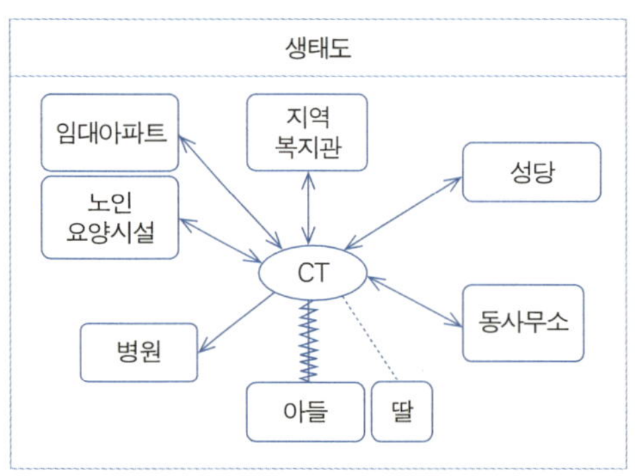

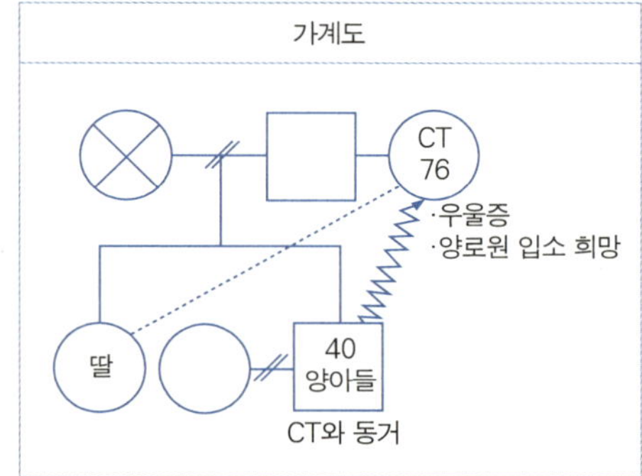

자의 질문에 짧게 대답하시는 편이며 매우 표정이 어둡고, 수시로 전화연락도 되지 않는 상태였다.

가족력으로는 1남 1녀의 전처 자녀들을 키웠지만, 딸과는 왕래가 거의 없으며 아들은 독립할 생각을 하고 있지 않은 것으로 파악되었으며, 클라이언트는 자식들에 의지하지 않고 '양로원'에 입소하기를 희망하고 있었다. 이에 대한 생태도와 가계도는 〈그림 10-1〉과 같다.

3) 개입 단계

(1) 클라이언트의 욕구

· 클라이언트: 양로원에 가기를 희망

· 클라이언트의 아들: 노모와 함께 임대아파트에서 살기를 원함

· 기타 주변인(클라이언트의 딸): 관심 없음

(2) 결과목표 및 개입계획

① 결과목표

· 클라이언트의 안전 확보: 지역사회 복지관, 동사무소 연계
· 클라이언트의 정서적 지지: 심리적 안정 및 우울증 대비
· 노인요양시설 입소지원: 아들과의 중재상담, 클라이언트의 시설입소에 따른
  결단력 지지

② 개입목표

· 클라이언트의 응급대처 상황 정보안내
· 지역복지관 연계
· 동사무소 전담공무원과의 연계지원
· 학대사실에 대한 심리적 안정지원
· 우울증에 따른 지역사회 복지관 프로그램 참가 유도
· 아들 의견 중재
· 본인의 의사를 명확히 재확인

③ 개입 단계

상담센터에서 실시되는 노인대상 예방교육 실시와 관련하여, 이동상담 시 이웃
주민이 상담기관에 본 사례에 대한 학대사실을 신고하였다. 작년까지만 해도 주일
이면 인근 성당에도 다니곤 하였으나, 요즘 건강이 부쩍 안 좋아 지셨는지 성당에
도 나오지 않으며, 얼마 전 할머니를 만나 뵈었는데 팔에 심한 구타와 관련 심한 피
멍이 나 있다며 신고 접수되었다. 할머니는 현재 막노동을 하는 40세가량의 양아들
과 함께 살고 있으나 아들과 함께 사는 할머니의 표정이 늘 어둡게 보이는 것을 확

인하였다. 또한 본 사례는 클라이언트의 거주지가 상담센터와 원거리에 있는 상태에서 지역사회 기관들과의 연계를 통해 개입할 필요가 있다.

가. 사례내용의 정황파악을 위한 개입: 현장조사

㉠ 클라이언트와의 상담: 상담자가 클라이언트의 집을 방문했을 때, 대문이 열려 있었고 상담자와의 상담을 쉽게 허락해주었으며, 집안이 매우 깔끔하게 정돈되어 있었고, 책상 위에는 아들 명의로 국민연금 체납 독촉장이 수북하게 쌓여 있었다. 클라이언트의 팔에는 구타로 보이는 심한 피멍이 들어 있어 이유를 확인하려 하였으나 아들이 학대 사실을 강하게 부정하였다. 클라이언트는 현재 생활이 매우 힘들다고 표현하였고 '양로원'에 가고 싶다는 희망을 표현하였다.

㉡ 간호사의 건강 확인: 심리적으로 심한 우울증 증세를 보였고, 두려이 역력했다. 상처는 많이 전정 되었으나, 명확하게 어떠한 물리적 도구로 학대하였는지 확인 불가능하며 현재 상처로 인한 위험성은 없는 것으로 판단되었다. 혈압과 혈당은 정상이었으며, 관절염 증세에 따른 지속적인 병원치료를 받을 수 있도록 상담지원이 요구되었다.

㉢ 상담자: 클라이언트의 학대 사실 부정으로 정확한 학대상황 파악은 어려웠으나, 어두운 표정과 두려움 등의 느낌으로 심리적인 불안정 상태가 지속할 것으로 짐작되며, 상담센터와 원거리로 인한 지역적 서비스지원 한계로 인근 지역사회 자원을 활용한 적극적인 관찰 및 방문 서비스, 가해자에 대한 면접상담 연계를 요청하기로 결정하였다.

나. 안전 확보를 위한 개입과정: 인근 동사무소 사회복지전담공무원 방문상담

ㄱ 사회복지전담공무원: 생활보호대상자인 클라이언트의 생활을 잘 알고 있어 담당자는 상담을 통해, 정기적인 관찰 및 방문의뢰를 하였다. 담당자는 며칠 전 방문을 통해, 클라이언트의 상처를 알고 있었고 진상을 확인하였으나 클라이언트의 함구로 미확인되었고 별다른 조치사항은 없었다고 한다. 며칠 뒤 사회복지전담공무원은 클라이언트 집을 방문하였으나, 아무 일이 없었고 곧바로 인근 복지관 재가팀에 본 사례를 의뢰하였다. 재가팀에서는 이튿날 클라이언트 집을 방문하였고 클라이언트의 자살시도 행위를 목격하였고, 아파트에서 뛰어내리겠다며 의자 위로 올라간 클라이언트를 발견하였고, 그 사이 클라이언트는 집 앞으로 넘어지면서 약간의 타박상을 입었다. 그러나 발견 당시 클라이언트는 영양실조 증세와 심리적 불안정으로 인한 자포자기 상태였으며, 곧바로 '○○병원'으로 이송되어 치료를 받았다. 간병인과 자원봉사자를 연계하여 현재, 심리적 안정을 취하는 상태에 있다.

ㄴ 가해자 면접상담(지역사회 복지관 재가팀장 상담진행): 기관 재가팀장은 가해자와의 상담을 통해, 상처에 대한 확인이 이루어졌으나 극구 부정하고 있으며, 클라이언트를 자신이 모시고 있다는 것에 대하여 부양자로서 책임을 다하고 있다고 표현하며 '이제는 당신들이 마음대로 하라'고 소리를 지르며 강한 불만을 토로하였다고 한다.

ㄷ 이웃주민: 신고자인 이웃주민을 통해 방문 및 관찰에 의한 위험 상황 시 '112' 전화신고를 할 수 있도록 안내하였다.

4) 종결 단계: 평가 및 사후관리

개입결과, 클라이언트와 아들의 학대 사실을 부정함에 따라, 아들에 의한 학대행위에 대하여 구체적인 진술 및 학대 사실 증명 제시는 되지는 않았지만, 클라이언트와의 면접상담을 통해 가정 안에서 학대 위험요인이 상당부분 있을 것으로 짐작되는 상황에서, 클라이언트의 우울증 증세로 인한 심리적 불안정 상태에서 일어날 수 있는 위기상황에 대비, 지역사회 복지관련 기관과의 긴밀한 협조체제를 통하여 적극적인 긴급 대처로 클라이언트의 극단적인 행위를 예방할 수 있게 된 것은 커다란 효과라고 평가된다. 그러나 클라이언트와 함께 동거상태인 아들과의 갈등요인, 클라이언트의 자살행위 시도, 기관들과의 접촉 등으로 인해 아들의 부정적 감정 유발요인으로 작용될 가능성 있으며, 이에 대하여 상담센터와 동사무소, 지역복지관과의 연계망을 통하여, 정기적인 방문과 관찰을 통한 학대 발생 가능성에 대한 대처방안 모색이 요구된다. 또한 장기적인 안전지원을 위한 클라이언트의 욕구달성(양로원 입소)을 위한 적극적인 개입이 필요할 것이다.

1 노인상담의 영역을 노인문제와 결부하여 이해하고 문제점을 제시하시오.

2 개인, 가족, 집단별로 노인상담의 사례를 제시하시오.

3 노인상담의 사례연구에서 나타난 개입목표와 개입결과에 따른 효과성 평가와 효율
성 평가를 생각해보시오.

제11장

노인사례관리

 이 장에서는 일반적인 사례관리의 개념을 이해하고, 노인상담분야에서의 사례를 제시하고, 사례관리를 수행한다.

- 사례관리의 개념을 이해한다.

- 노인상담 사례를 제시하고, 사례관리를 수행한다.

- 노인상담 사례의 기술 및 기법을 살펴보고, 노인문제와 결부하여 이에 대한 활성화 방안에 대해 논의한다.

현대사회가 산업사회에서 정보화사회로 점차 발전함에 따라 의학기술의 발달과 삶의 질 향상 등으로 인간의 평균수명이 늘어나고 있다. 이러한 변동에 따라 우리 나라에서도 노인인구 비율이 증가하고 있고 이러한 인구 고령화로 인한 다양한 노인문제가 발생하고 있다. 고령화는 선진국형 사회에서 나타나는 현상이지만 빈곤, 질병, 고독감 등 다양한 노인문제를 일으킨다는 점에서 문제 되고 있다. 그러나 선진국의 경우에는 고령화사회에서 고령사회로 진입하는 데 상당기간이 소요되어 그에 대한 준비도 체계적이고 점진적으로 이루어졌지만 한국의 경우에는 성장 속도만큼이나 빠르게 고령화사회로 진입해 고령사회까지 20년 정도밖에 걸리지 않을 것으로 보고 있다. 따라서 급격한 변화에 따른 해결책 마련이 중요하게 대두 되었다. 고령사회에 대비해 국가적인 차원에서 제도와 의식을 재정립하고, 무엇보다도 선진국형 노인복지체계를 마련하는 것이 시급한 과제라 할 수 있다. 그렇다면 다양하게 일어나는 노인문제에 효과적으로 대처하기 위해서는 어떠한 대책을 수립해야 할까? 많은 방법이 시도되어 왔지만 현재 주목받고 있는 것이 바로 사례관리이다.

이에 본 장에서는 사례관리의 개념을 살펴보고, 노인복지분야에서의 노인사례관리에 대한 정확한 개념과 목적, 사례모델, 개입기법 등을 사례를 통해 논의하고자 한다.

1. 사례관리의 개념과 필요성

1) 사례관리의 개념

사회복지학에서는 사례관리를 케이스 매니지먼트case management와 케어 매니지먼트care -management를 포괄적으로 사용하는 경향이 있다. 문헌에는 케이스 매니지먼트와 케어 매니지먼트란 용어가 처음으로 등장한 시점은 1970년대 중반이지만 미국, 영국, 일본 등 선진국의 사회복지 또는 사회사업 실천관련 문헌에서 본격적으로 언급한 것은 1980년대부터로 이들 용어의 역사는 비교적 짧으나 현재 사회복지서비스의 전달 및 사회사업실천의 중요한 기법으로서 자리 잡고 있다. 미국에서는 1960년대 지역사회 기반 서비스가 급속도로 확장되어 서비스 조정의 필요성이 사회적으로 인식되던 1970년대 초에 케이스 매니지먼트란 용어가 문헌 속에서 직접적으로 등장하기 시작했다. 당시 미국은 서비스의 단편화, 포괄적인 서비스를 필요로 하는 클라이언트 인구층의 증가, 비용절감 문제 등에 직면해 있었고 보건·교육·복지부Department of health, Education & Welfare는 서비스 통합 프로그램을 증진하기 위해 일련의 시범사업을 지원했으며 대부분의 시범사업에서 서비스 조정을 담당할 케이스 매니저case manager의 필요성을 언급하였다. 이에 따라 미연방정부는 케이스 매니지먼트를 서비스체계에 통합하는 각종 법령을 제정하였고 그 결과 정신보건, 노인, 아동, 신체장애 등 다양한 분야에서 케이스 매니지먼트 서비스를 실세로 세공하였다. 사회사업사진Encyclopedia of Social Work 18판(1987년)에서부터 개별사회사업casework 항목이 빠지고 케이스 매니지먼트를 포함하였다. 우리나라에서는 1990년대 케이스 매니지먼트란 용어가 들어와서 간호학, 사회복지학 분야 등에서 학문적으로 관심 받기 시작했다. 이 시기는 사회복지의 방향이 재가복지, 지역사회복지로의 전환을 준비하던 시기로 1993년 「노인복지법」 개정 시 재가복지가 처음으로 사회복지사업의 한 분야로 규정하였고 재가복지가 공식적인 종합 프로그램으로 인정되자 기존의 노인복지관, 장애인복지관, 사회복지관을 중심으로 다양한 재가복지 사업이 진행되었으며 여러 학자들과 실천가들에 의해 케이스 매니지먼트가 재가복지 부문에서의 중요한 실천방법으로 빈번히 언급되었다. 특히 1995년 제정된 「정신보건법」에서는 케이스 매니지먼트가 정신질환자를 대상으로 하는 지역사회 정신보건사업의 필수사업 중 하나로 지정했을 정도로 제도에 대한 정책적인 개념 인식이 높아지고 있다. 그러나 아직 우리나라 사회복지분야에서 케이스 매니지먼트에 관한 연구는 매우 미흡한 수준에 머물고 있어 앞으로 이의 구체적인 실천 양태에 관한 연구가 더욱 절실히 요구되고 있다. 케이스 매니지먼트와 케어 매니지먼트는 현재 다양한 분야에서 논의되고 전문적 실천에서 중요한 위치를 점하는 것으로 평가되고 있지만, 아직까지 용어 선정에 대해 명확하게 합의된 바는 없다. 그리고 매니지먼트의 대상이 '케이스'냐 '케어'냐에 관련된 논쟁이 일부 존재하는데, 케이스 매니지먼트의 사용을 지지하는 사람들은 '케어'라는 용어가 개별 클라이언트의 강점보다는 의존성을 강조하고 클라이언트와 서비스 제공자 간의 수동적 관계를 암시하며 나아가 케어 자체가 곧 일상생활로부터의 추방, 격리와 동일시될 수 있다고 주장한다. 그리고 이에 반해 '케이스'라는 용어는 개인에 대한 초점을 강조하고 또 국제적으로도 이미 널리 이해되고 있기 때문에 케어 매니지먼트라는 용어를 사용하기보다는 케이스 매니지먼트라는 용어의 사용이 보다 적합하다고 주장하고 있다. 반면 케어 매니지먼트의 사용을 주장하는 사람들은 케이스 매니지먼트는 케이스워크와 거의 동일시되고 있고 클라이언트와의 직접적 관계만이 강조되어 체계적 수준에서의 조직 활동, 즉 개입방법으로써의 측면이 아닌 자원을 조정하며 서비스 전달을 조직하는 면이 강조되지 못하는 단점이 있다. 우리나라의 경우 케이스 매니지먼트와 케어 매니지먼트의 어느 한 용어를 고집하기보다는 두 용어를 병행하여 사용하고 있다(장인협·우국희, 2001).

이와 같이 각각의 용어는 나름대로 특징과 차이를 지니고 있지만, 일단은 사례관리로 통용하는 추세인 것 같다.

사례관리는 복잡하고 다양한 문제나 욕구를 가진 클라이언트가 개별적인 기관이나 전문가 등의 지역사회 내의 서비스 제공자들을 일일이 찾아다니지 않고 사례관리자로부터 필요한 서비스를 보다 용이하고 효과적으로 받아들일 수 있도록 필요한 자원을 활용하여 클라이언트로 하여금 지역사회 내에 독립적으로 생활할 수 있게 도와주는 통합적인 서비스 전달방법이라고 할 수 있다. NASW(전미사회복지사협회)에서는 사례관리를 "복잡한 여러 가지 문제와 장애를 가지고 있는 클라이언트가 적합한 형태로, 적당한 시기에, 그들이 필요로 하고 있는 모든 서비스를 받을 수 있도록 보장하는 것이며, 따라서 이것은 포괄적 서비스를 제공하기 위한 방법"으로 정의하였다.

강선경·임윤형(2005)은 사례관리를 다음과 같이 정리하였다.

사례관리는 개인이나 가족을 대상으로 서비스를 제공한다는 측면에서 전통적인 사회복지실천방법론의 하나인 케이스워크와 유사하지만, 사회복지기관 이외에도 현장개입이나 옹호활동 등을 통한 지역사회에서 서비스를 제공하는 간접적인 개입까지 포함하는 특징이 있다. 이러한 사례관리의 특징을 좀 더 구체적으로 살펴보면 첫째, 지역사회에서의 서비스 활동과 연계를 강조하는 지역사회 중심의 접근법이며 둘째, 치료보다는 보호의 개념을 강조하며, 만성석이며 복합석인 문세를 가진 클라이언트를 지속적으로 관리하고 셋째, 사례관리자와 개인 클라이언트와의 긴밀한 상호관계를 기초로 클라이언트 중심의 개별화된 접근을 하고 넷째, 클라이언트의 변화를 위한 개별지도 중심의 직접적 개입으로부터 자원의 조정을 포함하는 환경적 개입까지 사회복지실천의 개입역할을 확대한다는 점을 들 수 있다.

이러한 내용으로 보아 사례관리는 개별사회복지 대상자가 가진 복합적인 문제를 해결하기 위하여, 개별지도는 물론 다양한 기관과 프로그램 및 지역사회 자원을 통하여, 단·장기적으로 개입하는 전문적 사회복지 실천기술이라고 정의할 수 있다.

2) 노인사례관리

노인은 신체·심리·사회·경제의 전 영역에 걸쳐 다양하고 복합적인 욕구를 갖는 반면 필요한 서비스에 대한 정보를 얻고 서비스에 접근하는 능력은 상대적으로 제한적이다. 이에 노인의 문제를 해결하고자 도입된 방법론이 사례관리이다. 즉 노인사례관리는 '한 사람의 사례관리자가 복합적 욕구를 가진 노인에게 다양한 서비스 자원을 연결해 노인이 사회생활상의 어려움을 극복할 수 있도록 돕는 사회복지실천의 한 방법'으로 정의할 수 있다. 노인사례관리의 목적은 ① 보호서비스의 지속성 확보, ② 서비스 체계들의 조정을 통한 서비스 연계성 증진, ③ 노인의 개별적 욕구와 특성에 근거한 서비스 제공, ④ 서비스의 포괄성, ⑤ 효과적인 자원의 개발과 분배로 궁극적으로는 노인을 대상으로 한 보호서비스의 질적 향상을 보장하고자 한다(김종일 외, 2006).

노인사례관리의 구성요소는 도움을 요청하는 클라이언트, 클라이언트의 욕구를 충족시켜줄 수 있는 사회자원, 이들 자원을 동원하고 조정하여 연결하는 사례관리자(장인협, 1995)와 사례관리의 과정으로 볼 수 있다(권중돈, 2005).

(1) 클라이언트

사례관리의 대상이 되는 클라이언트는 다양한 욕구를 가지고 있으면서도 신체적·사회적으로 여러 가지 기능상의 문제들로 스스로 욕구를 충족하기 어려운 사람들이다. 이런 클라이언트의 일반적인 특성은 첫째, 복합적인 욕구를 충족할 수 있는 사회 자원의 존재를 모르거나 사회자원과의 연결에 어려움을 가지고 있거나 사회자원의 이용방법을 알지 못한다는 점과 둘째, 만성질환을 가지고 있으며 신체적·정신적으로 심하게 손상되어 있다. 셋째, 자신들을 보호할 가족이 없거나 가족이 있어도 그들을 적절하게 보호받지 못하고 있다. 넷째, 공적 서비스뿐만 아니라 비공식 자원체계의 보호를 필요로 한다. 다섯째, 자기보호능력이 상실되어 있으며 개별적인 옹호가 필요하다는 것 등을 들 수 있다(이근홍, 1998). 이러한 특성에 비추어 봤을 때 노인은 사례관리의 적합한 대상이다.

(2) 사회자원

사례관리의 핵심기능 중 하나가 서비스와 자원을 클라이언트에게 적절하게 연결해 주는 것임을 생각해 볼 때 사회자원은 매우 중요한 요소라고 할 수 있다. 만성적·복합적·다중적 욕구를 가지는 사례관리 대상층들의 욕구를 충족하기 위해서는 다양한 자원의 확보와 동원이 필수적이다. 따라서 사례관리자는 클라이언트의 요구와 관련된 공식적 기관이나 조직의 자원뿐만 아니라 비공식적 자원 즉 지역사회자원과 원조자들을 동원할 수 있는 능력이 있어야 하며 나아가 그 자신을 자원으로 제공하기도 한다(장인협, 1995).

(3) 사례관리자

사례관리자는 대상자의 욕구를 파악해 사례관리를 위한 계획 수립, 사회적 자원 확보, 연결, 조정, 점검하는 역할과 조정자, 중재자, 상담자, 문제해결자, 자원개발자, 평가자, 교사, 지도감독자, 행정가, 옹호자 등의 역할까지 수행하는 사람으로, 사례관리팀과 주 관리자로 구분해서 살펴볼 수 있다. 일반적으로 노인사례관리팀은 의사, 간호사, 사회복지사, 임상심리사, 재활치료사, 영양사, 주거환경전문가 등 다양한 영역의 전문가와 간병인, 가사도우미 등의 보조인력으로 구성하고 주 관리자는 사례관리를 주도하는 핵심인력으로 리더와 책임자의 역할을 수행한다(김종일 외, 2006).

(4) 사례관리과정

사례관리과정이란 사례관리자가 클라이언트를 처음 접촉부터 종결까지 사례관리의 지식, 기술, 가치를 적용해 실천하는 일련의 절차로, 학자마다 분류하는 방식은 다양하다(김종일 외, 2006). 본 장에서는 일반적으로 사용하는 사례관리모델과 노인분야에서 자주 사용되는 대표적인 모델인 Rothman(1994)을 살펴보고자 한다.

2. 노인사례관리의 실천과정

1) 노인사례관리 모델의 특성

사례관리분야에는 다양한 모델들이 있다. 각 모델들이 강조하는 점은 사례관리 체계와 대상집단에 따라 다르다(최송식 외, 2006).

(1) 사례관리 제공자에 따른 모델(류명원, 2005)

① 가족보호모델

건강상태가 나쁘거나 만성질환을 앓고 있는 노인에게는 전문가보다 오히려 가족이 서비스를 가장 신속하고 적절하게 제공할 수 있다는 전제에 기초하고 있다.

② 지역사회 지원모델

보호를 제공할 가족이 없는 독거노인이나 노인부부 가족에게는 지역사회 주민이나 지역사회기관 등이 노인들에게 필요한 보호를 제공할 것이라는 전제에 기초하고 있다.

③ 포괄모델

다양하고 복합적인 욕구와 문제를 가진 노인들에게는 서비스의 단편적인 접근보다 포괄적인 접근이 그들의 욕구와 문제를 효과적으로 해결할 수 있는 방법으로 한 사람의 전문가가 책임지고 욕구와 문제를 해결해 줄 수 있는 사람과 노인을 연계시켜 주며, 계속적으로 다양하고 포괄적이며 적절한 서비스를 제공받을 수 있도록 하는 것이다.

(2) 서비스 전달 방법에 따른 모델(류명원, 2005)

① 중개모델

사례관리자는 클라이언트를 위해 필요한 여러 가지 서비스를 통합·조정하는 역할을 하지만 직접 서비스를 제공하지는 않는다. 즉 필요한 서비스만을 중개하는 것이다.

② 판매모델

중개모형에서는 사례관리자가 서비스를 정리하고 중개하는 반면, 판매모형에서는 사례관리기관이 고객과의 판매 계약을 통해 자체 기관의 서비스를 제공하거나 자체 자금으로 다른 기관의 서비스를 구입하여 직접 서비스를 제공한다.

③ 통합된 중개판매모델

사례관리기관은 제한된 수의 서비스를 제공하고 나머지는 외부기관과 협력하여 조정한다. 주로 급성치료에 중점을 둔다. 이 모델의 대표적 예는 병원을 기반으로 하는 사례관리이다.

④ 자원개발모델

장기보호서비스가 마련되어 있지 않아 개발해야 하는 경우에 적용한다. 사례관리자는 서비스 전달을 위해 필요한 자원을 파악하고 그 자원을 확보하는 데 있어 도움이 될 요소와 장애가 될 요소를 가려내어 재원확보를 위한 계획을 세워야 한다. 그리고 상당히 유용한 비공식적 서비스 전달체계에 대하여 비상한 관심을 가져야 하며 이에 대한 세밀한 분석을 할 필요가 있다.

⑤ 조직의 변화모델

조직의 변화모델은 흔히 자원개발모델과 중첩된다. 사례관리자는 장기보호서비스가 현재 가능하지는 않지만 현존하는 기관이 제공하고 있는 서비스들을 약간 변화하거나 보충하여 장기적 서비스로 전환할 수 있다고 가정한다.

(3) 통합사례관리모형(김종일 외, 2006)

① 단순형

단순형은 지역사회의 자원과 서비스를 노인에게 연계하는 것을 목적으로 한다. 따라서 사정, 사례관리 계획, 그리고 서비스 연계와 점검의 과업이 이루어진다.

② 기본형

기본형의 목적은 노인에게 상담과 조언의 제공, 지역사회 자원과 서비스의 연계에 있다.

③ 종합형

종합형은 지역사회 자원과 서비스의 연계 그리고 심층상담 또는 치료를 목적으로 한다.

④ 전문 관리형

전문 관리형은 직·간접적 서비스 제공과 서비스의 관리를 목적으로 한다. 사례관리자는 전문가 수준의 전문성을 갖춘 인력으로 각 분야별 전문가가 팀을 이루어 일한다.

2) Rothman모델

사례관리과정은 클라이언트의 특성, 환경적 맥락, 기관이 고용한 사례관리자의 유형, 담당 사례의 규모, 서비스 전달체계의 성격에 따라 다양하게 나타난다. 이 중 Rothman(1991)이 개발한 포괄적인 사례관리과정은 노인 클라이언트가 복합적인 욕구에 대응할 수 있도록 포괄적인 사례관리에 요구되는 기술, 지식, 자원들을 모두 포함하고 있어 노인사례관리에 특히 유용하다. 이 과정은 클라이언트가 홍보활동 또는 의뢰를 통해 기관에 오는 것으로 시작하고 클라이언트 중심 틀에 맞게 클라이언트가 모든 과정에 참여하도록 되어 있으며 사례관리과정을 〈그림 11-1〉과 같이 ① 접수, ② 사정, ③ 목표설정과 개입계획 수립, ④ 계획이행, ⑤ 모니터링과 재사정, ⑥ 종결단계로 제시하고 있다.

(1) 접수 단계

사례관리의 첫 단계인 접수는 다른 기관 또는 개인에 의한 의뢰, 사례발견 등을 통해 이루어지는 단계로 노인 클라이언트 집단은 정보가 부족하고 문제해결의 방법을 찾는 것에 대해 소극적인 경우가 많으므로 사례관리자가 직접 서비스에 노인 클라이언트를 연계하고 확인하는 데 적극적이고 창조적으로 노력해야 한다. 이를 위해 지역사회 의료기관, 노인보건시설, 노인복지기관 등과의 긴밀한 협조연계체

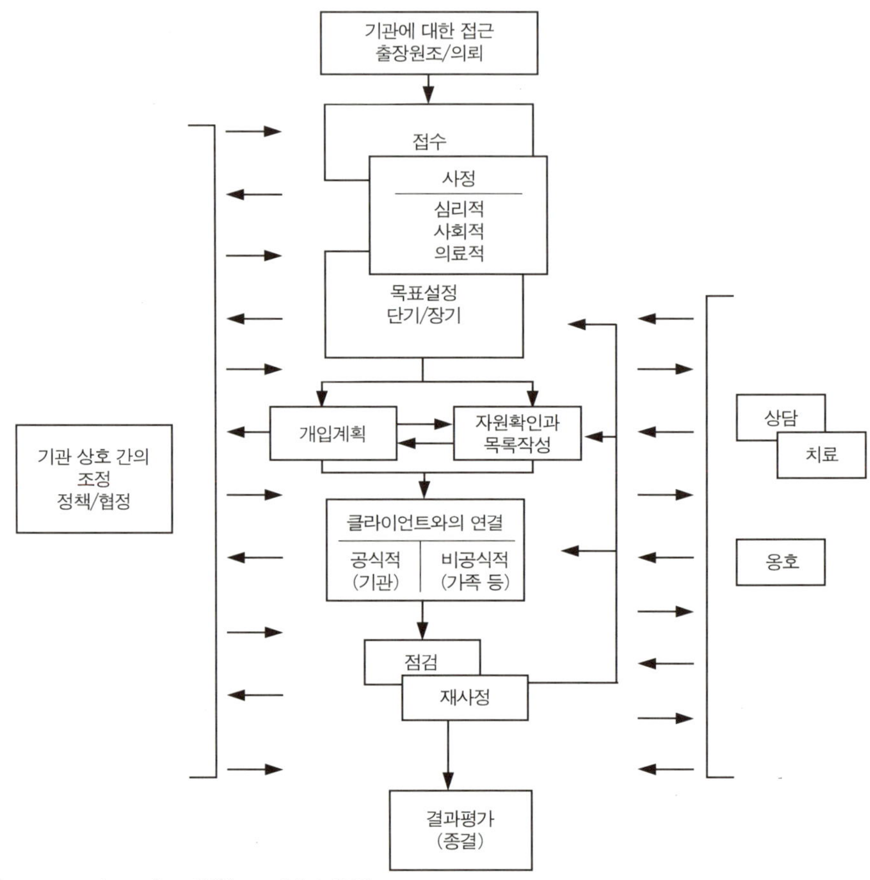

※자료: Rothman(1994: 23); 조성희(2002: 23)에서 재인용.

계를 구축하는 것이 필요하다(김기태 외, 2002). 이 단계에서 노인 클라이언트는 노인의 질병, 시설보호나 서비스에 대한 욕구, 서비스 제공 가능성, 보호자의 유무와 보호능력 등을 기준으로 사전 심사를 거쳐 사례관리에 적합한 사례로 판정되면 계약을 하게 되는데(권중돈, 2005), 그 이전에 사례관리자는 노인 클라이언트에게 원조내용을 알기 쉽고 상세하게 설명하여 이후 노인과 사례관리자가 함께 사례관리를 진행하는 것에 대해 협상·동의하며 클라이언트는 기관에 준비되어 있는 고지된 동의서informed consent에 서명하기도 한다.

(2) 사정 단계

사정은 대게 직접 면접을 통해 클라이언트의 상태, 욕구를 정확히 평가하고 동원 가능한 자원을 파악하는 단계로 사정의 내용에는 현재의 문제상황, 신체적·정신적인 건강상태, 심리·사회적 기능, 경제상황, 노인의 사기, 가치관 및 대인관계, 가족·이웃·친구에 대한 정보, 세대구성, 거주상황, 자조능력 또는 프로그램에 대한 적극성, 주로 이용하는 서비스 또는 지원체계 등을 포함한다. 이 단계에서 사례관리자는 클라이언트와의 관계를 확립, 연속적인 서비스 계획에 활용할 기초자료를 수집하고 클라이언트의 기능과 욕구를 여러 가지 분야로 나누어 파악하기 위해 표준화된 사정도구를 사용할 수 있으며 노인과의 면접과정에서 노인과 신뢰관계를 확립하고 대인관계에 있어서의 의사소통기술과 다양한 면접기술 등을 사용해야 한다(김기태 외, 2002).

(3) 목표설정과 개입계획 수립 단계

목표설정과 개입계획 수립은 전 단계에서 실시한 포괄적인 기능적 사정결과를 기초로 목표를 수립하고 개입계획을 세우는 단계이다. 이 단계에서 사례관리자는 목표를 달성하는 데 필요한 실천기술이 무엇인지 결정하고 실현 가능한 개입계획을 세워야 한다. 이때 클라이언트와 함께 설정한 목표와 개입계획은 달성하기가 훨씬 쉽고 성공적으로 실천할 수 있기 때문에 가능한 한 클라이언트가 목표설정과 개입계획수립에 많이 참여하는 것이 중요하다. 그리고 개입계획을 수립할 때에는 공식적·비공식적인 서비스와 지원을 모두 포함하고 클라이언트 및 가족의 부담을 고려하여 작성하며 계획내용을 정형화된 서문으로 작성해야 한다(김기태 외, 2002).

(4) 계획 단계

계획 이행은 사례관리자가 비공식적인 지원, 공식적인 서비스 제공기관 등의 서비스 공급자와 관계를 맺고 클라이언트가 이러한 서비스를 이용할 수 있도록 연결하는 단계이다. 이 단계에서 사례관리자는 노인 클라이언트에게 서비스 공급기관의 주소, 전화번호, 서비스 신청에 대해 알려주는 것부터 거동이 불편한 클라이언트에 대한 교통편의 제공, 기관까지의 동행, 다른 기관에 접수하는 등 구체적으로 실행해야 한다. 또한 클라이언트가 서비스를 이용하는 데 장애가 되는 문제들을 밝혀내어 장애들을 개선, 제거해 나가며 클라이언트 목표, 욕구의 관점에서 도움이 될 수 있는 모든 관계망을 파악해서 체계적·정기적으로 접촉을 가지고 좋은 관계를 형성해나갈 필요가 있다(김기태 외, 2002).

(5) 모니터링과 재사정 단계

모니터링은 클라이언트에게 서비스를 적절하게 제공하고 있는가를 지속적·총괄적으로 점검하는 것이다. 사례관리자는 비공식적 원조체계와 공식적 서비스의 연결 모두를 살펴보아야 하고 신체적 기능이 취약한 노인 클라이언트의 경우 욕구가 복합적이며 신체 기능약화에 따라 욕구가 급속하게 변화하기 때문에 모니터링에 많은 노력과 시간을 투자해야 한다. 재사정은 클라이언트의 기능, 사회 환경변화로 클라이언트 욕구가 변한 경우 실시하는 것으로, 기능, 건강상 변화가 예상되는 노인 클라이언트에게는 정기적으로 3개월 또는 6개월에 한 번씩 실시하는 것이 좋고 클라이언트의 생활상의 욕구를 충족하지 못하고 있거나 새로운 생활상의 어려움이 생긴 것이 명확할 경우 사례관리의 세 번째 단계인 목표설정과 개입계획으로 되돌아가야 한다(김기태 외, 2002).

(6) 종결 단계

마지막 단계인 종결은 서비스를 계획대로 실행하여 클라이언트 능력 또는 자립 정도가 높아졌다고 확인될 때 사례관리자와 클라이언트가 함께 결정하는 것으로 종결 이후 사례관리에 대해 평가할 때 세 번째 단계인 목표설정과 개입계획 단계에서 설정한 목적, 목표를 달성했는지에 초점을 맞춰야 한다. 또한 사례관리자는 종결 이후에도 클라이언트가 다시 상담하러 올 수 있노록 관계를 유지하면서 재방문, 안부전화 등의 사후 작업을 준비해야 한다(김기태 외, 2002).

3. 노인사례연구

본 사례(조성희, 2002)에서 클라이언트는 수급권자이며 슬하에 1녀가 있으며, 남편은 딸이 초등학교 6학년 때 사망했다. 딸은 결혼해서 의정부에 거주하고 있으며, 자녀가 결혼한 후 계속 혼자 살아오고 있다. 관절염과 녹내장, 피부질환 등 만성적 질병을 앓고 있다. 10여 년 전에 화재로 살던 집을 잃고 동사무소에서 지원해준 보조금으로 월세를 얻어 어렵게 생활하고 있다.

（1）접수 단계

① 클라이언트 인적사항

성명	김○○	성별	여
종교	무	가족	딸, 사위, 손자, 손녀
생년월일	1926. 2. 3	연령	76세
주소	부천시 소사구 ○○	동거가족	없음
학력	초등학교 졸업	직업	없음
보호구분	수급권자	월수입	약 30만 원

② 가계도와 생태도

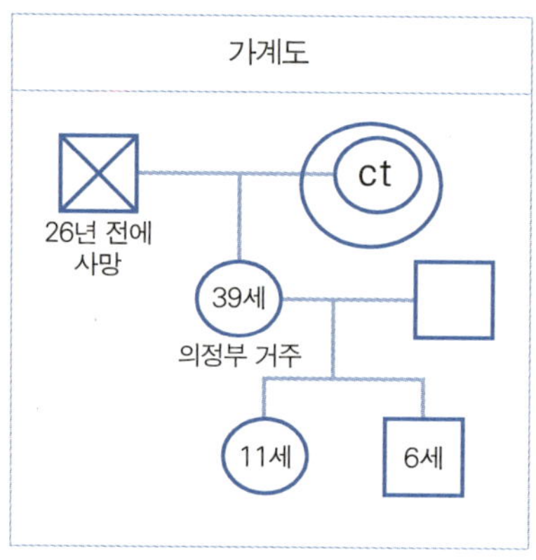

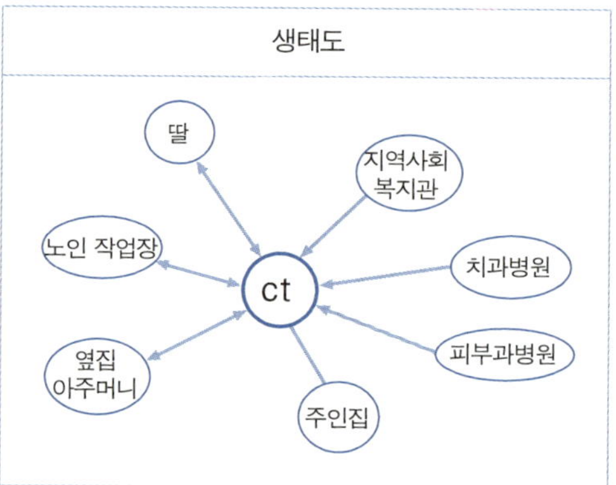

③ 서비스 사유

본 사례는 복지관의 재가복지 대상자로 선정되어 있어 급식서비스를 받고 있었으나 가정방문과 욕구조사를 통하여 만성질환과 경제적 어려움, 그리고 열악한 물리적 환경으로 보다 집중적인 서비스 제공이 필요하다고 판단하여 사례관리 대상자로 선정하였다.

④ 가정방문

사례관리자가 가정방문을 하여 생활환경을 살펴보았다. 클라이언트의 주거환경
은 방 하나에 부엌이 딸려 있고 화장실은 공동사용으로 재래식 화장실이다. 부엌문
이 현관 구실을 하고 있고 방은 채광과 환기가 되지 않아 습기가 많고 냄새가 났다.
급수시설은 마당에 있는 공동수도를 사용한다. 보일러는 연탄보일러로 작년에 복
지관 환경개선서비스를 통해 설치한 것이고 벽지와 장판도 서비스를 받았다.

(2) 사정 단계

① 클라이언트의 주요 문제 사정

가. 신체적 측면

클라이언트는 무릎 관절염으로 약을 복용하고 있으며 충치가 심해 통증이 있을
때에는 진통제를 복용하고 있다. 왼쪽 팔 다리가 저리다고 하여 파스를 붙이고 있
다, 걸을 때마다 발바닥이 뜨겁고 아프다고 하여 피부과 약을 복용하며 알로에를 붙
이고 있다. 조금만 걸어도 숨이 차서 걷는 것이 힘들다고 한다. 발 치료를 하고 나
서 틀니를 해야 하는데 비용이 너무 비싸서 치료를 못하고 있다.

나. 경제적 측면

매월 정부 지원금을 받고 있으며 노인 작업장에서 부업을 해 한 달에 약 30만 원
의 수입이 있다. 보증금 100만 원에 월세 5만 원을 지출하고 있으며 전기세 등 공과
금을 이만 원 정도 지출하고 있어 경제적으로 약간 어려운 상태이다.

다. 정서적 측면

클라이언트는 일찍 남편과 사별하고 가정부, 농사, 공장, 취로사업 등 여러 가지

일을 하면서 살아 왔으나 백내장 수술 이후 취업이 어려워 더욱 열악한 상태에 이르렀다. 10여 년 전 살던 집에 불이 나 아무것도 챙기지 못하고 몸만 빠져 나왔고, 주민자치센터에서 마련해준 텐트에서 생활하다가 정부보조금으로 월세 방을 얻어 지금 살아오고 있다. 불이 난 충격으로 지금도 가슴이 뛰며 누구에겐가 쫓기는 듯하고, 불안감이 있다. 노인작업장에 나가 부업하면서 여러 할머니들과 많은 이야기를 하고 스트레스를 풀 수 있어 정서적인 면은 큰 문제가 없어 보인다. 사위가 아픈 이후 어렵게 구입한 집을 판 것에 대해 미워하는 마음이 생겨 딸과의 관계마저도 소원해져 연락을 자주 하지 않고 있다. 그러나 손자들은 보고 싶어하고 외로움을 느낀다.

라. 주거문제

클라이언트가 거주하는 방은 약 1.5평이고 부엌은 몸을 자유롭게 움직일 공간이 없다. 재래식 화장실과 마당의 수도를 공동으로 사용하고 있다. 방문은 잠금장치가 없고 방안은 환기와 채광이 되지 않는다.

② 클라이언트의 주요 욕구 사정

클라이언트는 물품서비스에 대한 욕구가 강했다. 전기밥솥과 세탁기를 요구하고 부엌문이 고장 나서 잠글 수 없기 때문에 문을 수리해주기를 요구했다. 치과진료와 심장진료를 받고자 하는 욕구가 있다. 집에 대한 욕구가 강해서 임대 아파트나 전셋집으로 옮기고자 하는 욕구가 있다.

③ 클라이언트 사정

가. 클라이언트의 강점

젊어서부터 계속 어떤 일이든 해왔기 때문에 자립심이 강하고 다른 사람과의 관계에서 자신이 조금 손해를 보더라도 원만하게 해결하려는 성격이며, 기억력이 감퇴되지 않았고, 사람들과 만나 대화하는 것을 좋아한다.

나. 클라이언트의 약점

화제 사건 이후 동사무소나 복지관에서 계속 도움을 받아 왔기 때문에 물품을 구입하는 데 자신의 능력이 있음에도 복지관에 의존하려는 경향이 있으며, 작업장에서 부업양이 적거나 자신이 어떤 서비스 혜택에서 빠졌다는 것을 알면 매우 비판적으로 원망하는 태도를 보인다.

④ 공식적·비공식적 자원 사정

가. 공식적 자원

수급권자로 선정되어 지원금을 받고 있으며 복지관의 급식서비스를 받고 있다. 복지관의 나들이 서비스, 가사도우미, 영정사진서비스, 물리치료, 한방서비스를 제공받았다. 노인공동작업장에서 부업하여 그것으로 약간의 수입을 얻고 있다.

나. 비공식적 자원

현재 딸은 의정부에 거주하고 있는데 남편의 질병과 자녀양육, 직장출근, 경제적 어려움 등의 문제로 클라이언트를 찾아오지 않고 가끔 전화연락을 하고 있다. 옆집에 사는 할머니가 1주일에 1~2회 먹을 것과 반찬을 가져다주고 있다.

(3) 개입 및 계획 단계

① 클라이언트의 장·단기 목표 설정

가. 단기목표

· 물품서비스 후원자를 연결

· 치과진료를 무료로 받을 수 있도록 연결

· 환경개선(환풍기 설치, 부엌문 수리, 소독 실시)

나. 장기목표

· 건강의 증진

· 경제적 안정 도모

· 가족관계 증진

· 노인그룹홈 입소 모색

다. 구체적인 서비스 계획

·세탁기와 전기밥솥을 후원할 개인이나 기관을 물색

·개인 치과병원을 섭외해서 치료비를 할인 받을 수 있는지 모색

·경제적 문제해결을 위해 한국복지재단(현 초록우산 어린이재단)에 후원자 신청

·딸과의 관계개선을 위해 클라이언트가 먼저 전화하도록 꾸준히 권함

·환경개선을 위해 보건소에 소득을 실시할 수 있는지 의뢰

·복지관에서 실시 예정인 공동주거에 입소하실 수 있도록 우선 대상자로 선정

(4) 종결 단계

본 사례는 클라이언트가 지역사회복지관의 노인작업장에서 부업을 하고 있었기

때문에 만나는 시간이 저녁때로 제한하고 있어서 사례관리자가 서비스 제공의 주체가 되기보다는 정보제공이나 방문상담에 초점이 맞추어졌다. 초기에 클라이언트는 물품서비스에 대한 욕구가 매우 커서 물품서비스 연결에 중점을 두었으나 클라이언트의 가장 큰 욕구가 주거문제임을 발견하여 복지관 부설 그룹홈 입소를 제안하게 되었다. 또한 본 사례에 대한 개입으로서, 물품서비스 제공, 치과진료, 환경개선을 단기목표로 세웠고, 건강증진, 경제적 안정, 가족관계의 증진, 그룹홈 입소를 장기목표로 잡았다. 물품서비스는 클라이언트가 중고제품은 거절했기 때문에 신형물품 후원자를 발굴하는 데 어려움이 컸고, 서비스 제공 지연으로 인해 사례관리자와 클라이언트 사이의 신뢰가 깨질 위험도 있었지만 지속적인 방문상담으로 관계를 회복하여 사례관리를 신행할 수 있었디. 치과진료의 경우에 클라이언트는 보철을 해야 하는데 보건소나 의원에서 무료치료를 할 수 없었고 병원상담 결과 진료비의 40%를 할인하여 서비스를 제공하는 곳이 있었으나 그것도 매우 부담이 되는 큰 금액이기 때문에 치료를 받지 못하였다. 환경이 매우 열악해서 냄새가 심하게 나고 하루살이가 많은 주거환경 개선을 위해 소득 및 환기를 실시했으나 임시방편에 지나지 않았다. 그러나 그룹홈 입소가 결정되어 이사하게 되었으므로 환경이 개선되었고 물품서비스도 지원받을 수 있게 되고 또 후원금지원도 받을 수 있게 되어서 클라이언트가 매우 만족해 했다. 건강문제는 클라이언트가 거동에 큰 장애가 없어 필요한 병원에 가서 서비스를 받았다. 그러나 걸을 때 숨이 많이 차고 무릎 관절염으로 힘들어하므로 차후에는 차량지원서비스가 필요하리라고 생각된다. 딸과의 관계가 소원하여 외로움과 고독감을 느끼고 있어 그것을 완화하기 위해 가족과의 연락을 취하도록 지지했고 전화연락의 횟수가 증가하는 것으로 보아 서서히 개선되고 있는 것으로 판단된다. 또한 목표달성 정도는 기대 이상의 성과가 있었다고 판단하며, 클라이언트의 만족도는 높은 편이었고 서비스의 적절성은 자원발굴에 어려움이 있어 서비스가 지연되어 시기적으로 적절하지 못한 부분이 있었다고 생각한다.

평가에 대한 의견을 제시하면, 우선 클라이언트가 가지고 있던 경제적인 어려움이나 주거문제는 제한된 예산에 맞춰 잘 해결해 나갔다고 본다. 하지만 클라이언트의 신체적 문제나 정신적 문제에서의 해결접근 방법에는 다음과 같은 아쉬운 점이 남는다.

첫째, 신체적인 측면에서 클라이언트가 호소했던 발의 통증에 대한 정확하고 근본적인 원인에 따른 해결이 이루어지지 못하고 있다. 사례관리가 여러 가지 지역자원의 연계라는 장점을 충분히 활용해서 이 클라이언트에서 의료적 지식이 있는 전문가가 투입되어서 적극적으로 클라이언트를 도왔다면 좋았을 것이라는 아쉬움이 남는다.

둘째, 정서적인 문제해결에서의 비판이다. 정작 이 사례를 담당하는 사례관리자는 이번 사례의 클라이언트의 정서적 문제가 그리 심각하지 않다고 보는 듯하나, 사위로부터 비롯된 딸과 소원해진 관계를 개선하기 위해서는 좀 더 적극적인 개입이 필요해 보인다. 사위의 건강문제로 집을 매가한 일에서 비롯한 정서적 문제에 대해 클라이언트가 충분히 이해하도록 하고 가족의 중요성을 깨달을 수 있도록 심리상담가를 활용하였으면 좋았을 것 같다. 그리고 딸과의 관계개선에서도 클라이언트에게 단순히 전화를 하도록 요구하는 방법보다는 시간이 조금 걸리더라도 자연스럽게 서로를 이해할 수 있도록 하는 방법을 모색하는 것이 더 큰 효과를 낳았을 지도 모른다.

즉 평가에서는 클라이언트의 문제가 많이 호전됐다고 말하고 있으나 사실상 클라이언트의 근본적인 문제들이 완전히 해소가 되었다고 보기는 의심스럽다. 하지만 외로움을 해소하기 위해서 노인 그룹홈이나 복지관 프로그램에 클라이언트를 참여시켜 상실감과 외로움을 해결하려 했다는 점은 잘 이루어진 것 같다.

4. 사례관리의 과제

앞으로 우리 사회에는 다양한 욕구와 복잡한 문제를 가지고 있는 노인 클라이언트들이 더욱 증가할 것이고 이들은 지속적인 보호, 관리가 필요한 대상자일 수도 있다. 이런 노인 클라이언트의 다양한 욕구에 대응하고 지속적인 보호와 관리를 가능하게 하기 위한 사회복지실천 대안으로 사례관리의 확대와 활성화가 요구된다. 사례관리는 서구에서 이미 여러 영역으로서 그 체계를 확고히 잡아가고 있으나, 우리나라에서는 90년대 이후부터 관심을 갖게 되었다. 최근 들어 여러 복지관에서 사례관리를 실시하고 있으나 아직 우리의 실정에 어떻게 적용하고 관리해야 하는 것이 바람직한가에 대해서는 완전히 전문적이거나 체계화된 모델이 정립되어 있지 않아, 그 실행에 많은 어려움을 겪고 있다(엄명용, 2000). 그리고 사례관리에 있어서 사례관리자가 주의하지 않는다면 자칫 다음과 문제가 발생할 수 있다. 우선 첫째, 사례관리자는 클라이언트를 자신과 친숙한 서비스 또는 자신의 기관에서 제공하는 서비스와만 연계하려고 하거나 자신이 싫어하는 기관의 서비스 또는 접촉하기 어렵거나 친숙하지 않은 서비스를 배제하는 경우가 있다. 둘째, 사례관리자는 서비스를 제공하는 데 있어 자신이 좋아하는 클라이언트 또는 관계가 가까운 클라이언트에게는 더욱 많은 시간과 노력을 기울이고, 까다롭거나 대수롭지 않은 클라이언트에게는 그렇지 않게 행동하는 경우가 있다. 셋째, 사례관리자는 단순히 특정 클라이언트와 함께 일하고 싶지 않다는 이유로 클라이언트를 다른 기관으로 의뢰하거나 다른 기관이 클라이언트에게 도움을 줄 수 있는 자원을 보유하고 있는 데도 자신의 기관에 붙잡아두는 경우가 있다. 넷째, 사례관리자는 클라이언트 또는 클라이언트 가족의 참여를 촉구하지 않고 문제를 해결하려고 하거나 서비스를 실행해 서비스의 질이 향상되지 않는 등 상황이 악화되는 경우가 있다(이윤로, 2006). 따라서 사례관리자들은 이러한 문제점들을 주의해야 할 것이다. 사례관리에 대한 새로운 서비스 제공방법과 제공기술의 개발은 계속적으로 이루어져야 하고 인적·물적 자원의 개발과 활용이 더욱 다양화되어야 할 것이며 사례관리가 질적인 효력을 발휘하기 위해 지역사회 보호나 사례관리 등에 관한 법률적 혹은 제도적인 뒷받침도 함께 마련해야 할 것이다(엄명용, 2000).

1 케이스 매니지먼트와 케어 매니지먼트의 정의를 통해 사례관리를 정확히 이해하시오.

2 노인상담사례의 실천과정에 따라 사례를 제시하고, 각 단계별로 미비점이나 문제점을 제시하고, 이를 해결할 방법을 제시하시오.

3 사례관리의 사례를 다른 실천방법, 예를 들어 인지행동치료 등의 방법을 이용하여 적용해보시오.

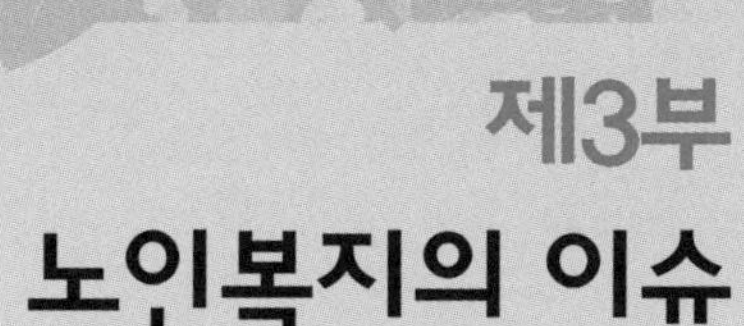

제3부
노인복지의 이슈

노인과 건강한 삶

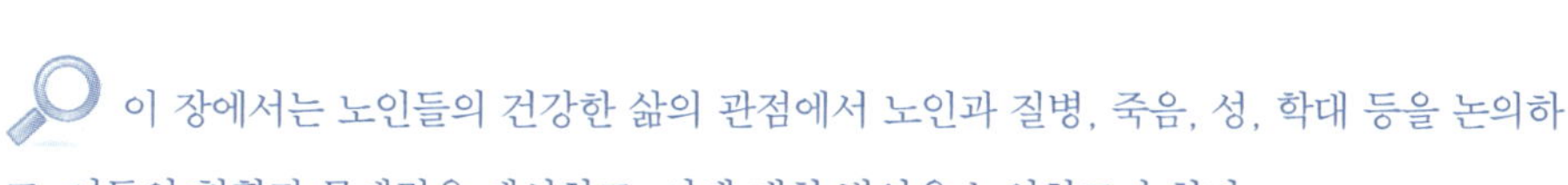

이 장에서는 노인들의 건강한 삶의 관점에서 노인과 질병, 죽음, 성, 학대 등을 논의하고, 이들의 현황과 문제점을 제시하고, 이에 대한 방안을 논의하고자 한다.

- 노인들의 주요 질환을 이해한다.

- 노인복지의 쟁점이 되는 노인들의 특성을 파악한다.

- 노인복지정책 중에서 현재 논의가 진행되고 있는 주요 사안에 대해 이해하고, 이에 대한 방안을 논의한다.

최근 경제성장으로 인한 생활수준의 향상과 보건·의료의 발달, 건강에 대한 높은 관심도와 생활환경의 개선은 평균수명의 연장을 가져왔고, 결과적으로 노인인구의 증가를 초래하였다. 이와 같이 노인인구가 급격하게 증가하면서 노인성질환도 증

가하고 있으며 노인층에서 많이 나타나는 인지기능장애와 같은 만성질환은 일상생
활동작능력이 약화되어 사회적 활동능력에 영향을 미치며 사회적 소외감을 유발할
수 있다. 더 나아가 수발자나 가족에 대한 심리적 부담감이 가중되므로 노년기의 삶
의 만족도가 저하된다. 환자 자신뿐만 아니라 온 가족에게도 감당하지 못할 스트레
스를 가져다주어 생활의 질을 위협할 뿐만 아니라 의료비 지출로 인한 경제적 손실
이 가중되는 등 심각한 사회문제가 야기된다(권중돈·조주연, 2000; 권중돈 외, 2002).
　생애주기에 있어 노년기에는 대부분의 노인들이 정년퇴직, 실업 등으로 사회경
제적 지위가 하락하기 때문에 수입 저하는 노인을 경제적 위기에 빠지게 한다. 배
우자를 포함한 의미 있는 타자의 사망으로 인한 사회적 지지의 약화는 노인들을 상
실감과 고독감에 빠지게 하고, 만성 질병과 노쇠 등으로 인한 건강 약화는 노인들
을 신체적으로 위협하고 노인들의 삶의 질을 떨어뜨린다. 이 모든 요인들은 노인들
을 심리적으로 위축시키고 절망감에 이르게 하여 노인들의 정신적 문제를 야기하
는 원인으로 자리 잡고 있다. 이러한 노인문제는 인구 고령화와 더불어 빠른 속도
로 심각한 사회문제로 대두 될 가능성을 예측하게 한다.
　이에 본 장에서는 노인과 질병, 노인과 죽음, 노인의 성, 노인의 우울 및 자살, 노
인학대 등 노인의 건강한 삶에 대해 폭 넓게 다루고자 한다.

1. 노인과 질병

　인간은 누구나 연령이 증가함에 따라 다양한 변화를 가진다. 인간의 신체·심리·
사회적 노화는 자연적인 현상이지만 개인이 당면하는 노화는 그 사람의 생활양식
에 따라 다른 양상으로 영향을 받을 수 있다. 노화 현상 진행으로 생리기능이 저하

되고, 이에 따라 경제·사회적 활동력이 감소되어 의존성을 보이게 된다. 또한 노인들의 만성적인 건강문제는 나이가 들어가면서 보다 빈번해지고, 무기력해지는 원인이 된다. 나이를 먹으면 정신적인 면에서도 여러 가지 변화가 일어난다. 변화에 잘 적응하지 못하면 정신적인 긴장이 높아져서 건강상 여러 가지 문제를 야기한다. 심리적 노화는 축적된 경험에 의한 행동, 감각, 지각 기능, 자아에 대한 인식 등이 시간의 변화에 따라 변화하는 것을 의미하며, 노화로 나타나는 두드러진 정신기능의 변화로는 지적 능력의 감퇴, 감각기능의 감퇴, 감정 반응의 둔화, 인격 변화, 우울 경향의 증가 등이다. 노년기를 건강하게 보내기 위해서는 신체적으로 식사, 배설, 수면 등의 일상생활을 적절하게 정비하고, 정신적으로 충실한 생활을 보내며, 사회적으로 변화된 사회적 역할에 적응하는 것이 중요하다.

　노인병은 노인성질환과 만성적인 질병으로 나눌 수 있다. 노인성질환은 노인성 치매, 노인성 백내장, 노인성 난청, 노인성 골다공증 등이며, 만성적인 질병인 고혈압, 당뇨병 등은 흔히 뇌졸중(중풍)이나 치매, 심장병 등의 합병증을 유발한다. 노인병이 이렇듯 다양하다 보니 병에 대한 규정부터가 쉽지만은 않다. 노인병이 청·장년기의 질병과 구별되는 가장 큰 특징은 서너 가지 질병이 복합적으로 나타난다는 점이다. 노인들이 앓고 있는 대표적인 질병인 관절염과 당뇨, 고혈압, 뇌혈관질환 가운데 3가지 이상이 나타날 경우 노인병으로 분류한다. 따라서 이 가운데 하나만을 앓고 있는 단일 질병 환자를 의학적인 관점에서 노인성질환 범주에 포함하지 않는다. 이와 함께 증상이 애매하거나 기존의 병명으로는 규정지을 수 없는 경우 이를 '노쇠'라 하여 노인병으로 간주한다. 이런 경우 신체기능이 현저히 떨어져 질병 상태로 볼 수 있지만 '노쇠'라는 표현밖에 달리 뾰족한 진단명이 없다는 것이 의학계의 설명이다. 노쇠상태는 아직 노인병의 발병은 없다 해도 그 위험성이 높기 때문에 종합적인 치료가 필요하다. 흔히 '노인병'하면 치매를 떠올리지만 발병률에서는 아직 대세가 아니다. 대략 65살 이상 가운데 4%, 75살 이상에서는 8%, 80살 이상에서는 10% 정도가 치매를 앓고 있는 것으로 조사되고 있다(보건복지부, 2004).

(1) 심혈관계 질환

노인의 질환에 있어 심질환은 대체로 15% 정도를 차지한다. 노인의 심장은 나이가 들면서 근위축, 교원섬유의 증가와 더불어 승모 판의 석회화, 승모 판의 mucoi 변성에 의한 판 긴장성 저하, 대동맥 판의 석회화 등의 병적 상태를 야기한다.

① 허혈성 심질환

심근경색은 호흡곤란 증가, 실신, 발작, 뇌졸중 내지 동맥색전의 발작, 경색과 아울러 돌연 사망하기도 하며 협심증은 흉통, 압박감이 수 분 동안 지속되는데 운동, 정신긴장, 한냉 등에 의해 심근의 산소수요가 증가되는 노작성勞作性 협심증이 많다.

② 판막성 심질환

노인질환의 약 40%가 승모 판 질환으로 나타나고 있으며, 노인에 있어 류마티성 원인보다는 승모 판의 석회화가 훨씬 많다고 지적되고 있다.

③ 저혈압

노인에 있어서 자율신경장애는 흔히 볼 수 있는데 이것이 기립성 저혈압으로서 일상적으로 나타나며 통상 최저 혈압이 20mm/Hg를 보이며 그 이하도 있고 어지러움, 안면 창백증, 맥박이 미약해지는 증상을 보이는데 실신하는 경우도 있다.

④ 고혈압

혈압은 연령과 더불어 상승하나 상승률은 65세 이후는 저하되며 노인에 있어서 정상 혈압의 기준을 인정하기는 어렵다. 순수한 수축기 혈압은 혈관의 탄성 저하의 지표는 되어도 고혈압의 기준으로는 의미가 없다.

⑤ 동맥경화

동맥경화는 초기엔 동맥내막이 침범되고 나중에 동맥내공이 협착하여 혈전을 형성, 혈관을 폐색시키는 것이다.

(2) 신체적 질병

노인 인구의 대부분은 신체활동이 불편하다. 일상생활, 즉 쇼핑, 식사, 산책 등의 신체거동이 어려운 경우가 많다. 관절염은 노인에게 매우 흔한 증상으로 걷는데 통증을 느끼므로 이동성이 감소하게 된다. 골다공증과 골절도 신체이동을 제한한다. 노인을 괴롭히는 류마티스성 관절염은 섭식과 밀접한 관계가 있다. 류마티스성 관절염은 면역체계가 비정성적으로 뼈 외부층을 공격한 데서 비롯된다. 면역기능은 영양상태에 영향을 주기도 한다.

① 골조송증

연령이 많아지면서 뼈의 위축이 커져 동작에 지장을 주는 상태를 말하는데 해부학적으로는 뼈가 희박해진 상태로서 골조송증은 골절을 가져올 만큼 중증이 되기도 하는데 여성에 있어서 폐경 후 골손실은 가속적으로 일어난다.

② 골연화증

전신성 골 질환으로서 골 구조에 있어 석회화가 일어나지 않는 질환으로 증상은 골절이 쉽고 뼈의 통증이 있는데 골연화증의 많은 증례는 비타민D의 부족 또는 흡수불량이 원인이 된다.

③ 변형성 관절염

노인의 관절염 중에서 가장 주된 것으로 그 원인은 환경, 유전, 비만 등이며 주요 병리변화는 연골의 상실에 있다.

④ 류마티스성 관절염

이는 중년에 비롯하여 노년기에도 지속되는 것으로 일반적으로 통증, 종창, 피하결절이 주증상이며 노인에 있어서는 고도의 골조송증이 있어 더욱 증상을 악화시킨다.

⑤ 노인성 고관절증

노인의 고관절에 생기는 퇴행성 관절증으로 심한 동통과 장애를 초래하는 질환으로 방사선 촬영에서 60세 이상의 약 절반에서 퇴행성 변화가 나타나지만 증상을 호소하는 경우는 드물다. 일반적으로 증상은 서서히 나타나며 초기에는 고관절 둘레의 동통과 가벼운 경직감을 호소하고 심한 운동 후에는 대퇴부나 무릎관절부위로 내려가는 동통을 느끼게 되는데 이는 휴식을 취하면 저절로 낫는 것이 보통이다. 질병이 진행되면서 증상이 심해지고 고관절의 병변이 진행되면서 증상이 심해져, 고관절의 굴절이나 내변기형과 운동제한을 초래한다.

⑥ 노인성 골조송증

노인성 골다공증 또는 노년기 골조송증이라고도 하며 골조송증은 골 기질, 골 질량이 정상보다 적은 상태를 말하는데 골조송증이 원인은 여러 가지이지만 노인성 골조송증은 일차성 골조송증 중 65세 이상의 노인층이 대부분이다. 임상적 특징은 골절하기 쉬운 점이며, 척추 주요부와 대퇴골 경부, 장골의 뼈줄기 끝 등에 주로 발생하여 그 결과 요통, 신장 단축, 척추후굴 등이 일어나는데, 일반적으로 나이가 많아짐에 따른 골 질량의 감소는 30~40세에서, 여자 쪽이 좀 더 많으며, 노년기에는 청년기 골 질량의 15% 이상 감소한다고 되어 있으며, 이 질환의 원인은 골개변에 있어서 골 흡수가 골 형성을 밑돌기 때문이라고 한다.

(3) 정신적 질병

정신기능의 변화는 건강에 영향을 줄 수 있다. 일반적으로 노인기에도 신경계 기능이 정상적으로 유지되나, 건망증이 증가하기도 한다. 건망증이란 기억력, 사고력 및 판단력에 장애가 있는 것으로 심하면 인격의 변화가 나타나거나 일상생활이나 대인관계에도 영향을 준다. 건망증 등의 원인으로는 뇌졸중, 심한 음주, 알츠하이머 질환을 들 수 있다. 비타민 B12 영양상태는 노인의 정신기능에 영향을 주며, 노인은 혈액 내 비타민 B12 농도가 감소되기도 한다. 비타민 B12의 보충으로 노인의 신경기능이 향상되지는 않으나, 경미한 정도의 건망증이 있을 때에는 효과가 있다.

① 치매

치매는 치료가 어려운 정신기능장애로 치매환자의 뇌 세포에는 비정상적인 단백질이 축적되어 있으며 특정한 신경세포가 존재하지 않는다. 치매의 원인은 아직 불분명하나 유전적 요인이 관련된다고 알려져 있다. 치매환자의 뇌 조직에는 알루미늄 농도가 높다. 따라서 치매환자에게는 알루미늄으로 된 조리기구 사용을 제한하는 것이 좋을 것으로 추천되었으나 아직까지 어떤 영양중재나 알루미늄 제한도 치매 예방이나 치료에 큰 도움을 주지는 않았다. 노인성 치매는 65세 이상 노인의 5~10%가 가지고 있으며 나이가 증가함에 따라 급격히 증가하고 있다. 치매의 원인은 여러 가지이지만 식사요인과 알코올에 의한 발병이 전체 치매의 약 1/3 정도에 해당한다. 치매는 여러 가지 형태로 나타나는데 치매의 종류에는 알츠하이머병, 복합경색성 치매, 알코올성 치매, 나이아신 또는 비타민 B1 결핍으로 인한 치매, 비타민 B12와 엽산 부족으로 인한 치매가 있다.

알츠하이머병은 조용히 시작된다. 처음 증상은 종종 익숙한 이름을 잊는 작은 기억상실, 점차 무능력해지고, 익숙한 환경에서도 방향감각을 잃기 시작하며 종종 성격이 변하기도 한다. 병이 진행됨에 따라 더욱 혼동을 일으키며 자신의 이름을 잊고 가족들을 알아 볼 수 없고 누워서만 지낸다. 이 병의 원인과 치료법은 아직까지 명확히 규정되지 않았으며 원인으로 유전적 요인이 매우 큰 것으로 알려져 있다.

복합경색성 치매는 뇌혈관 사고, 뇌졸중 등으로 뇌의 일부분이 손상되어 발생하는 치매를 말한다. 경미한 뇌졸중으로 발병하기 때문에 많은 과학자들은 뇌졸중을 예방하는 데 도움이 되는 식생활을 하면 치매를 예방할 수 있다고 생각하고 있다.

알코올성 치매는 만성적인 알코올 남용으로 인해 뇌손상이 일어난 것이다. 이것은 술에 취하지 않은 상태에서도 술이 많이 취한 것처럼 기억력과 인지력이 손실되나 금주를 계속하면 천천히 개선될 수 있다.

나이아신 또는 비타민 B1 결핍으로 인한 치매는 흔히 발생하는 치매는 아니나 아프리카와 남부 아시아의 일부, 개발도상국에서 자주 발생한다. 이는 나이아신을 섭취하면 개선될 수 있으며, 비타민 B1 부족은 기억력이 감소되는 치매를 일으킨다. 또한 노인기에는 위축성 위염 발생이 높아 비타민 B12와 엽산이 감소하고 이로 인해 빈혈, 사지무감각, 기억력 손실과 같은 증상을 수반하는 치매가 나타날 수 있다.

② 비치매성 정신질환

조울증은 조증躁症과 우울증憂鬱症을 합한 것으로 조증은 기분이 고양되어 활동성이 증대되고 타인과 충돌이 많으며, 우울증은 반대로 혈기가 없고 말수가 적으며 자살 기도가 쉽게 일어나는데, 노년기에 발병하는 우울증을 노년기 우울병이라고도 한다. 이 병의 발병에는 노화에 동반하는 뇌의 기질적 변화, 심리적인 가역성의 저하, 나이가 많아짐에 따라 성격변화 등 여러 요인이 관여하고 있으며, 증상으로는 우울한 기분, 의욕 저하 등의 우울증상이 밑바탕에 깔려 있어 젊은이에 비하여 이들이 증상을 호소하는 일이 많다. 또한 불면, 두통, 마음속 고민 등의 심리적인 신체증상이 전반에 나타나는 이른바 가면우울증假面憂鬱症이라는 증상을 나타나는 일도 젊은이에 비해 많다. 노인 분열증은 대부분 젊었을 때 발병하여 노년에 이르는 것을 말하는데 초기에 흥분, 일탈행위가 현저한 경우에도 점차 가라앉는 경향이 없지 않으며 노인의 경우 사회적 부적응이 뚜렷한 것은 아니다.

노년기(65세 이상)인 사람 가운데서 우울증이 어느 정도 나타나는지 상세한 연구보고는 없다. 그러나 WHO의 연구에 의하면 일반 인구당 3%의 사람이 우울증을 앓고 있는 것으로 추정되며, 이것을 노인인구에 한정하여 적용해보면 5~10%의 노인에게서 우울증이 나타난다고 추정해볼 수 있다. 우울증은 노인에게 있어 드물지 않은, 일상적인 병이라고 말할 수 있다. 노인 우울증은 기분이 가라앉음, 절망감·우울감 등 마음의 고통뿐 아니라 두통, 복통이나 위장장애 등의 신체적 증상으로 나타나는 경우가 많다. 결국 다양한 증상으로 나타나기 때문에 우울증을 진단하지 못하고 지나치기 쉬우며, 따라서 빈도가 낮게 나타난다. 하지만 실제로는 그보다 높은 빈도를 보이는 것으로 이해해야 할 것이다.

(4) 기타 노인성 질병

① 노안

나이가 많아져서 근점이 멀어진 눈, 노시라고 하는데 나이가 들수록 수정체의 탄력성이 감퇴되어 수정체의 변형이 어려워지는데, 이런 조절력 감퇴로 가까운 거리의 사물을 보거나 작업에 장애가 되는 상태의 눈을 말한다. 증상은 근거리 작업 때의 시력장애가 주요 증상으로서 정상에서는 조절력이 4D 이하로 되는 40대에 노안이 나타나게 된다.

② 노인환

노인의 각막둘레에 비교적 엷은 층을 이룬 테 모양의 황백색 혼탁이다. 테 부위와의 사이에 투명한 각막부분이 존재하는데 이 혼탁은 지질의 침착에 의해 생긴 것으로 어떤 자극성도 없고 전혀 자각증상이 없으며 생리적인 노인성 변화이므로 치료할 필요가 없다.

③ 노인난청

노령에 따른 청각기관의 퇴화현상으로 인하여 나타나는 청각장애로 노청老聽이라고도 하는데 이런 현상은 40~50대에 비롯되어 나이와 함께 진행되며 65~70세의 연령층에서는 25% 정도, 75세 이상에서는 40% 정노에서 노인성 난청이 따른다.

④ 노인반

뇌의 노인성 변화의 한 가지이며 신경돌기의 변화에 의해 생기며, 정상노인의 뇌에서도 해마 부근에서 나타나는데 특히 알츠하이머병과 알츠하이머형 노인성 치매의 대뇌피질에서 대량으로 나타난다.

⑤ 노인변성

진피 특히 유두층, 유두하층 결합조직의 무구조無構造, 호염기성의 변화로 표피와는 정상 결합조직으로 이루어진 가는 띠 모양의 경계대에 의해 떨어져 있다. 이 변성물질은 탄성섬유와 같은 염색성을 나타내기 때문에 노인성 탄력섬유증이라고도 하며 햇볕에 노출되어 빛을 쪼인 부분에 뚜렷하게 나타나므로 일광변성이라고도 한다.

⑥ 노인성 자반병

주로 노인의 아래팔 또는 좀 드물지만 손 등에 적자색의 출혈반이 나타나는 질환으로 특히 마른 체구의 노인들에게 잘 나타나는데 경계가 뚜렷하며 일정한 모양이 없다.

⑦ 노인성 괴저

노인의 팔다리 특히 발가락에 발생하는 괴저, 노인성 괴저라고도 하는데 말초동맥 경화증으로 인한 말초순환부전으로 증가하는 만성질환이 합병해서 발병하는 경우가 많으며 냉감증, 동통을 주증상으로 하고 피부의 창백 및 위축에서 진행되어 건성괴저乾性壞疽에 빠진다. 손가락과 발가락 등에서 가끔 괴사부위가 탈락하는데 이것을 특히 탈저脫疽라 한다.

⑧ 노인성 질염

폐경기가 되면 난소에서 스테로이드호르몬 분비가 감소하고 거의 분비되지 않기 때문에 에스트로겐의 표적 장기는 모두 위축되는데 질과 자궁질부의 편평상피도 매우 얇아져 글리코겐 함유량이 감소하고 되데를라인간균도 소실된다. 또 젖산 생성이 감소되기 때문에 수소이온지수hydrogen ion concentration, ph도 높아져 질의 자정작용이 저하되어 쉽게 염증반응이 일어나게 되며, 질점막이 위축되어 편평하고 매끄러워지며, 반점모양의 발작이 눈에 띄게 되고, 혈성황색 대하가 나타난다.

⑨ 당뇨병

노인의 당뇨병은 인슐린 비의존성 당뇨병이 많고 인슐린 의존성 당뇨병은 적으며 고령자에서는 내당력이 일반적으로 낮아진다. 공복 시 혈당이 정상인 경우에는 특별히 치료를 하지 않아도 되고, 중등도 및 고도의 당뇨병에도 될 수 있는 한 식이요법 및 운동요법 등 완만한 요법을 시행하고 약제를 사용할 경우에도 반감기가 짧은 것을 택하는데 엄격한 대사 제어는 고령자에서는 무의미하다.

2. 치매

1) 치매의 개념

치매Dementia라는 용어는 '정상적인 마음에서 이탈된 것', '정신이 없어진 것'을 의미하는 라틴어 'dement'에서 유래되었다. 예전에는 치매를 '노망老妄'이라 하여 병적인 상태로 보지 않고 나이가 들면 누구나 일어날 수 있는 정상적인 것으로 생각하였다. 그러나 최근 뇌신경의 여러 가지 변화에 의해서 지적 능력의 장애가 일어나는 것이 알려지면서 치료를 필요로 하는 질병으로 인식하게 되었다(권중돈, 2004). 치매는 기억력, 언어능력, 시공간기능, 판단력 등의 인지기능 영역에 전반적인 장애가 일어남을 의미하며, 정신장애 진단분류의 하나인 DSM-Ⅳ에 의하면 기억장애의 기본 증상 외에 실인증, 실행증, 실어증, 수행기능 등의 장애가 최소한 한 가지 이상 동반되어 있어야 하는 것으로 되어 있다(권중돈 외, 2002). 치매의 특징은 인지능력이 저하되는 것으로써, 지적 기능(기억, 인식, 추리, 판단, 학습 등)의 저하에 의해 자기나 주위의 상황판단이 부정확하게 되어 적절한 대응이 어렵고 자립생활이 곤란한 상태를 말한다. 즉 뇌신경 세포의 손상에 의한 지적 장애로, 단시간에 일어나는 것이 아니라 몇 개월에서 몇 년의 경과를 거치는 만성 뇌증후군이다. 또한 치매는 의식 장애는 없으나 기억력 장애, 언어장애, 행동장애 등 전반적인 인지기능장애를 나타내는 후천적 임상증후군이다. 치매의 위험요인으로는 일반적으로 성, 연령, 직업의 유무, 신체질환 등의 생물학적 요인을 비롯하여 유전적 요인 및 환경적 요인들이 서로 연관되어 유발되는 것으로 알려져 있으며 인구학적 특성은 물론 사회경제적 요인과 의료적 문제 및 건강습관 등 다양한 변인이 관련되는 것으로 보인다. 따라서 치매의 위험요인을 적게 하는 방법으로는 건강증진을 위한 건강한 생활이 중요함을 알 수 있다(조유향, 2006).

2) 치매의 원인과 유형

치매를 유발하는 원인질환은 내과, 신경과 및 정신과 질환 등 60~100여 가지인 것으로 알려지고 있는데, 치매의 분자생물학적 발생기전이 밝혀지면서 점점 더 그 수가 증가하고 있는 추세이다. 그러나 원인이 밝혀진 치매는 전체 치매의 절반 정도를 차지하고 있으며, 나머지 절반 정도의 치매는 아직 정확한 원인이 밝혀지지 않고 있는 실정이다(권중돈, 2004). 치매의 유형은 알츠하이머형 치매, 혈관성 치매, 인간 면역결핍 바이러스 병으로 인한 치매, 두부 외상으로 인한 치매, 파킨슨병으로 인한 치매, 헌팅턴병으로 인한 치매, 피크병으로 인한 치매, 야곱병으로 인한 치매, 기타 일반적인 의학적 상태로 인한 치매, 물질로 유발된 지속적인 치매, 그리고 여러 가지 원인으로 인한 치매, 또한 복합적인 인지장애의 특정 원인을 결정하기가 힘든 경우 달리 분류되지 않는 치매로 분류되며, 가장 흔한 치매의 원인이 알츠하이머형이고 그 다음이 혈관질환 그리고 복합적인 원인들이다. 이러한 분류 이외에 치료가 가능한 치매인 가역성 치매와 치료가 불가능한 치매인 비가역성 치매로 분류하기도 한다. 가역성 치매로는 중독성 장애(약물, 중금속, 알코올 중독), 대사장애(심혈관계질환 및 호흡능 저하증), 결핍성 장애(비타민 B12, 엽산), 감염(신경매

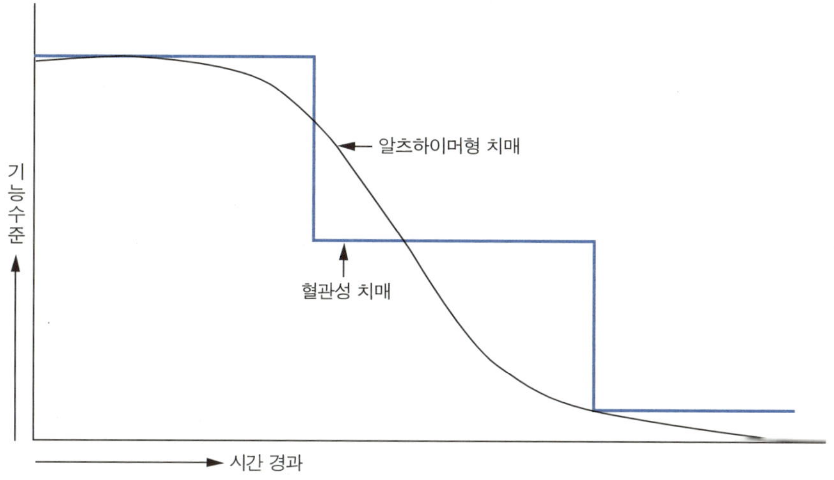

독, 결핵성 수막염, 뇌종양, 진균성 뇌염, 정상 압수두증)등으로 인한 것이 있다(권중돈, 2004). 비가역성 치매의 경우 질병 경과를 차단하거나 원래의 상태로 회복하기는 힘들지만 각종 치료 및 관리를 통해 증상의 진행속도를 늦추거나 다소 개선할 수 있다(김귀분 외, 2006). 그리고 노인 정의에 근거하여서 65세를 기준으로 초로성 치매와 노인성 치매로 구분하기도 한다. 주요 유형으로는 진행단계가 〈그림 12-1〉과 같이 점진적 악화의 과정을 거치는 알츠하이머형 치매와 단계적 악화의 과정을 거치는 혈관성 치매가 있다(권중돈, 2004).

(1) 알츠하이머형 치매

알츠하이머형 치매의 증상은 진행성이며 뇌가 계속적으로 퇴화함에 따라 변화하는 것으로써, 치매를 일으키는 원인질환으로 전체 치매의 약 50~60%를 차지할 정도로 가장 흔한 질환이다(김귀분 외, 2006). 이 치매는 정상적인 기능을 수행하던 뇌세포들이 특정한 원인 없이 서서히 죽어감으로써 개인의 인지기능은 점진적으로 감퇴하며, 성격변화, 대인관계 위축, 사회활동의 제한은 물론 기본적 일상생활조차도 어렵게 만드는 퇴행성 치매이다. 발병 초기 단계에서는 일상생활의 수행능력이 좀 늦거나 대화 중에 이야기의 초점을 잊어버리는 정도이어서 노년기의 건망증 정도로 잘못 판단할 수 있다. 하지만 치매가 진행되면서 실언, 지남력 장애, 배회, 야간 착란증세, 환상이나 망상 등의 증세가 뚜렷하게 나타나며, 말기에는 고도의 인지장애가 수반되어 자신의 이름이나 가까운 가족들도 알아보지 못하고 자기 자신을 전혀 돌보지 못할 정도로 황폐화된다(권중돈, 2004). 알츠하이머형 치매의 발병 원인은 아직까지는 밝혀지지 않았지만, 발생할 위험요인으로는 노령, 가족력, 부모의 연령, 정신과적 병력, 두부외상, 흡연과 음주 등이 있다. 이 중 가장 확실한 위험요인은 연령으로써 45세에서 알츠하이머병의 유병률은 0.01%에 불과하나, 65~70세는 2%, 70~80세는 5%, 85세에는 20%로 상승한다. 알츠하이머병의 25%가 가족력이 있고, 가족력이 있는 알츠하이머병의 10%는 상염색체 우성 유전으로, 특히 65세 이전의 발병은 가족력과 관련이 있다(최영희 외, 2006).

(2) 혈관성 치매

혈관성 치매란 뇌졸중과 같은 뇌혈관 질환에 의하여 뇌 조직이 손상되면서 발생하는 치매를 말하며, 혈관성 치매의 원인이 되는 뇌혈관 질환의 병태 생리는 매우 다양하다. 혈관성 치매는 인지장애의 1/3 정도를 차지하고, 알츠하이머병 다음으로 흔한 치매의 원인질환으로서 전체 치매환자의 15~30% 정도를 차지한다. 위험요인으로는 뇌졸중 이외에 심장병의 병력, 동맥경화, 당뇨병, 고혈압, 고지혈증, 흡연, 기타(고령, 저학력)등이 있다(조유향, 2006). 특징적인 임상 양상은 갑작스러운 발병, 계단식 악화, 증상 진행의 변동성 등이 있고 혈관의 병소가 인지기능 장애를 일으키는 데 기여하는가 하는 것은 병소의 위치와 수, 경색된 뇌의 부피, 백질의 침범 정도, 다른 병리의 공존 여부 등과 관련이 있다. 행동증상으로는 우울증, 무감동, 신체증상에 대한 걱정, 감정조절의 어려움, 불안 등의 감정변화가 흔히 나타나며 망상 등의 정신증상이 나타날 수 있다(김귀분 외, 2006). 하지만 혈관성 치매는 적절한 예방 조치를 취하면 절반 이상이 치매로까지 진행되지 않으며, 뇌혈관 질환 예방조치와 위험징후를 교육함으로써 치매를 예방할 수 있다(최영희 외, 2006).

3) 치매의 증상

치매의 일차적 증상은 뇌신경 손상에 의해 발생하는 기억력 장애를 포함하는 신경인지기능장애이지만, 이차적으로 행동장애, 수면장애, 인격의 변화, 망상, 환각 등의 정신과적인 증상도 동반된다. 이러한 신경인지기능장애와 정신장애로 인하여 독자적으로 일상생활을 관리하지 못하게 된다(최영희 외, 2006). 치매의 영역별 증상으로는 인지적 증상, 정신행동 증상, 신경학적 증상, 기타 신체 증상으로 구별된다. 인지적 증상으로는 기억장애, 언어장애, 지남력 장애, 실행증, 주의력 및 계산능력 장애, 판단력 및 수행기능 장애 등 있으며, 정신행동 증상으로는 성격변화, 우울과 불안 등의 감정증상, 환각과 망상 등의 정신병적 증상, 초조행동, 수면장애, 식욕변화, 성적 이상행동 등이 있다. 그리고 신경학적 증상으로는 경직, 보행이상, 자세불안정, 마비, 감각이상, 시야이상, 발음장애, 삼키기 어려움, 운동조절장애 등이 있고 기타 신체 증상으로는 실금, 전도顚倒 및 골절, 이동불능, 감염, 욕창, 질식 등이 있다. 치매의 진행 단계별로 나타나는 증상을 알츠하이머병을 예로 들어 살펴보면 다음과 같다(〈표 12-1〉 참조).

치매 초기에는 가족이나 동료들이 환자의 문제를 알아차리기 시작하나 아직은 혼자서 지낼 수 있는 수준으로서, 이 시기에는 최근 기억 저하, 시간 지남력장애, 단어 찾기 곤란, 주의력 및 계산능력 저하, 약간의 성격변화나 우울증, 의심 등의 증상을 나타낸다. 그리고 중기에는 증상이 보다 뚜렷해져 치매임을 쉽게 알 수 있는 단계로 어느 정도의 도움 없이는 혼자 지낼 수 없으며 최근 기억과 더불어 먼 과거 기억의 부분적인 상실, 시간 및 장소 지남력장애, 언어이해 및 표현장애, 실행증,

표 12-1 알츠하이머형 치매의 진행 단계별 증상

단계	특징적 증상의 예
초기	· 최근 일에 대한 뚜렷한 기억력 감퇴가 시작된다. · 오해와 의심을 하기 시작한다. · 날짜 개념이 흐려지기 시작한다. · 적절한 단어를 찾지 못한다. · 집안일의 수행기능이 떨어진다. · 사회활동 능력이 떨어지기 시작한다. · 불안이나 우울이 나타날 수 있다.
중기	· 기억력 감퇴가 심해진다. · 시간 및 공간 개념에 대한 구분을 더욱 못하게 된다. · 언어 능력의 저하를 느낄 수 있다. · 개인 관리 능력의 저하가 관찰된다. · 판단력 및 수행기능이 저하된다. · 성격 변화나 행동문제가 심해질 수 있다. · 집안일을 거의 수행할 수 없게 된다. · 사회활동 능력의 저하가 더욱 심해진다.
말기	· 대부분의 기억이 소실된다. · 시간 및 공간 개념이 더욱 악화된다. · 가까운 사람도 알아보지 못한다. · 언어 능력이 더욱 저하된다. · 판단력 및 수행기능이 더욱 상실된다. · 심한 행동문제가 동반될 수 있다. · 신경학적 이상이 나타날 수 있다. · 각종 신체적인 문제가 나타날 수 있다.

판단력 및 수행기능 저하, 각종 정신행동 증상이 빈번히 나타난다. 말기에는 인지적 능력이 현저히 저하되고, 정신행동 증상에 더해 신경학적 증상 및 기타 신체적 문제가 동반되어 독립적인 생활이 불가능한 수준에 이른다. 또한 이 단계에서는 대부분의 기억이 상실되며, 시간과 장소 지남력은 물론 사람에 대한 지남력장애, 언어능력 상실, 판단력 및 수행기능 상실, 각종 정신행동 증상의 빈발, 경직, 보행 이상 등 신경학적 이상 및 실금, 감염, 욕창 등 신체적인 문제가 나타난다(김귀분 외, 2006).

4) 치매의 치료

치매의 치료원칙은 대부분의 치매가 만성적으로 진행되는 뇌의 질병이기 때문에 항상성을 가지고 일관성 있게 지속적으로 또한 효율적으로 대처하는 것이 가장 중요하다. 치료의 범위는 인지장애의 치료와 문제행동의 치료가 중요하지만, 일상생활동작의 유지와 아울러 가족들의 치료와 그 외 법적인 문제와 윤리적인 측면도 동시에 치료의 대상에 포함해야 한다. 그리고 치매의 치료원칙은 개개인의 특성을 고려하는 것이다. 치료방법으로서는 첫째, 약물 치료를 통한 증상의 완화 및 병의 급속한 진행의 억제 둘째, 지속적이고 일관성 있는 치료 셋째, 환자 및 가족의 정신, 사회적 종합치료가 있다.

치매의 대표적인 인지장애의 증상이 주로 대뇌 기저부의 콜린성 신경의 손상에 의해 기인된 것이라는 가설과 함께 여러 가지 기전을 갖는 콜린성 약물들이 개발되었다. 대표적인 것은 콜린에스테라아제 억제제로 초기 및 중기의 알츠하이머형 치매환자에게 약 25~40% 범위에서 인지기능의 호전을 보였으나, 고도의 치매인 경우에는 효과가 떨어지므로 치료시기가 무엇보다도 중요하다(조유향, 2006). 그러나 치매는 현재까지 의학적으로 그 원인을 규명하지 못하고 있고 뚜렷한 치료책도 없으므로 향후 치료나 질병의 진행을 멈출 수 있는 치료법을 개발하기 위한 연구가 많이 필요하다. 효과가 공인된 약물은 환자의 인지력에 도움을 주는 약물뿐이며 이 약물들의 효과도 탁월하지 못하고 부작용이 있는 것으로 알려져 있다. 이외에도 치매노인의 치료에는 원인과 증상에 따른 환경적 치료, 그리고 심리사회적 치료 등의 방법이 있는데 이러한 치료를 통하여 병의 진행을 막거나 늦출 수 있고, 또한 그 증상을 완화할 수 있다. 그 중 심리사회적 치료는 인지기능의 저하 및 다양한 문제행동의 출현으로 인한 치매노인 및 가족의 정신적·사회적 문제들을 이해하고 돕는 치료로서, 현재까지 원인 치료의 한계성과 신경인지기능을 활성화할 수 있는 약물 부족 때문에 치매노인 치료에 필수적이라고 하겠다(노효련·배성수, 2003).

3. 우울과 자살

1) 우울의 개념

개인의 복지를 위협하는 문제 중 하나인 우울은 정상적인 기분변화로부터 병적인 상태까지의 연속선상에 있으며 근심, 침울함, 무력감 및 무가치함을 나타내는 기분장애를 말한다(Vogel, 1982; 송애랑, 2001 재인용). 사람은 누구나 다양한 삶을 경험하게 되고 그 과정에서 다양한 감정을 경험한다. 사람이 느끼는 감정 중에서 어느 정도의 두려움, 불안, 슬픔, 분노, 놀라움, 즐거움 등의 정서상태가 비정상적이고 부적응 상태일 때 나타나는 현상을 우울이라고 본다. 우울의 특성은 정도의 차이는 있겠지만 누구나 경험하는 일반적인 정서라 할 수 있다. 그러나 단순한 우울감과 우울증은 서로 다른 것으로 우울감은 정서적 반응으로 상황이 개선되면 대부분 풀리게 되지만, 우울증은 뇌의 신경전달물질인 노르에피네프린, 도파민, 세로토닌 등이 감소하여 뇌의 기분조절 회로에 고장이 생긴 병이다. 우울감이 2주 이상 계속되면 적극적인 치료를 받아 우울감이 뇌손상으로 진행되어 우울증으로 심각하게 변화하는 것을 막아야 한다. 우울증은 주로 에너지와 동기부족, 활동수준 저하, 인지적 능력의 부족, 집중곤란, 수면과 식사에서의 장애, 빈번하고 불가항력적인 절망감으로 인한 흥미 부족 등의 증상을 보인다(김미혜 외, 2000). 전형적인 우울증은

표 12-2 우울증 환자의 증상

구분	우울증 환자에게서 나타나는 증상
사회성 저하	1. 남들은 즐거워하는 데도 무표정하거나 오히려 우울해 보인다.
집중력 저하	2. 집중력, 기억력, 판단력이 현저히 떨어져 하던 일을 못한다.
의욕상실 및 불안초조	3. 세상만사가 귀찮고 부질없다며 손에서 일을 놓는다.
	4. 세수, 식사 등 간단한 자기관리도 소홀히 한다.
	5. 식욕이 없다며 하루 종일 거의 먹지 않는다.
	6. 걱정과 초조감으로 불면증에 시달린다.
	7. 불필요하게 온갖 일에 대해 부정적 생각을 하며 걱정을 많이 한다.
자아존중감 저하	8. 지난 일만 떠올리면서 늘 후회하고 서운해 한다.
	9. 자신의 앞날엔 절대 좋은 일이 없을 거라고 말하거나 믿는다.
	10. 자신은 한심하고 하찮은 존재라고 생각한다.

☞ 위 증상 중 7개 이상의 증상이 2주 이상 계속되면 약물치료가 필요한 우울증으로 의심되므로 전문의와의 상담이 요구됨

우울감, 흥미상실, 체중감소, 수면장애, 죄책감, 정신운동의 지연 및 초조 등의 증상을 보이지만, 어떤 환자들은 단지 요통이나 만성적 피로감을 나타내고 극단적인 환자들은 피해망상이나 환청을 보이는 등 그 임상 양상은 매우 다양하다. 임상적인 우울이란 병원치료가 필요한 정도의 우울상태를 의미한다.

2) 노년기 우울증의 원인

노년기 우울증의 첫 번째 원인으로는 뇌의 노화를 들 수 있다. 노화가 진행됨에 따라 뇌 자체도 노화하여 실제로 뇌에 포함된 화학물질(신경전달물질) 일부에 양적 변화가 나타나는 것이 확인되고 있다. 증가하는 물질이 있으면 감소하는 물질도 있으며 그 가운데 부조화가 나타난다. 따라서 그러한 과정의 결과로서 우울증이 발생한다는 추측이 가능해진다. 한편 뇌 이외의 장기, 예를 들면 부신피질, 갑상선, 하수체 등에서 분비되는 호르몬도 연령과 함께 변화하여 우울상태를 일으키기 쉽다고 하는 연구결과가 많이 보고되고 있다. 두 번째 원인으로는 심리적 원인으로, 노년이 되면 노화에 따라 성격이 변하고, 그 때문에 스트레스에 대응하는 힘이 약해져 우울증이 일어나기 쉽다고 생각해도 좋을 것이다. 노화에 따라 일어나기 쉬운 성격 변화는 ① 자기중심적인 성격, ② 쉽게 의심 한다, ③ 주제넘게 나서게 된다, ④ 보수적이 된다, ⑤ 신체를 걱정한다, ⑥ 푸념한다, ⑦ 감동하지 않게 된다, ⑧ 감정의 유동성·탄력성이 줄어든다 등이다. 인격의 노화는 사소한 걱정에 대해서도 탄력 있는 대응을 어렵게 하며, 심리적 스트레스 때문에 쉽게 우울증에 걸리게 된다. 젊었을 때처럼의 스트레스 해소도 할 수 없게 된다. 세 번째 원인은 사회적 원인이다. 노화과정에서는 유형·무형의 상실을 체험한다. 신체기능이나 체력의 저하뿐 아니라 가족이 죽거나 친구를 잃고 지위나 경제적 안정을 잃게 된다. 상실은 누구라도 경험하는 피하기 어려운 것이지만 노인의 경우에는 상실감이 복합적으로 겹쳐서 타격이 크며, 아무리 해도 대처할 수 없으면 우울증을 일으키게 되는 것이다. 따라서 역할상실에 따라 일어나는 스트레스 때문에 우울증이 발병한 예나 신체의 병 또는 수술이 직접 우울증을 일으킨 증례는 너무 많아서 셀 수도 없을 정도이다.

3) 우울증의 치료

(1) 노년기 우울증에 필요한 임상 검사

노년기 우울증의 진단과 치료에서 가장 중요하게 생각하고 있는 것은 신체상태의 관찰이다. 노년기 우울증은 특히 내과적 질환과의 연관이 강하기 때문에 내과적 질환이 있는지 여부를 확인하게 마련이다. 그 때문에 적어도 다음과 같은 검사는 필수적이다.

① 일반 혈액 검사, ② 소변 검사, ③ 간·신장의 기능 검사, ④ 갑상선 기능 검사, ⑤ 혈청 전해질 농도 검사, ⑥ 매독 검사, ⑦ 흉부 X선 검사, 심전도, 뇌파, 뇌, CT, MRI검사 등을 한다.

(2) 우울증 치료

우울증은 약물치료나 정신치료를 통하여 치료할 수 있다. 우울증에 사용하는 약물은 환자의 감정의 리듬에 영향을 미치는 뇌의 화학전달물질이 작용하여 효과를 나타낸다. 우울증 치료제가 효과를 나타낼 때까지는 보통 수주가 걸리며 효과가 나타나면 잠을 더 잘 자고 식사도 규칙적으로 하게 된다. 또한 좀 더 생기있게 생활하게 되며 식욕도 정상적으로 돌아오게 된다. 우울증 치료제의 복용기간은 환자의 상태에 따라 다르며, 처음 복용할 경우 증상이 호전된 후에도 수개월간 복용해야 하지만 습관성을 나타내지는 않는다. 또한 증상이 좋아졌다고 해서 의사의 지시 없이 임의로 복용을 중단해서는 안 된다. 모든 약이 부작용이 나타날 수 있는 것과 마찬가지로 우울증 치료제도 일부 사람들에게서 부작용이 나타날 수 있다. 많이 사용하는 우울증 치료제로 삼환계 항우울제TCAs와 선택적 세로토닌 재흡수 차단제SSRIs가 있다. 삼환계 항우울제를 복용하였을 때 나타날 수 있는 부작용으로는 입안이 마름, 시야가 몽롱함, 졸음, 피곤감, 변비, 방광이상, 체중증가, 심장박동수 증가 등이 있으며 선택적 세로토닌 재흡수 차단제SSRIs는 메스꺼움, 구토, 진전, 입 안이 마름, 졸음, 설사, 불면증, 성기능장애, 불안감 등의 부작용이 나타날 수 있다. 이러한 증상이 나타날 경우 의사와 상담해야 한다.

노인에게는 풍부한 인생 경험이 있다. 또 그 사람 나름의 장점도 있고 단점도 있다. 인생을 돌이켜보고 그때까지 잊고 있었던 장점을 새삼스럽게 인식할 수 있으면 다행이다. 심리적인 고통을 지닌 노인으로서 다른 사람과 이야기를 하는 것은 커다란 의미가 있다. 노년 환자에 대해 이야기를 잘 들어주는 태도로 접촉하면 정신 요법은 그것만으로도 반은 성공했다고 말할 수 있다. 약물요법에 대해서도 일반적인 성인의 경우와 기본적으로 다른 점은 없다. 그러나 주의를 요하는 것은 노인에 대한 약의 투여량 결정의 어려움이다. 노인은 신체의 노쇠에 개인차가 있다. 그래서 일반적으로는 성인의 1/2정도의 투여량으로 시작하지만, 이것은 어디까지나 어림짐작에 지나지 않다. 작용과 부작용 어느 것에 대해서도 주의 깊은 관찰이 필요하다.

4) 노인의 자살과 우울

우리나라 노인들의 자살실태를 살펴보면 2004년 이후로 평균 약 3,000명 이상의 노인들이 매년 자살로 생을 마감하고 있으며, 노인자살 사망률 또한 매해 가파르게 증가하고 있다 (통계청, 2008). 특히 65세 이상 노인의 자살률의 경우 2002년부터 급격하게 증가하기 시작하여 2005년도에는 10~20대에 비해서 약 10배, 20~30대에 비해서는 약 4배, 40~50대에 비해서는 약 2배 이상 높게 나타나고 있다. 이와 더불어 우리나라 전체 자살 중에서 65세 이상 노인이 차지하는 비율은 1983년 6.8%, 1988년 13.5% 이후 2003년 25.2%로 2007년 29.0%로 꾸준히 증가하고 있다(통계청, 2008). 특히 노인 자살의 증가가 더욱 문제시되는 이유는 한국사회의 급격한 노인인구 증가와 관련이 있다. 급격히 고령화사회로 전환되고 있는 한국은 지금 OECD국가 중에서 가장 빠른 속도로 노인인구가 증가하고 있으며, 2018년경이 되면 노인인구가 전체 인구의 14%에 달하여 고령사회가 될 것으로 예측하고 있다. 인구의 고령화에 따른 노인인구의 증가는 자연스럽게 노인자살이 절대적 수치가 증가할 것으로 예상되며, 이는 앞으로 한국사회의 심각한 사회·정서적 문제를 일으킬 수 있을 것이다.

우리나라 노인의 자살률을 OECD가입 국가기준으로 비교해서 살펴보면 2002년에서 2004년 사이의 노인 자살률이 65세 이상 75세 미만은 43.2명, 75세 이상 노인은 60.4명 이었으며, 2004년 우리나라 65세에서 75세미만 노인의 자살률은 64.9명, 75세 이상노인은 109.6명으로 OECD평균보다 8.3배 많은 것으로 나타났다(한국자살예방협회). 특히 우리나라의 고령화지수는 9.6% 로 고령화지수가 가장 높은 고령사회인 일본의 노인 자살률에 비해서도 75세 미만은 약 2배 이상, 75세 이상은 약 3배 이상 높아 노인 자살문제의 심각성을 극명하게 나타내고 있다(김현순, 2009).

미국의 경우 자살 시도자의 사후 조사결과 거의 모든 노인 시도자가 정신건강상의 문제를 가지고 있었고, 우울증이 가장 많은 것으로 드러났으며 자살을 시도하는 노인의 40~80%가 우울증상이 있다고 보고되었다. Keitmann(1978)은 우울과 적개심이 높은 사람에게서 자살이 빈번히 일어났고, Farmer(1987)는 우울한 사람 중 내성적 성격이 심한 사람에서 자살기도가 일어난다고 하였다. 즉 우울성향이 높고,

분노나 적개심이 많고, 절망감을 자주 경험하고, 사회적 지지가 빈약하고, 스트레스에 대한 대처능력이 약할수록 자살기도가 많은 것으로 알려졌다(오병훈, 1999 재인용). 육성필(2002)은 자살을 시도하는 사람은 문제를 해결할 때 부정적인 사건에 더 정서적으로 반응하는 경향이 있고 이러한 반응은 우울을 더 많이 경험하게 하며 공격성이 증가한다고 주장하였다. 또한 이들은 문제상황에 부딪히면 문제를 회피하거나 다른 사람의 도움을 청하는 등의 소극적인 태도를 취한다고 하고, 사회적으로 고립되고, 사회적인 지지가 적다고 하였다. 자살생각을 가지고 있는 사람들의 자살시도를 의심할 수 있는 징조는 〈표 12-3〉과 같다.

표 12-3 자살시도 징조

구분	자살시도가 의심되는 징조
언어적 특징	1. 자살하겠다는 의도를 직접 또는 암시적으로 표현한다('죽는 게 낫다', '나 없어도 잘 살아라' 등).
	2. 자기 자신과 세상, 미래에 대해 지나치게 비관적인 말을 한다('나는 어차피 안 되는 사람이다' 등).
	3. 가족이나 친지에게 지나치게 '미안하다', '내 잘못이다'는 등 죄책감을 표현한다.
행동적 특징	4. 최근 심한 불면증 때문에 거의 못 자는 것 같다.
	5. 최근 식사를 거의 하지 않고 지낸다.
	6. 불안, 초조감 때문에 하루 종일 안절부절 못한다.
	7. 소중한 물건을 나눠주는 등 신변을 정리한다.
	8. 칼, 치명적인 약(청산가리나 농약) 등 자살 가능한 수단을 옆에 두고 있다.
	9. 정신과 질환(정신불열증, 알코올이나 약물중독 등)이 있는데 최근 우울증상이 심해졌다.
	10. 불행한 상황인데도 주변을 믿고 내왕하는 사람이 없이 혼자 지낸다.

노인의 우울증은 죽음에 대한 두려움 등을 포함하는 심리적 반응의 한 형태로 더 많은 신체적 증상을 동반하고 자살의 위험성을 높게 하며 사망률 증가와 연관성이 높기 때문에 다른 연령층에 비하여 예후가 나쁜 편이다(김형수, 2000 재인용). 조은희 외(2000)의 도시지역 보건소와 보건지소를 이용하는 노인 402명을 대상으로 한 연구에서는 61.2%의 유병률이 나타나서 우울이 여타의 만성질환과 함께 시급히 관리해야 할 건강문제로 대두하고 있다.

이와 같이 기존의 연구들을 통하여 우울이 우리나라 노인들에게 흔한 유병률을 보이고 있고, 자살을 유발하는 큰 원인을 제공하고 있음을 알 수 있다.

4. 노인의 성性

우리나라는 지금 고령화사회에 접어들었다. 사회적으로도 볼 때 노인복지에 우리는 관심을 많이 돌려야 할 것으로 보인다. 오늘날 노인이 겪어야 하는 많은 문제들 중에 배우자를 잃은 상실감과 함께 당면하고 있는 것이 성性문제이다. 그러나 노인의 성에 대한 욕구는 아예 존재하지 않는 것으로 간주하거나, 또는 그 존재를 인정한다 할지라도 그것에 대한 중요성을 소홀히 여기는 경어가 많다. 이제 노인에게도 성적인 욕구가 있다는 차원에서의 논의를 떠나서 실질적인 대책을 마련해야 할 시점에 와 있다. 이것은 노인의 재혼을 통하여 해결해야 될 것으로 보인다. 노년기에 접어들면서 육체적 기능감퇴로 대인 접촉이 줄어들고 이에 따라 정신적으로 소외와 고독함을 느끼게 된다. 이는 역할상실로 인한 것인데, 노년기에는 성년기와 중년기에 획득한 다양한 역할을 상실함으로써 경제적·심리적으로 다양한 어려움을 겪는다고 볼 수 있다. 노년기에는 사회적 관계가 소원해지는 대신 부부관계가 중요해진다. 특히 배우자와의 상호작용을 통해 안정적이고 행복한 인생의 마지막 단계를 보내게 되는 중요한 시기이지만 어느 때보다도 배우자를 잃을 가능성도 높은 시기다. 배우자를 잃는 것은 슬픈 감정뿐 아니라 사회와의 관계 단절을 초래하는, 누구에게나 고통스러운 경험이다. 사별 직후 대부분의 사람들은 육체적·정신적 고통을 받는다. 시간이 지나면서 고통을 극복해 가기는 하지만 대개 우울, 수면장애, 집중 곤란, 식욕감퇴, 수면제나 진정제에 의한 약물의존 등의 증상을 보인다. 특히 노년기에는 신체적·심리적 부양에서 배우자가 차지하는 부분이 높은 점을 감안할 때 홀로된 노인들이 자녀나 다른 가족에 의존하게 됨으로써 겪는 심리적 부담감도 무시할 수 없다. 이로 인해 노인들은 재혼에 대해 필요성을 느끼고 있다. 지금부터 노인의 성에 대해서 알아보자.

1) 노인의 성의 특징

(1) 신체적·생리적 측면

노인과 노인의 성은 신체적·생리적 측면에서는 어떤 의미를 담고 있는지를 살펴보면 다음과 같다. 기존의 연구에서는 노인이란 첫째, 개인의 자각에 의해 스스로가 주관적으로 판단하는 경우 둘째, 일반적으로 65세 이상의 사람을 노인으로 하는 경우 셋째, 개인의 특수한 신체적·생리적 기능의 정도에 의해 노인으로 규정하고 넷째, 60세를 환갑으로 하는 전통적인 습관에 따라 「노인복지법」에서는 65세 이상을 노인으로 규정하고 있다. 다섯째, 현재의 실정법인 '생生한 시각에서 노인을 규정하고 있지만 실제로 노인이란 구체적으로 어떤 규정으로 규정해야 할 것인가'하는 문제는 여전히 남게 된다.

노인의 성은 신체적·생리적 측면에서 보면 인간의 성 본능과 관련되어 있다. 본래 노인은 성생활sexual life이 가능하며 더욱 적극적으로 요구한다는 연구결과가 있다. 즉 노인도 나이가 들면서도 성생활을 지속하려는 의식이 팽배해 있고 또한 실제로 성생활을 하고 있다는 것이다. 이런 주장은 나이가 들면 들수록 성행위에 관심이 점차 없어진다는 종래의 상식을 수정하는 이론적 기초가 되고 있다는 데 의의가 있다. 근대화과정에서 노인의 성은 해방되는 방향으로 진행되고 있다. 전통적으로 성을 둘러싼 생각과 행동을 자제해왔던 노인들은 사회의 성 개방으로 성욕구를 자연스럽게 표출하는 등 성 인식과 성생활에 적극적으로 대응하게 되었다. 특히 성문화sexual culture의 확산, 성에 대한 노인의 인식 변화 사회분위기의 성숙 등은 노인의 성을 해방시키는 중요한 요인으로 작용하는 한편 노인의 성을 둘러싼 성 환경sexual environ-ment의 성숙을 촉진하고 있다. 이런 성에 대한 개방은 성문화가 개방됨에 따라 일어나는 변화로 노인의 성에 대한 인식의 변화, 성생활의 변화, 성 환경의 변화, 성시장의 발달 등을 초래할 수 있다(김성순, 1995).

(2) 사회문화적 측면

노인의 성생활은 자기 자신의 삶을 영위하는 데 매우 중요한 역할과 기능을 한다는 점에서 간과해서는 안 될 것이다. 따라서 현실에 맞고 바람직한 노인의 성생활을 위해서는 노인의 성인식에 대한 신체적이며 사회문화적인 고찰이 필요하다. 노인에 대한 사회문화적 정의를 노인의 사회적 역할이나 지위의 중요성이 청년이나 중년시기보다 현저하게 줄어들었으며, 청년기나 중년기의 문화와 구별되는 문화를 소유한 부류라고 정의할 수 있다. 노인은 사회적 지위와 역할로부터 이완되어 있고 특히 노인을 중심으로 새로운 문화를 형성하는 특징이 있다. 오늘날 노년기가 길어지는 생활주기의 변화로 노후의 성관계와 기능이 사회문화적 차원에서 중요시되고 있다. 그렇게 본다면 성은 젊은 층만의 전유물이 아니다. 노인에게 있어서도 적절한 성생활은 생활의 활력소이며 생명수의 원천이 될 수 있다. 노년기에 이르면 배우자와의 사별이나 이혼 등으로 외톨이가 되는 경우가 많아 고독에 휩싸이는 노인들은 성문제 해결 이전에 심리적인 고독에서 벗어나고 싶은 욕망이 앞선다. 그러나 노인의 이성교제는 기회도 적을 뿐만 아니라 사회적 편견 때문에 노인의 이성교제가 활발하지 못하다. 또한 성능력이 왕성해도 잘 대응해줄 만한 상대자가 없으면 성생활이 중단되고, 배우자와 사별 또는 이혼했거나 배우자가 있다 하더라고 질병 등으로 성생활이 반강제적으로 중단된다. 이렇듯이 노인에게 있어 성은 성을 통해서 후계자를 얻는 전통적인 인식에 기초한 수단적인 성생활이기보다는 생활활동의 일부로서 받아들이는 유희로서 존재하게 된다. 따라서 노인의 성생활은 인간 삶의 연속적인 활동으로 사회문화적 활동의 일환으로 이루어지고 있다고 할 수 있다. 즉 노인의 성은 노인의 삶을 윤택하게 하는 기능을 하는 동시에 노인의 성문화를 독자적으로 구축할 수 있는 중요한 요인으로 작용한다고 할 수 있다(이윤숙, 1983; Holmes, 1987).

(3) 심리적 측면

노인의 심리적 측면으로는 죄의식, 우울, 단조로움, 분노, 수행에 대한 불안감 등이다. 이러한 요소들은 성적 관심과 활동에 부정적인 영향을 미친다. 이중 단조로움은 오랜 결혼생활 상태의 부부에서 언급된 요소이다. 비록 노화에 따라 성적 활동이 감소되거나 개인의 차가 있을 수 있더라도 중요한 것은 많은 노인들이 성적으로 활동을 한다는 점을 유념해야 한다는 것이다. 노인들은 나이를 더해 감에 따라 새로운 행동양식을 획득하는 것이 어렵기 때문에 이전의 생활양식을 고수하려는 경향이 있다. 그 때문에 새로운 생활양식, 설비 환경에 적응하기 어렵고 불안감, 불화 등이 생기기 쉽다. 노인에 관련된 심리적 변화 예컨대 지적 기능의 변화들에 관해서는 의견의 일치가 이루어져 있지 않다. 심리학적 변화들은 분명하지도 않을 뿐만 아니라 측정하거나 주장하기에도 많은 어려움이 따른다고 본다(Eber sole and Hess, 1990; 오진주, 1999 재인용).

2) 노인의 성생활

(1) 노인 성 환경의 생성배경

노인의 성 환경을 광의의 의미에서 정의하면, 노인의 성생활을 둘러싼 제반환경을 의미한다. 즉 노인의 성 환경은 노인이 성 삶을 영위하는 데 영향을 주는 제반환경을 의미하는 것으로 의사주 환경, 경제저 환경, 문화저 환경, 사회적 환경, 문화적 환경 등 다양한 요소로 구성되어 있다(오생근, 1998). 성 환경을 이루고 있는 각종 환경은 서로 상호작용 관계에 있다. 예를 들면, 경제적 환경은 노인의 성생활에 영향을 주게 된다. 즉 경제적으로 부유하거나 경제활동을 왕성하게 하는 노인은 의료서비스나 영양공급을 충분히 제공받을 수 있는 유리한 상황에 있기 때문에 자신의 신체를 보호하고 점검하여 건강한 신체를 유지할 수 있다. 그러나 상대적으로 빈곤하거나 경제적 무능력자는 자신의 신체를 보호하기 위한 기회를 가질 가능성이 적어진다. 그 결과 신체적으로 건강한 노인은 성생활을 영위할 수 있는 개연성이 높아지는 데 비해 건강하지 못한 노인은 상대적으로 성생활을 할 수 있는 가능성이 적어질 수 있다. 이런 관점에서 볼 때, 노인의 성생활에 영향을 주는 중요한 요인으로 작용하는 성 환경을 고찰할 필요가 있다.

협의의 의미에서 노인의 성 환경이란 무엇을 의미하고 있을까? 성 환경이란 인간의 성행동sexual behavior를 둘러싼 제반조건을 의미한다. 즉 성을 거래하는 성 시장sexual market, 성교를 하는 장소, 성을 촉진시키는 의약품이나 운동, 성 상대자, 성 연결매체, 성문화 등 다양한 형태로 성행위에 직·간접적으로 영향을 주는 제반조건이다. 노인의 성 환경은 성 환경에 처해 있는 조건에 따라 성생활을 가질 수 있는 가능성이 있다고 할 수 있다. 이렇듯이 노인의 성 환경은 노인의 성생활을 결정하는 중요한 요인으로 작용한다. 여기에서는 성 환경을 협의의 의미로 사용한다. 노인의 성 환경은 노인의 성생활에 영향을 주는 성 상업화와 관련되어 있다(김규원, 1997; 오생근, 1998). 성 상업은 성을 살 수 있는 성 시장, 성관계를 할 수 있는 장소, 성을 촉진하는 산업 등으로 성과 관련된 상품을 거래함으로써 형성된다. 노인의 성 상업 sexual commerce은 젊은 층이 이용하는 성 상업과 크게 다르지 않다고 할 수 있다. 노인의 성 상업은 매춘장소, 여관, 술집, 다방, 카바레, 카페, 이발소, 가라오케 등과 같이 퇴폐적인 것이 있다. 이런 성 상업은 성을 돈으로 구매하고 파는 성격을 지니게 되고 주로 성을 일시적인 또는 즉흥적인 유희로 보는 경향이 강하다. 이런 것은 성을 구매하기보다는 성을 교제의 수단으로 또는 이성교제를 통해서 삶을 윤택하게 하는 장소로 여기는 경향이 있다. 특히 배우자를 잃은 노인층이 새로운 배우자를 선택해서 새로운 삶을 영위하기 위한 수단으로 이용하게 된다.

(2) 노인 성욕구

현대과학의 발달은 인간의 평균수명을 획기적으로 연장시켜주고 있으며, 인간은 수명이 길어지면 길어질수록 생존기간의 연장에 대한 욕심이 더 커지며 또한 삶의 질에 대한 관심을 보다 더 많이 갖게 된다. 한 개인이 만약 젊었을 때나 중년기에 표현했던 성적인 활동이 자기 삶의 질에 크게 영향을 미쳤다면 성에 대한 관심이나 활동은 노화과정에서도 계속 큰 영향을 미칠 것이다. 성욕은 인간의 기본적인 욕구 중의 하나에 속하며, 이는 노년기가 되어도 소실되지 않는다. Master & Johnson(1966)은 인간의 성적 반응은 노화과정에 의해 느려지기는 하나 없어지지는 않는다고 하였다. 노인의 성_{sexual activity}활동 감소의 원인은 연령보다는 사회적 환경, 주변이의 태도 등에 더 영향을 받으며 성활동의 감소의 원인을 성에 대한 공포, 무관심, 잘못된 죄책감 등의 악순환 때문임을 지적하고 여기서 죄책감이란 아직은 우리 사회에서 노인의 강한 성적 관심의 표출은 부도덕하고 비정상적으로 취급하는 편견으로 인하여 노인이 자신의 성적 욕구를 스스로 죄악시하기 때문에 나타나는 감정이다. 이러한 노인의 성에 대한 편견과 고정관념은 자기만족적 예언의 형태로 노인의 성에 대한 태도와 성행동을 제약하는 요인이 된다. 이러한 편견과 태도는 많은 노인복지시설 직원들은 노인의 성 표출을 문제행동으로 치부해버리는 경우가 있다.

노인의 성활동에 영향을 미치는 요인으로 기존 문헌을 살펴보면 결혼상태, 과거 성생활 습관, 긴장성대, 마음자세, 환경, 성에 대한 배우자의 관심이었으며 성교 횟수는 나이, 체력, 습관, 직업, 환경, 식이 등 여러 요인에 의해 영향을 받으며, 육체적 노동자가 정신적 노동자보다 더 강하다고 한다. 또한 생활이 부유할수록 행복할수록 성생활은 연장되며, 반면에 성생활을 위축시키는 요인으로는 남성의 경우 파트너의 따분함, 경제적 추구에 대한 몰두, 정신적·신체적 피로, 고음과 과식, 정신적·신체적 허약으로 나타났으며, 여성의 경우 보수적 사고, 신체적 노쇠, 성에 대한 학습되지 않은 반응, 폐경, 규칙적인 기회부족 등으로 나타난다고 한다.

(3) 노인의 성생활 실태와 매체의 영향

성 상업의 발달은 성주체로서 노인의 성활동에 직접적으로 영향을 주는 성매체의 발달에 영향을 준다. 성 환경으로는 〈그림 12-2〉과 같이, 성 유희_{sexual play}환경, 성 문화_{sexual culture}환경, 성 연결_{sexual connection}환경, 성 거래_{sexual transaction}환경 등이 있고, 이런 성 환경은 다양한 성 매체_{sexual medium}로 구성되어 있다.

노인 성 환경의 관계는 다음과 같은 특징이 있다. 첫째, 이들 4매체가 서로 상호작용하여 노인의 성활동에 직·간접적으로 영향을 준다. 둘째, 각 매체의 구성요소가 3가지 형태로 존재하여 노인의 성활동에 영향을 준다. 셋째, 이들 매체가 성 주체로서 노인의 성생활을 결정하는 요인으로 작용한다. 〈그림 12-2〉노인 성 환경의 관계를 설명하면 다음과 같다.

첫째는 성유희 환경과 매체이다. 성유희 환경을 구성하는 성유희 매체는 성 주체로서 노인이 직접적으로 성행동을 하는 것과 관련된 것이다. 성유희 매체는 이성 간의 교제대상, 성욕구를 촉진하거나 성행위를 지속하기 위한 성 촉진제sexual promotor, 성행위를 행하는 장소를 의미하는 성 접촉장소 등으로 구성되어 있다고 할 수 있다.

둘째는 성 문화환경과 매체이다. 성 문화환경을 구성하는 성 문화매체는 성의 주체로서 노인이 성을 간접적으로 즐기거나 동기를 유발하는 것과 관련된 것이라고 할 수 있다. 성 문화매체는 성을 문자나 그림으로 나타내는 성 출판문화, 성을 영상

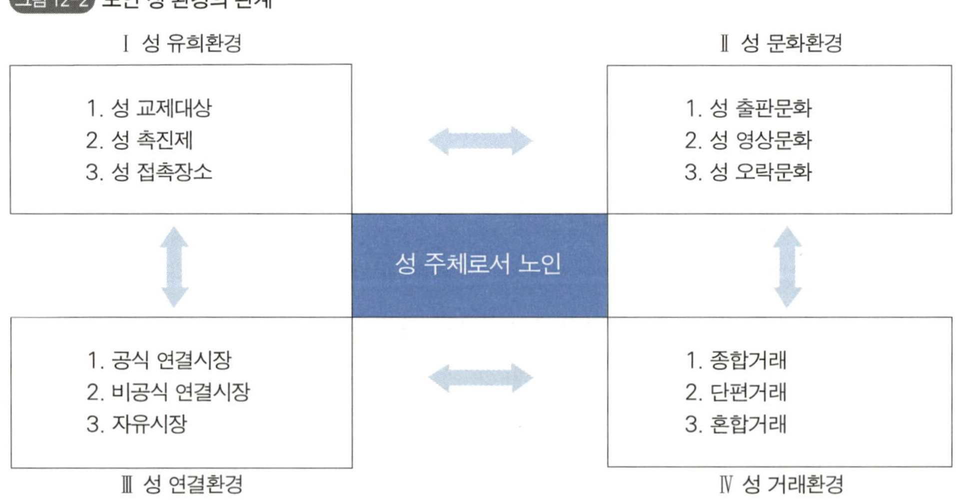

그림 12-2 노인 성 환경의 관계

으로 나타내는 성 영상문화, 성을 오락형태로 표출시키는 성 오락문화 등으로 구성되어 있다.

셋째는 성 연결환경과 매체이다. 성 연결환경을 구성하는 성 연결매체는 공식적으로 인허가를 통해 노인의 만남을 공식적으로 해주는 공식 연결시장, 각종 유흥업소를 통해 성적인 만남을 하는 비공식 연결시장, 성 상대자를 자유롭게 만나는 자유시장 등으로 구성되어 있다.

넷째는 성 거래환경과 매체이다. 성 거래환경을 구성하는 성 거래매체는 이성 간의 완전한 거래인 종합거래, 돈, 사랑, 교류를 거래하는 단편거래, 돈과 사랑 등이 혼합되어 거래하는 혼합거래 등이 있다.

5. 노인학대

고령화사회의 도래와 함께 노인학대의 증가가 심각한 사회문제로 대두하고 있다. 노인학대는 피해 당사자인 노인뿐만 아니라, 가해자 모두에게 미치는 부정적 영향이 매우 심각하다. 이러한 노인학대의 문제는 종래에는 1997년 제정된 「가정폭력범죄방지 및 피해자보호 등에 관한 법」에 의해 적용되어 왔으나, 2004년 1월에 노인복지법이 개정되면서 노인학대의 예방 또는 처벌에 관한 별도의 규정을 두게 되었다.

1) 노인학대의 정의

노인학대를 정의하는 기준은 사회문화적 차이에 따라 국가와 학자에 따라 다양하게 정의하고 있으며, 가해자와 피해자의 주관적 요인도 고려해야 하므로 일률적으로 정의하기는 매우 어렵다. 그러나 학대의 개념을 규정하고 그 유형을 파악하는 작업은 학대 대응방안 마련 등 다양한 개입의 기초가 되므로 반드시 필요한 작업이다.

미국의 The Action on Elder Abuse(1995)는 노인학대를 '모든 관계에서 발생하는 노인에게 해나 장해를 일으킬 수 있는 단일한 혹은 반복적 행동, 적절한 행동의 부족'이라고 정의하고 있으며, 노인국과 국립노인학대센터에서는 신체적 학대, 성적 학대, 심리적 학대, 재정적 및 물질적 착취, 방임을 노인학대의 유형으로 바라본다 (이연호, 2002). 미국의 전국 노인학대 지원센터에서는 노인학대의 정의를 ① 신체적 학대physical abuse, ② 성적 학대sexual abuse, ③ 정서적/심리적 학대emotional/psychological abuse, ④ 방임neglect, ⑤ 금전적/물질적 착취financial/material exploitation, ⑥ 기타all other types, ⑦ 자학/자기 방임self-abuse/self-neglect으로 구분하였다. 노인학대에 대한 국내 학자들의 정의를 살펴보면, 한동희·김정옥(1994)은 '자녀에 의존하고 있는 노인과 자녀 사이에서 일어나는 언어, 정서적 혹은 심리적 상해와 인간의 신체적·정서적 복지를 무시하는 행위, 그리고 자산에 대한 오용 등으로 노인의 권리가 침해되는 행위'라고 정의하고 있다. 한편, 김미혜(2001)는 노인학대란 '노인과 동일가구에서 생활하고 있는 노인의 가족 구성원인 배우자, 성인자녀, 그리고 기타 부양자나 친척에 의하여 행해지는 신체적·정서적·재정적 착취 및 방임과 노인 자신에 의한 방임을 말한다'고 정의하고 있다. 즉 학자에 따라 학대 행위자나 학대의 범위가 다양함을 알 수 있다.

최근 시설에서의 노인학대가 관심을 끌면서 권중돈(2004)은 노인학대를 노인 자신, 노인의 가정이나 전문노인시설의 모든 관계에서 발생하는 노인에게 해가 되거나 장애를 일으킬 수 있는 일회성이거나 반복적 행동 또는 적절한 행동의 부족으로 정의하여 시설에서의 학대의 발생 가능성에 대해서도 시사하고 있다. 우리나라에서는 2010년 개정된 「노인복지법」 제1조2의 4호에서 노인학대에 관하여 정의하고 있는데 노인학대라 함은 '노인에 대하여 신체적·정신적·성적 폭력 및 경제적 착취 또는 가혹행위를 하거나 유기 또는 방임을 하는 것을 말한다'라고 언급하고 있다. 즉 노인학대는 노인의 가족 또는 타인이 노인에게 신체적·언어적·정서적·성적·경제적으로 고통이나 장해를 주는 행위, 또는 노인에게 필요한 최소한의 적절한 보호조차 제공하지 않는 방임, 자기방임 및 유기를 의미하는 것이다(보건복지부, 2010). 노인학대로 인정되는 행위는 「노인복지법」 제39조의 9에 금지행위로서 자세히 규정되어 있다.

2) 노인학대 발생 배경

고령사회로 급속하게 진입하고 있는 한국에서도 서구에서와 마찬가지로 노인학대와 방임의 문제가 최근 중요한 사회적 관심사로 주목받고 있다. 그러나 노인학대는 아동학대 및 아내학대에 비해 비교적 최근인 1990년대 이후부터 사회적 관심 받기 시작하였다. 이는 전통적인 윤리와 가족윤리를 강조하는 사회에서 노인 스스로 자신의 자녀로부터 학대받는다는 사실을 인정하고 표현하기 어려웠던 이유에 기인한다. 그럼에도 최근에는 노인학대와 방임의 문제가 심각한 사회문제로 받아들여지면서 정부에서도 법적·제도적 정비를 서둘러 마련하고 있는데 그 이유는 다음과 같다(김미혜, 2006).

첫째, 노인인구의 급속한 증가와 평균수명의 연장이라는 사회 고령화 현상을 들 수 있다. 우리나라는 2008년 기준 65세 이상 노인인구가 전체 인구 중 10.2%를 차지하고 있고, 2050년에는 37.3%로 세계 최고령 국가가 될 것으로 전망된다(통계청, 2009). 이는 노인인구 수의 절대적 증가와 함께 후기 고령노인, 와상노인, 치매 및 중풍 노인 등 신체적·심리적·경제적으로 의존상태에 있는 만성질환 노인의 증가를 가져오므로 노인부양 및 이의 부담으로 인한 학대문제를 심각하게 제기될 것으로 보인다.

둘째, 가족구조와 가족기능의 변화를 들 수 있다. 산업화로 인한 가족분화와 핵가족화현상으로 가족규모가 축소되어 노인을 부양할 수 있는 능력은 한계가 있으며, 여성의 사회참여 증가로 가족연대 기능이 약화하여 가족부양 문제가 심각해졌다. 따라서 가정 내에서 자신의 노후를 자녀에게 의지하던 노인들에게 노후 거처 및 삶과 관련된 현실적 문제가 발생하고 있다.

셋째, 가치관 및 노인 부양의식의 변화를 들 수 있다. 현대는 부자父子중심의 가족관이 부부夫婦중심으로 변화하고, 개인주의가 팽배하는 등 전통적인 가족제도의 가치관이 부정되고 있으며, 이런 가족가치에 대한 변화는 노인 부양의무에도 영향을 미쳐 노인에 대한 자녀의 부양의식은 점차 약화되고 있다. 이로 인해 우리나라의 노인학대 역시 가정 내에서 발생하거나 가족구성원이 가해자가 되는, 이는 가족 부양의식의 변화가 노인학대 발생의 주요인이라고 이해할 수 있다.

넷째, 사회적 지원의 부족을 들 수 있다. 현재 우리나라 노인에 대한 정책적·제도적 지원체계는 발전하고 있으나 분출하는 노인 및 부양가족의 다양한 욕구 부응에는 적절히 대처하지 못하는 실정이다. 결국 각종 제도나 정책, 제반 프로그램 등이 노인과 가족이 적절히 대처하기 어려운 상황원조에 실패함으로써 학대와 방임의 문제가 가중되고 있다.

이런 측면에서 볼 때, 2004년 「노인복지법」의 개정으로 노인학대와 관련한 법적 규정이 마련되고 노인학대 피해자를 돕기 위한 노인보호전문기관인 노인학대예방센터를 설립한 것은 무척 고무적인 일이라 할 수 있다. 2006년에는 중앙노인보호전문기관과 경기북부 노인학대예방센터를 개소함으로써 2009년 현재, 총 19개소의 노인보호전문기관이 노인학대 방지를 위하여 운영하고 있다(보건복지부, 2010).

3) 노인학대 유형 및 현황

(1) 노인학대 유형

시설보호가 잘 발달되어 있는 서구 여러 나라는 노인학대를 크게 가정학대와 시설학대 두 가지 유형으로 구분하고 있다. 가정의 노인학대란, 피해노인과 특별한 관계에 있는 성인자녀, 배우자, 친지 등의 보호제공자가 행하는 학대를 말하며, 시설학대란 노인에게 비용을 받고 서비스를 제공하는 요양원 등의 시설에서 발생하는 학대를 말한다. 일본의 Tatara(1990)는 노인학대의 유형을 가정 내에서 가족구성원에 의해 발생하는 노인학대, 노인시설에서 시설종사자에 의해 가해지는 노인학대, 노인이 신체적·정신적 손상으로 자신을 돌보지 못하는 자기방임, 자기학대로 구분하고 있다(김미혜, 2006 재인용).

우리나라의 경우, 노인학대예방센터 업무지침(보건복지부, 2010)에서는 학대가 발생하는 공간 및 행위에 따라 노인과 동일가구에서 생활하고 있는 노인의 가족구성원인 배우자, 성인자녀뿐 아니라 노인과 동일가구에서 생활하지 않는 부양의무

표 12-4 노인학대의 발생 요인

No	구분	학대 발생 요인
1	개인적 특성	노인의 성격적 특성, 정신장애, 알코올 중독, 무기력감 등
2	노인의 의존성	노인의 장애, 질병, 치매 등
3	가해자의 개인적 특성	가해자의 성격적 특성, 정서장애, 정신장애, 알코올 중독, 약물 중독 등
4	부양자의 부양스트레스	부양자의 신체적·정신적 스트레스, 부양 미숙, 부양능력의 결여 등
5	가정 환경적 요인	가정의 경제적 문제, 가족관계의 불화, 재산문제, 가족관계 갈등 등
6	세대 간의 학대의 전이	어려서 부모에게 학대받고 자란 자녀가 성인이 되어서 노부모를 학대하는 경우
7	사회문화적 요인	사회의 노인차별, 가치관의 변화, 사회보장 및 노인복지 서비스의 결여 등

학대의 유형	개념	행위
신체적 학대	신체의 상해, 손상, 장애(결손)를 일으키는 모든 형태의 폭력적 행위	때리기, 치기, 밀기, 차기, 화상, 신체의 구속, 상처나 멍, 타박상, 골절, 탈구 등을 가하는 것
정서·심리적 학대	정신적 또는 정서적인 고통을 주는 것	모멸, 겁주기, 자존심에 상처 입히기, 위협, 협박, 굴욕, 어린애 취급하기, 의도적인 무시, 멸시, 비웃기, 대답을 안 하기, 고립시키기, 짓궂게 굴기, 감정적으로 상처 입히기 등
재정·물질적 학대	자금, 재산, 자원의 위법 또는 부당한 착취, 오용 및 필요한 생활비 등을 주지 않는 것	재산이나 돈의 악용, 훔치기, 경제적으로 의존하기, 함부로 사용, 무단으로 사용, 허가 없이 또는 속이고 자기명의로 변경하는 것, 무단으로 신용카드나 소유물을 사용하는 것, 연금 등의 현금을 주지 않거나 가로채서 사용하거나, 노인 소유의 부동산을 무단으로 처리하는 것, 경제적으로 곤란한 노인에게 생활비, 용돈 등을 주지 않는 것도 포함됨
성적 학대	노인과의 합의가 없는 모든 형태의 성적 접촉 또는 강제적 성행위를 하는 것	–
언어적 학대	언어로 정신적인 고통을 주는 것	욕설, 모욕, 협박, 질책, 비난, 놀림, 악의적인 놀림 등
적극적 방임	의도적으로 서비스나 수발을 제공하지 않는 것, 또는 보호 의무의 거부, 불이행	일상생활에 필요한 것(식사, 약, 접촉, 목욕 등)을 주지 않기, 생활자원을 주지 않기, 신체적인 수발이 필요한 사람을 수발 안 하기, 보호가 필요한 사람을 보호 안 하기, 의도적으로 필요한 보건/복지/의료서비스의 이용을 거부하거나, 노인에게 필요한 의치, 안경을 빼앗거나, 복용해야 할 약을 복용시키지 않기
소극적 방임	비의도적으로 서비스나 수발을 제공하지 않는 것, 또는 보호 의무의 거부, 불이행	노인을 혼자 있게 하기, 고립시키기, 존재조차 잊어버리기, 수발자가 비의도적으로 적절한 보호를 하지 않거나 방치한 결과 신체적/정신적 고통이나 건강의 악화가 일어난 것. 예컨대 수발자의 쇠약 또는 체력부족, 역량부족, 지식부족으로 적절한 수발과 보호가 이루어지지 않았거나, 보건/복지/의료서비스에 대한 인식부족으로 서비스를 이용하지 않아서 케어가 제공되지 않은 경우도 여기에 해당됨

학대의 유형	개념	행위
적극적 자기 방임	본래 자기가 해야 할 신변의 청결. 건강관리, 가사 등을 본인이 할 수 있는 능력이 있어도 스스로 포기하려 하지 않은 결과 심신의 건강상의 문제가 생기는 것	예컨대 스스로 의식적으로 식사와 수분을 섭취하지 않거나, 질병으로 인한 식사 제한을 지키지 않거나, 필요한 치료와 약 복용을 중지한 결과 건강상태가 악화된 경우 등도 여기에 포함됨
소극적 자기 방임	자기의 신변의 청결. 건강관리. 가사 등을 본인의 체력, 지식, 기능의 부족으로 또는 어떤 사정으로 인해 본인도 모르는 사이에 못하게 된 결과 심신의 건강상의 문제가 일어나는 것	–
기타 학대	격리, 감금, 외부와의 교류차단, 집에서 내쫓기 등. 위의 종류에 포함되지 않는 것	–

자 또는 기디 사람들에 의해 행해지는 가정 내 학대, 누인에게 비용을 받고 서비스를 제공하는 요양원 및 양로원 등의 시설에서 발생하는 시설 내 학대, 그리고 가정 및 시설외의 공간에서 발생하는 기타 학대로 분류하고 있다.

노인학대 유형에 대한 선행연구를 살펴보면, 학자마다 다양하게 그 유형을 분류하고 있지만 대부분 신체적·심리·정서적·재정적 학대는 공통적으로 포함하고 있음을 알 수 있다(이연호, 2002; 서윤, 2000). 우리나라 「노인복지법」 제1조2와 제39조9에 규정된 노인학대의 정의와 노인에 대한 금지행위를 바탕으로, 노인학대의 유형과 발생 원인을 구분하면 〈표 12-4〉, 〈표 12-5〉와 같다. 또한 Douglass 외(1980; 1983)는 1979년에 미시간 주 5개 지역의 의사와 전문가들에게 개별면접을 실시한 연구에서 노인과 부양자 사이의 상호관계에 있어 학대가 일어날 수 있는 여러 가지 가능성을 첫째, 의존적인 노인을 부양하는 데 있어 부적절한 재정적 문제 둘째, 노부모를 부양하고 있는 부양자 자신이 몸이 불편한 경우 셋째, 노부모와 부양자 모두 알코올 중독자인 경우 넷째, 적절하지 못한 주거문제 다섯째, 노부모와 성인자녀 관계가 적개심으로 가득 찬 경우 여섯째, 노부모를 집에서 부양하는 데 있어 도움이 되는 원천이 없거나 정보가 없는 경우 일곱째, 부양하는 사람 쪽이 지나치게 욕심이 많은 경우 등을 제시하였다.

(2) 노인학대 발생현황

2008년 한 해 동안 전국 노인보호전문기관을 통해 신고 접수된 총 건수는 5,254건이며 이 중 학대사례는 2,369건으로 전체의 45.1%를 차지하였고, 일반사례는 2,885건으로 전체의 54.9%를 차지하며, 2008년 기준 전년대비 신고접수 건수는 4,730건에서 5,254건으로 11.1% 증가하였고, 그 중 학대사례는 2,312건에서 2,369건으로 2.5%, 일반사례는 2,418건에서 2,885건으로 19.3% 증가하였다(〈표 12-6〉 참조).

노인학대 발생장소는 매년 반복되는 현상으로 가정 내 학대가 전체 학대사례 2,369건 중 2,132건으로 90.0% 차지하여 가장 높게 나타났고, 공공장소 3.5%(82건), 병원 2.6%(61건)로 그 뒤로 나타났다.

전체 학대사례 중 '매일' 학대가 발생하는 경우가 32.8%(778건)로 가장 높게 나타났고, '1주일에 한 번 이상' 27.7%(657건), '1개월에 한 번 이상' 17.2%(407건)로 그 뒤를 이었다. 학대가 매일 또는 1주일에 한 번 이상 발생하는 경우가 전체 학대사례 중 61.0%의 비중을 차지하는 현황을 통해, 학대는 일회적이 아닌 지속적·반복적으로 당하고 있음을 알 수 있었다. 발생빈도별 노인학대 유형을 살펴보면, 매일 학대가 발생하는 경우를 제외한 모든 항목에서 정서적 학대가 가장 높게 나타났고, 신체적 학대, 방임 순이다. 반면, 매일 학대가 발생하는 경우는 방임이 가장 높게 나타났고, 정서적 학대, 신체적 학대 순이다. 정서적 학대의 경우 뚜렷한 흔적이 없어 잘 드러나지 않지만, 장기적으로 영향을 미치게 됨으로서 좀 더 적극적인 개입이 필요하다는 것을 알 수 있었다. 또한 전체 학대사례 2,369건 중 학대 지속기간이 '1년 이상~5년 미만'이 39.4%(934건)로 가장 높게 나타났고, '5년 이상' 26%(615건), '1년 이상~1년 미만' 23.3%(553건) 순으로 그 뒤를 이었다. 전체 학대사례 중 65.4%(1,549건)가 1년 이상 학대가 지속된 경우로서 학대 피해노인이 장기간 노인학대에 노출되어 있음을 알 수 있었다.

학대사례 신고접수 총 2,369건 중 단일 노인학대 유형의 경우 정서적 학대가 41.9%(493건)로 가장 높게 나타났고, 방임 32.4%(381건), 신체적 학대 9.1%(107건) 순으로 그 뒤를 이었다. 2008년의 경우 전년도와 비교해 볼 때, 단일 신체적 학대가 단일 경제적 학대보다 높게 나타났음을 알 수 있었다.

노인학대 유형별 학대 행위자와 학대 피해노인과의 관계는 신체적 학대의 경우, 아들이 51.1%(493건)로 가장 높게 나타났고, 배우자 14.4%(139건), 며느리 10.6%(102건)으로 그 뒤를 이었고, 정서적 학대의 경우 아들 52.3%(928건), 다음으로 며느리가 13.5%(239건)로 높게 나타났다. 성적 학대의 경우 배우자가 33.3%(7건)로 가장 높게 나타났고, 경제적 학대, 방임학대 유기의 경우 아들, 딸, 며느리 순으로 나타남에 따라 우리 사회의 가정에서의 노인학대의 문제점이 얼마나 심각한지를 알 수 있다.

이와 같이 가족관계 속에서 오랜 시간 동안 지속된 갈등과 의사소통 부재가 낳은

표 12-6 노인학대 신고현황　　　　　　　　　　　　　　　　　　　　(단위: 건 수, %)

구분 \ 연도	2005년	2006년	2007년	2008년	증감		
					'05-'06	'06-'07	'07-'08
학대사례	2,038 (57.4)	2,274 (56.9)	2,312 (48.9)	2,369 (45.1)	11.6	1.7	2.5
일반사례	1,511 (42.6)	1,722 (43.1)	2,418 (51.1)	2,885 (54.9)	14	40.4	19.3
전체사례	3,549 (100)	3,996 (100)	4,730 (100)	5,254 (100)	12.6	18.4	11.1

※자료: 중앙노인전문보호기관(2009)

파국적인 결과를 노인학대라 할 수 있다. 그렇기 때문에 학대상황에 변화를 가져오기 위해서는 드러난 노인학대 이면에 작용하는 가족관계의 역동, 역사, 가족 구성원 개개인의 상처들, 특히 학대 피해노인의 정서적 안정과 회복을 다루어야만 한다. 따라서 노인학대 상황을 해결하기 위해서는 신고 접수에서부터 서비스 제공 및 연계에 이르기까지 사례관리하는 노인학대 전문상담원의 고도의 자질이 요구된다. 상담원에 대한 전문적이고 체계적인 교육은 노인학대 전문상담원으로서의 심리·정서 상담에 관한 기초 위에 상담원의 특성(근무연차, 담당업무, 특화된 영역 등)에 따라 구성해야 할 것이다. 무엇보다 지속적인 교육과 슈퍼비전을 통하여 교육과 임상경험이 시너지 효과를 일으켜 상담서비스의 질적 향상과 연결될 수 있어야 할 것이다. 궁극적으로 노인학대의 저하를 위해서는 노인학대가 발생하는 원인을 미연에 방지하는 예방적인 노력이 이루어져야 할 것이다. 더불어 노인의 절대적인 수가 증가하고 있으며 가치관의 변화, 가족의 보호기능 약화 등에 따라 노인부양에 따른 제반부담의 수준이 높아질 것이기 때문에 노인보호에 관련한 전문상담원을 양성하여 증가하는 상담서비스 욕구에 충족하고 기대에 부응하기 위한 제도화 시행이 요구되고, 공적인 영역에서 가족의 부양부담을 완화할 수 있는 정책적인 노력을 동시에 진행해야 할 것이다.

6. 노인과 죽음

1) 죽음의 의미

죽음에 대한 정의를 내린다는 것은 쉬운 일이 아니며 다만, 이론적 견해만을 말할 수 있을 뿐이다. 우리 문화권에서는 전통적으로 죽음을 '돌아가다' 또는 '이 세상을 떠나갔다'는 등으로 표현해왔다. 그러나 죽음에 대한 세계보건기구의 정의를 보면, '소생할 수 없는 삶의 영원한 종말'이라 하였고, 한국어 대사전에는 "사死, 입몰, 사망, 사세, 끝장, 죽는 일, 생물의 생명이 없어지는 현상, 세포 내의 생리적인 변화가 불가역적으로 되어 정지되는 상태"로 정의하고 있다. 그리고 웹스터 사전에는 "동식물에서 소생의 가망이 없는 모든 생체기능의 영구적 정지, 생명의 종결, 죽는다는 사실이나 행동 및 과정"으로 정의하고 있다(안황란, 1999).

죽음의 개념에 대하여 Kastenbaum(1996)은 다음과 같이 정의하고 있다. 첫째, 죽음의 개념은 발달수준과 관계가 있고 둘째, 죽음의 개념은 복합적이며 셋째, 죽음의 개념은 계속적으로 변화한다. 넷째, 죽음의 개념은 환경에 영향받으며, 다섯째 죽음은 체계적으로 발달하지 않으며, 항상 계속해서 발달하고 있다. Kalish(1976)는 죽음에 관한 인식이 노인들에게 삶을 재조명하는 데 중요한 역할을 한다고 하였다. 그 이유로는 노인들이 한정된 삶의 기간 속에 살면서, 죽음에 직면하고 있다는 점과 주위에서 죽음과 관련된 불안감 등을 체험하면서 동시에 자기의 죽음에 대해서도 준비할 수 있다는 점이다(서혜경, 1987).

인간의 죽음과 관련해 우리가 분명하게 아는 사실을 네 가지로 설명할 수 있다. 첫째는 사람의 평등으로, 누구나 죽는다는 점이고 둘째는 시간의 평등으로 우리는 언제든지 죽을 수 있다는 점이다. 셋째는 장소의 평등으로 우리는 어디서든지 죽을 수 있다는 점이고, 넷째는 누가, 언제, 어디서, 어떻게 죽을지는 아직 정해져 있지 않다는 사실이다. 이처럼 인간은 죽음 앞에서 네 가지 이유로 평등한 존재이지만, 죽음을 실제로 맞이할 때에는 똑같지 않다(오진탁, 2004).

2) 노년기의 죽음 불안

인간은 누구나 태어나게 되면 죽게 마련이고, 이러한 죽음은 누구나 받아들일 수밖에 없는 것임에도 불구하고 우리는 죽음에 대한 불안과 두려움을 가지고 살아가게 된다. 이는 우리가 언제 죽을지 정확하게 알 수 없고, 죽음에 대한 생각이나 이야기를 금기시하기 때문에 죽음에 대한 불안이나 공포감이 상대적으로 크게 느껴지는 것이다. 인류는 '죽음에 대한 두려움'으로 신앙과 종교, 각종 제사와 의례를 만들었으며, 한편으로는 이러한 존재의 한정된 시간을 연장하기 위하여 무수한 시도와 열정, 노력, 재화 등을 쏟아부으며 오랜 세월을 저항해왔다(서혜경, 1987).

죽음에 대한 사람들의 태도는 나이에 따라 다양하게 변화하기 때문에 노인의 죽음은 아동, 청년, 성인의 죽음과는 다른 의미를 갖는다. Erikson은 퇴행적으로 노화하는 사람들은 삶에 미련과 집착이 많아 죽음을 두려워하지만, 성공적으로 노화한 사람들은 죽음을 자연스러운 인생의 한 단계라고 생각하기 때문에 죽음에 대한 불안이 적기 때문에 노년기 죽음에 대한 불안은 개인의 성격과 관련 있음을 시사하였다(김애순, 2002). 또한 Rando(1984)는 노인들이 두려워하는 것은 죽음 자체보다는 죽어가는 과정에 대한 염려와 불안, 즉 누가 나를 돌볼까, 고통스럽게 혹은 혼자 외롭게 죽어가지 않을까, 자식들에게 짐이나 되지는 않을까, 하는 걱정들이 노인들의 마음이 불안할 수 있다고 하였으며, Feifel & Branscomb(1973)은 세 가지 방법으로 노인들의 죽음불안을 측정하여 노인들이 죽음을 두려워하지 않는다는 결과를 죽음에 대한 방어적 태도로 보고 있다. 즉 노인들에게 죽음에 대하여 직접 물어 본 경우 대부분의 노인들이 죽음의 불안을 부정하였다. 두 번째로 노인들에게 죽음을 상상해 보라는 환상적 방법을 사용한 경우 양면 반응이 나타났다. 그러나 죽음과 관련된 정서 단어를 짝지으라는 심층적 방법에서는 노인들이 죽음에 대한 불안을 내비쳤다.

즉 노인들이 의식적으로는 불안을 내비치지 않았지만, 무의식 속에는 여느 연령층과 마찬가지로 죽음에 대한 불안이 있다는 것이다(이이정, 2004).

3) 노인들의 죽음 불안과 죽음 준비 인식

인간은 죽음에 대한 두려움과 불안 또는 공포와 염려를 가지고 있음에도 불구하고 죽음을 피할 수 없는 현실적인 존재이다. 죽음은 즐거운 일은 아니며, 육체적으로나 심리적으로 고통스럽고 두려울 수 있다. 그러나 죽음을 피할 수 없다면 이것에 대해 생각하고 준비함으로써 그 고통이나 두려움, 불안감을 줄일 수 있는 방법을 모색힐 수 있을 것이디.

노인들은 죽음 자체보다 죽음 전의 불확실한 시간을 더 두려워한다. 즉 어디에 살 것인지, 누가 그들을 돌볼 것인지, 죽기 전에 경험하게 될 통제력과 독립성의 감소에 대해 어떻게 대처할 것 인지 등에 관하여 더 두려움을 느낀다(홍숙자, 1999). 이와 같이 노인들의 죽음 불안은 죽음 그 자체보다는 죽어가는 과정에서 야기되는 질병이나 고통으로 인한 불안이 더 높게 나타났다. 따라서 노인이 자신의 죽음에 대한 준비 인식을 가지고 있게 되면, 자신의 죽음에 대해 깊이 생각하게 되고, 자기 자신의 죽음을 스스로 준비하고 그 방법을 선택할 수 있다. 그렇게 되면 인간의 죽음을 자연스럽게 받아들여 죽음에 대한 공포와 불안 등 두려운 감정을 감소시켜 줄 수 있다. 또한 가족이나 친구 등 주위 사람들에게 사별이나 상실의 슬픔을 극복하는 데 도움을 줄 수 있으며, 그들이 가지고 있는 두려움이나 공포감과 같은 죽음에 대한 부정적 이미지를 긍정적으로 전환할 수도 있다.

제12장 학습과제

1 노인들의 주요 질환별로 대처하는 방법에 대해 논의하시오.

2 노인의 성, 죽음, 우울 및 자살 등 노인복지의 이슈가 되는 특성에 대한 논의를 하고, 이에 대한 문제점을 제시하시오.

3 노인복지의 이슈 중에서 본 장에서 다루고 있는 사항을 사회복지정책 관점에서 재조사하고 논의하시오.

노인 사회참여와 교육

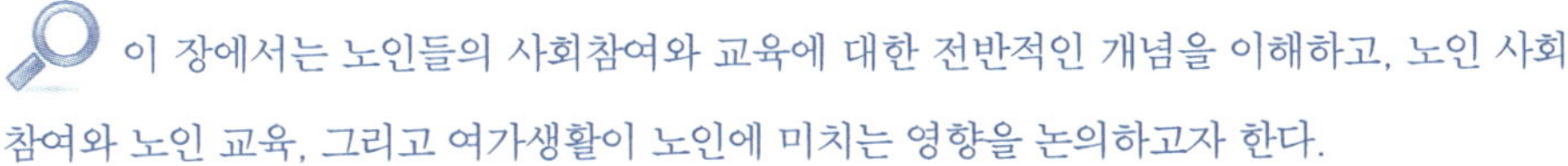

이 장에서는 노인들의 사회참여와 교육에 대한 전반적인 개념을 이해하고, 노인 사회참여와 노인 교육, 그리고 여가생활이 노인에 미치는 영향을 논의하고자 한다.

- 노인의 사회참여에 대한 개괄적인 이해한다.
- 노인 교육을 이해하고, 교육의 목표와 종류를 파악한다.
- 노인 여가에 대한 정의와 노인여가의 필요성, 문제점 등을 논의한다.

한국사회의 노인의 문제는 역할상실과 여가 문제, 경제적 문제, 건강보호 문제, 사회 심리적 고립과 소외라 할 수 있다. 이러한 문제들은 더욱 노인들을 사회의 주변인으로 만들어 사회에 참여할 수 있는 기회를 박탈하고, 사회로부터 격리되고 있어, 소외된 노인들에게 보다 적극적으로 사회에 참여할 수 있도록 하는 사회적 과제에 대한 논의가 필요하다.

우리가 참여participation한다는 것은 광의로는 '동창회나 자선바자회와 같은 행사에 참여했다'와 같이 일상적으로 다른 사람과 함께하는 활동에 관여하는 것도 참여라고 표현하며, 좁게는 '의사결정에 특정한 역할을 수행하는 것'도 참여라고 규정하는 것처럼 참여의 의미는 매우 폭 넓게 사용되고 있다. 노인의 지역사회 참여의 개념에 대한 명확한 정의가 되어 있지 않지만, 참여의 개념처럼 넓은 의미에서의 취업 혹은 자원봉사 등과 같은 단체활동부터 집단의 필요와 요구를 나타내고 영향력을 미치는 조직적 활동을 포함한다. 또한 개인적 차원에서의 참여와 집단의 이익을 쟁취하기 위한 참여가 있으며, 정책수립 과정에서 지역주민으로서의 참여와 서비스 과정에서의 자원봉사자로서의 참여로 나누기도 하였다.

노인은 지역 사회참여를 통해 다양한 이익을 얻을 수 있게 된다. 취업활동을 통해서는 경제적 이익을 얻을 수 있으며, 자원봉사활동을 통해서는 퇴직 후의 상실된 사회적 지위와 역할을 보충할 수 있고, 소외감을 극복할 수 있으며, 나아가 이는 자기성장과 자아실현에 큰 도움을 얻을 수 있다. 자원조직 혹은 임의조직과 같은 단체에 참여하면, 회원 간의 우정, 지지, 자원의 상호교환 등의 상호작용을 촉진하여 노인들의 사회통합에 기여할 수 있다. 여가활동은 심리적 만족감과 즐거움을 주며, 종교활동은 영적 활동을 통한 개인의 성장을 도모할 수 있다. 또한 정치활동의 경우에는 노인의 정치적인 영향력을 제공한다. 이처럼 노인들이 의미 있는 참여를 경험하고, 새로운 기회와 기술을 발전하고 자신의 문제해결과 사회 발전에 기여할 수 있는 영역이 이 지역사회에는 존재하고 있다. 특히 노인들이 삶의 근간을 이루는 지역사회 활동에 참여하여 지역사회 일원으로서 활동의 주체가 되어 자신의 삶을 영위하기 위한 다양한 활동을 전개한다는 것은 노인 사회참여에서 가장 핵심적인 부분이 된다. 이러한 의미에서 노인의 지역사회 참여는 노인들이 전체 사회의 일원으로서 사회에 적극적으로 참여할 수 있는 기회를 제공하고, 사회도 노인들의 기술과 경험 및 지혜에 의존하여 그들의 잠재능력을 활용하여 지역사회 발전에 공헌할 수 있게 할 것이다.

이런 맥락에서 본 장에서는 노인들의 사회참여를 자원봉사, 재취업, 노인 교육, 여가생활 등으로 구분하여 논의하고자 한다.

1. 노인 사회참여

1) 노인 사회참여 개요

대부분의 노인들은 활동하고 싶은 욕구 혹은 소속감의 욕구, 경제적 욕구 등의 이유로 지역사회에 참여할 기회를 갖기 원한다. 참여란 용어와 관련하여 일반적으로 '참여'는 지역주민의 자발적이고 자주적인 활동으로 자신들의 공동체적 삶을 스스로 결정하고 주체적 참여의식의 획득과 지역사회 주민들의 전반적인 삶의 질 향상에 기여하고, 지역사회 복지수준에 기여하는 것으로 정의할 수 있다. 일반적으로 참여에 대한 대부분의 연구는 주민조직이나 지역사회행동, 지역운동의 주민참여 요인을 다루고 있는데, 노인의 참여를 다루는 연구에서는 우리 사회에서 노인이 가지는 열악한 사회적 지위로 인한 부정적 인식을 전환하기 위한 대안으로 사회참여 또는 지역사회참여라는 말로 사용한다(황선옥, 2001). 그러나 아직도 우리 사회는 노인을 보호하고 돌봐야 하는 대상으로 인식해왔기 때문에 노인의 지역사회 참여와 관련한 명확한 개념을 정의하고 있지 않지만, 이에 대한 논의도 이루어지지 못했기 때문에 노인의 지역사회 참여는 단순한 봉사의 수준이나 자기발전의 아주 미약한 수준에서 이해되거나 인식되어 왔다. 이렇게 노인에 대한 논의는 주로 한정적인 노인계층에 대한 지원과 보호, 1차적인 사회안전망의 구축에 국한되어 이루어져 왔기 때문에 노인의 참여, 생산성, 권리 등에 대해서는 보수적인 관점을 견지하고 있다. 하지만 노인들이 사회에 참여하여 역할을 수행하는 것, 특히 경제활동에 참여하는 노인뿐 아니라 자원봉사나 여가, 지역사회 단체 등에 참여하는 것 역시 넓은 의미에서 생산적 활동으로 볼 수 있다. 따라서 노인의 적극적인 지역사회 참여는 생산적인 사회적 역할의 차원에서 검토해야 한다.

노인관련 연구에서의 참여는 전통적 논의에서 다루어진 '노인 소외'와 대치되는 측면을 포괄하고 있다. 다시 말해, '노인 소외'의 개념은 무력감, 고립감, 패배감 등과 같이 부정적 속성의 의미를 함축하는 반면에, 참여는 적극적인 사회활동을 통해 긍정적인 자기인식을 낳게 한다는 의미가 있기 때문에 일반적으로 사회활동activity의 개념과 혼동해서 사용하고 있는데, 여기서 활동이란 한 개인이 가족, 이웃, 지역사회 및 국가사회의 집단 속에서 성장함에 따라 어떤 지위를 획득하고 그에 따른 역할을 수행하는 사회적 관계를 맺는데 이러한 과정에서 일어나는 모든 형태의 행위와 사고를 말한다(Maddox, 1963; 최성재·장인협, 2002 재인용). 박재간(1991)은 특히 지역사회복지라는 협의 영역에서 노인들의 참여를 국가나 지방자치단체가 사회복지정책을 모색하고 수립하는 과정에서 주민으로서의 참여와 사회복지서비스 과정에서 자원봉사자로서의 참여로 나누어 파악하였다.

Rothman(1974)은 참여의 유형을 임의 조직voluntary association, 1차적 집단primary group, 사회 운동, 정치 지향적 집단, 클라이언트 조직으로 구분하였다. 임의 조직은 일반적으로 풀뿌리grass-roots 수준의 시민활동가들로 구성되며, 수단적이고 표현적인 활동을 하며, 중간범위에서의 사회적 변화에 관여하지만, 투쟁적인 사회적 운동 혹은 정치적 활동과 맞물린 조직은 배제된다. 1차적 집단은 친구, 친족, 지역의 이웃처럼 비공식적 대인관계로 구성된다. 사회운동은 지역 혹은 사회적 수준에서 종종 이탈되고, 벗어나거나 사회적으로 크게 차별받는 대중들로 구성되어 급진적인 사회변화를 포함하는 것을 목표로 한다. 그러한 집단은 그들의 직접적인 목표를 위해 복지부나 교육부와 같은 관료조직의 프로그램이나 정책을 변화시키려고 노력한다. 그러한 조직에서 의사결정 구조를 넓히는 것도 일반적인 목적이 된다. 정치 지향적 집단은 정치적 구조들과 도구들을 통해 운영되는 기존 정치체계의 수정에 맞게 그들의 활동을 조정한다. 클라이언트 조직은 대인서비스 기관과 관련된 다양한 공식 조직으로부터 서비스를 받고 있는 개인들로 구성된다. 그리고 그들의 활동은 복지 분야에서 효과적인 서비스 전달방법과 의사결정 구조를 수정하는 것에 관심이 있다. 이외에도 다른 방법으로는 외부 사회와의 관계, 정부기관 간의 관계, 정치사회적 환경과의 관계에 따라 자조형, 파트너쉽형, 공생산형, 압력형, 저항형의 다섯 가지 유형으로 분류하는 방법도 있다(김종해, 1995; Rubin & Rubin, 2001). 또한 김훈(1998)은 노인의 지역사회 참여를 지역사회활동과 복지향상이라는 관점에서 보고, 노인의 사회참여 영역으로서 여가, 지역사회단체 가입, 자원봉사, 종교 참여, 정치참여의 다섯 가지 영역으로 구분하였다.

2) 노인 사회참여 필요성

인구 고령화와 핵가족화 추세에 따른 노인의 탈 가족화 등의 변화 속에서 이른바 4고로 일컬어지는 노인의 문제를 감소하기 위한 노력의 결과로 노인의 지역사회 참여에 대한 문제가 논의되기 시작했다. 노인은 사회적인 측면에서 다른 세대들과는 다른 변화를 보이고 있다. 사회적인 면에서는 노인 역시 지위를 가지고 이에 따른 역할을 수행하면서 개인 또는 집단과 상호작용을 하는 사회적 관계를 유지하는 사회적 존재라 할 수 있다(박차상 외, 2005). 또한 지금까지 노인은 신체적·경제적·사회적으로 열악한 지위에 있었기 때문에 단순히 지원받고 보호받는 대상으로 인식되어 왔다. 하지만 노인이 단순히 보호의 대상 또는 수동적 존재로서만이 아닌 능동적이고 주체적인 존재로서 인식될 수 있는 이유는 현대사회에서 노인들이 아직도 한창 활동할 연령에 퇴직하고, 보건의료기술의 발달로 건강하고 수명이 연장되어 결과적으로 기나긴 여생을 무료하게 보내게 되고, 이에 아직 간직하고 있는 건강과 의욕을 통해서 사회에 공헌하고 자신의 의미를 찾으려고 노력하기 때문이다(김훈, 1998). 따라서 대부분의 노인들은 지속적인 사회활동에 참여하여 노년기의 의미를 찾고, 긍정적인 자아상을 발견하고 유지해야 한다.

노인의 지역사회 참여는 성공적 노화의 측면에서도 매우 바람직한 요인들 중 하나이다. Rowe와 Kahn(1997)은 성공적 노화의 구성요소로 적극적으로 사회생활에 참여하는 것, 즉 대인관계와 생산적 활동에 활발히 참여하는 것 등으로 정의하였다. 적극적인 지역사회 참여는 크게 사회적 관계와 생산적 활동의 유지로 나누어 살펴볼 수 있다. 다른 사람들과의 친밀한 사회적 관계는 사회적 지지의 행동이 포함되고 여기에는 정보, 신뢰, 보살핌, 사랑, 존중, 관계망에의 소속과 상호책임을 포함한 많은 의미를 내포하고 있다. 사회적 지지에는 애정, 좋아함, 존중과 존경의 직접적인 표현을 포함하는 정서적 지지와 아플 때 보살펴 주거나 집안일을 도와주는 것, 돈을 빌려주는 것 등과 같은 직접적이고 물리적인 도움을 주는 것을 포함하는 도구적 지지로 나눌 수 있다. 특히 전자인 사회적 관계 속에서의 정서적 지지가 성공적인 노화를 위하여 중요하다(최혜경·권유경, 2001). 따라서 노인들의 정서적 지지를 기반으로 하는 사회적 관계에 대한 유지와 적극적인 참여는 삶의 기본적 조건을 유지하고 그 질을 발전할 수 있는 기회를 부여하는 매우 중요한 요소인 것이다.

일반적으로 퇴직 이후 노년기에는 개인이 사용할 수 있는 시간이 자유로워진다. 노인들이 자유시간을 충분히 그리고 풍부하게 갖는다는 것은 노인에게 주어진 일종의 특권이라 할 수 있다. 노년기에 있어서 개인은 이웃이나 친구와의 교제, 각종 사회단체에 적극적으로 참여함으로써 자신의 생활을 보다 풍요롭게 하여 퇴직으로 변화된 생활환경에 보다 잘 적응할 수 있다. 이와 같이, 노년기 활동은 퇴직에 따른 사회적 역할상실을 보충해줌과 동시에 개인에게 가치감과 만족감을 부여하여 퇴직 이후 경험할 수 있는 여러 부정적인 사고와 감정을 보다 긍정적 방향으로 해결해준다(조성남·이동원·원영희, 1998). 또한, 모선희(2005)는 노인들은 지역사회 참여를 통해 신체적 건강의 증진, 사회적 접촉기회의 제공, 노후 삶에 대한 사기 및 만족감의 증진, 노인 자신에 대한 신념과 자기 신체에 대한 자신감 부여, 유용감과 자기 가치성의 확신, 자율적인 생활에 대한 기술과 기능의 증진, 재미있고 즐거운 삶 등을 얻을 수 있다고 한다.

2. 노인 자원봉사

1) 자원봉사의 개념

자원봉사는 개인의 선의에 의해 자발적으로 이웃을 돕는 인간에 대한 작은 선심에서부터 출발한다. 볼런티어는 외래어이며 본래는 자유의지自由意志라는 라틴어의 Voluntas에 -er를 붙여 Volunteer가 된 것인데, 이 말은 "자발적으로 나서서 일을 맡은 사람"이란 뜻으로 사용되고 있으며, 인류사회의 협조를 향한 인간 개인의 자유의지를 의미하는 것 원래 제1차대전 때부터 자발적으로 군대에 지원하는 지원병 등에 사용되어 왔으나 오늘날에는 법률적으로 "무상 봉사하는 사람"이라고 정의하고 있다. 한국사회복지협의회(1987)에서는 "자원봉사활동이란 사회문제의 예방 및 해결 또는 국가의 공익사업을 수행하고 있는 공사조직에 자발적으로 참여하여 영리적 보상을 받지 않고서도 인간존중의 정신과 민주주의 원칙에 입각하여 낯선 타인들을 상대로 필요한 서비스를 제공함으로써 사회의 공동선을 고양함과 동시에 이타심의 구현을 통해 자기실현을 성취하고자 하는 활동"이라고 정의하고 있다. 김영호(1991)는 자원봉사는 인간의 공동복지를 향한 가치이념과 동시에 민주적인 방법에 의한 자발적·자율적·창조적·협동적·사랑의 실천노력이며, 인간의 바람직한 생활 그 자체라는 사실을 강조함으로써 인간의 공동복지의 가치이념으로서 인간생활 자체로까지 확대하고 있다. 사회복지총람에 따르면 "자원봉사는 지역사회의 복지증진을 위해 일하는 집단이나 기관의 책임 일부를 감당하는 자로 노력의 대가없이 자발적으로 봉사하는 사람"으로 정의하며, 사회복지 사전에는 "자원봉사자란 주로 사회복지분야에서 자발적으로 활동하는 사람으로 최근에는 공공분야 및 복지분야에서도 사업의 중요성을 이해하고 사업을 돕기 위해 자신의 기능과 시간을 자발적으로 무보수로 제공하는 사람을 말하며, 그들의 대다수는 다른 본업을 갖고 있다"라고 정의하고 있다. 전미사회사업가협회NASW가 출판한 사회사업백과사전(1997)에는 자원봉사자를 "모든 분야의 사회복지활동에 관련된 공공기관이나 봉사단체에 무보수로 봉사를 제공하는 사람"으로 규정하고 봉사의 분야에는 가족과 아동복지교육, 신체의 건강과 정신의 건강, 레크리에이션, 지역사회개발, 주택과 도시환경의 개량, 교정사업 등을 포함한다고 정의하였다. 즉 자원봉사자란 모든 형태의 사회복지활동에 관여하고 있는 공적 또는 민간기관들을 위해 보상 없이 그들의 서비스를 자유롭게 제공하는 개인들이라고 할 수 있다. 이러한 서비스분야는 가정과 아동복지, 교육, 지역사회개발, 주택과 도시재개발 그리고 교정사업 등이다.

이와 같은 맥락에서 한국사회복지협의회(1987)는 "자원봉사활동이란 사회문제의 예방 및 해결 또는 국가의 공익사업을 수행하고 있는 공사의 공식조직에 자발적으로 참여하여 영리적 반대급부를 받지 않고서도 인간존중의 정신과 민주주의 원칙에 입각하여 낯선 타인들을 상대로 필요한 서비스를 제공함으로써 사회의 공동선을 고양함과 동시에 이타심의 구현을 통해 자기실현을 성취하고자 하는 활동이다"라고 정의하고 있다.

2) 노인 자원봉사의 의의

일반적으로 노인은 서비스를 주는 입장보다는 받는 입장으로 인식되고 있다. 그러나 대부분의 노인들은 생각보다 활동성이 있고 일생동안 축적된 경험과 지식을 사회에 환원하는 봉사자가 충분히 될 수 있다. 또한 이들 중에 많은 노인들은 직접 봉사활동을 하기를 원하고 있으나 사회적 여건이 그들에게 기회를 주지 못하고 있는 형편이다. 따라서 노인의 지식, 경험 또는 능력을 사회봉사활동에 활용할 수 있도록 함은 사회에 대한 공헌책으로서 뿐만 아니라 노인 스스로의 생의 보람을 위한 대책이 될 수 있을 것이다.

장인협·최성재(1998)에 따르면 노인자원봉사활동은 개인과 사회에 다음과 같은 이익과 의의를 줄 수 있다.

(1) 개인에게 주는 이익
① 퇴직으로 상실되었던 사회적 지위와 역할을 보충해준다. 자원봉사활동에 참여함으로써 사회의 일원으로서의 지위와 그러한 활동의 구체적 조직 속에서 새로운 지위(회장, 부회장, 봉사부장 등)와 그 지위에 맞게 맡겨진 일을 보다

자발적이고 기쁜 마음으로 할 수 있게 된다.

② 자원봉사의 참여는 사회의 일선에서 물러나 자칫하면 상실되기 쉬운 자신의 사회적 가치성을 회복하거나 유지할 수 있게 해주어서 아직도 자신이 유용하고 중요한 존재가 되고 있다는 가치를 갖게 한다.

③ 자원봉사의 참여는 노년기에 있어서의 자아상을 긍정적으로 유지하여 주고 자존심을 유지 및 향상할 수 있다.

④ 자원봉사의 참여는 소외감을 극복하는 데 유익하다.

⑤ 자원봉사에의 참여는 창의성과 책임성을 발휘할 수 있는 기회를 제공한다.

(2) 사회에 주는 이익

① 자원봉사에의 참여는 노화 또는 노인에 대한 인상을 긍정적으로 바꾸어 놓는다.

② 노인이 아닌 다른 사람들이 보는 인상을 새롭게 하는데 도움이 되는 것은 물론 노인이 스스로 노인을 보는 인상도 새롭게 긍정적으로 만든다.

③ 자원봉사에의 참여는 사회에 봉사하고 사회를 발전시키는 데 공헌하게 된다. 노인이 봉사활동에 자원봉사자로 참여하는 것은 사회의 부족한 복지요원을 보충하는 데도 큰 의의가 있으며, 열악한 지역사회의 소중한 인력자원으로서 활용가치가 매우 높다.

3) 우리나라의 노인 자원봉사 실태

우리나라 노인자원봉사활동은 대부분 조기청소, 자연보호, 청소년 선도, 교통정리 등 일상적이고 주도적인 활동이 차지하고 있어, 노인의 축적된 경험과 능력을 유효하게 활용할 수 있는 전문적 활동은 미미한 실정이다(김수춘 외, 1995). 노인자원봉사 활동을 대표할 수 있는 사단법인 대한노인회, 서울시를 비롯한 지방자치단체 및 민간기관 등에서 운영되고 있는 자원봉사활동 현황을 살펴보면 다음과 같다.

(1) 서울시 노인 자원봉사 프로그램

서울시는 2010년 10월에 열린 서울에서 개최된 G20 서울 정상회의에 서울 시니어 전문자원봉사자 10명이 국제통역 자원봉사자로 참가했다. 국제통역 자원봉사에 참여하는 10명은 KBS 일본 주재원, 한국국제협력단원, 독일 대사관, 교육관 등으로 활약하던 어르신들로 평균 연령이 68.1세이다. 이들 시니어 전문자원봉사자 10명은 G20 기간 동안 영어, 일본어, 독일어, 중국어 등을 통역했다. 이들은 아사히, BBC 기자단을 안내하는 역할부터 지하철을 이용하는 외국인 통역, 한강, 광화문 광장 등 서울의 주요 명소 관광통역까지 서울 도심 곳곳에서 한국을 찾은 외국인들이 불편함이 없도록 담당하였다.

서울시는 빠르게 진행되고 있는 고령화사회에 어르신들의 사회참여율을 높이기 위해 2010년 2월 현업에서 은퇴한 전문가로 구성된 '시니어 전문자원봉사단'을 발족했다. 현재 서울시 시니어 전문자원봉사단은 12개 전문분야에서 953명의 자원봉사자가 활동 중으로 서울시 시니어전문자원봉사단 국제통역분야 어르신들은 국제회의 뿐 만 아니라 한국과 일본 문화교류, 다문화 가정 학습지도, 광화문 광장 및 청계천 통역봉사 등 다양한 자원봉사활동을 하고 있다. 이밖에도 문화공연, 의료 및 간호, 전문상담, 국제행사통역, 다문화가정 자녀 학습지도, IT 봉사 등 12개 전문 영역에서 어르신들의 역량이 발휘되고 있다. 또 개인은 물론 서울시간호사협회, 서울지방변호사회, 아시아예술교류협회 등 여러 단체에서도 함께 참여하고 있다. 다양한 활동을 통해 지금까지 복지가 필요한 32,606명에게 서비스를 제공했다. 서울시는 시니어 전문자원봉사단이 활발한 나눔 봉사활동을 통해 새로운 노년문화 모델로 자리 잡고 있다고 밝혔다. 특히, 기존의 노인 자원봉사가 노력 봉사 위주로 이루어졌다면, 서울시 시니어 전문자원봉사단은 은퇴 전 본인이 일생동안 닦아왔던 전문지식을 활용해 자원봉사활동을 한다는데 큰 의미가 있다. 한편, 서울시 시니어 전문자원봉사단은 오는 12월 5일(예정) 자원봉사자의 날을 기념해 2010년 한 해 활발히 활동한 우수 자원봉사자를 시상하고, 2010년 서울시 시니어전문자원봉사단의 발자취를 되돌아보는 자원봉사자대회를 개최할 예정이다. 서울시 시니어 전문자원봉사단은 2010년의 활동을 정리하며, 2011년에는 복지 사각지대에 놓인 수혜자를 위해 보다 다양한 분야에서 활동할 수 있는 자원봉사자를 모집하여 양성할 계획이다.

서울시 자원봉사센터는 2010년 6월부터 글로벌 의제로 떠오르고 있는 지구 환경 문제를 예방을 위한 환경 자원봉사활동에 서울시 노인을 주축으로 하는 약 150명의 그린시니어봉사단을 운영하고 있다. 이 봉사단은 은퇴했거나 은퇴를 앞두고 있는 50세 이상 성인 자원봉사자들로 구성돼 산과 숲, 공원, 하천 동네 곳곳의 환경을 보존·개선하는 등 그린리더로서 자원봉사활동을 한다. 그린시니어봉사단은 도심환경정화활동으로 환경정화, 껌 제거, 에너지절약캠페인 등을 실시하여 환경의 중요성을 서울시민 및 젊은 세대에 알릴 예정이며, 매월 각 지역에서 '작은 산 살리기', 하천정화, 환경모니터링, 환경캠페인, 나눔장터, 재활용물품 만들기 등 다양한 활동으로 지역특성에 맞는 자치적 활동을 하고 있다.

서울시는 저소득층 노인들에게 자원봉사자를 파견해 간병·가사지원·말벗 서비스 등을 제공하는 '재가노인 지원센터'를 6곳 늘렸다고 31일 밝혔다. 신설된 지역은 중구·성동구·강북구·도봉구·관악구·강동구 등이며 이로써 재가노인 지원센터는 모두 25곳으로 늘었다(조선일보, 2010; 아크로팬, 2010).

(2) 대한노인회 노인자원봉사활동

대한노인회는 회원들에게 폐품수집과 청소년 선도사업, 공동작업장, 관내 청소, 교통정리, 청소년 캠페인 활동 등을 전국적으로 전개하고 있다. 이러한 대한노인회의 노인자원봉사활동은 중앙회 및 정부 지침을 수용하는 차원에서 수동적 또는 선전 및 홍보용으로 피상적 차원에서 이루어지고 있는 면이 강하며, 따라서 지역사회의 독창성을 살리는 노인자원봉사 프로그램이 미흡하다는 점과 지회 또는 노인정회장의 능력 및 열의에 따라 조직별로 노인자원봉사활동에 큰 차이를 보인다는 점 등을 문제점으로 지적할 수 있다(이가옥, 1996).

(3) 기타 노인지원봉사활동

기타 노인자원봉사활동은 노인복지기관을 중심으로 하고 있다. 예를 들어본다면, 대한적십자사, 한국노인의 전화, 한국노인복지회, 은천노인상담소 등 많은 노인복지 관련단체에서 노인자원봉사활동을 하고 있으며, 개인적인 차원에서도 봉사활동이 전개되고 있는 곳도 있으나, 구체적 자료로서 나타난 것은 거의 없다(황진수, 1997).

위에서 살펴본 바와 같이 우리나라는 노인자원봉사활동이 활발하지 못한 실정이며, 극히 저조하다. 그러나 우리나라 노인들 중에는 사회적 활동을 할 수 있는 능력과 건강을 가지고 있으며 사회를 위해 봉사할 수 있는 열정을 가진 노인이 있음에도 불구하고 노인자원봉사활동을 효과적으로 추진할 수 있는 방안이나 지원정책이 불충분한 실정이다.

3. 노인 교육

1) 노인 교육의 개요

노인 교육은 이전 장에서 다룬 고령사회의 변화와 노화에 대한 개념을 이해하고 그로부터 시작해서 그 노인과 노화의 시기에 필요한 교육을 이해하기 위해서 노인 교육의 필요성을 규명해야 하며 교육의 성공을 위한 노인 교육의 방해요소를 살펴봄으로써 그 개념을 제대로 정의할 수 있는 것이다. 고령사회라는 인구구조의 변화는 노인 수명의 연장과 젊은 세대들의 출산 기피로 인한 저출산 문제로부터 비롯된다. 머지않아 산업인력이 노인으로 채워져야 하는 산업현장의 고령화 문제가 닥치게 되고, 무엇보다도 각 가정에서 지출되는 비용 중 아직은 자녀양육비가 가장 많지만, 2030년에는 자녀양육비 24.8%보다도 노인부양비가 28.8%를 차지하게 될 것이다(류종훈 외, 2002). 이러한 고령사회의 사회적 부담을 줄이기 위해서 미래 산업자원인 노인에게 관심을 갖고, 노인 교육으로 미래 고령사회를 준비해야 하는 것이다.

노인 교육에 대한 개념은 이상과 같은 노인과 노화에 대한 이해와 노인 중심의 사회로 급속하게 변화하는 국가 현실에 대한 이해를 바탕으로 정리해야 한다. 우선 노인 교육은 일반적인 교육목적을 노인에 적용하는 교육, 노인에게 필요한 내용을 가르치기 위해 계획된 교육, 노인 특성과 욕구에 맞는 교육방법에 집중하는 교육으로 정의할 수 있다.

노인욕구를 반영하는 노인 교육의 목적은 그저 시간을 보내기 위해서가 아니라 참된 인간적인 윤택함을 추구하는 데 있다. 욕구란, 개인이 느끼고 있는 결핍상태를 충족하기 위한 희망사항 조건을 의미하며, 필요로부터 흥미를 거쳐 동기로 발전하는 모든 과정을 포함한다. 노인 교육의 근본적인 목적은 노인들이 겪는 4고, 즉 빈고貧苦, 병고病苦, 고독고孤獨苦, 무의고無依苦 등에 노인들이 어떻게 대처해 나갈 것인가, 이러한 노인들의 교육을 위해 어떠한 배려가 뒤따라야 할 것인가 하는 것이 중요한 문제로 자리잡고 있다. 또한, 노인에 대한 교육은 노인이 자주적으로 학습에 임하려는 의욕을 불어 넣어주고, 노인의 학습권리를 보장하는 데 목적이 있다(고정자, 2001). 이러한 상황에서 노인 자신 스스로 노인은 나이를 많이 먹었다는 이유만으로 사회적으로 보호받아야 한다는 안이한 생각과 태도는 버려야 할 때가 왔다고 본다. 노인도 현대에 올바로 적응하여 새로운 노인문화를 확립하고, 현대사회에 기여하기 위한 준엄한 자각과 연구와 노력이 있어야겠다.

한정란(2005)은 노인 교육 교육과정 개발 실천연구에서 노인 교육 필요성을 다음과 같이 정의했다.

① 노인을 위한 교육의 필요성
· 노인들의 자기개발 욕구를 충족시켜 주기 위해서
· 노인기를 창조적이고 효율적으로 가꾸어 갈 수 있도록 돕기 위해서
· 모든 인간이 가진 교육을 받을 권리를 위해서
· 노인들의 재취업 및 전직을 돕기 위해서

② 노인의 관한 교육의 필요성
· 세대 간 갈등의 극복을 위해
· 노인기에 대한 준비교육으로서의 의미 때문
· 자기 현실에 대한 이해를 돕고 당면한 문제에 효과적으로 대처하기 위해
· 미래의 노인관련 산업 종사자를 위한 대비교육 차원에서

③ 노인에 의한 교육의 필요성

· 역사적 증인인 노인들을 통한 전통 전수를 위해서

· 역사적 사건 및 생활의 현장감 교육을 위해

· 노인의 사회적 공헌의 욕구충족을 위해서

· 노인들에게 자기학습의 기회를 제공, 노인의 자조집단화를 위해서

④ 세대 공동체 교육의 필요성

· 세대 간 그릇된 고정관념 수정 및 상호 긍정적 의식을 심어주기 때문

· 노인들이 젊은 세대로부터 많은 것을 배울 수 있기 때문

· 젊은이들이 노인들로부터 전문성과 인간관계의 기술을 배울 수 있기 때문

· 노인 학습자의 통찰과 동기화로 인해 교사들이 많은 도전을 받게 되기 때문

2) 노인의 교육욕구

교육욕구란 교육대상자들이 생활에서 느껴지는 부족한 상태를 통하여 충족하는 욕구를 말한다. Maslow에 따르면 인간에게는 기본적으로 성장의 욕구가 있으며 따라서 노인에게 있어서도 성장을 위한 교육의 욕구가 있음을 인지할 수 있어야 한다. 노인의 교육적 욕구에 관한 가장 대표적인 주장으로서 McClusky의 주장을 들 수 있으며 그는 노인의 교육욕구를 다음과 같이 5가지로 규정하였다(윤진, 1984).

① 대처능력의 욕구인 환경적응에 대한 욕구이다. 이 욕구는 자신의 노화에 따라 능력과 지식이 감퇴하여 일상생활에 곤란을 겪기 때문에 이를 만회하고 사회에서 정상적인 기능을 유지하기 위한 교육을 받으려고 하는 것이다. 노인들은

Maslow의 욕구위계	McClusky의 노인의 욕구
자아실현의 욕구	초월적 욕구/표현적 욕구
존경의 욕구	공헌의 욕구/영향력의 욕구
소속감과 사랑의 욕구	
안전의 욕구	환경적응의 욕구
생리적 욕구	

※자료: 한정란(2001) 재수정.

노년기에 다가오는 새롭고 어려운 많은 내적·외적 변화들에 대하여 대처하는 학습을 통해 노년기를 행복하게 보내고자 하는 욕구를 가지고 있다.

② 표현적 욕구expressive needs이다. 이는 활동이나 단체활동에 대한 참여욕구를 말하는데 노인들은 자발적인 신체운동, 사회적 활동, 그리고 새로운 경험, 그 자체로부터 새로운 것을 배우는 재미와 다른 동료들과의 교제로 심리적 적응과 보다 높은 정신건강수준 유지를 바라는 노인들의 욕구이다.

③ 사회에 공헌하고자 하는 욕구contributive needs이다. 노인들에게도 자신뿐 아니라 남을 위해 헌신하고자 하는 욕구가 있다는 것이다. 노인은 자기 자신이 이 사회로부터 필요하다는 느낌을 받았을 때 유익한 역할을 수행하고자 하는 공헌적 욕구를 지니게 된다.

④ 삶의 방향과 질에 영향을 주려는 욕구influence needs이다. 사람은 타인의 영향을 단순히 받고만 있기보다는 적극적으로 사회 전체의 변화와 흐름에 대해 영향을 주고자 하는 것처럼 노인들도 사회단체, 노인단체, 종교단체, 봉사단체 등에 가입하여 많은 영향을 주려고 한다는 욕구이다.

⑤ 초월적 욕구transcendence needs이다. 노인은 노년기에 현저히 나타나는 신체적 쇠락을 경험하면서 신체적 젊음보다 더 중요한 인생의 본질적 의미를 찾으려는 욕구이다. 노인은 신체적 쇠락을 경험하면서 교육을 통해 인생을 돌아보고 신체적 젊음보다 더 중요한 인생의 본질적 의미를 찾으려고 하는 욕구가 강하다.

김익균 외(2002)는 노인의 욕구란 노인이 생존과 복지 및 자아실현을 위해 필요로 하는 신체적·경제적·사회적·심리적 및 문화적 조건이라 말하며 이런 욕구는 대개 신체적 복지(건강, 영양, 일상적 활동), 심리적 복지(주관적 행복감, 소속감, 사기), 사회적 복지(사회적 원조, 경제적 안녕, 주거환경)의 세 가지 차원으로 구성되어 있다고 말한다.

한국노인문제연구소는 현재 노인들의 교육욕구 충족을 위한 교육과제를 다음과 같이 제시하고 있다. 첫째, 생활고에 대처하는 교육 둘째, 노인이 걸리기 쉬운 병에 대한 지식을 갖추고 이를 예방·치료하는 것, 대기오염, 교통사고 등에 대처하는 교육 셋째, 노인들이 고독에서 벗어나기 위해 노인 스스로가 가족, 이웃, 그리고 지역사회에 직접 참여하여 호흡을 같이 할 수 있도록 하는 교육 넷째, 노년기를 상실의 시기가 아닌 창조의 빛나는 시기로 이끌어나갈 수 있는 지혜를 습득할 수 있도록 하는 교육이 필요하다고 하였다. 이러한 관점에서 볼 때, 노인들이 지닌 문제점들을 해결하고 그들이 지니고 있는 교육적 욕구를 충족시키며 성공적인 노후생활을 보내기 위해 중심적 역할을 할 수 있는 노인 교육의 필요성이 더욱 부각되고 있다.

3) 노인 교육의 목표

노인 교육에 있어서는 노인이 현대사회에서 당면하는 문제를 대처할 능력을 개발하는 것이 목적이라면 이러한 목적을 달성하기 위한 구체적인 내용으로 목표를 설정해야 한다.

Erikson의 생애주기에 의한 이론에 따르면, 노인은 보호의 대상이기보다는 인력 개발의 대상, 사회생활 속에서 옛 지혜의 1차적 운반자, 수호자로서의 대상이라면서 이 시기에 있어서 교육과제를 다음에 두고 있다. ① 노인이 지닌 잠재능력을 최대한 발휘할 수 있는 조건을 형성해서 완숙한 발달과 판단력을 최대한 활성화시킴으로써 '자기 정체성'을 갖도록 도와야 하고, ② 노인들로 하여금 원만한 사회적응과 다른 연령집단과의 연대감을 통해 안정된 노후를 보내도록 돕고, ③ 노인에 대한 깊은 애정, 존경, 관심, 그리고 복지의 차원에서 그들로 하여금 사회 속에서 봉사할 수 있는 프로그램을 제공하고, ④ 죽음의 두려움을 극복하고 영생의 소망을 가지도록 신앙을 확립하도록 돕는 일이다.

노인 교육은 노년기에도 무엇인가 유일한 가능성이 있고, 적절한 환경만 주어진다면 노인들에게도 개인성장을 발견할 수 있고 경험할 수 있다는 것을 전제로 한다. 이러한 노인 교육의 일반적인 목표는 「교육법」에서 찾을 수 있을 것이다. 「교육법」 제1조에는 교육은 홍익인간의 이념 아래 "모든 국민으로 하여금 인격을 완성하고 자주적 생활능력과 공민으로서의 자질을 구유具有하게 하여 민주국가 발전에 봉사하며 인류의 이상실현에 기여하게 함을 목적으로 한다"고 명시하고 있다. 이상과 같이 구체적으로 우리나라 노인 교육의 목표를 설정하는 데 있어서는 위와 같은 여러 전제들을 기초로 하면서 또한 노인의 발달과업과 노인들에 각종 욕구를 조사한 결과에 근거하여 노인 교육의 목표를 설명할 수 있다.

노인 교육의 일반목표는 ① 개인생활의 목표, ② 인간관계의 목표, ③ 경제생활의 목표, ④ 국가생활의 목표 등으로 나누어 볼 수 있다. 첫째, 개인생활의 목표는 삶에 대한 적극적인 태도를 가지며, 자주적으로 계획을 세워 생활하려는 태도를 갖게 하는 것이다. 둘째, 인간관계의 목표는 젊은 사람의 사고방식이나 생활양식을 이해함으로써 세대 간 격차를 좁히며, 동년배 간에 밀접한 심리적 유대를 가지면서 어울리는 태도를 갖게 하는 것이다. 셋째, 경제생활의 목표에서는 노인에게 알맞은 경제생활의 종류에 관한 정보를 얻고 이에 필요한 지식과 기술을 익히게 하며 경제적 지출을 감당할 수 있는 경비를 스스로 조달하는 태도를 기른다. 넷째, 국가생활의 목표는 국내 외의 정치·경제·사회의 변화 추세를 이해하도록 돕고 노인들이 노인복지의 개념과 국제적 동향을 알도록 한다(김신덕, 2000). 여러 연구들에서 노인 교육을 사회교육 또는 평생교육의 관점에서 접근하여 노인 교육도 자아실현, 자기개발을 목표로 교육 프로그램 개발과 전문인력의 확보 등을 마련해야 할 것이다.

4) 노인 교육의 문제점과 활성화 방안

(1) 노인 교육의 문제점

신경례(1997) 노인 교육 실무자들의 공통적인 의견을 모아 말하길 첫째, 노인 교육의 중요성과 필요성을 인식하고 있지만 그것을 이론적으로 뒷받침해줄 만한 어떤 지침이 없다. 둘째, 예산상의 문제와 인식부족 셋째, 무학이 대부분이기에 프로그램 조정이 어렵다. 넷째, 강사를 모집하는 문제와 자원봉사자 개발의 문제, 결론적으로 노인 교육의 문제점은 운영상의 방침이 될 만한 방향 제시가 없고, 적절한 프로그램 자료개발이 전무한 상태라 교과과정을 미리 계획할 수 없고 상황에 따라 임시적으로 할 수밖에 없는 실정이라 말하면서 예산상의 문제는 더 많은 시간을 투자하여 노인 교육을 활성화할 수 없게 만들며, 무엇보다 이런 인식 부족이 노인 교육의 제 문제를 더욱 어렵게 만드는 요인이라 말하고 있다.

김명숙(2001)은 한국 노인 교육 프로그램의 문제점으로 첫째, 노인에 대한 무관

심과 인식부족 둘째, 노인의 역할상실 셋째, 전문인력 부재 넷째, 노인학교와 프로
그램 설치 운영 미흡 다섯째, 재정적 지원 미흡 여섯째, 자원봉사대 미조직 일곱째,
주간보호 프로그램에 대한 인식 부족 등을 지적했다.

(2) 노인 교육의 활성화 방안

김익균 외(2002)는 노인 교육의 활성화 방안으로 첫째, 노인 교육 전담인력의 양
성 둘째, 노인 교육 프로그램의 개발 셋째, 노인 교육환경의 정비 넷째, 노인 교육
의 동기부여 강화와 홍보의 활성화를 언급하고 있다. 고정자(2001)는 노인 교육의
효과적인 방향으로 노인 교육에서 추구해야 할 변화와 기본 방향으로 다음을 제시
했나.

① 정부의 기본계획은 다양한 노인층에게 양질의 교육의 기회를 제공하려는 기
  회균등의 정신을 적용해야 할 것이다.
② 노인 교육기관 및 프로그램에 대한 지원에서는 조직이나 단체의 세력 확장과
  가치전달을 하는 경우 배제해야 할 것이다.
③ 노인 교육 프로그램 요구에 대한 파악, 현재 우리나라에서 실시되고 있는 노
  인 교육 프로그램은 체계적으로 개발되지 못하고 있다. 전국적인 차원에서 노
  인 교육에 대한 교육욕구를 파악하고 난 뒤 노인 교육 프로그램을 개발해야 할
  것이다.
④ 강의 위주에서 노인들 스스로의 사고, 판단, 행위 능력을 신장시킬 수 있는 혁
  신적인 교육방법들이 고안, 시범 적용되며 이에 대한 전문 연구팀의 학문적인
  피드백이 주어져야 할 것이다.
⑤ 노인 교육의 동기부여 강화와 홍보의 활성화 노인들이 노인 교육을 받고자 한

다면 노인 교육에 대한 적절한 동기부여가 이루어져야 한다. 노인 교육에 대한 동기부여는 노인 교육을 받고자 하는 노인욕구에 따라 달라질 것이다. 노인 교육을 활성화하려면 노인 교육에 대한 홍보가 지속적으로 이루어져야 한다. 현재 많은 노인들이 다양한 노인 교육을 받기 원하지만 홍보 부족으로 인하여 노인 교육을 받지 못하는 경우가 많다. 그럼으로 지역사회 차원에서 노인 교육의 홍보가 잘 이루어 질 수 있는 경로를 확보해야 한다.

⑥ 노인 교육을 담당할 전문인력의 양성을 위한 체계적인 과정을 수립해야 하겠다. 노인복지 전체를 생각한다면 교육인력 외에도 수발인력, 상담인력, 노인병 전문의, 노인시설과 관련된 운영 인력 등의 육성도 시급하다.

⑦ 노인 교육환경의 정비, 노인 교육이 실제로 이루어지기 위해서는 노인들이 실질적으로 노인 교육을 받을 수 있는 환경을 정비해야 한다. 먼저 노인 교육의 환경을 정비하고자 한다면 노인 교육에 필요한 재정적인 문제를 정부가 지원해야 한다. 그리고 노인의 신체적 특성을 고려하여 노인이 거주하고 있는 지역사회에서 교육을 받을 수 있도록 공간적 문제를 배려해야 한다. 즉 공간적 문제라 빠른 시일 내에 이루어지지 않는다면 지역사회 내의 시설에서 노인 교육을 받도록 유도하는 것도 합리적인 방법일 것이다(김익균 외, 2002).

미래의 노인 교육은 반성적 성찰과 개혁적 대안이 요구된다. 그러기 위해 노인 교육은 연구의 축적을 통해 독자적인 영역을 구축해 나아가야 할 것이다. 또한 노인 교육시설의 전문화로 노인 교육기관을 철저한 노인의 입장에서 욕구를 충족시켜줄 프로그램의 다양화 등을 통해 수동적이고 보수적인 면의 변화를 꾀해야 하고 교육 대상으로서의 노인이해, 노인 교육기회 확대, 노인 교육 프로그램의 다양화, 노인 교육 전문가 양성, 노인 교육기관 간 연계망을 구축해야 할 것이다.

4. 노인 여가생활

1) 노인 여가의 개념

여가leisure란 의무적인 업무로부터 벗어나 자유롭게 향유할 수 있는 시간들을 의미하며, 자기 자신을 위한 활동수행에 개입하는 의미와 동시에 자신을 중심으로 한 자율적인 활동으로 즐거움과 만족감을 구하는 일련의 활동을 의미한다.

여가의 기능은 신체적 기능, 심리적 기능, 자아실현의 기능, 사회적 기능, 교육적 기능, 문화적 기능, 기분전환의 기능 등 다양하며, 현대인들은 여가를 통해 일상적 스트레스와 긴장으로부터 완화relax하거나 원기회복refresh함으로써 삶의 정상적인 리듬을 유지하는 기능을 가지고 있다. 또한 여가의 인적 차원으로 신체적·정신적 건강을 증진시키며 스트레스 해소를 할 수 있으며, 노동의 재창조로 생산기능을 향상하거나 심신의 에너지를 창출할 수 있는 긍정적 기능이 있으며 자아실현과 개인적인 발전을 통해 삶의 질을 증진할 수 있다. 노인여가 특성은 다음과 같다.

첫째, 노인층은 청·장년층에 비해 스포츠나 레크리에이션 활동 등의 참여율이 저조한 반면, TV나 라디오 시청 또는 무료하게 시간을 소일하는 경우가 더 많다.

둘째, 여가시간의 활용은 노인들이 처한 개인적 상황에 따라 다르며 경제적 여건에 따라 서로 다르게 나타난다.

셋째, 노인들의 여가활동시간은 돈이 적게 드는 TV시청에서부터 사회활동, 다양한 지역노인복지 시설의 프로그램 등 매우 다양하지만 대체로 노후를 위해 별다른 저축이나 고정수입 및 경제활동이 활발하지 못한 현실적인 여건으로 적극적인 여가활동이 이루어지지 못하는 실정이다.

넷째, 노인들은 사회활동, 봉사활동 등에 소극적으로 참여하거나 정보의 단절과 세대 간 참여와 공감을 형성하는 측면에서 기회가 없거나 매우 제한적이다.

마지막으로 은퇴 이후, 새로 개발한 취미나 오락이 거의 없는 실정이다. 특히 우리나라의 65세 노인층들은 과거 자녀교육과 가계부양, 가족주의적 성향을 유지하면서 개인의 여가생활이나 취미와 특기 등을 개발하기 위한 특별한 준비와 경험을 하지 못한 세대의 특성을 가지고 있어 노년기의 여가생활에 있어 소극적이거나 소일형, 한거형의 유형을 나타내고 있다.

노인의 경제수준과 건강한 노인인구의 비율이 증가하면서 노인의 여가활동에 대한 욕구는 증가하고 있으나 이에 대한 정책적인 배려와 그 중요성에 대한 사회적 인식은 매우 낮은 수준이다. 왜냐하면 노인의 빈곤문제 해결을 위한 소득보장이나 질병문제 해결을 위한 의료보장은 노인이 인간으로서 기본적인 생활을 유지하기 위한 절대적인 당면 과제라고 인식하고 있는 반면, 여가활동은 노인의 생존에 직접적인 영향을 덜 미치는 것으로 인식하고 있기 때문이다. 그러나 노인의 여가활동도 의료나 소득보장 못지않게 중요한 기능을 가진다(박재간, 1997).

① 노인도 젊은 사람처럼 국가와 사회구성원으로 평등하고 당당하게 가치 있는 삶과 무한한 성장을 추구할 수 있다는 원리, 즉 노인복지정책에 있어 '사회적 통합의 원리'와 '성장 및 발달욕구 충족의 원리' 측면에서 볼 때 노인에게도 젊은 사람처럼 여가활동을 보장하는 것은 곧 노인의 사회적 통합성 원리를 실천함으로써 노인복지의 기본이념을 국민에게 인식시키는 가장 기초적인 단계가 되는 것이다.

② 현대 산업사회에서 발생하는 노인문제의 하나인 '고독 및 소외감'은 우울증과 삶의 의욕에 직결되므로 이것을 해결하는 수단으로서의 여가활동은 곧 노인

의 생존과 직결되는 문제이기도 하다.

③ 정신질환, 치매, 중풍, 고혈압, 당뇨, 관절질환 등 노인의 만성퇴행성 질환 대부분의 예방 및 관리는 실제로 음악치료, 연극, 글짓기, 공예, 수영, 걷기 등 여가활동의 형태로 이루어지는 경우가 많기 때문에 여가활동은 곧 의료보장의 한 영역이 될 수 있다.

이러한 여가활동은 현대를 살아가는 노인이 겪고 있는 역할상실과 소외감으로 인한 정서적인 문제를 극복하는 해결책일 뿐만 아니라 가정과 지역사회의 한 구성원으로 인정받을 수 있는 새로운 역할을 부여하고, 자기의 능력을 발휘할 수 있는 기회를 제공한다.

2) 노인 여가유형

다카하시몬지(高橋絞士, 1984)는 노인의 여가유형을 다음과 같이 단독충실형, 가족충실형, 우인충실형, 독서형, 사회참여형 등의 다섯 가지 형태로 분류하였다(최순남, 2002).

① 단독충실형

미술이나 음악감상, 서예, 다도, 사진촬영, 우표·골동품 수집 등으로 시간을 보내는 유형이다. 이 유형은 비교적 차분하고 내성적인 성격으로, 집안을 잘 꾸미고 집에서 홀로 생활을 하는 성격의 소유자에게서 많이 찾아볼 수 있다.

② 우인충실형

사교적인 성격으로, 친구들과 어울리는 일에 많은 시간을 소모하면서 홀로 있는 것을 싫어하며, 동료들과 어울려 식사, 대화, 게임 등을 즐기는 것을 인생의 낙으로 생각한다. 이 유형은 남의 일을 돕는데 적극적이며, 특히 관혼상제 등에 적극 참여한다.

③ 독서형

자신의 서재에서 글을 쓰거나 독서하는 것을 인생의 가치로 생각하며, 발전적이고 창조적인 활동에 적극적이다. 이 유형의 활동은 다른 사람과 어울려 행해지는 것이 아니고 홀로 이루어진다는 데 특징이 있다.

④ 가족충실형

정원 가꾸기, 가옥 수리 및 꾸미기, 가구를 이동하여 실내구조에 변화를 주고 환경을 신선하게 하는 것을 좋아하고, 음악회, 전람회, 운동 경기 등을 구경하기 위해 가족과 함께 외출하는 것을 즐긴다.

⑤ 사회참여형

지역사회를 위한 봉사활동에 자신의 가치를 부여하고 동창회, 향우회, 친목회, 때로 정치활동 단체 등에 참여하는 것을 좋아하는 형이다.

3) 노인의 문화형성

노인의 문화는 여가 및 사회참여와 깊은 상관관계가 있다. 왜냐하면 여가 및 사회참여를 통하여 노인문화가 형성되기 때문이다. 역사적으로 세계의 4대 문명의 발생지는 잘 알려진 대로 비옥한 농토가 있어서 잉여생산이 가능하여 문명과 문화가 융성했던 지역이다. 따라서 시간적으로 여유가 있는 노인들은 나름대로의 문화를 가질 수 있었다고 할 수 있다. 특히 전통적인 농경사회에서는 노인 자신들이 문화의 전부라고 해도 과언이 아닐 정도였으나, 산업사회로 전환하는 과정에서 노인들은 주변문화 또는 하위문화를 구성하게 되었다. 이와 같이 노인문화는 넓은 의미에서 하나의 부분문화 또는 하위문화를 형성하고 있는데, 이것들은 사회를 주도하는 문화규범과는 다소 거리가 있다. 즉 사회적으로 일부 집단의 사람들이 주도 문화의 영향 속에서도 자기만의 생활양식, 가치관, 규범, 그리고 언어 등을 가지고 있는 것을 말한다(박재산, 1997). 우리나라에서 이러한 노인문화를 창출해내는 배경조건들은 〈표 13-10〉과 같다. 〈표 13-10〉은 노인문화에서 노인들이 주로 관심을 갖는 것을 5단계로 나누어 나타낸 것이다. 이것은 노인문화를 형성하는 데 도움이 될 수 있을 것이다.

① 노인의 수가 증가하여 노인끼리 교류할 기회가 증대하였다.

② 의료, 보건 등의 발달로 인하여 건강하고 활동적인 노인이 증가하였다.

③ 반대로 만성질병으로 고통받는 노인들이 증가하면서 공동의 관심사를 갖게 되었다.

④ 노인단체 같은 곳에서 노인들이 지리적으로 함께 모이려는 경향이 있다.

⑤ 조기퇴직의 증가로 직업, 생활이 다른 노년층과의 교류가 감소하였다.

⑥ 금전, 지식을 갖고 있는 노인들이 여러 가지 활동을 통하여 독자적인 행동양식을 취하게 되었다.

⑦ 노인을 위한 여러 가지 사회복지서비스가 노인들에게 모일 수 있는 기회를 제

단계	발달단계			
제5단계	인생관: 인생의 종말, 종교계			
제4단계	건강: 신체상태, 혈압		질병: 동년배의 질병과 사망, 지병	
제3단계	자신의 연령: 사후의 세계, 나이를 먹는 것		자신의 신체적 변화: 백발, 체력 저하, 노화	
제2단계	외모: 신체적 변화, 복장, 옷차림	타인의 눈: 타인의 소문, 타인의 비판, 몸의 은신	금전: 수입, 저축, 금전감각	인간관계: 교류, 시어머니와 며느리, 타인의 배려
제1단계	세상의 관심사: 사회문제, 기술의 진보	타인의 일: 타인의 행동, 젊은이의 언동	유행: 멋쟁이, 패션	

공하였다.

⑧ 많은 수의 노인들이 자녀들과 동거하지 않고 노인 단독가구를 형성하고 있다.

4) 노인여가복지시설 및 사회참여

노인의 사회참여 현황은 다양한 분야에서 접근과 분석이 가능할 것이다. 실제로 앞에서 살펴보았던 대로 경제활동, 취미활동, 교육활동, 운동활동, 단체활동, 정치활동, 종교활동, 자원봉사, 노인권익신장운동 등의 영역이 있으며, 본 장에서 모두를 언급한다는 것은 지면상 어려움이 있다. 따라서 현황에서는 경제적인 사회참여를 포함한 다양한 노인의 사회참여의 현황분석은 앞으로 연구과제로 삼고자 한다. 따라서, 노인의 여가문화를 선도하며 사회참여를 촉진하고 장소를 제공하는 노인여가복지시설에 관해서 살펴보기로 한다.

「노인복지법」 제36조에는 다음과 같은 노인여가복지시설을 규정하고 있다.

① 노인복지(회)관

노인복지(회)관은 무료 또는 저렴한 요금으로 노인들의 각종 상담에 응하고, 건강의 증진, 교양, 오락, 기타 노인의 복지증진에 필요한 편의를 제공함을 목적으로 하는 시설이다. 처음에는 사회복지관의 명칭으로 종합적인 복지서비스를 제공하다가 전문적인 복지서비스를 제공하기 위하여 노인복지관을 설립했다. 우리나라의 일반 사회복지관은 주로 대도시의 영세민 밀집지역에 설치 및 운영되고 있어 노인만을 대상으로 노인복지관처럼 다양한 노인복지 프로그램을 제공하지 못하고 있다. 그나마 저소득노인을 중심으로 하는 프로그램만 운영하고 있을 뿐 일반노인을 대상으로 하는 프로그램이나 사회교육은 상당히 부족한 상태이다.

② 경로당

경로당은 지역노인들이 자율적으로 친목도모, 취미활동, 공동작업장 운영 및 각종 정보교환과 기타 여가활동을 할 수 있도록 하는 장소를 제공함을 목적으로 하는 시설이다.

경로당은 2008년 말 현재 전국에 57,930개소가 있고, 60세 이상 전체 노인 약 30%가 회원으로 가입하여 이용하고 있다(보건복지부, 2009). 그러나 대부분의 경로당은 세워진지 20~30년이 지났기 때문에 노후화되어 있고, 전문적이고 조직적인 프로그램이 없다. 그리고 「노인복지법」에는 여가시설로서 규정되어 있지만 공적 지원은 월 5만 원의 운영비와 약간의 광열비가 전부이므로 구체적인 활동을 할 수 있는 경비가 거의 없다.

③ 노인교실

1970년대에 노인의 교육욕구와 고독 해소 등을 목적으로 주로 도시지역에서 많은 노인학교를 설립하였다.

노인교실은 대한노인회가 1981년에 전국 초등학교를 하나의 단위로 하여 문교부와 내무부의 적극적인 지원으로 개설하였다. 그 밖에 노인복지사업과 취업알선, 아동 및 청소년지도와 지역새마을운동에 대한 협력 등 사회봉사활동, 친목활동 등이 행하여지고 있다. 개설 당시에는 전국에 7,363개소가 있었지만, 1989년 「노인복지법」의 개정과 함께 노인교실이 법적으로 노인여가시설로서 규정되면서 통폐합되어, 2008년 말 기준 1,260개소가 있다.

④ 노인휴양소

노인들에 대하여 심신의 휴양과 관련한 위생시설, 여가시설, 기타 편의시설을 단기간 동안 제공함을 목적으로 하는 시설이다. 또한 「노인복지법」 제37조에 노인여가복지시설의 설치에 관한 규정이 있다. 그 내용을 보면 다음과 같다. ㉠ 국가 또는 지방자치단체는 노인여가복지시설을 설치할 수 있다. ㉡ 국가 또는 지방자치단체 외의 자가 노인여가복지시설을 설치하고자 하는 경우에는 시장, 군수, 구청장에게 신고해야 한다. ㉢ 노인여가복지시설의 시설기준 및 신고 등에 관하여 필요한 사항은 보건복지부령으로 정한다. 노인휴양소는 2008년 말 기준 전국에 4개소가 있다.

5) 노인 여가의 문제점 및 활성화 방안

(1) 노인 여가의 문제점

우리나라의 노인 여가시설에서 실시하고 있는 프로그램에 참여하고 있는 노인들은 대부분 노인 여가시설의 문제점에 대해 정부의 재정지원 부족, 여가시설용품 부족, 먼 지리적 요건, 노인들을 위한 여가 프로그램의 미비, 전문 인력의 부재 등으로 인하여 활성화되지 못하고 있음은 주지의 사실일 것이다. 우리나라 노인들은 여가 활동의 대부분의 시간을 효율적으로 활용하지 못하고 단순히 TV시청이나 라디오 청취 또는 특별한 프로그램이 개발되어 있지 못한 경로당이나 노인학교에서 연령이 비슷한 노인들과 담소 정도를 하면서 여가시간을 대부분 보내고 있다. 이것은 노인 들의 여가생활에 대한 뚜렷한 정책이나 여가 프로그램의 단순화, 여가생활에 대한 우리 사회의 인식 부족, 또는 노인 자신의 노후 여가에 대한 계획 부재, 노인을 위한 여가시설 미비 등으로 볼 수 있는데 이를 구체적으로 설명하면 다음과 같다.

첫째, 노인 여가에 대한 정부의 정책적 노력이 미약한 상태인데 이는 노인들의 여가활용을 체계적이고 종합적으로 보조하는 시책이 부족하다는 것이다.

둘째, 노인을 위한 여가 프로그램의 미개발이다. 현재 우리나라의 노인 여가에 대한 프로그램이 경로당이나 노인학교에서 이루어지고 있는 것이 대부분인데 이러한 프로그램들의 내용이 매우 단순하고 변화가 없어 지속적인 흥미를 느낄 수 없기 때문에 단순한 놀이를 하는 것으로 볼 수 있다.

셋째, 여가문화에 대한 우리나라 사회문화의 인식 부족이다. 노인이 여가활동을 하는 데 있어서는 가족구성원의 배려와 지역사회의 적극적인 참여가 필요한데 전혀 노인에 대한 배려가 이루어지지 않고 있다는 점이다.

넷째, 노인 자신의 여가활동에 대한 주체성이 없다는 점이다. 사실 해방과 더불어 6.25를 겪은 세대로서 생활이 궁핍하다 보니 자연히 여가에 대한 인식이 상당히 부정적인 현실에서 노후의 여가에 대한 대책을 감히 생각하기 힘들었음을 나타내준다.

다섯째, 노인여가시설의 미비로 시설에 대한 시간적·공간적 접근이 용이하지 못하다는 점이다. 이는 정부의 정책적 지원이 뒷받침되지 않아 노인여가시설이 부족하고 더불어 시설의 노후화 등의 문제가 제기되고 있다.

(2) 노인 여가활동의 활성화 방안

상기의 노인 여가에서 나타난 문제에 대처하기 위해서는 여가생활의 개선 및 활용을 위한 정부의 지속적인 재정 및 정책적 지원, 여가 프로그램의 개발, 노인의 사회활동 참여기회 확대 및 현행의 노인복지제도의 과감한 개선 등이 시급히 이루어져야 할 것이다. 그리고 현재 지역사회복지관의 확충은 물론 기존 사회복지관의 노인 여가 프로그램 개발과 아울러 지역사회의 노인이 참여할 수 있는 시설의 개방화 및 사회화도 하루 빨리 이루어져야 할 것이다. 다음은 노인 여가활동의 활성화 방안이다.

첫째, 여가를 즐기는 능력을 익히는 것이 중요하다. 문화, 스포츠, 야외활동 등 다양한 레크리에이션이나 여가활동의 즐거움을 체험하며, 이것을 즐기기 위한 지식, 기술, 방법, 이해 등을 향상해 일상생활로 정착시킴으로써 여가생활을 즐기는 의식, 행동, 태도의 변용을 기한다.

둘째, 인간관계 능력을 높여야 한다. 여가활동을 통해서 평소 거의 접촉이 없는 사람들과의 교류 및 대화를 촉진함으로써, 인간관계 및 커뮤니케이션의 중요성을 인식하게 하여 상대를 수용하고 자기를 표현할 만한 인간관계 능력을 조성한다. 그리고 여가활동을 함에 인간다움을 추구하려고 노력하고, 조직 속에 자기가 없어서는 안 될 구성원임을 느낄 때 집단에 대한 소속의식이 높아지며 집단 목표달성에 효과적인 기여를 통해서 사회성 및 시민성을 가지게 할 수 있도록 발전시킬 수 있다.

셋째, 고령자에 알맞은 여가활동을 편성하는 것이 중요하다. 고령자의 정신적·신체적 상황에서 볼 때, 당연히 여가활동은 제한받게 된다. 신체적으로는 운동기능의 저하가 주요 원인이며, 그 개인차는 현저하다. 그러나 원기 있는 고령자도 많다는 것을 이해해야 한다. 그리고 이동이 적은 활동, 웃음이 따른 활동, 느린 템포 활동 등을 고려해서 노인 프로그램을 편성해야 할 것이다.

넷째, 삶의 의욕을 높여야 한다. 여가활동의 즐거움을 체험함으로써 정신적·신체적·사회적으로 건강을 유지하며, 싱그러운 개인능력의 발휘로 자기실현의 욕구를 만족시키며, 인생을 보다 적극적으로 살려는 전향적인 생활을 하고자 하는 의욕을 높여야 한다. 노인을 대상으로 하는 여가 프로그램은 느린 템포의 활동이나 이동이 적은 프로그램을 해야 하며 개인의 능력 발휘로 나도 할 수 있다는 자신감을 회복해 자기실현의 욕구를 만족시켜 인생을 보다 적극적으로 살아갈 수 있도록 삶의 의욕을 높이는 데 목표가 있으며, 노인 여가 기회에 대한 평준화와 민간 기업의 노인 여가 서비스 참여의 유도와 노인 여가 전문가 양성이 과세이다.

제13장 학습과제

1 노인들의 사회참여 중 자원봉사와 재취업 현황을 조사하시오.

2 노인 교육의 문제점을 제시하고 이를 해결할 수 있는 방안을 제시하시오.

3 노인을 위한 여가시설 현장을 방문하여, 실제로 운영되는 실례를 조사하고 현안 이슈를 정리하시오.

실버산업

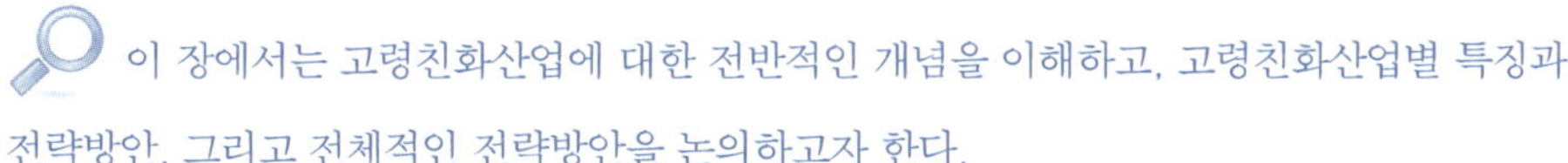

이 장에서는 고령친화산업에 대한 전반적인 개념을 이해하고, 고령친화산업별 특징과 전략방안, 그리고 전체적인 전략방안을 논의하고자 한다.

- 실버산업과 고령친화산업에 대해 개괄적으로 이해한다.

- 고령친화산업 중 전략산업을 구분하여 설명하고, 각 산업별 특징을 제시한다.

- 전략산업별 정책적 과제, 그리고 고령친화산업 전체의 활성화 방안을 논의한다.

사회복지의 한 분야로 노인복지는 노인들의 일상생활 중에 필요한 그들의 욕구를 해결함으로써 인간다운 생활을 영위할 수 있도록 여러 가지 사회서비스를 제공하는 활동으로 정의할 수 있다. 노인복지는 이러한 맥락에서 볼 때 현대사회에서 살아가는 노인들이 직면하는 각종의 사회생활 문제를 해결하고 또 예방하는 데 관련된 제반 사회복지서비스를 의미한다. 따라서 노인복지 대상은 노후를 맞이한 노인들의 욕구 또는 그들의 사회생활상의 문제라고 할 수 있다. 즉 60세 혹은 65세 이상의 노인들의 욕구 혹은 사회생활상의 문제는 경제적 빈곤문제, 건강의 쇠약과 의료문제, 주거문제 그리고 심리사회적 문제 등으로 요약할 수 있다.

노인복지는 전통적으로 가족에서 그 역할을 수행해왔다. 그러나 산업화에 따라 가족기능이 축소되거나 약화하여 그 기능을 대신하는 새로운 사회제도가 사회복지이다. 특별히 노인을 대상으로 한 것이 사회복지제도로서 노인복지라고 할 수 있다. 이는 대가족제도에서 노인을 부양하고 보호하던 역할이 산업화에 따라 사회복지제도가 담당하게 되었다. 그리하여 노인복지는 노인의 욕구와 문제에 대응하여 꾸준히 개발되어 왔는데, 근년에 와서 노인의 수적 증가와 함께 사회적 변화로 노인복지 역시 새로운 동향이 생겨나기 시작하였다. 즉 국민적 최소한의 보장(노인의 기본적 욕구에 해당하는 욕구를 국가나 사회에서 해결해줌으로써 인간다운 최소한의 생활을 유지할 수 있게 하는 것)이라는 전후 선진복지국가의 전통이던 점에서 벗어나, 부가적인 욕구의 출현에 대하여 민간 차원에서 개입하여 해결하려는 흐름을 말한다. 노후의 생활보장에 있어 기본적인 욕구에 대응한 사회복지서비스는 국가에서 보편적으로 제공하는 한편, 그 이외의 부가적인 욕구에 대해서는 민간 차원에서 여러 가지 방식으로 개입하여 해결하는 것을 말한다.

이러한 동향은 사회복지 전반에 공통적으로 나타나는 것으로 그 원인은 복지국가의 위기 이후 경제·정치적 이념의 변화가 근본적으로 작용하고 있지만, 다른 한편에서는 노인의 수적 증가와 함께 노인들이 자신의 노후생활에 대한 관심이 높아지고 직접 사용할 수 있는 자원을 소유하고 있다는 상황의 변화를 지적할 수 있다. 이러한 기반으로 노인복지분야에서 특별히 출현한 새로운 현상의 하나가 바로 실버산업이다.

1. 실버산업의 개념

1) 실버산업 필요성

실버산업silver business or silver industry에 대한 정의는 명확하게 규정하고 있지 않다. 실버산업이라는 용어는 학문적으로 그 개념이 정립되어 있지 않고 각 학문의 측면이나 실천적인 측면에서 개념을 정의하고 있다. 은을 뜻하는 '실버'라는 단어는 노인이라는 말을 갖는 부정적 이미지를 없애기 위해 판매자가 고안해낸 이름으로서, 황혼기 즉 사회활동으로부터 은퇴하여 남은 삶을 보내는 단계에 있는 계층을 의미하고 있다. 이러한 의미에 있어서 실버산업이란 '민간기업이 경제력이 있는 노인인구계층 및 노후대책을 준비하는 예비 노인인구계층을 대상으로 하여 그들의 욕구에 적합한 상품과 서비스를 자유시장원리로 공급하는 산업'이라고 규정하기도 한다(최혜경·정순희, 2001). 김태현·이인수(1999)는 실버산업이란 일반적으로 50세 이상의 장·노년층 사람들이나 다소 젊더라도 특별한 정신적·신체적 이유로 노인들의 생활과 유사한 생물학·사회학 특성을 보이는 사람들을 주 고객 대상으로 하는 영리목적의 사업을 총칭한다고 하였다. 황의록·이은경(1992)은 실버산업을 협의와 광의로 구분하여 설명하는데 협의의 실버산업이란 노인을 위한 주거서비스, 입욕서비스, 가정봉사원서비스, 가정간호서비스, 급식서비스 등 신체적 퇴화에 따른 기능 서비스를 제공하는 산업만을 지칭하고 있다. 반면에 광의의 실버산업은 그 대상범위를 고령자뿐 아니라 노후생활을 준비하는 중·장년층까지를 대상으로 하며,

산업분야도 신체적 기능퇴화에 관한 서비스뿐만 아니라 노후의 일상생활에 필요한 모든 상품과 서비스를 포함하고 있으며 최근 실버산업의 경향은 광의 개념을 주로 택하고 있다.

여러 가지 정의를 종합해보면, 첫째 실버산업의 대상은 '노인'이나 '노후를 예비하는 연령계층'이다. 둘째, 서비스 제공 주체, 혹은 운영 주체, 자본 참여자가 주로 민간차원 중심이다. 셋째, 서비스 제공원리, 혹은 운영원리는 자유시장 경쟁의 원리이다. 넷째, 실버산업의 서비스는 '상품'뿐 아니라 '서비스'까지 포함되며 노인의 욕구에 따라 다양하게 개발할 수 있다. 따라서 실버산업이란 노인계층을 대상으로, 그들이 필요로 하는 서비스를, 주로 민간 차원에서, 시장경제원리에 따라 제공하는 일련의 경제활동으로 정의할 수 있다(권육상, 2000)

실버산업은 사회복지서비스에 시장원리를 도입하는 것이다. 시장기능에는 어느 정도 정부의 개입이 불가피할 수밖에 없다. 따라서 실버산업은 공공부문의 지속적인 확대를 전제로 영리적 측면과 사회복지적 측면을 동시에 갖고, 양측의 한계를 상호 보완해야 함을 고려해야 한다(최성재, 1994).

실버산업은 크게 두 가지 관점에서 성장 발전해왔다. 하나는 노년학, 인구학, 보건학, 주거학, 심리학, 경제학, 보험학 등 순수 이론적 학문적 관심에서 노후생활에 관심을 갖으면서 실버산업이 등장한 것이고, 다른 하나는 현실적·경제적 관점에서 실버산업이 유망산업으로 또 하나의 필요한 산업으로 인식되면서 특별히 발전해온 것이다. 이 두 가지 관점을 기본으로 하면서 실버산업이 출현할 수 있게 한 요인의 주요 배경을 요약하면 다음과 같다(현외성 외, 1999).

첫째, 노령인구의 양적·질적 증가현상이다.

둘째, 핵가족화 현상 혹은 독거노인가구와 노인가구의 증가현상이다.

셋째, 국민소득의 증대와 사회보장제도의 성숙으로 노인의 경제력이 강화되는 현상이다.

넷째, 복지국가의 위기 이후 민영화와 자조이념의 강조 현상이다.

다섯째, 국민들이 보다 높은 삶의 질적 추구를 지적할 수 있다.

대체로 이러한 요인으로 선진복지국가의 경우 이미 1970년대 후반 이후 활발하게 실버산업이 발달하였으나 한국의 경우는 1980년대 중반부터 실버산업이란 용어가 사용되기 시작하여 1993년 「노인복지법」을 개정하여 고령화사회에 대비한 실버산업의 활성화를 꾀함으로써 등장하였다.

2) 실버산업의 특성

실버산업은 고령자를 대상으로 한다는 측면에서 지역사회와의 관계, 제공 서비스의 성격, 지금까지 공적 기관이나 가정에서 주로 제공되어져 왔다는 점에서 다른 산업과 여러 가지로 다른 특성을 가지고 있다.

삼성경제연구소 외(1992)는, 실버산업의 다른 특징을 여섯 가지로 표현하고 있다.

첫째, 실버산업은 공익성과 수익성이 결부된 산업이라는 것이다. 실버산업은 자유경쟁원리를 바탕으로 하는 산업이기는 하지만, 단순히 상품이나 서비스를 판매하는데 그치는 것이 아니고, 기업의 신용과 신뢰를 통해 고령자들에게 안정감과 평안함, 신뢰 등도 함께 제공함으로써 노인복지에도 기여하는 공익성과 수익성이 결부된 산업이다.

둘째, 실버산업은 중소기업에 적합한 산업이라는 것이다. 실버산업은 전체적으로 보면 시장규모가 크다고 할 수 있으나 구조적으로 세분화된 작은 시장을 형성하고 있다. 그리고 실버산업 서비스의 성격에 따라 고령자의 수요가 다양할 뿐만 아니라 지속적으로 변화하기 때문에 수요의 세분화에 민감하게 대응하기 위해서는 중소형 기업에 알맞다. 성장 가능 사업이지만 서비스의 욕구에 민감하게 대응하여 규격화된 서비스를 제공하는 대기업보다 중소기업이 적절하고, 규모의 확대를 통해 이익을 증가하기 어려운 산업의 특성을 가지고 있다.

셋째, 실버산업은 연계성이 강한 산업이다. 실버산업은 여러 분야에 걸쳐있는 산업이지만, 각 분야는 몇 가지 분야와 연계되어 있다. 특히 보건과 의료는 상호연관성이 높다. 그리고 시설과 서비스가 연계되어 이루어지는 형태를 띠고 있다. 재가 서비스를 확대할수록 소프트부문의 중요성이 증대하고 있다.

넷째, 실버산업은 노동집약적 서비스를 필요로 하는 산업이다. 고령자는 건강한 사람에서부터 수발을 필요로 하는 사람에 이르기까지 다양하기 때문에 획일적인 서비스가 아니라 매우 세분화된 서비스 제공이 필요하다. 또 시설산업은 고령자를 대상으로 하는 사업 특성상 24시간, 365일 지속적으로 서비스를 제공해야 하는 부분이 많다. 따라서 특정한 자격을 갖춘 노동력이 많이 소요되는 산업이다.

표 14-1 실버산업의 특징

구 분	내 용
공익성과 수익성의 결부	자유경쟁원리를 바탕으로 하지만, 고령자에게 안정감, 평안함, 신뢰도 함께 제공
중소형 기업에 적합	수요의 다양화, 세분화, 다변화 등으로 중소형 기업에 적합
강한 연계성	보건·의료·복지와 연계, 시설·제품의 연계
노동집약성	획일적 대응이 어려워 세분화된 대응 필요, 특정 자격을 갖춘 전문 노동력을 다수 필요
강한 지역성	이동성이 적은 고령자를 대상으로 하고, 지역의 문화적 특성을 고려
도시형산업	고령자가 산재되어 있기 때문에 일정 규모 이상의 도시에서 사업 성립 가능

다섯째, 실버산업의 지역성이 강한 산업이다. 이동성이 적고 한정된 지역에 거주하는 고령자를 대상으로 서비스를 제공하는 산업으로서 지역과의 연관성이 매우 높다. 고령자의 신체적 특징, 질병상태, 정신상태, 등과 함께 국가적·문화적 특성에 따라 기기나 용품이 필요하며, 지속적인 서비스가 제공해야 하므로 지역과 밀접한 연관성을 지니는 것이 많다.

여섯째, 실버산업은 도시형 산업이다. 대상 고객인 고령자들은 한곳에 집중되어 있는 것이 아니고 각 지역에 분포되어 있으며, 비고령층에 비해 상대적으로 활동성이 낮고, 새로운 상품에 대한 적응성이 낮아 시장에 잘 노출되지 않기 때문에 실버산업에 참여한 기업 입장에서 볼 때, 고객 확보가 쉽지 않은 사업이다. 따라서 일정 규모 이상이 인구가 밀집되어 있는 도시를 대상으로 해야만 사업의 성립이 가능한 사업이다.

이러한 실버산업의 특성을 요약하면 〈표 14-1〉과 같다(원융희, 2002).

3) 고령친화산업

한국에서는 대통령자문기구에서 2004년부터 '실버산업'이라는 용어 대신에 '고령친화산업'이라는 용어를 쓰기로 하였다.

(1) 고령친화산업의 개념

고령친화산업senior-friendly industry은 생물학적 노화 및 사회경제적 능력 저하를 보이는 고령자를 대상으로 정신적·육체적 건강, 편익, 안전을 도모하기 위한 상품 및 서비스를 제공하는 산업이다. 시장경쟁원리에 따라 영리를 추구한다는 점에서 소외·취약계층 위주의 비영리 사회복지사업과는 구분된다. 수요계층으로는 65세 이상의 노

| 표 14-2 | 고령친화산업 추이 | | (단위: 천 명) |

구분	2002년	2010년	2020년
장래 노인	980	1,300	1,600
건강노인	75	110	150
장기요양 필요 노인	300	420	610
수발자	30	42	61
합 계	1,385	1,872	2,421

※자료: 고령화미래사회위원회(2005)

고령화 및 미래사회위원회는?

미래의 사회경제적 변화를 예측 대비하여 국민의 삶의 질을 개선하고, 국가 경쟁력을 확보하기 위해 설립된 대통령 소속 자문기구로서, 2003년 10월 24일 설립되었다. 소재지는 서울 종로구 세종로 77-6번지 정부중앙청사 6층이고, 설립목적은 급속한 고령화로 인한 미래의 사회·경제적 변화 예측 및 대비, 국민의 삶의 질 개선, 국가 경쟁력 확보를 위한 대통령 자문을 목적으로 한다.

본위원회 위원은 위원장을 포함해 정부위원 10명, 민간위원 15명 등 모두 25명이다. 자문위원은 26명, 전문위원은 46명이고, 인구·경제, 여성·가족, 고령화대책 전문위원회 등 3개의 전문위원회가 있다. 실무기구인 기획조정실 밑에는 인구·경제팀, 여성·가족팀, 고령화대책팀 등 3팀이 있다. 기획조정실장은 대통령비서실 비서관이 겸임한다.

주요 기능은 중장기 인구구조 분석과 사회·경제변화 예측, 저출산·고령화 및 미래사회 대책에 관한 주요 정책의 방향 설정 및 중장기 계획 수립, 고령자 노후소득·건강·주거·교통·여가·문화정책 수립, 저출산에 대응한 가족·여성·보육정책 수립, 경제·산업구조 변화에 따른 일자리 구조 변화 전망 및 인력수급에 관한 사항 심의, 고령자 및 여성의 경제활동 참가와 같은 인적자원의 활용에 관한 사항 심의 등이다.

인뿐만 아니라 노인을 수발하는 수발자와 장래 수요자인 베이비부머 세대를 포함한다(〈표 14-2〉 참조).

고령친화산업의 특징은 다음과 같다.

첫째, 포괄성, 접근성, 전문성을 바탕으로 노인의 다양한 욕구를 충족한다.

둘째, 노인에게 복지를 제공한다는 공공성 측면과 민간 사업자의 수익성 측면이 병존한다.

셋째, 이동성이 적고 지속적인 서비스를 필요로 하는 경우가 많은 점을 감안할 때 원스톱One-stop 융합 서비스(보건, 의료, 복지, 주거, 여가 등)가 이루어지는 경향이 있다.

넷째, 다품종 소량생산이 주류이기 때문에 중소기업에 적합하다.

(2) 고령친화산업의 현황 및 전망

고령친화산업은 고령자의 생물학적 노화 및 사회경제적 능력 저하로 새롭게 발생한 수요를 충족시키기 위한 산업으로 고령자의 요구에 적합한, 즉 고령자의 정신·육체적 향상 또는 유지를 위해 필요한 상품 및 서비스를 시장경제원리에 따라 공급하는 민간부문의 산업으로 정의된다. 따라서 기존의 비영리 또는 무상의 노인복지 서비스와는 차별화되며 노후를 준비하는 소비계층의 잠재적 시장까지 포함하는 개념으로 볼 수 있다.

고령친화산업은 다양하고 변화에 민감한 세분화된 소형 시장들이 모여 하나의 큰 시장규모를 형성하는 특성을 지닌다. 따라서 '다품종 소량생산'이 용이한 중소기업들에게 적합한 산업으로 중소기업의 생산확대와 고용창출에 기여할 것으로 기대된다. 또한, '규모의 경제성'보다 '범위의 경제성'을 추구해야 하는 관계로 자원의 공동 활용에 기초한 산업클러스터industrial cluster 형태가 보다 효과적이다. 또한, 고령친

※자료: 박창형(2005)

화산업은 신체적·사회적·경제적으로 취약한 노년층을 대상으로 하므로 고령자의 안전과 권익이 보장될 수 있도록 정부의 지속적인 관심이 필요한 산업이다. 특히, 공공부조 대상자들에게는 정부가 상품, 서비스를 우선적으로 구매 제공하여 산업의 활성화를 촉진할 필요가 있다(한국보건산업진흥원, 2007).

고령친화산업은 고령자의 삶의 질 향상은 물론 미래의 먹거리와 신규 고용을 창출할 수 있는 차세대 성장동력산업이다. 일본의 경우 장기간의 경기침체에도 불구하고 노인관련 산업은 꾸준히 성장하여 2001년 39조 엔의 시장규모를 기록하였다. 미국도 55세 이상 중고령자가 전체 금융자산의 77%를 보유하고 있으며, 이들의 소비 비중도 민간소비 전체의 30%를 차지하고 있어 이와 관련된 산업이 크게 성장하고 있는 추세다. 이에 비하면 우리나라의 고령친화산업은 아직 미약한 수준이지만 경제력이 향상된 고령자들이 현재의 소비와 노후준비에 적극성을 띄고 있어, 고령자의 요구를 만족시킬 수 있는 새로운 상품개발 및 질 관리 등의 중요성이 크게 증대하고 있다.

또한 60세 이상 고령자 중 경제활동 인구의 비율은 1970년 25.7%에서 2004년 38.7%로 증가하였으며, 2010년에는 국민연금 등 연금 수급자가 400만 명에 달하는 등 경

표 14-3 고령친화산업 SWOT 분석

강점(Strength)	약점(Weakness)
· 세계최고의 IT기반 기술 · 전자, 반도체 산업의 경쟁력 보유 · 한방의료기기 원천기술 보유 · 우수한 제조 기술 및 기반 보유	· 실무중심의 전문인력 부족 · 영세한 기업현황 · 관련법령 미비 · 표준 및 소비자 보호체계 미비 · 제도적 지원미비
기회(Opportunities)	위협(Threats)
· 고령인구 급증 · 국민소득 향상 및 건강에 대한 관심증대 · 고령친화산업 활성화를 위한 정부의 지원의지 확대	· 선진국 고가 제품과 중국 등의 저가 공세 · 선진국의 고령친화산업 관련 정책적 지원 및 투자 선행 · 국내 의료복지서비스 시장 개방정책

제력을 갖춘 고령인구가 소비의 주체세력으로 등장할 것이다. 고령화 진전에 따라 구매력을 갖추고 자기중심의 소비를 지향하는 이른바 통크족TONK, Two only No kids이 증가하고 있는 것도 우리나라 고령친화산업의 전망이 밝은 이유가 되고 있다.

〈그림 14-2〉는 한국, 미국, 일본의 베이비부머 세대의 은퇴시기 및 고령친화제품의 수요시기를 상호 비교한 것이다(보건복지부, 2006). 미국과 일본의 경우 만 60세에 은퇴를 할 것으로 가정하였으며 우리나라의 경우 만 53세에 은퇴할 것으로 보았다. 이로 인해 65세에 연금이 지급된다면 미국, 일본의 경우는 은퇴 후 5년이 경과하고 수급권자가 될 수 있음에 반해 우리나라의 경우는 무려 12년간 경제적 능력 저하기에 놓이게 될 것이다. 따라서 미국, 일본에 비해 우리나라의 경우 경제적 능력 저하를 보완할 금융 등 고령친화제품에 대한 수요가 크게 일어날 것으로 전망된다. 대체적으로 은퇴와 함께 사회경제적 능력 저하가 발생할 것으로 볼 수 있어 금융 등 고령친화제품의 수요가 우선적으로 요구될 것이며 대략 70세 이후에 생물적 노화가 보다 진전될 것으로 기대할 수 있어 이에 대한 수요는 훨씬 이후가 될 것으로 전망

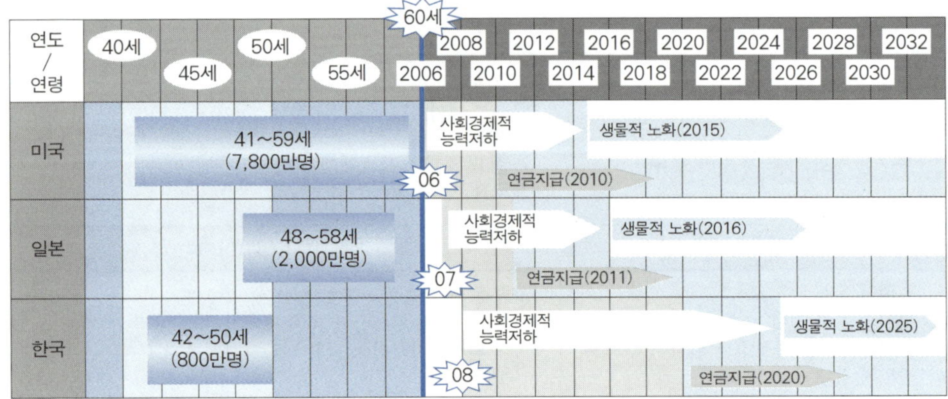

※주: 은퇴시점.
※자료: 보건복지부(2006)

된다. 따라서 요양, 보건의료, 의료복지기기 등에 대한 수요는 미국의 경우 2015년부터, 일본은 2016년부터 본격적일 것이며 우리나라는 2025년경이 되어야 할 것으로 보인다. 따라서 베이비부머baby boomer 세대를 겨냥한 고령친화제품의 시장 형성기는 그 수요 성격에 따라 미국, 일본의 경우는 10년의 간격을 두고, 우리나라의 경우는 20년의 간격을 두고 시장이 형성될 것으로 전망할 수 있다.

대한상공회의소가 2009년 발표한 '국내 실버산업의 성장성 전망' 연구보고서에 따르면, 지난 2000년 65세 이상이 전체 인구의 7%를 넘어서면서 고령화사회에 진입한 우리나라의 경우, 오는 2008년을 전후해 6.25전쟁 후 태어난 베이비부머 세대(50년대 후반~70년대 초반 출생) 소비층이 가세하면서 오는 2010년~20년 10년간 고령친화산업, 즉 실버산업의 성장률이 연평균 12.9%에 이를 것으로 전망했다. 같은 기간 중 14개 부문 기존산업 전체의 연평균 성장률이 4.7%에 머물 것으로 전망된 가운데 실버산업에 속하는 요양(6.6%), 의료기기(12.1%), 정보(25.1%), 여가(13.7%),

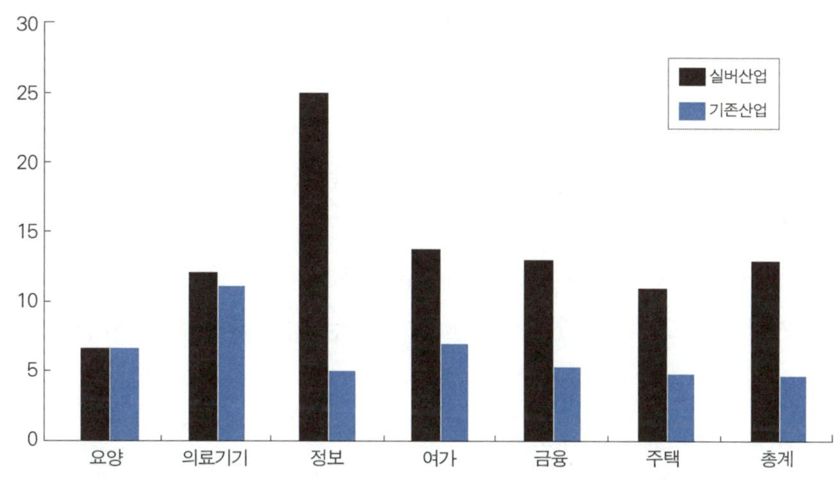

※자료: 한국보건산업진흥원(2009)

금융(12.9%), 주택(10.9%) 등 각각의 고령친화 부문은 기존 산업의 성장률을 뛰어넘을 것으로 전망했다(한국보건산업진흥원, 2009).

2. 고령친화산업의 시장규모 및 전략품목

1) 고령친화산업의 산업별 시장 규모

〈표 14-4〉는 14대 고령친화산업의 산업별 시장규모와 교통, 식품, 의약품, 장묘, 의류 및 교육 등 6대 모태산업 대비 비중을 나타내고 있다(보건복지부, 2006).

2002년 기준 고령친화산업의 시장규모는 약 12.8조 원이며 이는 모태산업대비 2.2% 수준인 것으로 추정하였다. 여기서 모태산업이란 고령친화산업에 대한 조작적 정의에서 고령친화산업을 고령자, 예비고령자 및 주수발자의 생물적 노화 및 사회경제적 능력 저하에 따른 수요에 대처하기 위한 제품과 서비스를 공급하는 산업으로 보았기에 그 수요에 제한이 없는 근간이 되는 산업을 지칭하였다(고령화 및 미래사회위원회, 2005).

고령친화산업은 오는 2010년이 되며 시장규모가 약 439조 원, 모태산업의 4.7% 수준으로 증가할 것으로 추정하였다. 또한 2020년에는 약 1,486조 원의 시장규모로 모

표 14-4 고령친화산업의 산업별 시장규모 추정 (단위: 조 원, %)

부 문	2002년		2010년		2020년	
	매출액	모태산업대비 비중	매출액	모태산업대비 비중	매출액	모태산업대비 비중
요양산업	129	100	49,299	100.0	93,661	100
기기산업	7,008	33.80	21,208	36.0	66,544	39.80
정보산업	2,446	0.10	42,375	1.30	396,732	7.50
여가산업	24,387	5.40	73,370	8.50	263,941	15.50
금융산업	10,408	1.50	55,240	2.90	185,241	5.80
주택산업	5,871	1.0	26,778	2.80	75,045	4.90
한방산업	10,188	28.30	21,153	30.70	46,738	31.20
농 업	3,383	1.0	15,986	5.00	29,564	10.0
소 계	63,820	1.60	305,409	4.50	1,157,466	10.30
교통산업	8,761	0.90	33,637	2.90	94,841	7.30
식품산업	8,664	2.50	17,416	3.30	41,687	4.50
의약품산업	27,741	34.10	48,017	43.80	113,436	66.70
장묘산업	13,115	75.00	20,127	81.80	34,552	90.50
의류산업	5,298	4.80	11,412	6.70	33,030	11.20
교육산업	935	0.20	3,594	0.60	10,957	1.30
소 계	64,514	3.40	134,203	5.20	328,503	9.10
총 계	128,334	2.20	439,612	4.70	1,485,969	10.0

※자료: 보건복지부(2006)

태산업에서 차지하는 비중 또한 10.0%에 이를 것으로 분석하였다. 모태산업의 경우 2002년의 시장규모는 2010년 및 2020년까지 각각 연평균 5.87%와 5.23%씩 성장할 것으로 전망하였으며 동기간 14대 고령친화산업은 각각 16.64%와 14.58%씩 성장할 것으로 추정하였다. 〈표 14-4〉를 구체적으로 분석하면, 2002년 현재 모태산업 대비 시장규모가 가장 큰 고령친화산업으로는 요양과 장묘산업을 제외하고는 의약품산업(34.1%), 의료 및 복지 기기산업(33.8%), 한방산업(28.3%) 순으로 그 비중이 높았으며 이는 2020년에 이르러서도 변화가 없을 것으로 나타나 고령 친화성이 높은 산업으로 분석하였다. 한편, 모태산업대비 비중을 기준으로 보았을 때 2002년에 비해 2020년경 가장 크게 확대될 산업으로는 정보, 농업, 교통산업 순으로 예측하였다. 시장규모 측면에서 보았을 경우 2020년경 가장 큰 규모를 차지할 고령친화산업으로는 정보, 여가, 금융 및 의약품 산업일 것으로 전망하였다.

2) 고용창출효과

전산업 취업유발효과를 중심으로 살펴본 14대 고령친화산업 및 모태산업의 연간 고용창출효과와 그 증가율이 〈표 14-5〉에 나타나 있다. 전산업 취업유발효과란 해당 산업 부문에서 10억 원을 생산할 때 산업 연관효과를 통해 전체 산업에서 유발하는 취업자 수를 말한다.

고령친화산업의 모태산업의 경우 2002년도 연간 고용창출효과는 약 1,266만 명으로 추정되며 이는 오는 2010년 및 2020년에는 기술변화 및 업종 구조의 변화 등에 기인한 취업계수의 추세적 하락으로 각각 약 990만 명과 약 715만 명으로 이는 2002년부터 2010년까지 연평균 3.0%씩, 2010년부터 2020년까지 연평균 3.2%씩 감소할 것으로 추정하였다.

구 분	2002년	2010년		2020년	
	취업자 수	취업자 수	2002~2010 연평균 증가율	취업자 수	2010~2020 연평균 증가율
모태산업	1,266	990	3.0	715	3.2
고령친화산업	23	45	8.6	69	4.3

※자료: 보건복지부(2006)

이에 반해 고령친화산업의 연간 고용창출은 2002년 현재 약 23만 명에서 2010년에 약 45만 명, 2020년에 약 69만 명으로 각각 연평균 8.6%와 4.3%씩 증가할 것으로 추정하였다. 저출산 고령화 등으로 인해 향후 고용창출이 전반적으로 감소할 것이라는 전망 속에서 고령친화산업의 활성화는 실업난 해소에 있어서도 효과적인 대응책으로 분석되었다.

〈표 14-6〉은 모태산업과 고령친화산업의 각 부문별 전산업 취업유발효과를 나타내고 있다. 2010년에 14대 고령친화산업의 경우, 전산업 취업유발이 상대적으로 큰 산업으로는 여가산업(13.9만 명), 금융산업(8.5만 명), 농업(6.1만 명) 순으로 추정되며 그 증가율은 요양산업(89.7%), 정보산업(27.1%), 주택산업(17.5%) 순으로 높을 것으로 전망된다. 또한 2020년에 있어서는 여가산업(29.8만 명), 금융산업(10.0만 명) 다음으로 정보산업(9.5만 명)과 주택산업(7.4만 명) 순으로 전산업이 파급시키는 고용유발은 클 것으로 전망하고 있다. 고령친화산업의 취업유발효과는 모태산업대비 2002년, 2010년 및 2020년에 각각 1.85%, 4.56%, 9.64%로 크게 증가할 것으로 분석하였다.

구 분		전산업 취업유발효과		
		2002년	2010년	2020년
모태산업	요양	191	32,044	21,542
	기기	22,009	25,350	23,436
	정보	3,650,157	2,477,306	1,272,937
	여가	1,300,356	1,641,934	1,920,960
	금융	1,638,000	1,850,552	1,056,981
	주택	912,256	1,196,688	1,512,934
	한방	50,760	55,143	61,452
	농업	2,909,715	1,224,535	410,933
	소계	10,483,444	8,503,553	6,281,175
	교통	561,995	216,049	58,674
	식품	252,221	137,941	65,022
	의약품	51,363	22,053	8,163
	장묘	28,766	12,229	4,237
	의류	157,495	92,683	47,958
	교육	1,122,009	918,981	681,519
	소계	2,173,848	1,399,936	865,572
	총계	12,657,291	9,903,489	7,146,747
고령친화산업	요양	191	32,044	21,542
	기기	7,428	9,119	9,316
	정보	4,745	32,205	95,216
	여가	70,478	139,403	298,253
	금융	37,886	85,070	100,030
	주택	9,217	33,473	73,544
	한방	14,365	16,922	19,163
	농업	29,094	61,226	41,094
	소계	173,406	409,463	658,158
	모태산업대비 비중	1.65	4.82	10.48
	교통	5,055	6,256	4,268
	식품	6,403	4,511	2,918
	의약품	17,532	9,651	5,445
	장묘	21,574	10,003	3,835
	의류	7,518	6,197	5,384
	교육	2,739	5,898	8,711
	소계	60,821	42,516	30,561
	모태산업대비 비중	2.80	3.04	3.53
	총계	231,488	446,081	680,008
	모태산업대비 비중	1.85	4.56	9.64

※ 자료: 보건복지부(2006)

3) 고령친화산업별 전략품목

주요 전략품목은 2006년 보건복지부의 선정기준에 따라 〈표 14-7〉과 같이 선정되었다.

교통산업에서는 저상버스와 고령자 감응 첨단신호기, 형광표지판 등 3개 품목, 식품산업에서는 특수의료용도식품, 건강기능식품 등 2개 품목, 의약품산업에서는 신경계와 순환계 용약과 대사성 의약품 등 3개 품목, 장묘산업에서는 화장 및 납골용품과 웰-엔딩 준비 및 체험교실, 개정 및 이장서비스 등 3개 품목, 의류산업에서

표 14-7 고령친화 34개 전략품목

부 문		전략 품목
1차 8대산업 (19개 품목)	기기	재택/원격진단/진료 및 휴대형 다기능 건강정보 시스템, 한방의료기기, 간호지원 및 실내외 이동지원 시스템
	정보	홈케어, 정보통신보조기기, 노인용 컨텐츠 개발
	여가	고령친화휴양단지
	금융	역모기지연금, 자산관리서비스
	주택	고령자용주택개조, 실비 고령자용 임대주택
	한방	한방보건관광, 항노화 한방기능성식품, 노인용 한방화장품, 노인성질환한약제제 개발
	농업	고령친화귀농교육, 전원형고령친화농업테마타운, 은퇴농장
2차 6대산업 (15개 품목)	교통	저상버스, 고령자 감응 첨단신호기, 형광표지판
	식품	특수의료용도식품, 건강기능식품
	의약품	신경계용약, 순환계용약, 대사성 의약품
	장묘	화장 및 납골용품, 웰엔딩준비 및 체험교실, 개장 및 이장서비스
	의류	건강보조 스마트웨어, 건강개선용 레저스포츠웨어, 체형보정용 이너웨어
	교육	일자리 교육 및 훈련

※자료: 보건복지부(2006)

는 건강보조 스마트웨어, 건강개선용 레저스포츠웨어 및 체형보정용 이너웨어 등 3개 품목, 교육산업에서는 일자리 교육 및 훈련 1개 품목 등이다(보건복지부, 2006).

4) 고령친화산업의 산업별 현황

(1) 고령친화 교통산업

① 교통산업 활성화 필요성

교통산업은 일반적인 사적 재회나 용역과 달리 외부효과가 크므로 다분히 공공재적 성격을 지니고 있다. 교통시설에 투자와 관리는 해당 지역뿐만 아니라 도시 전역에 걸쳐 커다란 영향을 미치고, 교통서비스는 어느 득징 집단에 제공하는 서비스가 아닌 공공을 위한 서비스이므로 서비스의 효율성과 형평성을 확보해야 한다. 따라서 교통산업은 시장기능에만 맡겨 놓을 수 없는 산업으로 일정부분 정부의 규제가 필요한 산업이다.

고령친화 교통산업도 이와 마찬가지인데, 고령친화 교통산업은 우선적으로 고령층의 통행을 지원하기 위한 산업이지만, 이러한 산업의 활성화로 얻어지는 효과는 고령층에만 국한된 것이 아니고 통행자 전체로 확산할 것으로 판단된다. 즉 고령층이 이용하기에 안전하고 편리한 교통수단을 제조한다면 고령자는 물론이고 모든 통행자가 안전하고 편리한 교통수단을 이용하게 된다는 것이다. 또한 고령친화 교통산업에도 일정기준의 정부 규제가 필요한데, 고령자의 특성을 고려한 교통수단 제조기준 제시, 고령자를 위한 교통안내표지 설치기준 마련 등이 그것이다.

교통은 인간의 이동을 지원하여 사회활동 및 경제활동을 가능하게 하는 가장 기초적인 수단으로 증가하는 고령층을 통행욕구에 대하여 적극적으로 대처해야 할 필요성이 증가하고 있다. 그러나 현재의 교통체계는 고령층을 고려하지 않고 구축되었기 때문에 현 교통체계는 고령자들이 쉽게 통행할 수 있는 구조로 되어 있지 않다. 따라서 고령자 통행에 가장 시급하게 필요하다고 판단되는 부분을 개선해야 하는데, 우선 통행을 하려면 목적지까지의 교통수단과 경로를 알아야 하나 고령자는 비고령자보다 정보 습득능력이 떨어진다는 차원에서 교통정보 안내산업을 활성화해야 하고, 고령자는 운전능력이 떨어져 대중교통을 주로 이용하게 된다는 것을 감안하여 고령자에 적합한 통행수단 제조업을 활성화해야 하며, 단거리 통행 특성을 가진 고령자를 위하여 보행환경을 정비하는 산업을 활성화해야 한다.

② 한국의 교통산업 현황 및 선진 사례

2004년 12월에 「교통약자의 이동편의 증진법」이 국회를 통과하여 2005년 1월에 「교통약자의 이동편의 증진법」이 공식적으로 제정되었고, 다음과 같은 하위 법령인 시행령이 입법예고 되었다. 이 법안이 2006년 1월 28일 시행됨으로써 교통분야에서 고령자의 이동권 확보에 대한 법적 기준은 마련된 셈이다.

이와 같이 고령자의 이동권을 확보하기 위한 사항들을 법에서 구체적으로 명시함으로써 복지 차원에서 접근하였던 고령자 문제를 교통 차원으로 접근이 가능해졌기 때문에, 체계적인 추진계획 아래에서 정부와 민간이 함께 고령친화 교통산업을 활성화시키는 내부적 환경조건은 충분히 갖추어졌다고 할 수 있다.

교통 서비스업에는 운송업, 정보·안내 등이 있고, 교통수단 제조업에는 육상수단, 항공수단, 해운수단 등이 있으며, 교통시설 건설업에는 도로, 철도, 정류장, 터미널, 주차장 건설업 등이 있다(〈그림 14-4〉 참조).

우리나라의 65세 이후의 고령자들은 승용차 통행량의 비중이 감소하고, 65세 이후 고령자일수록 도보 통행의 비중이 현저히 증가하며, 65세 이후 고령자일수록 버스의 통행량 비중이 증가하고, 지하철의 비중은 점차 감소하는 특성이 있다는 것을 알

「교통약자의 이동편의 증진법」 제정 및 하위법령 입법 예고

버스, 지하철, 철도(KTX, 새마을호), 공항 등 교통수단·시설에 장애인, 고령자, 어린이, 임산부 등 교통약자를 위한 이동편의시설이 대폭 확충된다.

또한, 교통사고 위험이 많거나 보행 여건이 매우 열악한 일반주택가는 "보행우선구역"으로 지정하여, 보도와 차도의 분리, 차도폭 줄이기와 속도저감시설 등 교통정온화기법(traffic calming)이 도입하게 된다.

건설교통부는 이런 내용을 골자로 하는 「교통약자의 이동편의 증진법」 시행령과 시행규칙 제정(안)을 마련하여 9월 15일 입법예고를 하였다.

이법은 그간 자동차와 건강한 성인남성 눈높이에서 조성된 교통환경에서 교통약자가 "집 → 보행 → 교통시설 → 교통수단 → 보행 → 목적지"의 이동 동선을 따라, 장애 없이 이동할 수 있는 인간중심적인 교통환경으로 만들자는 것이다.

하위법령(안)에 따르면, 기존 시설물의 이동편의시설을 개선하기 위하여 건설교통부장관, 시장과 군수는 5년 단위의 교통약자 이동편의 증진계획을 수립하게 된다.

교통수단의 경우에는 안내시설(문자, 음성), 수평 승하차 시설, 휠체어 보관시설 등이 설치된다. 지하철의 1량을 교통약자전용구역으로 지정되어 좌석의 50%를 교통약자 전용좌석으로 운행되고, 저상버스의 보급 확충을 위하여 버스운송사업자 중 운행 버스의 50% 이상을 저상버스로 운행하고자 할 경우 우선 면허권을 부여받을 수 있도록 하였다.

여객시설의 경우에는 신설되는 역사에는 휠체어리프트 대신 엘리베이터와 에스컬레이터를 설치토록 하고, 장애인 전용 화장실, 개방형 개찰구, 추락방지 시설 등을 설치하도록 한다.

대중교통에 접근을 편리하게 위하여 도로에 보도를 설치할 경우 보도의 유효폭원을 최소 2.0m로 하고, 횡단보도 턱 낮추기와 점자유도블록 설치하여 지체·시각 장애인 등이 안전하게 도로를 횡단할 수 있도록 하였다.

또한, 보도와 차도를 분리하지 않고 불법주차로 교통약자의 보행사고가 많은 주택가 주변은 네덜란드와 일본 등 선진국에서 보행환경 조성 차원에서 적용해온 "보행우선구역"을 도입하여, 차도 폭 줄이기, 속도저감시설 등의 교통정온화기법을 활용하여 교통약자를 위한 쾌적한 보행환경을 조성토록 하였다.

※자료: 건설교통부(2005년 9월 14일).

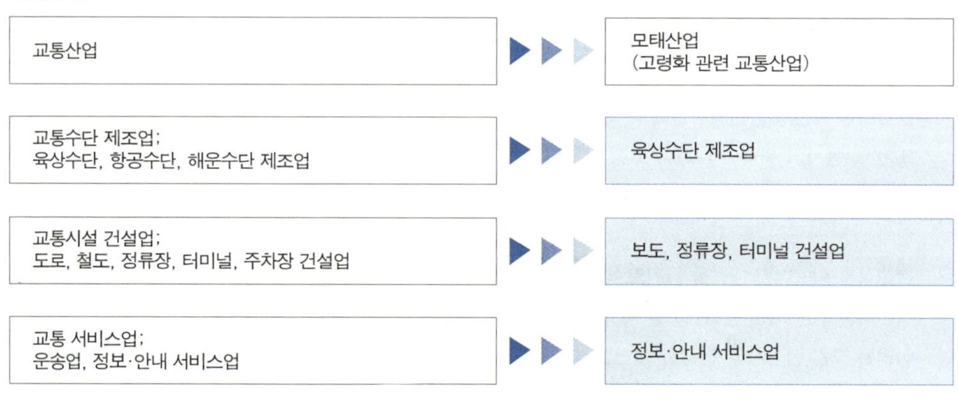

※자료: 보건복지부(2006)

전략품목에 따른 정책과제	구체적 내용
저상버스	
· 저상버스 제작 기준마련	고령자 통행 특성을 반영하여 저상버스가 만족시켜야 하는 기준 정립
· 저상버스 제작 지원	「교통약자의 이동편의 증진법」에 근거하여 지원
· 도로환경 정비	원활한 저상버스 운행을 위한 도로환경 구축
첨단신호기	
· 첨단신호기 개발 지원	노인의 보행속도를 감지하여 신호주기를 변경할 수 있는 첨단신호기 개발을 "교통체계효율화법"에 근거하여 지원
· 첨단신호기 설치 기준마련	보행신호 중심으로 첨단신호기 설치기준 마련
형광표지판	
· 형광표지판 제작 기준 마련 및 지원	시력이 저하된 고령자의 안전하고 효율적인 야간통행을 위하여 최소한의 정보를 제공할 수 있도록 형광표지판의 제작기준을 마련하고 「교통안전법」에 근거하여 지원
· 형광표지판 설치 기준마련	보행자 및 고령운전자가 안전하고 효율적으로 통행할 수 있도록 설치기준 마련

수 있다. 고령층의 직업별 통행수단을 살펴본 결과에서는 전문직/기술직, 행정/사무/관리직은 승용차 이용률이 높으며, 나머지는 도보, 버스의 이용률이 높다는 특성을 보이고 있다(보건복지부, 2006). 이와 같은 분석을 토대로 버스, 보행 수단에 대한 우선 지원이 필요함을 알 수 있고, 증가하는 고령운전자를 위하여 고령운전자에게 적합한 환경 조성이 필요함을 알 수 있다. 이를 정리하면 〈그림 14-5〉과 같다.

　이상과 같은 고령친화 교통산업 선정방향에 따라 정부가 수행해야 하는 정책과제를 살펴보면 〈표 14-8〉과 같다.

(2) 고령친화 식품 및 의약품산업

① 식품산업 및 의약품산업의 현황

최근 소득증대와 '웰빙 라이프'에 대한 관심 고조로 건강기능식품의 수요증가와 「건강기능식품법」의 시행에 따른 식품업체의 건강기능식품 신소재·신제품 개발 욕구가 증대하고 있다. 이렇게 소비자와 공급자 모두가 고무된 사회적 분위기 속에 고령친화산업으로서의 식품산업은 전략적인 지원이 필요하다고 사료된다. 고령화사회 진전에 따라 필연적으로 나타나는 위협요인을 정부 차원에서 감소하려는 노력과 고령친화 식품산업계에서는 새로운 사업기회를 발굴하여 시장을 개척하는 노력이 필요한 상황이다.

식품산업의 범위를 관련 근거법령에 따라 분류하면 「식품위생법」 소관의 식품제조가공업, 식품첨가물제조업, 즉석판매제조가공업, 기구·용기포장제조업, 식품판매업, 집단급식소업, 식품운반업, 식품보존업, 식품접객업 등이 있으며 「건강기능식품법」의 관리에 있는 건강기능식품제조업, 건강기능식품판매업, 건강기능식품수입업 등 매우 광범위하다. 식품산업은 특성상 오랜 식문화와 기후, 관습에 따라 주요 섭취 및 기호도가 국가에 따라 상이하다(장현숙 외, 2005; 심창구, 2005). 그러나 인간의 생명유지 및 성장에 필요한 영양성분을 제공하는 식품의 1차 기능과 기호성, 포만감 등 식도락의 즐거움을 주는 2차 기능을 위하여 남녀노소 누구나가 일상적으로 섭취해야 하는 식품은 필수적인 중요한 산업이라고 할 수 있다. 최근 우리나라는 「건강기능식품법」이 제정·공포되면서 '의식동원'醫食同源이라는 개념에서 인체의 생리활성 및 생체조절 기능의 3차 기능을 위한 건강기능식품산업이 부각되고 있다. 고령친화 식품산업의 범주는 첫째, 일반 식품산업 둘째, 일반식품 중에 정상적으로 섭취, 소화, 흡수 또는 대사할 수 있는 능력이 제한되거나 손상된 노인들을 위하여 특별히 제조·가공된 특수 의료 용도식품산업 셋째, 건강기능식품산업 등과 같이 분류된다.

고령친화 식품산업의 핵심 성공요인으로는 첫째, 국가의 강력한 산업지원 의지를 들 수 있다. 2006년도 식품의약품안전청 영양기능식품본부의 업무추진 방향에 의하면 2006년 비전을 '소비자의 건강한 식생활 보장과 미래 식품산업 가치창출로 국민의 삶의 질 개선'으로 정했으며, 정책목표로는 기능식품 평가관리체계 개선으로 신뢰도 향상의 목표를 설정하였다. 특히 기능식품과 관련해서는 GMP 적용확대를 통한 품질향상과 사전 평가체계 개선, 고시형 기능식품정비, 개별인정 제품의 모니터링 등이 포함되어 있다. 또한 기능식품에 대한 소비자 교육홍보에 있어서는 기능식품 교육을 위한 의사, 약사, 영양사 등을 대상으로 한 전문가 교육 프로그램을 개발해 기능식품에 대한 이해도를 높일 생각이다. 이처럼 건강기능식품을 총괄관리하고 있는 식품의약품안전청의 건강기능식품산업에 대한 강력한 의지가 산업계의 진흥을 일으킬 것으로 본다.

둘째, 잠재성 있는 기능성 소재의 개발에 따른 개별인정형 건강기능식품 원료를 사용한 개별인정제품 출시가 증가될 것으로 본다. 기능식품신문에서 전문가를 대상으로 2006년 건강기능식품 중의 유망소재와 2006년 기능식품 시장을 조망한 결과, 건강기능식품의 품목에 사활을 건 리딩업체가 존재한다는 사실은 품목의 성장에 큰 도움이 될 것이며 기능성의 발현이 빠르고 저렴한 소재가 유망할 것이라고 하였다. 또한 대기업의 참여로 시장 확대가 10% 정도로 예상되며 새로운 원료소재가 대거 출시할 것이라고 예측하고 있다. 이러한 점을 반영해볼 때 건강기능식품업계의 기능성 소재에 대한 적극적인 참여와 새로운 원료소재의 출현이 성공요인으로 꼽을 수 있다. 또한, 현재 준비 중이거나 출시된 개별인정제품은 난소화성 말토덱스트린, 참당귀주정 추출물 등을 주원료로 사용한 제품이며, 다이어트 시장에도 출시된 바 있다. 이러한 현상은 2006년에도 더욱 탄력을 받아 빈번한 형상이 될 것으로 판단되며 일을 계기로 산학연구에 대한 열정이 높을 것으로 기대해본다.

셋째, 고시형 건강기능식품의 품목 확대 및 관련제품의 출시가 증가할 것으로 본다. 2005년 5월 녹차추출물제품 등 새로 추가된 5개 품목은 그동안 제한된 고시형 품목으로 새로운 제품에 대한 갈증을 느껴왔던 건강기능식품 시장에 단비와 같은 소식이었고, 많은 업체에서는 계속적인 품목 확대를 기대하고 있으며 이를 통해 건강기능식품업계 전반의 활력을 기대하고 있다(장현숙 외, 2005).

세계적으로 의약품산업은 고부가가치 산업으로 인식되고 있으며 지식기반산업의 하나로, 각 국가마다 경제성장을 위한 엔진으로서 핵심역량을 구축하고 있는 분야기도 하다. 또한 국내 의약품 시장은 국민생활수준의 향상, 의약분업 실시, 세계 각국의 기술보호주의 강화 및 다국적 기업의 국내시장 진출 가속화와 M&A를 통한 거대화로 급격한 변화가 예상되고 있어 의약품산업의 발전을 위한 정책적 관심이 증가하고 있다.

평균수명이 길어지고 노인인구가 크게 증가함에 따라 노인성질병에 대한 의약품 수요가 증가하고 있으며, 또한 질병에 대한 치료목적 이외에 삶의 질 향상에 대한 관심이 높아지면서 이와 관련된 의약품이 새로운 시장에서 대두하고 있다. 이미 고령화시대에 진입한 선진국의 약효군 매출은 고지혈증치료제, 고혈압치료제, 우울증치료제 등이 상위권을 형성하고 있다. 우리나라 의약품 시장도 최근 들어 이러한 약효군의 의약품이 급성장하고 있으며 향후 10년간은 의약품 시장의 성장을 견인할 것으로 예상하고 있다. 그리고 생활의 질과 관련된 의약품의 성장도 가세하게 될 것이다.

고령친화 의약품산업은 전반적인 의약품산업이 지니는 특성과 같이 인간의 건강유지 및 증진을 위한 의료행위와 밀접한 관계를 가지는 산업으로, 산업의 생산물인 의약품의 안전성과 유효성이 특히 강조되는 산업이다. 고령친화 의약품산업의 특징을 살펴보면 다음과 같다.

첫째, 고령자의 건강과 직접적으로 연관되기 때문에, 제품의 안전성·유효성에 관하여 정부의 규제가 강하며, 자격증을 소지한 의사, 약사에서 최종 소비자로 이르는 모든 부문에서 법적·행정적 관리가 뒤따르고 있다. 이는 의약품의 가치가 다른 제품과는 달리 상업적 가치뿐만 아니라 의학발전, 기술 확산, 공공의료 등의 사회적 측면도 중요한 비중을 차지하고 있음을 나타낸다.

둘째, 질병의 양태와 원인이 다양한 만큼 의약품을 생산하는 제약산업의 생산구조가 다종다양하고, 소량다품종 생산형태를 갖고 있다. 또한 시장이 생산기술별·약효군별로 분화되어 있어서 제약기업의 기술수준에 따라 일반의약품, 전문의약품, 특허의약품으로 수평적 분화를 이루고 있다. 또한 질병의 다양성으로 인해 약효군별로 시장이 분화되어 있어 제품라인업이 다양한 대규모 기업과 소수의 제품에 특화하는 소규모 기업 간에도 특정 약효군 내에서 경쟁이 가능한 구조를 지니고 있다.

셋째, 생명과학과 정밀화학이 결합된 지식집약형 산업으로 신약개발능력이 기업경쟁력의 결정요인이 된다. 고령친화 의약산업은 약학, 화학, 생물학, 의학 등 여러 분야의 관련지식과 복합적인 기술을 토대로 한 첨단기술 및 지식집약형 산업으로 의약품 산업의 핵심기술은 신소재의 창출 기술이며, 여기에 막대한 비용과 시간이 소요되는 반면 그 성공 가능성은 매우 낮아 리스크가 높지만 개발된 신약이 시장에서 성공할 경우 장기간 동안 특허를 보호받으면서 이익을 누릴 수 있다. 이와 같이, 특허기술의 보호장벽이 높고 신의약품 개발이 어렵기 때문에 기술 우위에 따른 독점력이 강하며 고부가가치를 창출하는 산업이다.

② 고령친화 식품산업 및 의약품산업의 활성화 방안

2002년 8월 「건강기능식품법」의 제정·공포된 이후, 정부는 건강기능식품산업 지원육성에 대한 강력한 의지를 표방하였다. 이어 2004년 1월 「건강기능식품법」의 세부고시가 제정·공포되어 더욱 가속화되었다. 또한 2005년 1월에는 그동안 시행과정에서 나타난 문제점 및 불합리한 제도를 개선하고 건강기능식품산업을 지원하기 위하여 '건강기능식품 제도개선 T/F팀'을 구성하여 제도개선 방안을 마련하는 등 범정부 차원의 건강기능식품 지원·육성 방안이 체계를 갖추었다.

국내 식품산업의 시장규모는 2002년 34조 1,300억 원에서 2010년에는 53조 2,591억 원, 2020년에는 약 92조 8,892억 원으로 성장할 것으로 예상된다. 그리고 고령친화 식품산업은 8,664억 원에서 2010년 1조 7,416억 원, 2020년 약 4조 1,687억 원으로 성장할 것으로 예상되며, 고령친화 식품산업 전략품목은 2002년 3,257억 원에서 2010년 6,921억 원, 2020년에는 약 1조 7,756억 원으로 성장할 것으로 예상된다(〈표 14-9〉 참조).

현재 우리나라의 고령화 식품산업은 강점, 기회요인과 약점, 위협요인이 교차하고 있어 향후 5~10년간의 노력 여부에 따라 선진국 수준으로 진입할 수 있는 기반을 마련하느냐, 아니면 소재 및 기술 종속국으로 남게 되는가가 결정되는 중요한 시

표 14-9 고령친화 식품산업 시장전망

(단위: 억 원, %)

구 분	2002년	2010년	2020년	연평균성장률
모태산업	341,300	532,591	928,892	5.72
고령친화 식품산업 (모태산업대비 비중)	8,664 2.5	17,416 3.3	41,687 4.5	9.12 –
전략품목 (고령친화 식품산업 대비 비중)	3,257 37.6	6,921 39.7	17,756 42.6	9.88

※자료: 한국보건산업진흥원(2007)

기라는 분석결과가 나왔다. 특히, 업계의 애로사항 및 문제점 조사에서 새롭게 도출된 것은 강점에서 의사, 약사, 한의사의 고령친화 식품산업으로의 참여로 신규시장이 창출되고 있으며, 고부가가치 창출에 따른 유망산업으로 인식되어 산업자원부, 과학기술부, 농림부 등 범부처적인 공감대가 형성되고 있다는 점이었으며, 기회에서는 고령인구를 위한 신소재 탐색 및 평가기술은 선진국에 비해 열세이나 다양한 제품화 기술은 잘 발달되어 국제 경쟁력을 가지고 있다는 점이다. 한편 약점으로는 시판되고 있는 고령인구를 위한 기능성 원료의 해외 의존도가 높은 점과 위협에서 안전성·기능성 평가를 위한 GLP 및 GCP 기관의 수가 부족하고 전문인력 부족 등 기본 인프라가 미흡한 것으로 보고했다(보건복지부, 2006).

고령친화 식품산업의 활성화를 위한 방안은 다음과 같다.

첫째, 건강기능식품 신소재의 상품화를 위하여 이에 대한 과학적 근거 확보 및 업계 요구가 많은 품목을 건강기능식품 공전에 등재하는 것을 확대하고, 국가 차원의 신소재·신제품 개발을 위한 R&D 자금 지원을 확대해야 하며, 현재 건강기능식품의 행정적인 집행업무를 맡고 있는 식품의약품안전청에서 건강기능식품 신제품에 대한 인정절차를 합리화하기 위한 노력을 지속적으로 추진해야 한다.

둘째, 건강기능식품 원료의 기능, 지표성분 및 표준함량에 대한 규격을 설정하고, 이들 기능, 지표성분의 표준분석방법의 확립 등을 통한 건강기능식품 기능성 원료의 품질 표준화사업을 지속적으로 추진해야 할 것이다. 그리고 기존의 국가연구개발사업으로 개발된 기능성 소재, 생약소재, 관련 학술정보에 대해 DB를 구축하고, 구축된 DB의 CD 제작배포 및 홈페이지, 대량발송 메일시스템 등을 통한 정보 제공하는 등 국가 R&D성과의 DB 구축을 통한 기능성 신소재 발굴 지원을 지속적으로 추진해야 할 것이다.

셋째, 「건강기능식품법」의 인지도 향상을 위한 홍보 프로그램 개발 및 홍보 전략을 수립하고, 정기적인 인식도 조사를 통한 교육·홍보 전략을 수립하여 「건강기능식품법」에 대한 소비자 인식을 제고해야 한다. 그리고 건강기능식품의 선택방법 및 기능성의 올바른 이해를 위한 교육 프로그램의 개발, 건강기능식품에 대한 소비자 경향 모니터링 체계의 구축, 명예건강기능식품감시원, 소비자단체 등을 활용한 소비자 위주의 지속적인 감시 및 홍보활동을 강화하여 건강기능식품의 표시에 대하여 소비자 이해를 올바르게 확산해야 한다. 「건강기능식품법」에 소비자 교육·홍보 관련조항을 신설하여 지속적인 소비자 교육·홍보를 위한 법적 근거를 마련해야 한다.

노령친화 의약품산업의 활성화를 위해 국가에서는 고령친화 의약산업을 선진화

그림 14-9 고령친화 의약품산업 발전을 위한 구상도

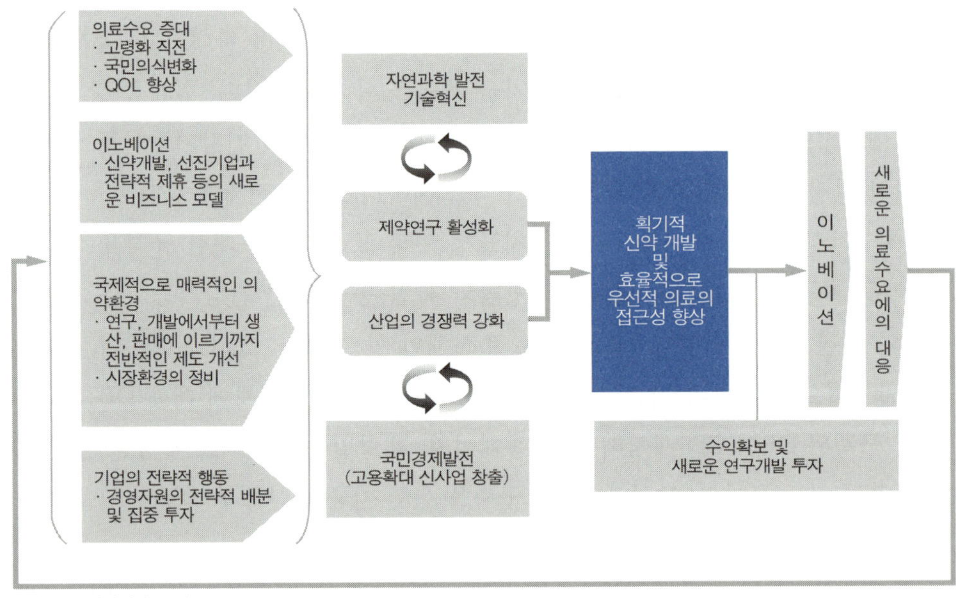

※자료: 보건복지부(2006)

하고 BT산업을 육성하여 국제경쟁력을 강화함으로써 인구 고령화에 따른 의약품 수요의 양적·질적 변화에 대비하고 삶의 질 향상을 도모하기 위해서는 상품력을 증대해야 할 것이다. 이를 위해서는 핵심부문의 기술경쟁력을 제고하고 BT 응용 신약 및 국제경쟁력 확보가 용이한 개량신약 개발하여 집중 및 선택을 통한 전략적으로 산업을 육성해야 한다(〈그림 14-9〉 참조).

연구와 개발에서 생산, 판매에 이르기까지 전반적 제도 및 시장경쟁력 환경을 제고하여 기술혁신을 보다 한층 촉진, 즉 국제적으로 매력적인 제약환경을 실현하고 제약기업의 전략적인 경영을 실행하기 위해서는 제약연구 활성화 및 국제경쟁력 강화가 우선적으로 필요하다. 이에 고령친화 의약품산업의 활성화를 위해서는 다음과 같은 전략을 강구할 수 있을 섯이다(한국보건산업진흥원, 2007).

첫째, 연구개발을 위한 투자를 증대시키고 핵심부문의 기술경쟁력을 제고하기 위해 전략적 집중투자가 필요하다. 정부 차원에서의 적극적인 투자와 더불어 민간기업에 대한 연구개발 지원은 물론 공공부문의 연구개발 성과가 기업들의 경쟁력 강화로 연결될 수 있는 시스템도 구축해야 한다. 그리고 BT 응용 신약 및 국제경쟁력 확보가 용이한 개량신약을 개발하도록 지원하여 해외시장에서 성공적으로 진출할 수 있는 방안을 모색해야 할 것이다. 또한 BT 의약품 연구를 위해 국제 규격의 생산 설비 투자에 적극 나서며, 현재 해외 전문기관에 의존하고 있는 바이오 의약품의 안전성 평가(생물학적 동등성 평가) 시스템 구축에 많은 노력이 필요할 것이다.

둘째, 분야별 제품 특성화를 유도해야 한다. 핵심역량 강화를 통한 경쟁력 및 시장지배력 강화하고 수출지향의 수출전략기업과 국산의약품 품질경쟁을 지향하는 내수전략 기업으로 구분하여 분야별 차별화된 제품 특성을 장려할 필요가 있다.

셋째, 의약품 산업을 발전을 위해서는 전문인력 양성을 위한 기반을 확충하는 것이 필수적이다. 그리고 국내 기업이 국제 경쟁력을 지니기 위해서는 현재 취약한 마

케팅 및 영업에 대한 전문인력, 해외등록업무에 대한 전문인력을 양성하는 것도 함께 고려해야 할 것이다.

넷째, 국제조화 및 안전성과 편의성 제고를 위한 체계를 마련해야 한다. 이를 위해서는 연구개발을 촉진하고 생산관리 선진화를 위한 기반을 조성해야 한다. 그리고 허가기준, 규격의 국제조화 추진, 신약 및 제네릭 국제조화 추진, 고령자 다중처방에 따른 위해성 경감을 위한 복약관리 체계 마련, 의약품 사용의 편의성 제고를 위한 리필refill제도의 도입 등과 관련한 체계를 구축해야 할 것이다.

마지막으로 고령친화 의약품산업의 전략품목을 선정하여 국가 핵심산업으로 성장할 수 있도록 정책적인 지원이 뒷받침되어야 할 것이다.

(3) 고령친화 교육산업

① 고령친화 교육산업 개요

전 세계는 WHO, OECD, EU, ILO 등 국제기구를 중심으로 지속 가능한 사회발전의 과제로서 고령화 시대에 적극적으로 대처하는 방안을 활발하게 논의하고 있다. 특히 WHO의 경우 활동적인 노화active aging의 개념을 도입하여 고령층 경제활동 제고의 필요성을 강조하고 있다. 활동적 고령화가 가능하기 위해서는 고령자 대상의 인적자원 개발 노력이 무엇보다 중요하다. 이는 교육산업이 보다 고령자 친화적으로 변화될 필요성이 있음을 시사한다.

교육산업은 무형의 교육재화를 생산하는 활동이다. 이러한 무형의 교육재화는 형태도 다양하고 비가시적 성격 때문에 그 성과를 측정하기도 어렵고, 성과에 대한 경제적 가치를 부여하기는 더욱 어렵다. 또 교육산업의 경우 공공재적 성격으로 정부 개입이 심하며, 정부의 재정보조 또는 지원에 절대적으로 의존하기 때문에 경쟁구조가 취약한 측면이 있다. 따라서 경제적 효율성이 타 산업부문에 비해 떨어진다. 한편 교육산업은 다른 산업과는 달리 경제적 요인보다는 정치적·사회적·문화적 요인에 크게 영향을 받는다. 그런데 종종 이와 같은 요인들이 자주 경제적 요인과 상충되기 때문에 교육산업의 효율화가 저해되는 측면이 있다.

② 고령친화 교육산업의 활성화 과제

고령사회에 진입하더라도 지속적인 성장 가능한 사회를 구축하기 위해서는 고령자의 고용 가능성을 높이기 위한 다양한 직업훈련 수요가 충족될 필요가 있고, 고령자의 삶의 질 향상을 위해서도 다채로운 교육욕구를 충족해야 한다. 고령친화 교육산업의 활성화는 이런 비전과 목표의 달성을 염두에 두고 추진해야 할 것이다. 고령친화 교육산업의 시장규보가 확내되고 활성화히기 위해 전략품목별로 정부가 수행해야 하는 정책과제를 살펴보면 〈표 14-10〉과 같다.

먼저 직업훈련의 활성화를 위해서는 고령자 적합 유망직종에 대한 개발 노력이 있어야 한다. 미래 산업 수요 변화와 노동시장의 환경 변화 및 선진외국의 사례 등을 토대로 고령자 적합 유망직종을 발굴하고 개발할 필요가 있는 것이다. 이를 위해서는 직업전문가 대상의 델파이 조사가 병행될 수 있을 것이다. 또 이렇게 개발된 고령자 적합 유망직종의 일을 고령자들이 원활히 수행할 수 있도록 양질의 직업훈련 프로그램을 개발하고 이를 적극적으로 보급할 필요가 있다. 나아가 직업훈련 프로그램의 내용, 실시 장소 등에 대한 DB를 구축하여 훈련 희망자에게 상담기능을 제공하고 적절한 정보제공 기능까지 수행함으로써 훈련 희망자가 효과적으로 훈련기회를 제공받을 수 있도록 지원해야 할 것이다.

교양강좌를 활성화하기 위해서는 야간과 주말을 이용하여 대학 시설을 적극 활용할 수 있도록 지원하거나 유도할 필요가 있다. 이를 통해 관련 비용을 줄이므로써 교양강좌가 보다 많이, 그리고 충실히 제공될 수 있도록 할 필요가 있는 것이다.

표 14-10 고령친화 교육산업 전략품목의 활성화 방안

전략품목/정책지원	구체적 내용	담당부처
직업훈련	취업이나 직무능력 향상을 위한 직업훈련	
고령자 적합 유망직종 의 개발	미래 산업 수요 변화와 노동시장 환경 변화 및 외국의 사례 등을 토대로 고령자 적합 유망직종의 발굴, 개발, 직업 전문가 대상의 델파이 조사 병행	노동부
직업훈련 프로그램의 개발·보급	고령자 적합 유망직종의 원활한 수행이 가능하도록 양질의 직업훈련 프로그램을 개발하고 이를 적극적으로 보급	노동부
DB구축·제공	직업훈련 프로그램의 내용, 실시 장소 등에 대한 DB 를 구축하여 훈련 희망자에 대한 상담 및 정보제공 기능 강화	노동부
교양강좌	문화, 교양, 건강, 컴퓨터, 어학, 여가선용 관련 교육	
대학 시설 활용 촉진	야간과 주말을 이용하여 대학 시설을 적극 활용할 수 있는 방안 지원·유도	교육부
저소득층에 대한 바우처 제도 도입	저소득층의 교양강좌 참여 지원을 위한 바우처제도 시행	교육부
DB구축·제공	교양강좌 프로그램의 내용, 실시 장소 등에 대한 DB 를 구축하여 교육 희망자에 대한 상담 및 정보제공 기능 강화	교육부
시민 교육	사회봉사나 사회참여 관련 교육	
시민 교육 프로그램 의 개발·보급	사회봉사나 사회참여 관련 교육 프로그램을 개발하여 관계 교육기관에 보급	교육부
고령자 자원봉사단에 대한 교육 지원	자원봉사 희망 고령자 주도 모임에 필요한 교육 지원, 고령자 자원봉사단 지도자 연수 프로그램의 개발 및 연수 실시	교육부
시민교육 실무자에 대한 체계적 연수 지원	시민교육 담당 실무자의 연수를 지원함으로써 시민교육의 질 개선 도모	교육부
DB 구축·제공	시민 프로그램의 내용, 실시 장소 등에 대한 DB를 구축하여 교육 희망자에 대한 상담 및 정보제공 기능 강화	교육부

또 저소득층의 삶의 질 향상을 위해 교양강좌 참여를 지원하기 위한 바우처제도의 시행도 필요하다. 나아가 교양강좌 프로그램의 내용, 실시 장소 등에 대한 DB를 구축하여 교육 희망자에 대한 상담 및 정보제공 기능을 강화해나가야 할 것이다.

사회봉사나 사회참여 관련 교육인 시민 교육이 활성화하기 위해서는 우선 사회봉사나 사회참여 관련 교육 프로그램을 개발하여 관련 교육기관에 보급할 필요가 있다. 또 자원봉사를 희망하는 고령자 주도 모임에 대해 필요한 교육을 지원하는 것도 중요하다. 이를 위해 고령자 자원봉사단의 지도자에 대한 연수 프로그램을 개발하고 이를 토대로 연수를 실시하는 방안을 적극 검토해볼 필요가 있다. 시민 교육 담당 실무자의 연수를 지원함으로써 교육의 질 개선 도모하는 노력도 있어야 할 것이다. 나아가 프로그램의 내용, 실시 장소 등에 대한 DB를 구축하여 교육 희망자에 대한 상담 및 정보제공 기능 강화해나가는 노력도 중요하다 할 것이다(장현숙 외, 2005).

3. 고령친화산업의 활성화 방안

우리나라 고령친화산업은 1인당 국민소득이 2만 달러를 넘고, 베이비부머 세대가 은퇴하는 2010년 경 본격적인 성장기에 진입할 전망이다. 비전 및 정책방향을 설정하는 현 단계를 지나 2006년부터는 고령친화산업의 기반을 구축하는 기반 구축기에 진입할 것이며, 노인요양보험제도가 도입되고 기초노령연금이 시작되는 2008년에는 고령친화산업의 개화기를 맞이할 것으로 전망된다. 또한 우리나라가 고령사회에 진입하는 2018년경부터 2020년경에 베이비부머 세대의 노인인구가 편입되는 등 고령인구의 증가와 함께 고령친화산업이 성숙기에 접어들 것으로 예상된다. 이러한 우리나라 고령친화산업의 활성화를 위해서는 다음과 같은 노력들이 필요할 것이다(한국보건산업진흥원, 2007).

(1) 고령친화산업의 성장원천인 요양서비스산업에 대한 집중 육성 필요

노인인구의 10% 이상은 거동이 불편하여 수발 또는 요양보호를 필요로 하고 있으며, 노인부부 및 노인독거가구가 노인가구의 절반가량을 차지하는 것으로 나타나고 있다. 고령화사회 진입으로 노인의 요양보호 욕구 증대 및 보호기간이 장기화되고, 핵가족화와 여성의 사회활동 급증으로 가정에서 가족의 보호지원은 한계에 달하여 접근성이 용이한 장기요양서비스long-term care의 필요성이 더욱 강조되고 있다.

요양서비스산업은 요양보호를 필요로 하는 노인에게 가정을 방문하여 제공하는 재가요양서비스와 시설요양서비스로 구분된다. 재가요양서비스는 방문간병, 수발서비스, 방문간호, 노인 용구 및 용품 대여서비스 등을 포함하며, 시설요양서비스는 주로 노인의료복지시설인 요양시설과 요양병원에서 제공하는 서비스로 볼 수 있다.

현재 재가요양서비스 충족률은 약 5%로 매우 미흡한 수준(시설요양서비스는 약 30%)이나, 향후 요양서비스산업의 활성화 전략품목으로서 전망이 매우 밝다. 재가요양서비스산업의 활성화를 위해서는 민간 독립형 방문간병, 수발시설 및 방문간호시설 등에 법인 및 개인이 참여할 수 있도록 법적 근거를 마련해야 한다. 아울러 재가요양서비스의 질적 수준을 유지 및 관리를 할 수 있는 감독기관이 필요하고, 적정 간병 및 수발인력의 양성 및 수급관리 정책이 뒤따라야 한다.

시설요양서비스산업 활성화 방안으로는 수요 촉진을 위하여 시설 이용료를 지원하는 역모기지론 개발 및 시설 이용료 소득공제 등을 적극 검토하고 이용자의 권익보호를 위한 계약 및 사생활보호 지침도 마련해야 한다. 또한 경쟁력을 갖춘 요양

서비스사업 운영자의 가맹사업(프랜차이즈)이 가능하도록 관련법과 제도 등을 검토해야 한다. 재원투자에 있어서는 요양서비스 수요에 적합한 경쟁력 있는 민간부문이 참여할 수 있도록 기반을 조성하는 것이 필요하며, 복지적 성격이 강한 요양서비스산업 활성화를 지원할 재원 조성이 필요하다. 건강증진기금 및 복권사업 수익금 등으로 재원을 조성하여 민간시설의 신축 및 개·증축 시 저리대출을 지원하는 방안 가능할 것이다. 일본의 경우 노동후생성 산하에 '독립 행정 법인 복지의료기구'를 두고 요양서비스 사업자의 신축 및 운영자금을 지원하고 있는데, 2003년 현재 총 자산규모는 약 3조 원에 달하며, 융자기간 5~10년, 연리 1.6%의 장기저리융자를 지원하고 있다. 이 밖에 경제력을 보유한 현재 40~50대의 신新고령계층이 소비주체가 되는 시기를 겨냥한 숭상기 요양서비스산입 시책 마련과 경쟁력 도모를 위한 지속적인 기반 조성이 필요하다.

우리나라의 요양서비스산업 시장은 국민연금 등 수급권자가 약 400만 명이 발생하고, 노인요양보험제도가 시행된 2008년을 전후하여 급성장할 것으로 예상된다. 요양서비스산업과 동반 성장이 가능한 타 분야는 노인용 기기 및 용품, 주택, 보험, 여가산업으로 선진국 사례를 적용하면 최소 사회보험 지출비의 두 배 이상의 시장이 전망되고 있다. 또한, 2010년 말 기준으로 요양서비스산업이 활성화될 경우 동산업에 고용되는 간병수발인력은 약 15만 명, 노인분야 간호사인력은 약 1.5만 명으로 예측되고 있어 여성 및 중장년층의 고용창출 등 사회경제적 파급효과를 고려할 때 잠재적 시장가치는 매우 높을 것으로 예상된다.

(2) 소비자 보호를 위한 제품 및 서비스의 표준화

고령친화산업 제품 및 서비스의 품질 향상을 위하여 고령친화산업 제품 및 서비스에 대한 표준을 설정하고, 경쟁력 있는 생산 장려와 소비자 보호를 위하여 품질인증제도를 도입해야 한다. 이는 품질인증 표시 고령친화산업 제품과 서비스를 우선 구매할 수 있도록 지원하는 제도로 고령친화산업 육성 법령 제정 시 반드시 포함해야 할 사항이다.

미국의 경우 노인이 주 대상자인 요양서비스 산업부문의 가정간호서비스home health care, 말기환자의 호스피스, 요양원nursing home 등은 정부보험기구인 메디케어/메디케이드서비스센터center for medicare and medicaid services로부터 의무적으로 표준의 적합성 평가를 받아야 하며, 그 밖에 독립적인 비영리 민간 신임기구로부터 인증을 받아 소비자에게 경쟁력 우위를 홍보하고 있다.

품질인증을 할 수 있는 분야는 요양서비스산업을 포함하여 노인을 위한 용구/용품, 주거시설, 금융/보험상품, 여가/정보상품, 장묘상품까지 매우 다양하다. 품질인증은 규제적이고 강압적 접근을 피하고, 긍정적으로 참여할 수 있는 인센티브 정책 개발을 병행해야 한다.

(3) 고령친화산업 분야의 연구개발 강화 및 관련 제품의 보급 촉진

국가 경쟁력 제고를 위하여 노인을 소비 주체로 개발되는 노인성질환 진단기술 및 신약개발, 용구/용품 및 기기, 기능성 화장품 등의 연구개발 지원을 강화해야 한다. 특히 노인의 일상생활의 편의를 도모하고 기능훈련을 위한 용구/용품 관련 연구개발은 부가가치가 높은 기술집약적 기기의 연구개발에 비하여 상대적으로 지원이 미흡한 상황이다.

일본은 복지용구의 연구개발 및 보급촉진과 이용자의 복지증진에 기여하고 산업기술의 향상에 이바지하는 것을 목적으로 관련 법률을 1993년에 제정하였는데, 법령 안에는 다음과 같은 국가 및 지방자치단체의 책무를 포함하고 있다. 구체적으로 국가는 필요한 복지용구의 연구개발 및 보급 촉진을 위한 재원을 확보하고, 지방자치단체는 복지용구의 보급을 촉진해야 한다. 또한, 국민의 이해와 관심을 확대할 수 있는 국가와 지방자치단체 공동의 홍보활동을 강조하였다.

향후 우리나라도 노인과 장애인을 위한 공용품 형태로 고령친화산업 제품을 개발할 수 있도록 적극적인 정부부처의 R&D 지원 정책과 관련 법령 제정이 이루어져야 할 것이다.

(4) 고령친화산업 육성 지원센터의 설립 및 운영

고령친화산업 활성화 관련 정부부처, 분야별 학계 및 연구기관의 전문인력으로 구성된 지원팀, 분야별 산업체 등으로 네트워크를 구축한 '고령친화산업 육성 지원센터(가칭)'가 필요하다. 주요 기능은 고령친화산업 육성정책 개발의 실질 지원, 법과 제도 정비를 위한 기초 조사연구, 요양서비스, 노인용구/용품, 노인주거시설 등의 표준 개발, 제품 및 서비스의 품질인증센터 등의 역할을 수행한다.

향후 정부가 추진하는 「고령친화산업진흥법(가칭)」 제정 시 고령친화산업 육성 지원센터에 전문인력 개발, 창업지원 및 산업경영 자문 등의 포괄적인 기능도 포함해야 할 것이다.

(5) 조화롭고 일관성 있는 공공 복지정책과 민간주도 육성정책 개발

고령친화산업 제품 및 서비스에 대한 소비 주체인 노인의 요구와 업체의 경쟁력 있는 공급량을 모니터할 수 있는 시스템의 선행 정착이 필요하다. 정부는 현행 65세 이상 저소득 노인에게 기초노령연금을 지급하여 이들의 노후생활을 지원하고 있다. 아울러 저소득층 노인을 위한 공공부문의 복지정책과 중산층 이상 계층 노인이 주 소비 주체가 되는 민간부문의 고령친화산업 육성정책과의 균형 발전과 조화를 이끌어야 한다.

궁극적으로 정부의 고령친화산업 육성정책은 부처 간의 충분한 토론과 의견 조율로 일관성 있는 명확한 정책 결정과 강력한 추진이 따라야 할 것이다.

제14장 학습과제

1 실버산업과 고령친화산업을 정책적 관점에서 차이점을 논하시오.

2 고령친화산업의 전략산업을 위협하는 요소를 세시하고, 이에 대한 대응 방안을 논하시오.

3 고령친화산업 현장을 방문하여, 현장을 운영하는 담당자와 그들이 당면하고 있는 실질적인 문제점을 발견하고 전략화 방안을 논하시오.

참고문헌

■ 국내문헌
감정기 외(1999), 「통영·거제지역 사회복지시설의 사회화에 관한 연구」, 『통영·거제지역 연구』, 4(1).
강선경·임윤형(2005), 「학대노인에 대한 사례관이 개입에 관한 연구-단일사례분석」, 『노인복지연구』, 겨울호, pp. 191~213.
건강보험심사평가원(각 연도), 「건강보험심사평가 통계 연보」.
________________(2008), 「진료비통계지표」.
고령화 및 미래사회위원회(2005), 「고령친화산업 활성화 전략」.
고정자(2001), 『노인복지학개론』, 형설출판사.
국민건강보험공단(2010), 「2009년 건강보험 주요 통계」.
곽병은(2006), 사회복지시설의 사회화와 생활자의 삶의 만족도에 관한 연구, 가톨릭대학교 박사학위논문.
구자순(2003), 「인터넷 커뮤니케이션을 통한 여성노인의 정보격차해소방안」, 『사이버커뮤니케이션학회』 제16회 정보문화의달 특별세미나 논문발표집.
국민연금연구원(2009), 「국민연금 중기재정전망(2010~2014)」.
권복순·박현순(2005), 「성인여성장애인의 우울의 실태와 영향요인에 관한 연구」, 『한국사회복지학』, 57, pp. 169~180.
권육상(2000), 『최신노인복지론』, 유풍출판사.
권중돈(2004a), 『치매환자를 위한 프로그램의 실제』, 학현사.
______(2004b), 「노인학대에 영향을 미치는 요인」, 『한국노년학』, 24(1) : 1~19.
______(2005), 『노인복지론』, 학지사.
권중돈·고효진·이성희·임송은·장우심·이유진(2002), 『치매와 가족』, 학지사.
권중돈·조주연(2000), 「노년기의 삶의 만족도에 영향을 미치는 요인」, 『한국노년학』, 20(3).
김규수 외 역(2002), 『인간행동과 사회환경』, 나눔의집.
김규원(1997), 「성의 상품화와 성문제」, 아산사회복사업재단, pp. 192~217.
김귀분·고성희·김남초·김명애·김미영·김영경·김옥수·김은심·박경숙·유은광·윤은자·이명숙·이영휘·이지원·이해정·장성옥·전점이·조명옥·한수정(2006), 『노인질환관리 Ⅱ』, 현문사.
김기태 외(2002), 『노인복지실천론』, 양서원.
김명숙(2001), 「노인교육의 필요성과 프로그램 활성화 방안에 관한연구」, 경희대학교 석사학위논문.
김미혜·이금룡·정순돌(2000), 「노년기 우울증 원인에 대한 경로분석」, 『한국노년학』, 20(3) :

211~226.

김미혜(2001), 「노인학대의 이해와 해결을 위한 첫걸음」, 까리따스노인학대상담센터 세미나 자료집, pp. 3~14.

______(2006), 「노인학대의 현황과 대책」, 심포지엄 자료집, 대한의사협회.

김병철(2009), 「고령화사회 노인일자리 모형개발에 관한 연구」, 충북대학교 박사학위논문.

김성순(1994), 『생활노년학』, 운산문화.

김수정(1997), 「아동복지시설의 사회화를 위한 운영체계 개선에 관한 연구」, 이화여자대학교 석사학위논문.

김수춘 외 3인(1995), 「고령화 사회를 향한 노인복지의 실천과제」, 한국보건사회연구정책보고서, pp. 78~80

김신덕(2000), 「노인학교의 교육 프로그램과 만족도에 미치는 영향 연구」, 한림대학교 석사학위논문.

김영호(1991), 『자원복지이론과 실제』, 홍익제.

김애순(2002), 『성인발달과 생애설계』, 시그마프레스.

김익균 외(2002), 『노인복지론』, 대학출판사.

김종옥·권중돈(2003), 『집단사회사업방법론』, 홍익제.

김종일 외(2006), 『쉽게 쓴 노인복지론』, 청목출판.

김종해(1995), 「도시지역 지역사회행동의 주민참여요인에 관한 연구: 부천시 조례제정 운동을 중심으로」, 서울대학교 박사학위 논문.

김지경·김하늬(2008), 「완전은퇴 남성의 주된 소득 원천 및 소득액 결정요인」, 『한국가족자원경영학회지』, 12(1): 58~79.

김진홍 역(1983), 『고독의 사회학』, 전예원.

김태현(1985), 「노인상담의 기초적 연구」, 『한국노년학』, 5: 14~26.

김태현·이인수(1999), 『실버산업의 미래』, 미래인력연구센터.

김현순(2009), 「스트레스, 절망, 우울과 자살 생간 간의 구조적 관계 - 노인과 청소녕의 차이 비교 연구」, 단국대학교 박사학위논문.

김현철(2000), 「노인의 성생활.인식도에 영향을 미치는 요인에 관한 연구」, 서강대학교 석사학위논문.

김형수(2000), 「노인과 자살」, 『노인복지연구』, 겨울호, pp. 25~45.

김 훈(1998), 「노인의 참여역할과 지역사회복지」, 『노인복지연구』, 1(1).

남세진(1986), 『집단지도방법론』, 서울대학교출판부.

남윤자 외(1998), 「한국노인여성들의 의복구매행동과 의복불만」, 『복식문화연구』, 6(4).

노효련·배성수(2003), 「치매환자의 다각적 접근과 치료」, 『대한물리치료학회지』, 15(4).

노동부(2006a), 「임금피크제」.

______(2006b), 「고령자 고용촉진 기본계획」.

______(2009), 「임금피크제 도입 매뉴얼」.

노동연구원(2006), 「중장기인력수급전망(2005~2020)」.

대전광역시 청소년 자원봉사센터(1996), 『청소년과 자원봉사활동의 이론과 실제』, 대전광역시 청소년 자원봉사센터.
류명원(2005), 「한국 재가노인복지의 사례관리모형에 관한 연구」, 원광대학교 박사학위논문.
류종훈·임창덕·윤인호·김동석·오지혜 공저(2002), 『노인교육의 이론과 실제』, 학문사.
류현수 · 최현수(2003), 「우리나라 아동빈곤율 수준과 변화경향」, 『한국아동복지학』, 16.
모선희 외(2005), 『현대노인복지론』, 학지사.
박경애(2007), 『인구동향통계』, 통계청, BK21 · 고려대학교경제통계교육사업단.
박경희(1995), 「사회적 지지가 사회복지사의 직무스트레스에 미치는 영향에 관한 연구」, 서울대
　　　학교 석사학위논문.
박성민·신경혜·박우환·한정림(2009), 「국민연금 중기재정전망(2010~2014)」, 국민연금연구원.
박재간(1991), 「노인과 지역사회」, 『한국노년학회』, 11(1).
　　　(1997), 「노년기 여가생활의 실태와 정책과제: 노인여가의 현황과 과제」, 한국문제연구소.
　　　(2006), 『노인상담론』, 공동체.
박주문(1997), 「노인자원봉사조직의 육성방안」, 인천광역시 동구 공청회 자료집.
박지원(1985), 「사회적 지지척도 개발을 위한 일 연구」, 연세대학교 박사학위논문.
박차상 외(2005), 『한국노인복지론』, 학지사.
　　　　　(2006), 『케어복지론』, 학지사.
박창형(2005), 「고령친화산업 활성화 정책방향」, 보건산업기술대전.
박태영(1994), 「사회복지시설의 지역사회 관계요인에 관한 연구」, 대구대학교 박사학위논문.
　　　(2003), 「노인복지시설과 지역사회와의 교류에 관한 연구」, 『사회복지연구』, 24.
박태영 외(2000), 「지역사회복지에서의 정상화의 이론적 함의」, 『사회복지개발연구』, 6(2).
박희정(2002), 「장례서비스 개선을 위한 새로운 접근」, 『한국장례문화학회』, 1(1).
보건복지부(각 연도), 「노인복지사업지침」.
　　　　　　(2004), 「공적노인요양보장체계 개발연금」.
　　　　　　(2006), 「고령친화산업 활성화 전략」, 저출산고령사회위원회.
　　　　　　(2008), 「요양보호사표준교제」.
　　　　　　(2009a), 「노인보건시설현황」.
　　　　　　(2009b), 「2008년 노인실태조사」.
　　　　　　(2010a), 「노인보건복지사업안내」.
　　　　　　(2010b), 「노인장기요양제도 시행 2년」.
　　　　　　(2010c), 「업무참고자료」.
삼성경제연구소·삼우설계(1992), 「실버산업의 현황과 전망」, 삼성경제연구소.
신윤희(1999), 「한국노인복지제도에 관한 시대사적 연구」, 동국대학교 석사학위논문.
서　윤(2000), 「노인학대에 대한 사회복지사의 인지와 목격실태에 관한 복지연구」, 『한국노인복
　　　지학』 7: 21~71.
서화정(2005), 「노인자살예방을 위한 사회사업 개입전략」, 부산대학교 박사학위논문.
서혜경(1987), 「한미노인의 죽음에 대한 태도연구」, 『한국노년학』, 7: 39~61.
성규탁(1988), 「노인의 안녕에 관한 조사연구: 문제와 Needs의 식별」, 『한국노년학회』, 8: 69~87.
소비자보호원(2004), 「장례문화의식 및 실태조사 결과」, 소비자보호원.

손주온(1989), 「병원 임상간호사의 노화인지 정도에 관한 연구」, 연세대학교 석사학위논문.

송대현·윤가현(1989), 「노년기의 고독감: 한국인이 느끼는 고독의 특성」, 『한국노년학회』, p. 64~65.

송애랑(2001), 「여가활동 프로그램중재가 시설노인의 일상생활 동작, 우울 및 삶의 질에 미치는 효과」, 충남대학교 박사학위논문.

송진영(2008), 「중년 남성의 다중역할 몰입, 자기효능감, 심리적 안녕감 간의 구조모형 분석」, 서울기독대학교 박사학위논문.

신경례(1997), 「교회의 노인교육에 관한 한 연구」, 장로회신학대학교 석사학위논문.

신민섭(1992), 「자살기제에 대한 실증적 연구」, 연세대학교 박사학위논문.

심창구(2005), 「의약품의 가치」, 『보건정책연구회』, 서울대학교 보건대학원 보건정책학교실.

안황란(1999), 「노인의 죽음에 대한 태도에 영향을 미치는 요인과 죽음 준비 교육프로그램개발」, 『정신간호학회지』, 8(1): 44-68.

엄명용(2000), 『사회복지실천의 이해』, 학지사.

오병훈(1999), 「노인성 우울환자의 치료실제」, 『가정의학회지』, 20(11); 1441~1445.

오생근(1998), 『성과 사회: 담론과 문화』, 나남.

오진주(1999), 「지역사회 거주 노인의 성생활 관련요인연구」, 『단국대학교논문집』, 34: 547~565.

오진탁(2004), 죽음, 『삶이 존재하는 방식』, 청림출판.

유영주(1992), 『신가족관계학』, 교문사.

유희옥(2004), 「중노년기의 죽음 불안태도」, 성신여자대학교 박사학위논문.

육성필(2002), 「자살관련 변인의 탐색과 치료 프로그램개발」, 고려대학교 박사학위논문.

윤　진(1984), 『노인복지학』, 서울대학교출판부.

＿＿＿(1998), 「노인과 노화과정에 대한 태도의 요인분석」, 『한국노년학회지』, 7(1): 63~73.

원영희(1995), 「동·별거 형태가 한국노인의 심리적 행복감에 미치는 영향」, 『한국노년학』, 15(2): 97~116.

＿＿＿(2002), 『실버텔 사업 타당성조사·사업계획서 작성』, 백산출판사.

SBS & Mckinsay & Company(2006), 「고령화 충격, 활로는 없는가? 50대, 이제는 청년이다! 생산성 혁명이 살길이다」, SBS.

이가옥(1994), 『재가노인복지사업: 이론과 실제 -재가노인복지와 가정봉사원 파견사업-』, 한국노인 복지회 편저, 홍익재.

＿＿＿(1996), 「한국노인자원봉사의 현황과 과제: 자원봉사와 노인의 역할」, 제2회 세계 노인의 날 기념 세미나 자료집, pp. 7~33.

이근홍(1998), 『케이스 매니지먼트』, 서울대학교출판부.

＿＿＿(1999), 「재가노인 케이스 매니지먼트 실천방안에 관한 연구」, 『노인복지연구』, 4, pp. 219~220.

이병록(2004), 「사회복지시설의 사회화론에 대한 일 고찰」, 『한국사회복지학』, 56(1).

이선영(2004), 「생태체계관점에서 본 정신장애인의 삶의 질 영향요인 연구」, 서울여자대학교 박사학위논문.

이성규(2000), 『사회통합과 장애인 복지정치』, 나남.

이신자(1992), 「노인의 건강문제」, 『대한간호학회』, 24(2) : 19~23.
이연호(2002), 「노인학대 위험요인과 피해에 관한 연구」, 이화여자대학교 박사학위논문.
이윤로(2006), 『최신 사회복지실천론』, 학지사.
이윤숙(1983), 「노인과 성: 성과 문화」, 『현대사회와 노인복지』, 아산사회복지사업재단, pp.
        179~181.
이이정(2004), 「노인 학습자를 위한 죽음준비교육 프로그램 개발 연구」, 연세대학교 박사학위논문.
이종복(1989), 『사회복지시설론』, 범론사.
이필도 외(2002), 「장례서비스 표준화 연구」, 산업자원부 기술표준원.
이호선(2005), 『노인상담』, 학지사.
장인협(1995), 『지방화 시대의 지역사회실천방법론』, 서울대학교출판부.
장인협·오세란 역(1996), 『사회지지체계론』, 사회복지실천연구소.
장인협·우국희(2001), 『케어 · 케이스 매니지먼트』, 서울대학교출판부.
장인협·최성재(1987), 『노인복지학』, 서울대학교출판부.
___________(1998), 『노인복지학』, 서울대학교출판부.
장현숙 외(2005), 「고령친화산업 중장기 실행전략 연구」, 한국보건산업진흥원.
장현정(2007), 「노인복지서비스 이용의사에 영향을 미치는 요인」, 덕성여자대학교 석사학위논문.
전재일(1982), 『사회사업방법론 –통합적 접근』, 대구대학교 출판부.
전재일 외(2007), 『사회복지실천론』, 형설출판사.
정경희 외(2005), 「2004년도 전국 노인생활실태 및 복지욕구조사」, 정책보고서 05-03, 한국보건사
        회연구원.
정윤모(2006), 「노인의 복지욕구에 관한 연구 –군산시 노인을 중심으로」, 원광대학교 박사학위논
        문, pp. 8~74.
조성희(2002), 「지역사회 복지관에서의 재가노인을 위한 사례관리 실천연구」, 서울신학대학교 석
        사학위논문.
조성남·이동원·원영희(1998), 『고령화사회와 중상층 노인의 사회활동』, 집문당.
조유향(2006), 『치매노인케어론』, 집문당.
조은희·전진호·이상원(2000), 「경로분석을 통한 만성질환 노인 환자의 우울에 영향을 미치는 요
        인 모델 선정」, 『노인병』, 2(1), pp. 89~115.
조흥식(1998), 「장애인 수용시설의 지역사회 개방화」, 『재활복지』, 2(2).
중앙노인전문보호기관(2009), 「2008 노인학대현황보고서」.
최정아(1991), 「사회적 지원 망과 노인의 생활만족도」, 한양대학교 석사학위논문.
최광현(2006), 「노인문제 해결을 위한 노인복지상담 연구 –인지행동상담을 통한 노인문제 접근」,
        『대한케어복지학』, 1(3) : 121~136.
최병호 외(2005), 「참여정부 2년의 보건복지정책 평가와 향후 3년 정책과제에 대한 좌담회」, 『보
        건복지포럼』, 99: 6~29.
최성재(1985), 「교환이론적 관점에서 본 노인문제」, 『사회복회학회지』, 7: 147~165.
______(1994), 「2000년대를 향한 실버산업의 발전방향과 전망」, 현대사회와 사회사업, 윤배박사회
        갑기념논문집.

최성재·장인협(2002), 『노인복지학』, 서울대학교출판부.
______________(2006), 『노인복지학』, 서울대학교출판부.
최송식 외(2006), 『사회복지의 이해』, 박학사.
최순남(1995), 『현대노인복지론』, 한신대학교 출판부.
______(2002), 『현대노인복지론』, 법문사.
최영희·신경림·고성희·공수자·공은숙·김명애·김미영·김순이·김옥수·이영희·조명옥·하혜정·한
　　수정 공저 (2006), 『노인과 건강』, 현문사.
최일섭·최성재(1995), 『사회문제와 사회복지』, 나남.
______________(2000), 『사회문제와 사회복지』, 나남.
최혜경·권유경 공역(2001), 『새로운 노년 문화를 위한 지침서–성공적인 노화』, 학지사.
최혜경·정순희(2001), 『노인과 실버산업』, 동인.
탁희춘(1984), 「정년제도의 현황과 문제점, 산업사회와 정년」, 『아산복지사업재단』, p. 32~34.
통계청(각 연도), 「사망 및 사망원인 주요 통계」.
______(각 연도), 「고령자통계」.
______(2002), 「서비스업 통계조사 보고서」.
______(2005a), 「사회통계조사」.
______(2005b), 「장래인구 특별추계, 우리나라 65세 이상 노년인구 추이」.
______(2005c), 「장래인구 특별추계– 인구 고령화 속도 비교」, 2005 인구통계자료집, in 일본 국립
　　사회보장 · 인구문제연구소.
______(2006), 「장래인구추계– 연령 계층별 생산가능 인구」.
______(2007a), 「장래인구 특별추계– OECD 주요 국가들의 노인인구 구성 비율」, in UN, population
　　database(http://esa.un.org/unpp).
______(2007b), 「장래인구추계– 노년부양비 및 노령화지수, 가구주의 성 및 연령 분포」.
______(2009a), 「2008년 생명표」.
______(2009b), 「2009년 사회복지결과 (복지, 문화와 여가, 소득과 소비, 노동, 사회참여)」.
______(2009c), 「사회조사」.
______(2009d), 「한국의 사회동향」.
______(2009e), 「한국의 사회지표, 2008」.
______(2009f), 「2009 OECD 사회통계지표」.
______(2009g), 「경제활동인구조사」.
______(2010), 「2010 고령자통계」.
하은호 · 이영휘(2004), 「무료양로시설노인이 지각한 사회적 지지에 따른 자아존중감과 삶의 질에
　　관한 연구」, 『노인간호학회지』, 6(1).
한국노동연구원(2007), 「실버산업 노동시장과 인구고령화」.
한국노인문제연구소(1996), 『외국의 노인복지정책』, 동인.
한국보건사회연구원(2004), 「전국 노인생활실태 및 복구욕구 조사」.
한국보건산업진흥원(2007), 「고령친화산업 환경과 활성화 방안」, 2005 보건산업백서.
______________(2009), 「국내 실버산업의 성장성 전망」.

한국사회복지협의회(1987), 「자원봉사활동 현황 및 활성화 방안」.
한국자살예방협회(2008), 「노인자살 예방을 위한 실천적 정책 수립방안을 위한 연구」.
한동희·김정옥(1994), 「노인학대에 관한 이론적 고찰」, 『대한가정학회지』, 32(4) : 45~56.
한정란(2001), 『교육노년학』, 학지사.
______(2005), 『노인교육 교육과정 개발 실천연구』, 학지사.
허정무(2002), 『노인교육이론과 실천방법론』, 양서원.
현외성 외(1994), 『사회복지학의 이해』, 유풍출판사.
________(1998), 『노인상담의 이론과 실제』, 유풍출판사.
________(1999), 『노인케어론』, 양서원.
현외성(2005), 『한국노인 복지학강론』, 유풍출판사.
홍숙자(1999), 『노년학 개론』, 도서출판하우.
황선옥(2001), 「고령화 사회에서의 노인 사회참여 활성화 방안에 관한 연구」, 단국대학교 박사학
    위논문.
황의록·이은경(1992), 「"노령화사회와 노인소비자": 한국노인산업의 현황과 전망」, 『한국소비자
    학회』, 92년도 총회 및 학술대회, pp. 56-83.
황진수(1997), 「노인여가의 현황과 과제, 노인여가문화정책의 활성화 방안」, 한국노인문제연구
    소, p. 76.

■ 외국문헌
野口定久(1980), 「노인홈에 있어서 施設社會化의 實踐아웃트라인과 展開」, 『社會老年學』, 13.
全國社會福祉協義會(2000). 「社會福祉施設運營論」, pp. 21~24
秋山智久(1978), 『施設の社會化とは何か-その槪念, 歷史, 發展段階-』, 社會.
小笠厚祐次 外(1999). 『社會福祉施設』, 有斐閣.
Atchley, R. C. (1994). *Social Forces and Aging: An Introduction to social Gerontology*. Belmont, CA: Wadsworth Pub-
    lishing Co.
Baltes, M. M. (1994). *Aging well and institutional living: A paradox? In R. P. Abeles, H. C. Gift, & M. G. Ory (Eds.).*
    Aging and quality of life, pp.185-201. New York: Springer.
Barker, R. L. (1995). *The Social Work Dictionary (3rd ed.)*. Washington, D. C.: NASW Press.
Bertalanffy, L. (1968), *GeneralSystem Theory: Foundation, Development, Application*, New York: Brazille.
Biestek, F. P. (1957), *The casework relationship*, Illinois: Loyola Univ. Press.
Burlingame, V. S. (1995), *Gerocounselling elders and their families*, New York: Springer.
Campbell, A., Converse, P. E., and Rodgers, W. L. (1976), *The quality of American life*, New York: Russell Sage
    Foundation, pp. 13-17.
Cobb, S. (1976), "Social support as a moderator of life stress", *Psychosomatic Medicine*, 38(5), pp. 300~314.
Cohen, S. (1983), "Positive events and social supports as buffers of life change stress", *Journal of Applied Social
    Psychology*, 13, pp. 99-125.
Cohen, S. & Syme, S.(1985), *Issues in the study and application of social support*, in Cohen, S. & Syme, S.(eds), Social
    Support and Health, New York: Academic Press. pp.3~22.
Cormier, W., & Cormier, L. S. (1991), *Interviewing strategies for helpers: Fundamental skills and cognitive behavioral in-*

terventions (3rd ed.), Pacific Grove CA: Brooks/Cole.

Covey, H. A. (1981), "A reconceptualization of continuity theory", Gerontologist, 21 (December), p. 628~633.

Cowgill, D. O. (1974), *Aging and modernization: A revision of the theory. In J. Gubrium (Ed.)*, later life. Springfield, IL: Charles C Thomas.

Cowgill, D. O., & Holmes, L. D. (1972), *Aging and modernization(Eds.)*. New York: Appleton-Century-Crofts.
_______________________________ (Eds.) (1986). *Aging and around the world*. Belmont, CA: Wadsworth.

Cumming, E., & Henry, W. E. (1961), *Growing older: The process of disengagement*, New York: Basic Books.

Diener, E. (1984), "Subjective well-being", *Psychological Bulletin*, 95(3), pp. 542~575.

Douglass, R. T. , Hickey, C., & Novel., (1980), "A study of maltreatment of the elderly and other vulnerable adults", Final Report to the U. S. Administration on Aging and the Michigan Department of social service.

Douglass, R., (1983), "Domestic Neglect and Abuse of the Elderly: Implications for Research and Service", *Family Relations*, 32(3), p. 395~402.

Gerdtham, U. G., et al. (1994), "Factors affecting health spending: a cross-country econometric analysis", OECD/GD(94)101.

Germain, C. B. (1979), *Ecology and Social Work. In C. B. Germain(Ed)*, Social Work Practice: People and Environments, New York: Columbia University Press

Goldstein, J; Lutz, W; Test, M. R. (2003). "The Emergence of Sub-replacement Family Size Idealism in Europe", European Demographic Research Papers. Vienna Institute of Demography.

Gouldner (1970), *The Coming Crisis in Western Sociology*, New York: BasicBooks.

Havighurst, R. J., Neugarten, B. J., & Tobin, S. S. (1968), *Disengagement and patterns of aging. In B. L. Neugarten (Ed.)*, Middle age and aging. Chicago: University of Chicago Press.

Henry, W. E. (1965), *Engagement and disengagement: Toward a theory of adult development. In R. Kastenbaum (Ed.)*, Contributions to the psychobiology of aging, New York: Spring, pp. 19~35.

Holmes, L. D. (1987), "Cultural Values and Cultural Change", *Journal of Cross-Cultural Genontology*, 2: 195~200

Homans, G. C. (1961/1974). *Social behavior: Its elementary forms*. New York: Harcourt Brace.

House, J. S. (1981), *Work stress and social support*, California: Adisson-Wesley Publishing Company.

Johnson, L. C., & Yanca, S. J. (2001), *Social Work Practice: A Generalist Approach*, Boston: Allyn and Bacon.

Kalish, R. (1975), Late, Adulthood: *Perspectives on Human Development*. Brooks Cole Publishing, Nonterey, Calif.

Kastenbaum, R. (1996), "Death and Dying", *Encyclopedia of Gerontology*, 1: 361~372.

Krause, N. (1986), "Social support, stress and well-being among older adults" *Journal of Gerontology*, 25(1): 55~61.

Kuypers, J. A. & Bengtson, V. L. (1973), "Social Breakdown and competence: A Model of normal aging", *Human Development*, 26: 191~210.

Lopata, H. Z. (1973), *Widowhood in an American city*, Cambridge MA: Schenkman.

Lynott, R. J., & Lynott, P. P. (1996), "Tracing the course of theoretical development in the sociology of aging", *The Gerontologist*, 36(6): 749~760

Maslow, A. H. (1970), *Motivation and personality (2nd ed.)*, New York: Harper & Row.
____________(1970), *Motivation and personality (2nd ed.)*, New York: Harper & Row.
____________(1971), *The farther reaches of human nature*, New York: Viking Press.

Masters, W. H., & johnson, V. E. (1966), *Human sexuality*, Boston, Little Brown.

Murray H. A. (1968), *Exploration in Personality*, New York, Oxford Univ, Press, p. 123~124.

Nirje, B. (1969), *The Normalization principle and its human management implications in R. B. Kugel and W. Wolfensberger(eds)*, Changing Patterns in Residential and community Services, Baltimore.

__________(1980), *The Normalization principle in R. J. Flynn and K. E. Nitsch(eds)*, Normalization, social Integration and community Services, Baltimore.

Neugarten, B. L., Havighurst, J., and Tobin, S. S. (1961), "The measurement of life satisfaction", *Journal of Gerontology*, 16(2).

OECD(각 연도), Employment outlook.

Oliver, M. (1985), "The Integration-Segregation Debate: Some Sociological Consideration", *British Journal of Sociology Education*, 6(1).

Perlman, H. H. (1957), *Social casework: A problem-soving process*. Chicago: The University of Chicago Press.

Perlman, H. H. (1972), *The problem-solving model in social casework. in Robert, R. W. & R. H. Nee(Eds)*, Theories of social casework. Chicago: The University of Chicago Press.

Richmond, M. E. (1922), *What is social case work?*, New York: Russell Sage Foundation.

Riley and Foner. (1968), *Aging and society*, Vol.1: An Inventory of Research Findings. New York; Russell sage Foundation

Roff, L. L., & Atherton, C. R. (1989), *Promoting successful aging*. Chicago, IL: Nelson-Hall.

Rose, A. M. (1965), *The Subculture of the Aging: A Framework in Social Gerontology*, in A. M. Rose and W. A. Peterson. edited. Older People and Their Social World. Philadelphia, NJ: F. A. Davis Co, pp. 3~16.

Rothman, J. (1974), *Planning and Organizing for Social Change: Action Principles From Social Science Research*, Columbia University Press. p. 279-283.

Rothman, J. (1991), A model of case management: toward empirically based practice, *Social Work*, Nov, p. 520~527

Rowe, J. & Kahn, R. (1997), "Successful aging", The Gerontologist, 37(4): 433~440.

Rubin, H. J., & Rubin, I. S.(2001), *Community Organizing and Development*, Allyn & Bacon.

Ryff, C. D. (1989), "Happiness is everything, or is it? Explorations on the meaning of psychological well-being", *Journal of Personality and Social Psychology*, 57: 1069~1081.

Sainsbury, S. (1993), *Normal life: A Study of War and Industrially Injured Pensioners*, England: Avebury.

Scott, J. P. & Roberto, K. A. (1985), "Use of informal and formal support networks by rural elderly poor", *The Gerontologiest*, 25(6): 624~630.

Shanas, E. (1979), "The family as a social support system in old age", *The Gerontologiest*, 19.

Sheppard, H. L. (1976), *Biological Theory of Aging. In J. E. Birren & K. W. Schaie(eds.)*, Handbook of the psychology of aging. New York; Van Nostrand Reimhold. pp. 286~309.

Skidmore, M. J. (1995), Ethics and public service, Annals of the American Academy of Political and Social Science, *SAGE*, 537, pp. 25~36.

Thorman, G. (1995), *Counselling Older Persons: A Professional Handbook*, Illinois: Charles, C., Thomas Publisher.

Toseland, R. W., & Rivas, R. F. (1995), *An Introduction to group work practice, (2nd ed)*, Boston, MA: Allyn & Bacon.

Weale A. (1983), *Political theory and Social Policy*, London, the Macmillan Press, pp. 35~36.

Vailant, G. E. (1990), *Avoiding negative life outcomes: Evidence from a forty-five year study. In P. B. Baltes, & M. M. Baltes (Eds.)*, Successful aging: Perspectives from the behavioral sciences, New York: Cambridge University Press, pp.332~358.

Walter, F. C. (1977), "Economic and Socialogical Factors Influencing Life Satisfaction of the Aged", *Journal of Gerontology*, 32(5).

Ward, R. A. (1985), "Inform Networks and Well-being in Later Life: A Research Agenda", *The Gerontologist*, 25(1): 55~61.

Wolfensberger, W. (1983), "Social role valorization: A proposed new term for the principle of Normalization", *Mental Retardation*, 21.

Yalom, I. D. (1995), The theory and practice of group psychotherapy (4rd ed.), New York: Basic Books.

Zusman, J. (1966), "Some explanations of the changing appearance of psychotic patients: Antecedents of the social breakdown syndrome concert", *The Milbank Memorial Fund Quarterly*, 44: 363~396.

■ 기타자료

한국자살예방협회 http://suicideprevention.or.kr.

"기초노령연금법안(강기정 의원 대의발표) 검토 보고", 보건복지위원회, 2006년 11월.

"건강보험정책연구원 보도자료", 국민건강보험공단, 2010년 2월 1일자.

"서울 시니어전문자원봉사자 10명, G20 통역", 아크로팬, 2010년 11월 10일자.

"노인들에 봉사자 파견센터 6곳 늘려", 조선일보, 2010년 11월 1일자.

"치매·중풍노인 2007년도부터 요양보장", 한겨레, 2005년 5월 23일자.

찾아보기

■용어

가계도 / 306, 313, 314, 356, 378
가교연금제 / 236
가족부양제도 / 147, 150
가족상담 / 333, 334
개인상담 / 333, 334, 347
건강 장수마을 / 199
건강보험 / 25, 118, 153, 155, 161, 162, 166, 169, 223, 289, 332
계속 주거 / 196
고독문제 / 29
고령사회 / 11, 22, 41, 188, 228, 260, 364, 415, 427, 454, 507, 509
고령자 고용촉진제도 / 226
고령자용 기획주택 / 199
고령자주택 / 187, 189, 190
고령친화 교육산업 / 506~508
고령친화 교통산업 / 493, 494, 496, 497
고령친화산업 / 60, 475, 481~493, 498, 509~514
고령친화산업 SWOT 분석 / 485
고령친화산업의 대상 / 484
고령화 및 미래사회위원회 / 482
고령화사회 / 10, 11, 17, 19, 22, 31, 69, 153, 161~170, 173, 181, 188, 189, 214, 230, 268, 326, 364, 415, 417, 425, 451, 479, 486, 498, 510
고령화지수 / 18, 33, 415
고용보장 / 213, 226, 231
고용연장형 / 233

고용창출효과 / 489, 490
공공분야 노인 일자리사업 / 244
공공재원 / 15, 106, 109
공법 / 93, 107
공적연금제도 / 112, 120
교환이론 / 60~63, 68
국민건강보험 / 159, 160
국민기초생활보장법 / 80, 103, 136~140, 146, 161, 162, 188, 238, 266, 272, 277
국민연금 / 120~123, 125~130, 132, 149, 222, 234, 237, 358, 484, 511
국민주택기금 / 207, 208, 209
기대여명 / 33
기초노령연금제도 / 120, 126, 128, 133
기초생활보장제도 / 120, 136, 138, 144

노년학 / 69~71, 478
노인 교육 / 247, 441, 443, 454, 455, 458~462
노인 사회참여 / 441~443, 445
노인 성 환경의 관계 / 423, 424
노인 여가생활 / 463
노인 여가유형 / 465
노인 일자리 창출 / 17, 238
노인 자원봉사 / 447, 449~452
노인건강지원사업 / 162
노인과 죽음 / 392, 434
노인과 질병 / 391, 392
노인보호전문기관 / 98, 249, 271, 273, 274, 284, 292, 293, 294, 428, 432
노인복지시설 / 66, 82~84, 86, 93, 98, 101, 107, 109, 188, 194, 202, 206, 249~252, 260, 265, 266, 268~294, 332, 423

저자소개

송진영

학력
서울과학기술대학교 공학학사 졸업
KAIST 정보 및 통신공학과 공학석사 졸업
서울기독대학교 사회복지학과 문학박사 졸업

주요경력
전 중앙노인전문요양원 부원장
현 한신대학교, 건국대학교, 대한신학대학원대학교 사회복지학과 외래교수
현 한국요양협회 학술연구위원
현 군포시 지역사회복지협의체 가족여성분과 위원
현 반석재가복지원 시설장
현 반석요양보호사교육원 원장

저서 및 논문
치매 대상자의 문제행동대처(공저), 2010, 문예미디어
중년 남성의 다중역할 몰입, 자기효능감 및 심리적 안녕감 간의 구조모형 분석(박사학위논문)
중년 취업남성의 다중역할몰입과 심리적안녕감 간의 관계-자기효능감의 매개효과 중심으로-(한국사회복지조사연구)
중고령자의 직업만족도에 영향을 미치는 요인에 관한 연구(한국인권학회) 등 다수